证券法苑

第四十一卷

Zheng Quan Fa Yuan

邱勇 总编

蔡建春
苑多然 主编
王红

法律出版社
LAW PRESS · CHINA
北京

图书在版编目（CIP）数据

证券法苑. 第四十一卷 / 蔡建春，苑多然，王红主编. -- 北京 ：法律出版社，2025. -- ISBN 978 - 7 - 5197 - 9629 - 7

Ⅰ. D922.287.4

中国国家版本馆 CIP 数据核字第 2024G11G39 号

证券法苑（第四十一卷）
ZHENGQUAN FAYUAN
（DI - SISHIYI JUAN）

蔡建春　苑多然　王　红 主编

责任编辑 彭　雨
装帧设计 贾丹丹

出版发行	法律出版社	**开本**	710 毫米×1000 毫米　1/16
编辑统筹	法律考试·职业教育出版分社	**印张**	26.5　　**字数** 399 千
责任校对	晁明慧	**版本**	2025 年 3 月第 1 版
责任印制	胡晓雅	**印次**	2025 年 3 月第 1 次印刷
经　　销	新华书店	**印刷**	固安华明印业有限公司

地址:北京市丰台区莲花池西里 7 号(100073)

网址:www. lawpress. com. cn　　销售电话:010 - 83938349

投稿邮箱:info@ lawpress. com. cn　　客服电话:010 - 83938350

举报盗版邮箱:jbwq@ lawpress. com. cn　　咨询电话:010 - 63939796

书号:ISBN 978 - 7 - 5197 - 9629 - 7　　**定价**:91. 00 元

凡购买本社图书,如有印装错误,我社负责退换。电话:010 - 83938349

主办单位：上海证券交易所

卷首语

中央金融工作会议指出，要大力提高上市公司质量，培育一流投资机构，健全法人治理，完善中国特色现代金融企业制度。本卷从投资端和融资端的角度出发，组织设置4个栏目，收录了14篇专业研究文章，以飨读者。简要介绍如下：

"资产管理规范发展"收录了4篇文章，主要讨论了私募基金管理人的注意义务、民事责任及基金托管人的责任，还收录了美国证券交易委员会对投资顾问行为标准的解释译文。《论私募基金管理人注意义务的边界》一文提出，私募基金投资者与管理人间信息不对称更为严重，应将注意义务法定边界设为一般过失，缩减义务边界则以知情同意为前提，限缩的最低限度为重大过失。《私募基金管理人民事赔偿责任的厘定与规范适用——基于基金管理人信义义务的视角》一文提出，在基金管理人民事责任的确定中，应辨析信义义务与合同义务的关联，明确合同义务在损失认定中的法律障碍，进而通过违反信义义务确定损失范围，并根据基金管理人过错程度，区分赔偿标准。《论私募基金托管人的责任边界及履职基础》一文提出，对于私募基金是否强制托管以及托管职责如何确定，商业实践和司法实践中存在争议，需要在尊重当事人意思自治的前提下，在规则层面明确私募基金托管人的边界，保护投资者权益。《关于投资顾问行为标准的解释》明确,投资顾问与其客户之间的关系是建立在信托原则基础上的,这些原则一般没有在具体的法规或规则文本中规定,但基于原则的做法应继续保持,同时允许投资顾问在具体服务方面灵活地达到这一标准。

“衍生品制度探讨”收录了3篇文章,主要讨论了交易者适当性制度、信息披露制度及衍生品跨境交易。《场外衍生品交易者适当性立法解读及建议》一文提出,根据《期货和衍生品法》的规定,金融机构开展衍生品交易业务应当履行交易者适当性管理义务。在下位法中应细化豁免交易者准入资格及豁免相关规定,明确交易者身份穿透核查的具体标准。《股权衍生品权益披露研究》一文提出,在履行信息披露义务或者收购时,将股票持仓和以该股票为标的的衍生品持仓合并计算;股权衍生品权益披露方面,对于特定交易者通过股权衍生品享有权益的,应当进行必要的信息披露。《金融衍生品跨境交易的认定及效力——申请人国泰世华商业银行股份有限公司与被申请人高某认可和执行我国台湾地区民事判决纠纷》一文提出,在认定当事人是否从事金融衍生品跨境交易时,可以参照《期货和衍生品法》中关于期货跨境交易的规定。境外主体未经批准,在我国境内从事金融衍生品业务违反我国社会公共利益的,相关民事判决不应得到认可和执行。

“公司治理与监管”收录了4篇文章,主要讨论了控股股东与实际控制人经营性行为的规范重构、公司自由裁量权与利益相关者、股东至上主义及董事会合规议题。《控股股东与实际控制人经营性行为规范的系统检视——基于新〈公司法〉背景》一文提出,我国强调“双控人”消极作用而忽视其积极作用,应准确定义“双控人”,增设积极规范,强化实效性,重构“双控人”的经营性规范,形成激励与约束有机结合的良性机制。《公司自由裁量权促进利益相关者利益的必然性和可取性》一文提出,为了公共利益牺牲公司利润的某种自由裁量权是明确且不可避免的。企业负责人为了公共利益而牺牲企业利润的有限自由裁量权实际上是可取的,也是有效的。《当我们谈论股东至上时,我们应该谈论什么》一文提出,“股东至上”的理念有可能与公司财富最大化的目标相左,应当优先尊重股东关于公司目标的实际选择,即使这些选择可能与财富最大化目标不一致。《董事会合规》一文对上市公司在董事会层面的合规性进行了实证分析，发现很少有董事会真正成立合规委员会。建议考虑制定有关董事会规模和独立性的规范，增强监管机构对董事的问责能力，加强（美国）州法律有关监督方面的信义义务的要求。

"信息披露监管"专题收录了3篇文章，主要讨论了非公开发行虚假陈述中交易因果关系的认定，虚假陈述纠纷调解前置制度的构建，以及关于Wirecard财务造假案的反思和建议。《股票非公开发行虚假陈述中的交易因果关系认定》一文提出，非公开发行在"面对面协商"的价格确定机制下无法形成"有效市场"，并且机构投资者议价调查能力较强。认购非公开发行股票的一级市场原告投资者应对形成直接信赖的事实、虚假陈述对其投资决策的原因力以及信赖的合理性承担证明责任。《论证券虚假陈述责任纠纷调解前置制度的程序构建》一文提出，证券虚假陈述责任纠纷案件取消行政处罚前置后，大量案件诉诸法院，调解效能未能释放。应推动调解前置程序法定化，试点建立证券虚假陈述纠纷调解前置程序。《Wirecard财务造假丑闻与金融业系统性失灵》一文提出，Wirecard财务造假丑闻凸显了德国金融行业的系统性失灵。投资者获得损害赔偿可能性因破产、审计机构责任限额以及监管机构责任排除等原因受到限制。未来立法不仅应关注企业信息的有效性，而且还要解决"谁"应该对"哪些信息""如何"作出反应的问题，以便为资本市场参与者提供明确的指引。德国与欧盟在对市场参与者义务具体化的基础上，应强化其程序性实施机制，赋予监管机构更强大的干预权，同时避免利益冲突。

编　者

2024年6月

Securities Law Review　Serial No. 41 (2024)

Standard Development of Asset Management

Discussion of Derivatives System

《证券法苑》(2024)
第四十一卷,第1～22页

论私募基金管理人注意义务的边界

何　颖*　王　玮**

摘要:现行法律规定较为原则,有关私募基金管理人注意义务边界和允许缩减义务的自治限度始终是司法实践面对的难题。相较公募基金,私募基金投资者与管理人间信息不对称现象较为严重。为确保投资者缩减义务时获取足够信息,应将注意义务法定边界设为一般过失,缩减义务边界以知情同意为前提,限缩的最低限度为重大过失。可借鉴英美判例法形成的可预见性原则对个案中的过失进行认定,比较损害与预防措施的可预见性,判断管理人为一般过失抑或重大过失。

关键词:私募基金　注意义务　过失标准　立法完善

* 华东政法大学经济法学院副教授,法学博士。
** 中国政法大学民商经济法学院博士生。

一、问题的提出:钜洲公司案[1]引发的私募基金管理人注意义务争议

钜洲公司案引发舆论热议,法院判决私募基金管理人钜洲公司因未尽到应有的注意义务承担100%赔偿责任,并由钜派集团承担连带责任。判决书显示,钜洲公司未尽注意义务主要表现为未如实披露股权代持事实,尽调流于形式,未审慎核实底层资产的资金流向。该判决引发了学界和实务界的诸多争议,争议焦点集中在私募基金管理人注意义务的边界问题上。

整体来看,当前相关法律规范中有关私募基金管理人的注意义务规定还停留在"恪尽职守、诚实信用、谨慎勤勉"等抽象规范层面,具体要求暂付阙如。学界对于私募基金管理人注意义务的性质和责任边界也尚未达成共识,有观点认为应当在"募投管退"各环节对私募基金管理人科以高度的道德义务,并建立因事制宜的归责进路。[2] 有研究表示,私募基金管理人构成重大过失才须承担责任。[3] 有学者则建言法院裁判标准应尽量形式化。[4] 而境外的研究对于私募基金管理人注意义务边界同样莫衷一是,有观点认为裁判者应当谨慎认定投资者的议价能

---

[1] 上海金融法院:钜洲资产管理(上海)有限公司、上海钜派投资集团有限公司与周某华其他合同纠纷二审民事判决书,案号:(2021)沪74民终375号,2021年6月23日。上海钜派投资集团有限公司(以下简称钜派集团)旗下的钜洲资产管理(上海)有限公司(以下简称钜洲公司)发行一款名为"钜洲智能制造2018"的私募基金,由钜派集团进行产品推介和销售。根据《私募基金合同》,基金主要投资于合伙企业明安万斛,并由明安万斛对卓郎智能进行股权投资。然而,由于私募基金管理人钜洲公司未适当履行注意义务,资金从最开始就未流入卓郎智能,而是被明安万斛的执行事务合伙人国投明安公司的法定代表人挪用,最终导致投资者蒙受损失。法院判决私募基金管理人钜洲公司承担100%的赔偿责任,钜派集团因参与推介、销售私募基金的事实,实际上构成钜洲公司销售、投资、管理私募基金的代理人,承担连带赔偿责任。

[2] 参见许多奇:《论全周期视野下私募基金管理人的信义义务》,载《武汉大学学报(哲学社会科学版)》2022年第5期。

[3] 参见肖宇、许可:《私募股权基金管理人信义义务研究》,载《现代法学》2015年第6期。

[4] 参见许可:《私募基金管理人义务统合论》,载《北方法学》2016年第2期。

力,确立较严的信义义务标准。[5] 有研究主张规制重点应集中于信息披露,并剖析了另类投资基金经理指令(alternative investment fund managers directive,AIFMD)相应规则。[6] 也有研究建议将违反注意义务的证明责任转移至私募基金管理人。[7]

准确把握私募基金管理人注意义务的边界,有必要系统厘清以下问题:私募基金管理人的注意义务的性质为何?如果是法定缺省性义务,其边界应当如何确定?法律允许当事人通过约定降低义务的限度是什么?私募基金交易结构和类型的差异,比如资金端投资者数量的多寡或资产端的资产类型是否影响法律规则的适用?审判实践中应当如何将抽象的义务边界具体化?本文试图通过分析私募基金信义关系的特殊性,梳理管理人注意义务的法理逻辑,明晰义务边界,以探索完善注意义务规范的立法建议和司法适用路径。

二、注意义务裁判标准不明及其原因分析

(一)私募基金管理人违反注意义务案件的司法审判现状

除钜洲公司案外,笔者以私募基金管理人注意义务纠纷为主题,分别以注意义务、诚实信用、谨慎勤勉、私募基金等关键词全面检索了裁判文书网、北大法宝、无讼、威科法律信息网等数据资源库。梳理相关案件可知,当前私募基金管理人注意义务案件类案不同判现象比较突出,争议点主要集中在注意义务是否适当履行的认定上。

由于缺乏可以直接援引的认定规则,加之法官商业知识储备的差异,各地法院对私募基金管理人注意水平的要求有着明显的差异。有的法院只要求尽到形式审查义务即可,重点关注管理人是否召开投资者委员会等过程性细节,并不要求私募基金管理人审查底层资产的资金流

---

〔5〕 See William W. Clayton, *The Private Equity Negotiation Myth*, Yale J. on Reg., Vol. 37, 2020.

〔6〕 See J. Payne, *Private Equity and Its Regulation in Europe*, European Business Organization Law Review, Vol. 12, 2011.

〔7〕 See Dr. Lin Lin, *Partners in China*, Berkeley Bus. L. J., Vol. 15, 2018.

向。有的法院则要求私募基金管理人应当进一步核实投资的真实性。例如,有判决指出:涉案基金的投资标的是银行向自动取款机(automated teller machine, ATM)运营服务机构支付的技术管理费,故 ATM 的实际投放数量直接影响私募基金的净值表现,私募基金管理人没有有效核实 ATM 的实际数量,也没有重视因机器不同导致部分"应收账款"丧失优先受偿权的法律后果,违反了注意义务。[8] 在另一个案件中法院认为,金色木棉公司未适当尽职调查,在融资方对外负有巨额债务、具有重大涉诉风险的情况下仍对其进行投资,具有重大过失。[9]

(二)裁判者回避适用信托法

司法审判出现上述分歧的一个重要原因在于,法院在此类案件中往往忽视或者主动回避适用信托法理论与规则审理此类案件。有的法院在考察私募基金管理人注意义务时,尽管也涉及了《信托法》条款,但仍然是以合同法约定义务的违约责任的思路来处理信义义务纠纷。以钜洲公司案为例,法官在分析私募基金管理人义务履行状况时,仍以合同约定作为主要依据,认为管理人未严格履行《基金合同》项下的义务,存在严重过错,依照原《合同法》第 107 条(现对应《民法典》第 577 条)承担违约责任。

私募基金管理人的注意义务作为信托法下的信义义务,法官应当适用信托法作为判定管理人行为合理性的依据,尤其是在当事人未约定或者约定不明的情况下,判定私募基金管理人勤勉尽责的义务边界取决于信托法规定。即便当事人约定注意义务,信托法对私募基金管理人勤勉尽责行为的要求,并不能完全被合同义务替代。

法官如此裁判也实属无奈。我国《信托法》有关受托人义务的规定仅有一条,规定较为粗略,不足以提供明确指引。并且,《信托法》第 25 条在形式上未明确区分受托人忠实义务和注意义务,[10] 在内容上未提

[8] 北京市第二中级人民法院:北京信文资本管理有限公司与胡某红合同纠纷二审民事判决书,案号:(2020)京 02 民终 5212 号,2020 年 8 月 13 日。

[9] 济南铁路运输中级法院:莫某东与深圳市金色木棉投资管理有限公司、恒丰银行股份有限公司民间委托理财合同纠纷一审民事判决书,案号:(2020)鲁 71 民初 147 号,2021 年 2 月 3 日。

[10] 参见赵廉慧:《信托法解释论》,中国法制出版社 2015 年版,第 329 页。

供明晰的行为标准，仅停留在"恪尽职守""谨慎"等抽象规范层面。相较而言，合同法理论和规范都已十分成熟，加之基金管理的系列合同文本全面且条款详细，法官回避《信托法》适用《合同法》就顺理成章。

虽然私募基金通常以合同方式构建，但是合同义务与信义义务不宜混为一谈，前者为约定义务，后者则是法定性义务。信义义务不以合同文本为限，即便受托时没有明确在合同中规定的内容，如果是信义义务所要求的，受托人必须执行。[11] 以常州九龙禅寺案为例[12]，尽管合同并未规定私募基金管理人负有充分调查投资标的所涉骨灰盒存放单元位的义务，但该义务的履行直接关乎投资目的实现。信义义务要求管理人运用专业技能和经验审慎管理投资风险，该案中，管理人通过有效手段核实骨灰盒存放单元位是信义义务的应有之义。该案表明，如果忽视基金管理人注意义务的法定性特点，将大大降低注意义务的履行标准，损害投资者利益。

三、私募基金管理人注意义务的特殊性展开

尽管信义义务在所有信义关系中均可适用，其在特定场景下的特殊性依然应当是分析起点。[13]

私募基金首先属于商事信托，私募基金管理人的法律地位是商事信托受托人。由于资产属性、收益目标和受托人专业化程度的差异，商事信托与民事信托对于受托人注意义务的要求差别较大，民事信托注意义务强调勤勉尽责、安全保值，而商事信托还要求受托人具备专业技能和经验，并且商事信托受托人应当对投资活动的整体风险收益进行监督和

---

〔11〕 参见[日]樋口范雄：《信托与信托法》，朱大明译，法律出版社2017年版，第15～17页。

〔12〕 上海金融法院：上海新耒股权投资基金管理有限公司、上海通则久文化发展有限公司等与王某景其他合同纠纷二审民事判决书，案号：(2020)沪74民终1045号，2021年1月7日。

〔13〕 Deborah A. DeMott, *Beyond Metaphor: An Analysis of Fiduciary Obligation*, Duke L. J., Vol. 1988, 1988.

控制。需要注意的是，信托法上的信义义务也区别于公司法上的董事信义义务，私募基金管理人的注意义务较为严格，裁量权更少，也不绝对适用商业判断原则，[14]并且，私募基金属于定向募集的资管产品，是与证券公司集合资产管理计划、单一资金信托计划、集合资金信托计划等一样的高风险投资品种，其信义关系呈现以下特点：

第一，私募基金的募集对象具有特殊性。私募基金与公募基金相对应，仅面向合格投资者进行定向募集而成立，并不涉及普通投资公众，并且私募基金追求高收益，以权益类投资品种为主要投资对象。由于定向募集只允许符合预设条件、有能力保护自己的合格投资者参与，私募基金的投资标的类型较为多样，涵盖未公开上市公司股权以及上市公司非公开发行和交易的股权、收益权、红酒艺术品等商品基金等高风险产品，投资目标一般高于同规模的公募资管产品。同时，非公开发行的本质是一对一契约行为的集合，私募条款可体现双方当事人个别意愿，与公开发行的投资者要么接受要么退出的缔约方式不同。[15] 因此，私募基金的投资比例限制较少，交易结构较为灵活。而且合格投资者在谈判能力、信息收集能力和风险承受能力方面优于普通投资者，而机构投资者的能力甚至不逊于基金管理人，因而对私募基金的监管以自律管理为主，信息披露要求较为宽松。这些差异都会影响基金管理人注意义务边界的划定。

第二，私募基金管理人享有更多的自由裁量权。私募基金结构复杂，基金履行期限较长，而商业环境和交易条件持续变化，加之受有限理性的制约，缔约双方协商未来不测事件影响的交易成本超过收益预期，因此，私募基金的合同条款难以做到尽善尽美，这为私募基金管理人的自由裁量权提供了空间。并且，私募基金管理人往往具有较高的专业能力和丰富的管理经验，作为受托人能够运用专业技能和丰富经验，权衡风险收益，灵活行使自由裁量权，作出当时条件下的最优决策。[16] 与公

〔14〕 参见王涌：《信义义务是私募基金业发展的“牛鼻子”》，载《清华金融评论》2019年第3期。

〔15〕 参见张保红：《论证券非公开发行制度的重构——以投资者规制为中心》，载《政治与法律》2015年第4期。

〔16〕 参见周淳：《商事领域受信制度原理研究》，北京大学出版社2021年版，第159页。

募基金相比，私募基金面向合格投资者，收益目标更高，追求绝对收益和超额收益，收益目标较高，交易结构灵活，因此，私募基金的投资比例限制相对宽松，仓位管理更为灵活，加之私募条款更能体现双方意思自治，谈判调整约定义务的范围较大。因此，私募基金管理人自由裁量权限进一步扩大。

相较银行理财，私募基金与公募基金在投资范围和投资限制方面更为相似，以权益类投资为主，收益目标较高，交易结构灵活，而固定收益类的银行理财主要投资于货币市场工具和非标债权资产，风险较低。因此，私募基金管理人的裁量权权限一般高于银行理财受托人。

第三，外部监管较为宽松也是私募基金受信关系的重要特征。私募基金面向的是资产丰厚和拥有丰富投资经验的合格投资者，具有较高的风险判断能力和承受能力，因此对其的监管可以适当放宽。私募基金的监管机制以自律监管和适度监管为主，实行登记备案制度。证监会仅负责私募基金管理人的常规管理，监管重点有限，主要围绕合格投资者准入、投资者适当性和信息披露要求进行。公募基金受到的监管更为严格，证监会以审慎监管、行为监管为主，对发行销售采取审核制，适用较严格的信息披露规则，投资目标、投资组合等信息均应披露，基金净值要求每个工作日披露，而私募基金的基金净值一般每周公布一次。

第四，私募基金的市场调节机制相对公募基金而言较为有限。开放赎回的公募基金，投资者可以“用脚投票”，及时退出止损；并且开放赎回机制使投资者能够通过观察价格波动降低信息的获取和理解成本，降低决策成本。而私募基金不具备类似的有效市场，市场调节机制较弱。例如，私募股权投资基金和创业基金，不仅投资标的是未上市公司股票，而且单个项目的项目期限较长。投资者承诺出资后，除非达成约定条件，否则不得撤资。一方面，项目的时限性使投资者与私募基金管理人间的交易通常只有一次，单次博弈大大提升了管理人道德风险。另一方面，面临集体行动困境的单个理性投资者更愿意退出项目止损，而不是付出高昂的诉讼成本，因此，风险信息也无法及时传递至其他投资者。

第五，效率导向与公共政策的调和也是私募基金受信关系的特点之一。私募基金资本集聚的特质使监管者需要在预防系统性风险与促进交易效率间寻求平衡。私募基金集聚大量资金构筑起了较长的交易链条。一旦违约,通常也会形成一个受害者群体。金融交易中的群体性违约具有较强的传染性,即一个违约会引发另一个违约,乃至一群违约,酿就系统性风险。〔17〕为预防系统性风险,监管者会干预受信关系中的权利义务安排。然而,法定边界不能失之严苛,否则不必要的束缚会扼杀私募基金管理人的自主性,抑制运行效率。监管者需要权衡私募基金管理人信义义务规则的成本收益,不枉不纵,实现效率与公共政策间的平衡。

四、私募基金管理人注意义务的法定化

(一)私募基金管理人注意义务边界有待明确

如前文所述,投资者对私募基金管理人的信赖惯性和获取信息难度助长了管理人的机会主义行为,而市场调节机制又无法提供有效制约。再考虑我国的投资者教育程度和资产市场现状,有必要通过立法限制当事人通过约定缩减私募基金管理人义务边界的自治限度。

将私募基金管理人注意义务法定化,关键是要形成具备可操作性的具体规则,这对于立法者而言确非易事。注意义务与受托人服务质量相关,需考察受托人依据其专业技能和经验行使裁量权的范围。〔18〕尤其是私募基金管理人义务的法定边界的划分,除要求较高的专业技能与商业经验外,还需排除市场环境波动影响。〔19〕

但是,法院对于管理人注意义务履行只能进行事后评估,容易产生“后见之明偏差”(hindsight bias),导致差错看起来比决策实际情形更为显著,加之如果缺乏明确的裁判规则,法院因此可能会将超出预见范畴的责任归咎于私募基金管理人。裁判者对注意义务的履行进行事后评估较为困难。这样来看,设计义务边界的规则成本是一次性的,而司法裁判成本随着案件数量和法条适用频率上升,最终将超过设计成本。

---

〔17〕 参见陈醇:《金融法违约预防与违约处置制度研究》,法律出版社2019年版,第12~14页。

〔18〕 参见[美]塔玛·弗兰克:《信义法原理》,肖宇译,法律出版社2021年版,第165页。

〔19〕 同上,第166页。

(二)现行立法注意义务法定边界过于抽象

我国《信托法》第25条规定了受托人注意义务,但是"恪尽职守""谨慎""有效管理"等抽象要求缺乏基本的可操作性。特别是,该规定未区分民事信托和商事信托的注意义务。如前文所述,民事信托强调的是受托人应当勤勉积极管理并尽到合理努力,确保信托财产的安全保值。商事信托在此基础上更注重对受托人专业知识和技能的考察,对谨慎的内涵扩展到对合理收益的积极追求和对整体投资收益风险的把控,而不仅仅是形式上的遵守程序和必要流程。在商事信托中,相较银行个人理财产品和公募基金,私募基金追求的收益目标较高,对注意义务的评价更强调考察管理人是否充分调动其专业技能和经验,针对风险采取必要管控措施,根据私募基金的投资目标和风险设置相应的注意基准。以美国立法为例,《美国统一信托法典》第804条[20]和1992年的《统一谨慎投资人法》[21]都遵循了前述理念。

我国《证券投资基金法》作为特别法,在第9条第1款重申了《信托法》第25条对受托人注意义务的要求,并在第2款详细规定了基金管理人的注意义务要求,即应当"遵守审慎经营规则,制定科学合理的投资策略和风险管理制度,有效防范和控制风险"。不过第2款主要是风险防控规则,着眼于投资组合的多样化,对管理人具备和调动作为专业受托人所需能力和经验亦未作明确要求。[22]

此外,有关私募基金管理人注意义务的部门规章、行政法规和规范性文件的相关规定问题也大致相似:注意义务要求过于抽象,且未提及技能和经验的要求。例如,《私募投资基金监督管理条例》第3条、《私募投资基金监督管理暂行办法》第4条、《证券期货经营机构私募资产管理业务管理办法》第3条和《私募证券投资基金运作指引》(征求意见稿)第3条对于管理人注意义务的规定基本照搬《信托法》《证券投资基金法》"恪尽职守""谨慎勤勉"的表述。中国人民银行等《关于规范金融机构资产管理业务的指导意见》中,则进一步简化为"勤勉尽责",实际

---

〔20〕 See Uniform Trust Code(2010)Section 804.

〔21〕 See Uniform Prudent Investor Act.

〔22〕 参见周淳:《基金管理人注意义务标准之厘定》,载《人民司法》2023年第2期。

上遗漏了对私募基金管理人技能和审慎的注意义务要求。

(三)私募基金管理人注意义务的基本构成

私募基金管理人注意义务作为法定义务,相关规则应当包括两部分内容。

一是要有明确的法定义务条款。也即,立法者需要明确规定在未约定或约定不明时管理人的注意义务的核心要求。应当明确不能被约定排除的核心义务,即私募基金管理人必须根据基金条款、目的以及受益人利益善意管理基金的强制性义务。信义义务的本质在于保障受益人享有要求受托人积极且善意管理信托财产的权利,若任由该权利被否定,当事人并没有真正创设信托的意愿。[23]

二是要增加约定不得排除条款,即应当明确当事人通过合同约定改变私募基金管理人注意义务边界的限度。例如,学界虽然普遍赞同基于信托功能,私募基金管理人不可免于承担因故意或者欺诈的责任,但是对能否将注意义务降至重大过失,则存在一定分歧。

此外,私募基金管理人属于职业受托人的范畴,立法者需谨慎设置允许约定排除注意义务的最低限度。针对金融行业的职业受托人,法律允许意思自治的空间更为有限。即便如英国,法院支持通过约定豁免重大过失的责任,但也不支持职业受托人通过约定排除重大过失[24]。法院给出的理由是,相较普通受托人,职业受托人与委托人存在更加严重的信息不对称,职业受托人不应利用其优势地位损害受益人权益。

(四)界定私募基金管理人注意义务的影响因素

由于交易结构的显著差异,私募基金管理人注意义务的法定边界会伴随情境变化而变化。

首先是投资者对私募基金管理人的授权程度。投资者根据基金协议和法律规定将处理基金事务的权利交由管理人行使。投资者对基金财产的剩余控制权与管理人的自主权此消彼长,投资者对管理人的授权范围越小,管理人的自由裁量权越小,采取机会主义的可能性也随之降

---

〔23〕 See D. M. W. Waters, *Law of Trusts in Canada*, 2nd ed., Carswell, 1984, pp. 756 – 757.

〔24〕 See Armitage v. Nurse [1998] Ch 241.

低，注意义务的法定标准也应有所降低。若投资者在基金协议中保留的权利越多，对基金财产的控制程度越高，越能够有效防范管理人滥用权利和瑕疵给付行为，无须施加严格的注意义务。例如，在通道业务中，受托人仅提供必要的协助义务，并不主动承担信托管理职责，投资者则保有管理信托财产的大部分权利。此时，私募基金管理人与投资者订立的缩减义务边界条款的效力应当被肯定。

并且，投资对象的流动性会影响投资者对管理人的授权程度。在资产端，私募基金按投资对象不同可分为私募证券投资基金、私募股权投资基金等。私募证券投资基金投资对象是流动性较强的证券，管理人通过高频率的转手买卖从中获利，因此，投资者不宜对管理人施加过多的限制，否则会贻误商业机会。私募股权投资基金的投资对象则是流动性较差的未上市公司股权，其信息不对称程度和投资风险相对证券更大，管理人需要更多的管理权限以便其投资决策。

即便是同类型的私募基金，投资结构甚至投资者数量都会影响投资者对管理人的授权程度。就投资者数量而言，单一投资者型的私募基金，由于是一对一的基金契约谈判，投资者保留投资管理权限的可能性更大，更靠近通道业务、单一资管计划和单一信托计划，受托人的授权权限较小，所承担的注意义务也较低。而一对多的私募基金，由于投资者较多，与集合资管计划和集合信托计划相近，采取格式合同的可能性较高，通过一对一的谈判调整义务边界的可能性较低，受托人管理权限较大，注意义务也随之提高，法院需审查缩减义务边界的约定是否建立在投资者知情同意的基础上。就资金投向而言，单一项目投资和组合投资的私募股权投资基金管理人注意义务也有明显差异。在组合投资型的私募股权投资基金中，管理人为了挽救对业绩不佳公司的投资，可能会向其倾注过高比例的资源，增加基金的杠杆率。投资者为了控制此类风险，往往会在基金合同中限制管理人对个别公司的投资规模和比例。[25]因此，组合投资的私募股权投资基金的投资者授权程度更小，受托人的注意义务相对来说更低些。

---

〔25〕 See Gompers, P. and Lerner, J., *The Use of Covenants: An Empirical Analysis of Venture Partnership Agreements*, The Journal of Law and Economics, Vol. 39, 1996.

其次是市场调节力量的强度。一方面,私募基金的声誉机制较弱。在一个完全竞争市场上,投资者可以通过对管理人的评价和“用脚投票”机制对管理人施加压力,声誉降低的风险迫使管理人恪守信义义务规范,全心全意为投资者利益服务。而私募基金并不存在类似的市场调节机制,无法有效预防管理人滥用权利。即便在私募基金领域,由于投资对象的流动性存在较大差异,不同类别的私募基金投资者退出途径的方便程度差异显著,投资者通过退出机制对管理人施加压力的可能性有所不同。在私募证券投资基金中,投资者在经过锁定期的限制后,可以任意转让或赎回基金份额。而私募股权投资基金的退出机制相对私募证券投资基金较少,投资者不能在基金存续期间内赎回;相反,他们必须等待基金清算结束。[26] 并且,私募股权投资基金的投资对象为未上市公司的股票,流动性较差,投资者很难找到转让对象。因此,私募股权投资者退出受到的限制相对较多,市场调节机制较弱,应当受到更为严格的注意义务保护。另外,私募基金的信息反馈机制不足。由于私募基金并非完全竞争市场,项目周期较长,并且存在份额锁定安排,不能随意退出,即便投资者发现管理人存在机会主义行为,也不能及时将信息反馈至市场,与其他投资者分享。此外,私募基金的市场评级机构发挥力量有限。相对而言,公募基金的市场调节作用强于私募基金。公募基金的投资目标是超越业绩基准,以及追求同行业的排名,存在类似的评级机构对公募基金的产品风险和收益进行监督,声誉机制相较私募基金更为发达。而私募基金领域,除私募证券投资基金因其投资标的主要为公开交易的证券类产品,存在相应的评级机构进行监督,其他私募基金,如创业投资基金和私募股权投资基金,以非公开上市的公司股票作为投资标的,缺乏相应的市场监督力量。在市场监督力量较强的领域,由于外部约束较强,注意义务可以更为宽松。

再次是投资者获取信息的难度。投资者获取信息的难度与市场机制的完善程度有所关联。市场效率机制越完善,相关信息越能反映在“股价”或二级市场定价波动之中。投资者可以借助价格机制获取相关

〔26〕 See John Morley, *The Separation of Funds and Managers: A Theory of Investment Fund Structure and Regulation*, The Yale Law Journal, Vol. 123, 2014.

信息。投资者获取信息的难度较低,有利于其确认缩减义务边界的法律和经济效果。因此,投资者获取信息的难度越低,私募基金管理人注意义务边界允许被降低的范围越大。

最后是私募基金所涉法益的重要性。法院可能基于公共政策目的干预当事人缩减注意义务边界约定的效力,对特定领域的管理人提出更为严格的行为标准。例如,美国证交会对于以公共养老金为投资者的私募基金协议的监管干预力度较强,[27]由于投资利益的涉众性,公共养老金关系着普罗大众的退休福祉,牵连甚广。一旦公共养老金破产,政府和纳税人将承担几乎所有风险,并且存在引发系统性风险的可能。[28]

五、私募基金管理人注意义务规则构建路径

综上,由于私募基金业务外部监管要求较为宽松,加之私募基金市场的自发调节机制有限,投资者对私募基金管理人的信赖惯性和获取信息难度容易助长管理人的机会主义行为,有必要在立法上限制当事人通过约定缩减私募基金管理人义务边界的自治限度。而现行立法有关受托人"恪尽职守""谨慎勤勉"的注意义务条款只是提供了框架式的行为指引,远未形成明确且可操作性的行为准则。

信义法上的注意义务要求私募基金管理人尽到其法定或约定的职责,即达到同行业同类型专业管理人本来应当遵守的注意水平、技能和经验,为投资者利益最大化目的来处理基金管理事务。基金管理人只要偏离行为标准,无论其主观状况和心理状态如何,法律即认定其构成过失,因而责令管理人承担过错责任。从英美信托法实践来看,其对私募基金管理人是否违反注意义务的认定与对管理人主观过失的认定基本是一致的。法院对过失的认定转向以判断基金管理人是否具备和充分运用法律所要求的专业技能和经验应对风险为主的客观化审查标准。

---

〔27〕 See William W. Clayton, *Public Investors, Private Funds, and State Law*, Baylor L. Rev., Vol. 72, 2020.

〔28〕 See Rose, Paul, *Public Wealth Maximization: A New Framework for Public Fund Fiduciary Duties*, Ohio State Public Law Working Paper, Vol. 356, 2016.

如果以主观审查标准为主,反而会出现法院对能力越强的管理人要求的注意义务标准越高,而平庸的管理人注意义务较轻的情况。并且,以同行业同类型基金管理人的能力平均值作为注意义务的判断标准,符合大多数管理人的实际业务水平,不会加重管理人负担,反而有利于金融交易正常有序发展。

(一)私募基金管理人注意义务的法定边界

2023 年 4 月,最高人民法院发布了一份《全国法院金融审判工作会议纪要(征求意见稿)》,首次将基金管理人不存在故意或重大过失纳入注意义务的免责情形。[29] 据此,基金管理人是否违反注意义务以主观上是否存在故意或重大过失为限。对此笔者认为值得商榷,以故意或重大过失作为违反注意义务的法定边界,恐有标准过低之嫌。

重大过失标准,通过放松义务要求鼓励高风险的投资策略,只是符合了一小部分风险承受能力较强的投资者意愿。相较而言,一般过失作为注意义务的法定边界更符合私募基金信义关系特点。私募基金管理人与投资者以一对多的契约关系为主,双方存在较大的信息不对称。并且,私募基金的市场调节机制和监管要求均弱于公募基金,投资者难以适用市场价格机制发现和约束管理人。私募基金的非公开募集和产品复杂性,加重信息不对称。私募基金管理人可能利用信息不对称欺骗投资者订立缩减义务边界的约定,规避注意义务规范的约束。管理人可能故意隐瞒基于受托人地位获取的信息,或者以对己有利的方式选择性地传递信息,即便是合格投资者,也难以获取缩减义务边界谈判的必要信息,导致投资者对法律后果产生认知偏差。此外,投资者基于对管理人专业信誉的路径依赖可能会加重认知偏差,同意并非建立在完全知情之上。[30] 为抑制私募基金管理人的不当策略行为,应将注意义务的法定边界设置为一般过失,对占据信息优势的管理人施加负担,使其面临两种选择,要么承受严苛的法定义务,要么向投资者披露相关信息以达成

---

〔29〕《全国法院金融审判工作会议纪要(征求意见稿)》第 64 条规定:"管理人能够证明其行为并非出于故意或重大过失,或者违反勤勉义务的行为与投资者损失没有因果关系,主张不应承担责任的,人民法院应当予以支持。"

〔30〕 See Melanie B. Leslie, *Trusting Trustees: Fiduciary Duties and the Limits of Default Rules*, The Georgetown Law Journal, Vol. 94, 2005.

对自己有利的义务条款。[31]

有观点认为私募基金管理人因一般过失就必须承担责任，会降低其行事的积极性。[32] 该观点虽然符合私募基金高风险收益的特性，但是忽略了私募基金管理人注意义务的缺省性规则特征。作为缺省性规则，私募基金管理人的注意义务规范只有在当事人未约定或约定不明时才被适用，当事人可通过约定调整双方间的权利义务安排，此时，缺省性规则具有示范和引导功能，而不是强制性要求当事人不得约定将重大过失纳入免责情形。如果将重大过失作为注意义务的法定边界，虽然当事人也可以通过约定提高注意义务的过失标准，但是囿于私募基金管理人与投资者之间较大的信息不对称，占据信息优势的管理人通常不会主动提出在约定中提高过失标准，投资者也较难意识到可以要求管理人提高过失标准。

因此，以一般过失作为注意义务的法定边界，并不会对管理人施加过分的负担，抑制其投资热情。此时，当事人仍然可以通过约定将重大过失纳入免责条款，占据信息优势的管理人只需要告知投资者降低义务边界的法律后果和相关必要投资信息，只有不愿意告知必要信息的管理人才会因一般过失就要承担责任。这种制度设计反而有利于保障投资者的知情权，减少或者消弭信息不对称。

（二）私募基金管理人注意义务的意定边界

私募基金管理人注意义务的规范属于缺省性规范，仅在当事人对于注意义务未约定或约定不明的情况下才予以适用。理论上讲，当事人可以通过基金管理协议等的约定排除适用。

缺省性规范的特征是：虽然是法定边界，但可以经由当事人约定排除适用，即意定边界优先于法定边界被适用。只有在当事人未约定或约定不明的情况下，法院才适用注意义务的法定边界。缺省性规范确立的注意义务法定边界除了充当当事人未约定或约定不明时的备用规则，也在一定程度上起到示范、引导的作用，让当事人在订立注意义务的合同

〔31〕 See Ian Ayres, *Making a Difference: The Contractual Contributions of Easterbrook and Fischel*, University of Chicago Law Review, Vol. 59, 1992.

〔32〕 同前注〔3〕。

条款时参考适用,并且以较高的一般过失作为私募基金管理人注意义务的法定边界,加上对管理人告知必要信息的制度设计,在不影响交易效率的同时,有效缓解双方间的信息不对称。私募基金管理人可以向投资者披露其基于受托人地位获取的相关信息,以换取订立更低标准的注意义务条款。

约定缩减义务的自治限度因受托人资质不同有所差异。以英国为例,其对金融职业受托人的注意义务排除适用的要求较为严格,英国《2006 年公司法》第 19 章第 750 条规定了债券受托人缩减注意义务边界的自治限度,免除一般过失的条款无效。[33] 即债券受托人不可通过约定将注意义务缩减至重大过失。英国 1995 年《养老金法》第 33 条也禁止通过约定限制或免除违反注意义务的法律责任。[34]

在私募基金场景下,应将重大过失作为最低自治限度。首先,重大过失符合私募基金投资者利益最大化目标,与其风险承受能力和收益目的相吻合。一方面,私募基金面向合格投资者,其风险承受能力较强;另一方面,私募基金的优势在于灵活性,管理人应利用私募基金在投资策略、投资种类和投资限制等方面的灵活性,采取高风险高收益的投资策略,追求利益回报的最大化。过高的注意义务反而使其错失商业机会。因此,如果私募基金投资者是在知情同意的基础上通过约定将义务边界缩减到重大过失,法院无须干涉。私募基金注意义务边界的设置是为了更有效率地进行风险分配,而不是将损失从一个人转移至另一个人。[35] 令私募基金管理人承担合理限度内的注意义务有利于增强其服务的积极性,并依照投资者的意愿承担适当的风险,实现其利益最大化。[36]

此外,我国与英国对重大过失存在认识上的差异。在英国,针对重大过失是否能被作为独立的过失标准存在争议。英国司法针对重大过失是否能被等同于欺诈,与一般过失存在本质性差异也争议颇多。有的

---

〔33〕 See Company Act 2006, S750.

〔34〕 See Pensions Act 1995, S33.

〔35〕 See Kenneth B. Davis, Jr., *Once More, the Business Judgment Rule*, Wis. L. Rev. Vol. 2000, 2000.

〔36〕 See Julian Velasco, *The Role of Aspiration in Corporate Fiduciary Duties*, Wm. & Mary L. Rev., Vol. 54, 2012.

法院认为重大过失不能被等同于欺诈，重大过失属于过失的一种，只是程度上有所差别。[37] 有的法院则认为可以将重大过失等同于欺诈，如Seton v. Dawson 案、Knox v. Mackinnon 案和 Rae v. Meek 案。持后种观点的法院认为，相较于未经适当注意或者未能发挥适当技能和经验导致的一般过失，重大过失所指向的内容更具有根本性。如果从一般文义解释或者生活经验的视角出发，重大过失明显指向的是即便意识到风险存在，也严重不顾及或不在意的心理和行为，而不仅仅是触及风险的过失行为。[38] 这些法院认为重大过失与一般过失存在实质性差异，与主观恶意不存在本质差异，基本可以等同。因此，该种差异足以使受托人承担不同的法律责任。

我国则普遍认为重大过失属于过失的一种，只是过失程度有所加深，与故意之间存在本质性差异。[39] 只有在私募基金管理人有意识地不计后果、不合理地极端背离理性的专业受托人注意标准，造成的危险已经达到其已经预见或应当预见的范畴，不仅仅是过失或专业方的不称职时，法院会认定故意。[40] 以尽职调查为例，如果管理人向投资者陈述其进行尽职调查，却未使用专业调查人士对任何潜在目标公司经理进行背景调查，或者未与目标公司董事以外的任何人交流以核实调查资料，又或者在投资前未进行审计，在此种情形下，可认定其构成故意。因此，我国法律允许私募基金管理人注意义务可通过协议缩减至重大过失并无不妥。

综上所述，具体而言，我国注意义务一般规则应从以下方面予以完善。首先，在法定边界方面，可通过在《证券投资基金法》第 9 条[41]增

[37] See Armitage v. Nurse, [1998] Ch 241.

[38] See Red Sea Tankers Ltd v. Papachristidis, [1997]2 Lloyd' s Rep 547.

[39] 参见叶名怡：《重大过失理论的构建》，载《法学研究》2009 年第 6 期。

[40] See Julian Velasco, *The Future of Fiduciary Law Symposium: Fiduciary Judgement Rules*, Wm. & Mary L. Rev., Vol. 62, 2021.

[41] 《证券投资基金法》(2015 年修正)第 9 条规定："基金管理人、基金托管人管理、运用基金财产，基金服务机构从事基金服务活动，应当恪尽职守，履行诚实信用、谨慎勤勉的义务。基金管理人运用基金财产进行证券投资，应当遵守审慎经营规则，制定科学合理的投资策略和风险管理制度，有效防范和控制风险。基金从业人员应当具备基金从业资格，遵守法律、行政法规，恪守职业道德和行为规范。"

设关于私募基金未约定或约定不明时的义务规则,即“私募基金管理人如果未能表现作为受托人所需的谨慎勤勉、技能和经验,则需承担过错责任”。其次,因注意义务缺省性规范的特征,意定边界优先于法定边界适用,明确意定边界的自治限度同样重要,立法者应当在同一条法定边界后增设“私募基金合同任何条款,免除管理人因重大过失造成基金财产损失的法律责任,不具有法律效力。主张免除一般过失责任约定的私募管理人应当提供告知投资者免责条款法律后果和相关必要投资信息的证据”。最后,由于注意义务的法定边界会随着情境变化而变化,为明确裁判指引,立法者应当在规范中明确规定法定边界的影响因素,即“法官在适用注意义务规范时,可以将投资者授权范围、市场监督力量、所涉法益重要性、投资者获取信息难度等作为参考因素”。针对不同交易结构的私募基金,法官可以灵活适用上述影响因素,审慎认定义务边界的划分是否符合投资者利益,在公共政策和效率导向间寻求平衡。

(三)注意义务个案认定的可预见性原则

尽管能够通过法律文本明确私募基金管理人注意义务的法定标准以及约定排除的边界。但是,如何在个案中根据具体事实判定管理人是否具有过失和区分一般过失和重大过失,仍然依赖法官进行审慎裁量。

对此,英美判例法上形成了“可预见性原则”作为判断基金管理人违反注意义务过失的依据。例如,在AMEC养老基金案中,法院依据可预见性原则确定受托人是否构成疏忽,并强调可预见性是对过失的检验依据,所以,可预见性在违反注意义务的过失标准中最为重要。[42] 在费尔菲尔德退休基金诉某员工持股投资咨询公司案中,法院援引可预见性作为受托人注意义务的检验标准。[43]

所谓“可预见”,是指只有行为人预见到损害,或者一个合理谨慎的人能预见到损害,且损害本可以合理方式加以避免,行为才是有过失的。[44] 就注意义务而言,可预见性原则通过参照风险产生当时对其结果的可预见性,帮助法官限定投资者的损害是否在管理人负担的注意义

〔42〕 See In re AME Church Emple. Ret. Fund Litig., [2023] U. S. Dist.

〔43〕 See Fairfield Ret. Programs for Emples. v. NEPC, LLC, [2011] Conn. Super.

〔44〕 参见刘文杰:《论侵权法上过失认定中的“可预见性”》,载《环球法律评论》2013年第3期。

务的保护范围内。具体到私募基金场景中,即私募基金管理人能够合理预见到其被期望采取积极行动保护投资者,并且能够预见到如果不这么做将会对投资者造成损害。

事实上,过失本身就包含了可预见性的要素。存在过失表明两层意思:注意义务的存在及其违反。易言之,过失责任的成立须管理人对投资者负有注意义务,并违反其注意义务而损害投资者。管理人何时违反其注意义务而负担过失责任,应考察行为人是否适度运用其注意能力以避免或防止可预见损害结果的发生。[45]

法院在个案裁判中援引可预见性规则,准确描述当时的商业政策和风险环境下社会普遍认同的管理人行为标准,有助于提升裁判结果的可接受性。[46] 可预见性原则清楚地确定了管理人被合理期待能够预见损害并采取相应行动避免损害的界限。此处的合理期待并非局限于单方当事人的合理期待,而是社会普遍认同的合理期待标准。可预见性通过询问管理人是否满足社会的合理期待标准,将行业惯例和社会规范引入过失标准的具体化分析,增进裁判者对注意义务保护范围的理解。即便是卡多佐法官,在确定信义义务边界时,也时常借助可预见性,诉诸行业习惯和社会规范。例如,在 Meinhard v. Salmon 案中,卡多佐法官运用可预见性评估社会普遍认可的对受托人终止通知的合理期待的标准和披露义务的范围。[47]

一般来说,可预见性审查包括两部分,即管理人是否可以合理预见到该损害范围,并预见到他被期望采取积极措施避免该损害发生。法官通过比较损害与预防措施的可预见性判定私募基金管理人的过失程度。

首先,损害的可预见性是过失标准具体化中的重要组成部分。一方面,损害的可预见性为客观标准。除私募基金管理人声称自己具有超越一般专业人士的技能和经验外,通常采取客观标准。法院既不关注管理人主观状态和实际状况,也不要求其尽可能地谨慎行事,而是要求其达到同行业中与其具有类似地位、能力和熟练度的从业人员在类似情形下

---

〔45〕 参见陈聪富:《侵权归责原则与损害赔偿》,北京大学出版社2005年版,第45页。

〔46〕 See Melvin A. Eisenberg, *The Duty of Good Faith in Corporate Law*, DEL. J. CORP. L. 1, Vol. 31, 2006.

〔47〕 See Meinhard v. Salmon, [1928]164 N. E. 545, at 547.

应有的技能、经验和注意,[48]即此处的预见范围应当以专业人士对潜在风险的可预见程度为准。此外,实践中亦存在自然人、创业投资管理公司或财务公司等担任私募基金管理人的情形,对此类私募基金管理人专业技能和经验的要求与证券公司、基金管理公司、期货公司及其子公司相同。此类主体并非中国人民银行等《关于规范金融机构资产管理业务的指导意见》与《私募投资基金监督管理暂行办法》所调整的证券公司、基金管理公司、期货公司及其子公司,对其的监管只能适用包括《创业投资企业管理暂行办法》《政府出资产业投资基金管理暂行办法》《关于进一步明确规范金融机构资产管理产品投资创业投资基金和政府出资产业投资基金有关事项的通知》等法律文件,但是并不影响这些主体根据《证券投资基金法》和《私募投资基金监督管理条例》的规定,适用同等要求的注意义务规范。[49]

另一方面,损害的可预见性是私募基金管理人行为时的标准。注意义务更多表现为过程义务,而非结果义务。管理人并不能保证投资效益的必然实现,因此,法院并不能以结果倒推管理人未履行相应的注意义务,而是以管理人行为时是否满足注意义务要求为准。在上海金元百利资产管理有限公司、深圳吾思十八期股权投资基金合伙企业合伙协议纠纷中,私募基金管理人在《尽职调查报告》中有关“资金通过委托贷款进入丰华鸿业公司账户后,将转入由政府设立的专用账户并由政府监管使用,专项用于宝华寺项目的征地拆迁,从而保证委托贷款的资金安全”的表述与后续事实不一致,丰华鸿业公司并未在资金入账后将其转入账户设立账号。对此,最高人民法院认为不能依据实际履行过程中发生的事实,判定私募基金管理人在履行尽职调查时未尽到相应注意义务。报告

〔48〕 同前注〔16〕,第174页。

〔49〕 我国裁判实践也将担任私募基金管理人的自然人、创业投资管理公司和财务公司的注意义务要求,与证券公司、基金管理公司、期货公司及其子公司的注意义务要求等同视之。比如,在北京市中小企业服务中心与北京星云清科投资中心(有限合伙)等股权转让纠纷案中,法官认为管理人应当对基金的投资管理负有必要的谨慎和注意义务,并未因为其不具备基金管理公司等牌照而降低注意义务要求。既然自然人、创业投资管理公司和财务公司以私募基金管理人的身份从事基金管理业务,那么,就应当遵守作为私募基金管理人应当具备的行为能力要求,这也符合社会普遍认可的对基金管理人的专业能力和经验的合理期待标准。

中的表述是根据当时情况对未来还款保证所作的预估,并不能以此后的实际情况认定管理人有故意虚构和隐瞒真实情况的故意。[50] 法院判定私募基金管理人履行尽职调查义务的注意标准应当以调查时为限,而不能强求管理人对未来结果负责,这超出管理人可预见的危险范围。北京信文资本管理有限公司与胡某红合同纠纷案亦是如此,法院在裁判时应当注意区分典型风险与固有风险,结合当时同行业的基金管理人对于电子支付市场的发展状况发布的行业研报,判断自动提款机线下布放是否落入尽职调查的事项范围内。

其次,确定管理人的过失标准时,除损害的可预见性外,法院应重点关注管理人是否勤勉地采取预防措施,或者是否运用专业技能降低风险,[51] 即管理人被合理期待采取预防措施的可预见性。具体而言,指管理人是否能预见到他被合理期待采取积极行为来预防该损害,以及能否预见到如果不作为是否会对投资者造成损害。

例如,在冯某、宁波演音股权投资基金管理有限公司委托理财合同纠纷案中,被告认为涉案投资项目为演唱会,因此不能以私募基金管理人的注意标准要求本项目,而应当以普通理性人的注意标准。因此,被告只需确定主办方或承办方的真实身份及艺人演出场次的真实性即可。法院认为被告以私募基金管理人的身份签订基金认购协议,管理的投资基金金额为8750万元,数额较大,并且约定尽职调查等注意义务,故投资者可合理期待被告作为基金管理人履行尽职调查义务。然而,被告却未能提供证据证明在处理理财事项前履行了尽职调查义务,因此认定管理人违反注意义务。[52] 在本案中,法院并未因为涉案投资项目的特殊性放低管理人的行为标准,而是根据商事受信关系认定管理人应当履行专业受托人所应具有的技能和谨慎。法院通过强调涉案基金资产规模之大,凸显涉众性金融违约可能造成的风险。依照社会规范和商业惯

---

〔50〕 最高人民法院:上海金元百利资产管理有限公司、深圳吾思十八期股权投资基金合伙企业合伙协议纠纷二审民事判决书,案号:(2018)最高法民终539号,2018年12月27日。

〔51〕 See Paul B. Miller, *A Theory of Fiduciary Liability*, McGill L. J. Vol. 56, 2011.

〔52〕 浙江省宁波市江北区人民法院:冯某、宁波演音股权投资基金管理有限公司委托理财合同纠纷一审民事判决书,案号:(2021)浙0205民初2685号,2021年7月23日。

例，此种交易场景远非日常理性和知识可应对，需要私募基金管理人尽到专业人士的审慎注意和技能经验，管理人应当合理预见到其被合理期待运用专业技能采取积极的尽职调查行为来核实与投资标的密切相关的信息，并且能预见到未调查相关信息可能会对投资者造成损害。

综上，法院运用可预见性在个案中具体判定私募基金管理人有无过失和过失程度应当遵循如下步骤。首先，如果完全无法预见该损害，或者预防措施不在可预见范围内，此时私募基金管理人不具备过失。损害不能预见意味着风险无法控制，一般表现为商业风险或者固有风险，因为损害异常不具备普遍性，社会无法期待管理人能规避该种损害，由此产生的损失不能归责于管理人。预防措施不在可预见范围内亦是脱离，此时管理人无法通过积极行动规避损害发生，不具备可责性基础。其次，如果私募基金管理人能预见该损害，却未能采取积极措施预防损害发生，符合过失标准。管理人能够预见到损害，依照社会普遍认可的合理期待，此时管理人应当采取积极行动控制危险，减免损害或者避免损害发生，而管理人行为偏离注意义务要求的行为准则，此时符合客观归责要件，构成过失。最后，在确定私募基金管理人构成过失的基础上，如果损害可预见性较高或损害范围较大，同时管理人明知可以采取相应预防措施避免却放任损害发生，符合重大过失标准。

（编辑：张　越　赵　宇）

《证券法苑》(2024)
第四十一卷,第23~45页

私募基金管理人民事赔偿责任的厘定与规范适用*

——基于基金管理人信义义务的视角

马禄伟**　王东光***

摘要:要认定基金管理人民事赔偿责任,应辨析信义义务与合同义务的关联,明确合同义务在损失认定中的法律障碍,进而通过违反信义义务确定损失范围。应根据基金管理人过错程度,区分全额赔偿、部分赔偿和补充赔偿的归责标准。基金管理人的赔偿范围不应仅限于实际损害,应扩展至预期损失和非法获得不当收益的归入权,进而提高惩戒效果。同时,建议规定基金管理人承担民事赔偿责任的免责事由,最终形成基金管理人与基金持有人之间民事赔偿的制衡机制。

关键词:基金管理人　信义义务　义务厘定　民事赔偿

* 本文系华东政法大学博士研究生海外访学项目资助研究成果。

** 华东政法大学金融法博士研究生。

*** 华东政法大学经济法学院副院长,上海股份制与证券研究会副会长,博士生导师。

一、问题的提出

基金业发展的核心问题是如何保护投资者权益,树立投资者对基金的信心。[1] 近几年,我国私募基金规模庞大,但基金持有人大多亏损累累。[2] 现有研究普遍表明,以基金为代表的机构投资者不仅没有起到稳定市场的作用,反而成为股市暴涨暴跌的助推器。[3] 2018 年,中国人民银行、中国银行保险监督管理委员会(已撤销)、中国证券监督管理委员会、国家外汇管理局联合发布《关于规范金融机构资产管理业务的指导意见》(以下简称《资管新规》),明令禁止私募基金等资产管理行业承诺保底或进行刚性兑付。2019 年,最高人民法院发布《全国法院民商事审判工作会议纪要》(以下简称《九民纪要》)对保底条款效力问题同样作出否定评价。[4] 2023 年,国务院通过首部私募基金领域行政法规《私募投资基金监督管理条例》(以下简称《私募条例》),彰显了监管趋严的国家意志。[5]

私募基金管理人规制体系既有法律的刚性,又有自律规范与当事人合意的柔性。[6] 换言之,基金管理人既要关注合同的约定,也要关注法律、法规、规章和相关规范性文件的要求,积极勤勉履行管理义务。

---

〔1〕 中国证券报编:《中国基金投资者获得感洞察报告 2022》,新华出版社 2023 年版,第 7 页。

〔2〕 詹钰叶:《年内私募基金普遍亏损,多数"公奔私"基金经理业绩不佳》,载百度百家号,https://baijiahao. baidu. com/s? id = 1732984976976510641,2024 年 7 月 23 日访问。报道显示,截至 2022 年 5 月 9 日,94 家百亿级私募平均收益率为亏损 12.72%,其中近九成百亿级私募业绩出现亏损。

〔3〕 杜威望:《中国证券基金的投资潮涌研究》,社会科学文献出版社 2023 年版,第 30 页。

〔4〕 《九民纪要》第 92 条第 2 款规定:"实践中,保底或者刚兑条款通常不在资产管理产品合同中明确约定,而是以'抽屉协议'或者其他方式约定,不管形式如何,均应认定无效。"

〔5〕 例如,《私募条例》第 3 条中突出强调"不得违背公序良俗"具有特别的警示意义。第 5 条进一步强调"私募基金业务活动的监督管理,应当贯彻党和国家路线方针政策、决策部署",突出了金融的强监管属性。

〔6〕 肖宇、许可:《私募股权基金管理人信义义务研究》,载《现代法学》2015 年第 6 期。

基金管理人追求专业化管理，具有实际权利，甚至在很大程度上影响证券市场。[7] 由于行政监管机构作出行政处罚行为的要素，也可能是法院认定基金管理机构承担民事赔偿责任的要素，在界定基金管理人民事赔偿的责任构成和承担时应明确：基金管理人违反的义务性质如何厘定；基金持有人的损失如何确定；违反义务的行为与基金持有人损害之间的因果关系，并界定基金管理人的损害赔偿范围等诉争，实务中存在不同的裁判标准。

（一）证券投资基金业务的法律关系如何界定

《九民纪要》将证券投资基金业务法律关系界定为信托法律关系，但亦有法院判决将基金合同定性为委托关系，[8] 抑或不对法律关系予以定性，直接就基金管理人履行义务是否适当作出判断，最终判决基金管理人对投资损失不承担赔偿责任。[9] 例如，在谢某、广州市犇鑫投资管理有限公司委托理财合同纠纷案中，[10] 法院认定犇鑫公司在五号基金的募集和运营过程中存在风险评估不规范、未披露基金相关信息、使用无资质人员参与募集的行为，违反了合同约定以及法律法规强制性规定，应承担相应的赔偿责任。在某基金管理公司与汤某等委托理财合同纠纷案中，法院认为，基金的募集和管理中严重违反《基金合同》，直接导致汤某的投资款在基金到期后长达两年多的时间内仍无法退出，应当对汤某的损失承担赔偿责任。在华设资产管理（上海）有限公司、常某某与平安银行股份有限公司上海分行证券投资基金交易纠纷案中，[11] 上海金融法院认为私募基金管理人失职行为，违反适当

---

〔7〕 See Jeffery G. Macintosh: *The Role of Institutional and Retail Investors in Canadian Capital Markets*, Osgoode Hall Law Journal, Vol. 31, 1993.

〔8〕 北京市高级人民法院：北京启明乐投资产管理有限公司与中国光大银行股份有限公司北京分行等委托理财合同纠纷再审审查与审判监督民事裁定书，案号：(2020)京民申2123号，2020年6月29日。

〔9〕 上海金融法院：李某群与上海勇勤投资管理有限公司委托理财合同纠纷二审民事判决书，案号：(2021)沪74民终1843号，2022年10月17日。

〔10〕 广东省广州市中级人民法院：谢某、广州市犇鑫投资管理有限公司委托理财合同纠纷二审民事判决书，案号：(2019)粤01民终21112号，2020年2月20日。

〔11〕 上海金融法院：华设资产管理（上海）有限公司、常某某与平安银行股份有限公司上海分行证券投资基金交易纠纷二审民事判决书，案号：(2020)沪74民终461号，2021年5月31日。

性义务等行为具有相当严重性,因此推定发生全部损害。

在前述案例中,不难看出,由于证券投资基金的交易结构、产品合同以及当事人的法律关系较为复杂,且针对其中部分事实的判断涉及金融领域专业知识,对法官知识水平提出更高要求。司法实践中,证券投资基金法律关系多定性为委托理财合同关系,而非直接或明确界定为信托关系。基金持有人很少以违反信义义务提起诉讼,而多依据基金管理人在募投管退中的某一个或某几个阶段中实施的违约行为。法院在推理论证中也较少运用信义义务,普遍未就信义义务的法律概念及性质、体系定位以及违反信义义务的法律后果进行较为直接和完整的说理,而大多采用适当性义务、信息披露义务等具体义务类别进行表述。

(二)基金管理人的赔偿范围如何界定

围绕基金管理人的赔偿范围如何界定,司法实践中同样存在着不同的裁判意见。例如,在吴某林、广东君心盈泰投资管理有限公司委托理财合同纠纷案中,[12]法院认为本金损失的时间范围因不同的基金运作方式而有所区别。在封闭式基金运行期间,基金持有人无法赎回基金,故对于封闭期内发生的本金损失原则上应由管理人全部赔偿。结合管理人是否尽到信息披露义务,投资者是否尽到减损义务等因素确定赔偿损失的时间范围和双方承担比例。基金持有人能否请求管理人赔偿基金合同记载的预期收益,对合同约定的投资预期收益是否属于损失存在不同理解。在另一起合同纠纷案中[13],法院认为因《基金合同》中明确年利率11.5%为预期收益,并不意味着管理人保证投资人取得相应数额的投资收益,判决逾期期间按同期银行贷款利率、贷款市场报价利率计算资金占用利息。

综述案例,基金合同通常不会对管理人违约情形下的违约金标准或投资损失的计算方式作出明确约定,在缺乏可直接援引的违约责任

---

〔12〕 广东省广州市中级人民法院:吴某林、广东君心盈泰投资管理有限公司委托理财合同纠纷民事判决书,案号:(2020)粤01民终15306号,2020年11月10日。

〔13〕 上海金融法院:上海新耒股权投资基金管理有限公司、上海通则久文化发展有限公司等与王某景其他合同纠纷二审民事判决书,案号:(2020)沪74民终1045号,2021年4月28日。

条款时，基金持有人只能主张法定违约责任要求赔偿投资损失。基金持有人主张民事赔偿责任是否必须以其损失发生为前提，尤其是涉及预期收益和归入权的判断，存在不同裁判观点。

二、基金管理人所负义务之厘定

（一）法律关系定性：合同关系与信托关系的比较

合同关系双方当事人是平等民事关系，信托关系则较为复杂。[14] 如何界定证券投资基金法律关系其结果将大相径庭。私募基金合同当事人对基金管理人科以利益冲突行为以及竞业禁止行为，若完全依合同责任来处理，则超出信托范围作为一般法理的信义义务将会缺乏依据。[15] 《九民纪要》颁布后，除有保底刚兑条款和管理人不履行管理责任的情况存有争议外，基金合同法律关系为信托关系是较为一致的看法。[16] 但是司法实践对信托关系的要件、所认定信托关系的性质缺乏充分的讨论。

信托说主张，首先，信托法律关系存在两大特色，其一是信托财产之上的特殊权利架构，集中体现为信托财产的独立性；其二是信托受托人需要承担信义义务。[17] 《信托法》的构造在形式和功能上，不仅与资产管理的时机商业操作相似，而且《资管新规》等监管规则规定了资管业务禁止刚兑、贯彻卖者尽责与买者自负的理念，契合资产管理行业进行规范改造的理想方向。

---

〔14〕 参见郭金良：《资产管理业务中受托管理人义务的界定与法律构造》，载《政法论丛》2019 年第 2 期；赵廉慧：《〈信托法〉是调整资管业务的基本法》，载《当代金融家》2018 年第 11 期。

〔15〕 参见楼建波、姜雪莲：《信义义务的法理研究——兼论大陆法系国家信托法与其他法律中信义义务规则的互动》，载《社会科学》2017 年第 1 期。

〔16〕 参见《年度观察专题 | 中国商事争议解决年度观察（2022）》，载北京仲裁委员会 · 北京国际仲裁中心网，https://www.bjac.org.cn/news/view? id = 4417，2024 年 9 月 5 日访问。

〔17〕 参见徐化耿：《资产管理人勤勉尽责义务的理论基础与司法适用》，载《现代法学》2023 年第 3 期。

其次,信托法律关系的法定性特征,相较于依照《民法典》的责任规则进行演绎和推导,证明诸如信赖关系、因果关系、主观心态等要素存在,经过具体规则的适用与演绎过程,可避免简单重复的推理而导致诉讼成本的增加。

由于证券投资基金不仅汇集了众人投资而拥有的庞大资金规模,而且涉及众多社会投资人的利益,基金投资人对基金管理人的信任和选择不再可能是传统民事信托中委托人通过与受托人的长期相处、了解而产生对其人格、能力的信任。有些信托关系是因法律规定产生,如我国《信托法》第55条关于信托终止后为信托财产取得人拟制的信托。在此类法定信托关系中,受益人无法事前约束享有法定自由裁量权的受托人。[18]

最后,当基金管理人与第三人合谋侵害受益人权利时,信托关系可突破行为限制或者表述约束,立足高于市场的道德标准,对第三人提起诉讼并要求归还财物。基金持有人的分散性与基金的流动性使持有人利益的保护更多依赖于法律的规制,更多是只关心其投资的实际收益,而不愿意为基金如何经营和决策浪费时间,证券投资基金高度的流动性亦使其可以随时转让或赎回。[19]

合同说则认为,在金融行业分业经营的政策环境下,资管运行实际中部分资管人仅作为通道角色,委托人不承担积极主动管理职责,与标准信托相差甚远,因而不宜笼统地将所有管理行为界定为信托行为。[20] 大陆法系合同法中秉持的诚实信用原则,不具备利他性信义义务生长的土壤。[21] 以德国为代表的大陆法系,深受契约观念影响。德国判例法将私募基金管理人民事责任定位于纯粹财产损害的合同责任,其保护扩及于第三人。在私募基金管理人与基金投资者之间存在

---

〔18〕 参见杨秋宇:《信托受托人忠实义务的功能诠释与规范重塑》,载《法学研究》2023年第3期。

〔19〕 参见奚庆:《中国证券投资基金管理人公司治理问题研究》,法律出版社2012年版,第35页。

〔20〕 参见缪因知:《资产管理内部法律关系之定性:回顾与前瞻》,载《法学家》2018年第3期。

〔21〕 参见许多奇:《论全周期视野下私募基金管理人的信义义务》,载《武汉大学学报(哲学社会科学版)》2022年第5期。

合同关系时，由此产生的民事责任当属合同责任，其毋庸置疑。[22] 基金管理人是提供资产管理服务的专业机构，理应负一个专业人士所应负的更高标准的信赖义务，而无须为赋予其信赖义务而强行将其定位于信托关系的受托人，所以，基金管理人的法律地位不可能在信托关系中进行定位。[23] 资产管理合同通常授予管理人自主决定投资内容与方式的权利，属于全权委托代理行为，不应将投资信托业务的资产管理业置于信托的诠释框架。

合同关系强调说明义务的履行程度，信托关系则更强调侵权的行为规范。二者具体区别见表1。若存在特别规定或合同特别约定，则结合资管产品具体结构认定基础法律关系的性质。[24] 各类私募基金合同文本虽在上述原则性规定的基础上对管理人义务作出了细化约定，但其中仍然充斥着大量模糊的概念。一旦条款被签订，法律关系的类型和法律后果便已确定。[25] 综合来看，基金管理人除应履行合同约定义务外，还应尽勤勉谨慎的管理之责。基金管理人依委托合同的法理、有关基金的法律法规及基金契约的规定负有信赖义务。根据法律关系（信托关系）至义务类型（信义义务）的论证推导，资管业务为信托法律关系，基金管理人应当履行信义义务。

表1　合同关系和信托关系的区别

区别	合同关系	信托关系
关联程度	自己负责	依存关系

〔22〕 参见［日］浦川道太郎：《德国的专家责任》，梁慧星译，载梁慧星主编：《民商法论丛》（第5卷），法律出版社1996年版，第539～541页。

〔23〕 参见张国清：《投资基金治理结构之法律分析》，北京大学出版社2004年版，第51～52页。

〔24〕 参见《首期上海金融司法沙龙"金融资管纠纷中的热点法律问题"综述》，载微信公众号"中国上海司法智库"2021年8月10日，https://mp.weixin.qq.com/s?__biz=MzI2ODUzMDA3MA==&mid=2247498616&idx=1&sn=39927ccd478a2384d19e6946f0ebeb38&chksm=eaec8381dd9b0a975330fdc7af7186f9ff8838a14d32fc20c8e3614ad17ad18e2333d1be16a1&scene=27。

〔25〕 参见上海金融法院综合审判一庭课题组、单素华、孙倩、黄佩蕾：《涉契约型私募基金案件法律适用疑难问题研究——以115篇类案数据分析报告为基础》，载《上海法学研究》2021年第8卷。

续表

区别	合同关系	信托关系
义务范围	限定	广泛
救济方式	损害赔偿	交出收益等多样的方式
公私救济	私法自治	可能会有公法介入
区分财产	否	是

(二)现有规定不足:信义义务的本土表征与内涵

第一,缺乏基金管理人信义义务的明确规范。信义义务的性质是合同义务还是法定义务,抑或是两者的复合体,在法律法规尚待完善、当事人合同约定不充分、不专业的背景下,如何准确把握管理人的信义义务的强度和范围,判断其是否违反信义义务等疑问缺乏明确规范。只能从理论或概念上去讨论信义义务在各个领域、各个环节的内涵,并通过司法判决去发展、明确、充实信义义务。与合同义务源自基金运营的条款,向基金持有人提供准确及时的信息、按照基金的投资目标行事以及遵循招股说明书中列出的具体投资指南等行事不同,信义义务基于法律要求基金管理人以基金持有人最大利益行事。综上,由于缺乏基金管理人信义义务的明确规范,信义义务的具体实施颇为倚重法官裁判水平与法院所在地区的经济发展水平,需要基金持有人意识的觉醒、基金管理人行为边界的清晰、律师和法官专业化素质的提高。

第二,将信义义务与诚实信用原则混淆,降低了对基金管理人行为的要求。立法规定的诚实信用原则不同于信义义务,诚实信用原则中包含的忠实、谨慎的因素,与信义义务中的忠实和谨慎义务的目标不同,前者是在勿害他人的前提下追求自我利益的最大化,后者是在利他的要求下追求委托人利益的最大化。信义义务对受托人的道德要求比诚实信用原则对当事人的标准高。诚信原则适用时着眼于具体当事人之间的法律关系,强调忠于事。而信义义务法律规则适用时较抽象,体现了整体社会的道德要求和价值取向,注重忠于人。故而诚实信用原则不能取代信义义务法律规则的功能,应该在立法中确立信义义务与诚信义务并列的法律地位。[26]

有学者认为，信义义务是资产管理业务法律规制的第三支柱，与审慎监管、行为监管共同作用于资产管理市场。[27] 基金管理人的忠实义务具有一定的刚性，要求基金管理人将投资者的利益置于自身利益之上。注意义务则具有一定的弹性，对基金管理人的能力和敬业程度要求，某种程度上依赖于内部控制和内部自觉。[28] 从《资管新规》到《九民纪要》，用信义义务统摄信托法乃至整个大资管领域，成为人民法院在审理金融纠纷案件中有效保护金融消费者和中小投资者合法权益的重要制度手段。根据《私募条例》第26条的规定，私募基金管理人要遵循专业化管理原则和投资者利益优先原则。谨慎勤勉义务的标准问题，即管理人如何证明已经尽到了专业化管理和投资者利益优先原则，司法实践中将出现越来越多的裁判解释。考虑到我国资管行业分业监管的实际，对信义义务标准的不同设定，将信义义务与诚实信用原则混淆，降低了对基金管理人行为的要求，增加了证券投资基金产品的交易成本。

（三）基金管理人信义义务的内容

由于信义义务在各个领域、各个环节的体现有所不同，除非对此均加以丝缕分条，否则无法涵盖信义义务的全部。换言之，信义义务是什么、如何产生、对谁负责、适用范围如何、何时产生、何时终止、违反时有哪些救济途径，具备哪些相对优势等。在判断基金管理人是否明显违反合同约定，是否明显违反法律、法规、规章等争端时，应在信托关系的基础上，结合具体法律法规内容，运用信义义务规则进行综合判断。

第一，信义义务如何产生，对谁负责。信义义务一般滋生于合同关系，当事人可以在基金合同中对具体内容进行约定、填补或变更。根据《信托法》《证券投资基金法》及金融监管文件规定，基金管理人应履行法定职责，即使当事人之间所签订的合同中未作约定。基金管理人与基金持有人签订合同之后，应根据具体条款，包括基金将如何运作、利润将

---

〔26〕 参见王莹莹：《信义义务的传统逻辑与现代建构》，载《法学论坛》2019年第6期。

〔27〕 参见姜宇：《论资产管理业务法律规制的第三支柱：信义义务规则——兼评〈关于规范金融机构资产管理业务的指导意见〉》，载《上海金融》2018年第12期。

〔28〕 参见李勇：《从基金管理人信义义务看私募基金风险防控》，载《检察日报》2020年3月30日，第3版。

如何分配以及投资者如何撤回投资等以投资者的最大利益行事。换言之,基金管理人必须平衡合同义务与其对投资者所负信义义务,综合考虑此类冲突,以确保合同关系和信托关系的有效平衡,避免因冲突导致基金管理人法律、道德和声誉风险,最终损害基金持有人的整体利益。一旦基金管理人的某项行事规则被列入基金合同,基金管理人的行事义务就转化为合同义务,且被优先援引和适用。信义义务法定性特征降低因制定和监控具体条款耗费的制度成本。

第二,信义义务内涵及适用范围。尽管我国设定基金的主要手段是基金合同,一直以来也是以合同为中心进行思考,但信义义务可超越基础合同义务。主流观点认为,信义义务内涵包括忠实义务和注意义务,前者要求受托人忠于受托目的和受益人的利益,多表现为禁止性的消极义务。后者则强调受托人为实现受托目的和提升受益人利益的能力与努力。[29] 基金管理人应恪守信义义务,将基金持有人的利益置于首位,始终将基金持有人的利益最大化作为基金活动的行为准则。信义义务的履行和监督成本较高,具体到基金募集、运作和清算各个环节,主要包括公平对待投资者、公平交易、财产独立、合规运营、审慎投资、信息披露等义务,其均以基金相关监管规则和基金合同约定作为依据。信义义务既可以提供标准化的保护,也可以根据委托人保护能力的大小进行调整。基金管理人不得借由合同完全排除应负担的信义义务,否则背离信托关系本质。换言之,最低限度的信义义务是受托人义务不可削减之核心。

美国和日本两国关于信义义务的规定具有借鉴价值。《日本信托法》对受托人义务的规定较民法的规定更为具体。[30] 除信托事务遂行义务与善良管理人的注意义务,还明确规定了忠实义务、公平义务、分别管理义务、第三人委托权限和选任监督义务、提供信息义务(见表2)。

---

〔29〕 中国证券投资基金业协会:《基金管理人信义义务研究(上)》,载中国证券投资基金协会网,https://www.amac.org.cn/hdjl/jjhywhjs/xxyw/202001/P020231126415029163468.pdf。

〔30〕《日本民法典》第644条规定,委托合同中善良管理人的注意义务。受任人必须承担、遵从委托的主旨,秉持作为善良管理人所应当具有的注意,来处理委托事务之义务。《日本信托法》第2条第1项规定,信托是指遵照一定的目的进行财产管理以及为了达成该目的所采取的必要的行为。

《日本信托法》第30条规定的忠实义务，主要体现为消极性义务，由一般性规定、禁止利益冲突和竞业禁止3个条文组成。《日本民法典》和《日本信托法》明文规定，若受托人违反了一般受信义务以及有关的具体禁制，[31]则应当推定受托人对信托财产造成的损失与受托人由此获得的利润金额相等。一旦利润被视为损失，则受益人有义务根据第40条第1款予以赔偿。英美信托法认为，在信托关系下，受托人所应负的义务虽认为是注意义务及忠实义务等，但是因为注意义务并非仅存在于信托关系，亦存在于委任等法律关系，通常以受托人的忠实义务为核心进行学理探讨。[32] 受托人之所以负有衡平法上的忠实义务，其主要源自受托人与受益人间所存在的信任关系，而非普通法上的契约关系。[33] 美国法中基金管理人信义义务制度，既限制管理人滥用权力为己谋利，又防止管理人疏忽大意给财产带来不必要的风险和损失，同时希望激励管理人能充分运用其专业水平和技能实现委托目的，实现委托人利益。[34]

表2 《日本信托法》中信义义务的内容及相关条文号

内容	相关条文号
信托事务遂行义务	第29条
善良管理人的注意义务	第29条
忠实义务	第30条、第31条
公平义务	第33条
分别管理义务	第34条
第三人委托权限和选任监督义务	第28条、第35条
提供信息义务	第36～39条

[31] 参见《日本信托法》第30条、第31条第1款和第2款、第32条第1款和第2款。

[32] 奥斯汀·威克曼·斯科特（A. W. Scott）及威廉·富兰克林·弗拉彻（W. F. Fratcher）将受托人的义务分为17项，分别为管理运用信托义务、忠实义务、自己管理义务、设置账簿义务、资讯提供义务、善管义务、控制信托财产义务、保全信托财产价值义务、行使请求权义务、抗辩义务、分别管理义务、存放银行义务、增值义务、分配信托利益义务、公平义务、共同受托人的共同行动义务及尊重监督机构义务等。

[33] See R. Pearce & J. Stevens, *The Law of Trusts and Equitable Obligations*, Butterworths, 1998, pp. 681－687.

[34] See A. W. Scott & W. F. Fratcher, *The Law of Trusts* (4th edition), Aspen Law & Business, 1987, pp. 169－185.

第三,信义义务的适用评价。如肖宇教授所言,信义义务既是剑,也是盾。从“剑”的角度来看,它给我国基金管理人行为树立了行业标准,是投资人维权的重要武器;从“盾”的角度而言,它是保护基金管理人的盾牌,为基金管理人的责任承担划分了边界。[35] 信义义务旨在降低委托人在两个主要领域的风险:其一,与受信人滥用受托财产和权力相关的风险;其二,与因受信人服务的不当行为造成的委托人损失相关的风险。[36] 笔者认为,《信托法》中对他人的注意义务延伸成为信义义务的重要组成部分。信义义务更关注基金合同当事人之间的关联、各自的承诺以及受益人对受信人的信赖程度,超越现有救济的一般规定,扩张了民事救济的适用范围。信义义务来源于当事人建立信托关系时的自愿约定,是对基金管理人自由裁量权的直接约束,更是一整套比市场道德更为严苛的、更为精细的行为准则。信义义务来自法律的概括性规定与基金合同的约定,投资者可以侵权之诉或以违约之诉追究违反信义义务的责任,无论投资者以何种诉请,法院在审理时应审查管理人履职时,是否存在过错以及其行为与基金持有人损失之间是否存在因果关系。

三、基金管理人民事赔偿的损失认定

根据案情和证据的不同,基金持有人可主张基金管理人对其构成违约,也可主张违反信托关系,进而依据《民法典》《信托法》《证券投资基金法》明确民事赔偿的损失认定。围绕基金管理人履职标准是民事赔偿责任的核心争议与聚讼焦点,结合“募投管退”各阶段的职责内容,分析基金管理人民事赔偿的损失认定。

(一)损失认定的义务属性及适用辨析

合同义务是指双方约定并根据合同条款具有约束力的义务。信义义务的存在是为了确保某些当事人的利益受到保护,即使合同中没有约

---

〔35〕 参见《华东政法大学肖宇:加强信义义务适用 促进基金法治体系建设》,载中国证券网,https://news.cnstock.com/news,bwkx-202306-5074594.htm。

〔36〕 参见[美]塔玛·弗兰科:《信义法原理》,肖宇译,法律出版社2021年版,第106页。

定,抑或是与基金合同义务相冲突。基金合同义务是信托财产据以发生转移的基础,在司法实践背景下,合同义务与信义义务可能存在冲突。原则上优先适用合同的一般约定,再结合当事人是否有信义义务,以及信义义务范围,需要根据合同条款进行综合判定,包括双方对市场、目的、标的及环境的认识。

一方面,基金合同中未约定信义义务,基金管理人并未违约,仍可能违反信义义务。以基金管理人评估费用为例,由于基金持有人缺乏时间、资源和专业知识来评估费用的合理性,基金管理人在评估费用方面拥有广泛的自由裁量权,但必须以谨慎和适当的方式进行。其一,基金招募说明书不是评估费用合理性的唯一信息来源,遵循基金招募说明书中列出投资指南的同时,也应考虑基金整体的风险和回报情况。其二,可比基金以及比较费用的方法会因国家和地区而异,但应在透明度、公平性和投资者保护的基本原则方面具备一致性。其三,若在基金的招募说明书中明确表示,基金将只投资于低风险、可产生收益的证券,基金管理人应遵守合同义务投资符合特定信用评级的证券,有责任为基金持有人最大利益行事,而不仅仅是招募说明书中的投资指南。换言之,基金管理人必须优先考虑投资者的利益,而不是严格遵守招募说明书。其四,对涉及基金管理人合同义务与信义义务冲突的案件,评估取决于每个案件的具体事实,包括基金管理人所负信义义务、与客户的合同条款。虽然合同义务允许收取特定费用,但信义义务要求基金管理人定期审查费用并确保费用合理。

另一方面,虽然违反了合同义务,但是却没有违反信义义务。在广东省深圳市博鼎华象投资合伙企业与红土创新基金管理有限公司合同纠纷案中,[37]基金管理人并未遵照委托人指令进行减持决策,法院认为基于资产管理人信义义务,在要求其履行主动管理职责和遵循公平交易原则的同时,应赋予管理人合理操作上的能动性。基金持有人给管理人的操作指令构成操作建议,应结合资管产品的结构、类别、底层资产的性

〔37〕 广东省深圳市中级人民法院:深圳市博鼎华象投资合伙企业、红土创新基金管理有限公司合同纠纷民事二审民事判决书,案号:(2020)粤03民终22461号,2020年10月28日。

质、投资者对象、人数等多种因素，判断基金管理人是否违约或者背信，不构成绝对的刚性约束。也有学者认为，明晰基金管理人责任边界的关键在于界定当事人之间的法律关系与对应的权利义务，认定委托人减持指令的性质，以及判断管理人的履职行为是否构成违约或违反信义义务。[38] 本案中，在《减持操作指令》无具体实施期限的情况下，无法也不应事后以标的股票价格走势来评判管理人减持操作是否适当。笔者认为，考虑基金管理人是否按照一般人在其职位上所期望的谨慎标准行事，若明显超出或未达到相应的投资比例，造成投资出现损失，可推定基金管理人未按约定投资的部分与损失存在因果关系。若未采取最基本的风险控制措施，明显有悖行业惯例的，应认定违反信义义务。信义义务并未被全面法定化，在法定化之外仍存在适用空间。[39] 是否需要满足特定过错要件，是否为类型化义务，是否单纯的义务违反即导致责任的成立等，信义义务存在首要判断规则。

（二）违反信义义务损失范围的界定

基金财产的损失是基金管理人违约或侵权所致，基金持有人可以请求基金管理人承担相应的损害赔偿责任。有观点认为，以民法之契约责任或侵权责任解释均有偏颇，私募基金法有其独立之目的，其所定民事责任应属一种独立类型，即信义义务的法定责任，不必强行纳入民法所定之责任类型中。最高人民法院在释义书[40]中提到，无论是主动管理类信托，还是事务管理类信托，判定专业金融机构受托人是否履行了勤勉尽责的义务时，应包括受托人在资产管理产品设立后，进行投资项目立项前的尽职调查、投资管理、项目清算和风险处置过程中相关材料的全面审查。对基金管理人施以信义义务，强制性地对基金行业经营活动中的风险与收益进行重新分配，提高行业从业人员的行为标准与执业成本。在判断受托人是否明显违反合同约定，是否明显违反法律、法规、规章等规定，仍然无法解决争端时，应在信托关系的基础上，综合运用信义

〔38〕 参见肖宇、王子康：《委托人指令与资产管理人责任边界：以信义义务为分析视角》，载《财经法学》2023 年第 1 期。

〔39〕 参见陈斌彬：《美国基金持有人民事诉讼研究》，载《国际经济法学刊》2007 年第 1 期。

〔40〕 参见最高人民法院民事审判第二庭编著：《〈全国法院民商事审判工作会议纪要〉理解与适用》，人民法院出版社 2019 年版，第 492～493 页。

义务规则进行判断。

首先,违反信义义务民事赔偿的方式认定。金融市场上的信息不对称加上投资者自身的知识和能力有限,使投资者在购买投资性金融产品或接受相关服务时往往无法真正理解其中的风险和收益。[41] 信义义务不限于合同的具体约定,原则上是超越合同文本的法定义务,但在不同应用场景中,其范围和程度又会因当事人之间对权利义务的不同约定有个案化的体现,从而使违反信义义务的标准与责任承担方式存在差异。我国在成文法体系下,法官很难直接通过认定当事人违反信义义务而要求其承担责任,违反信义义务的救济一般仍需通过主张违约责任或侵权责任来实现。

其次,信义义务对信托合同条款缺失或模糊的行为认定。国内法院认定基金管理人违反注意义务总体持较保守态度,既非英美法系的谨慎投资人标准,也非大陆法系的善良管理人标准,主要从基金管理人是否明显违反合同约定,是否明显违反法律、法规、规章两个角度进行判断。在欧阳某玲财产损害赔偿纠纷案中,[42] 法院关于投资者损失认定采取折中观点。尽管《资管合同》约定的清算时点以及资管计划约定的存续期间皆已到期,但投资者至今并未获得最终的清算结果。基于投资者权益保护目的以及避免因资产清算过程延宕而造成投资者损失进一步扩大,法院结合基金管理人过错程度、资产清算进程以及清算利益可实现性等因素,酌定基金管理人先行赔付范围,并待清算完成后再行确定最终结算结果。

最后,私募基金管理人信义义务的因果关系认定。在基金运营过程中,私募基金管理人遵循忠实义务和注意义务(见表3)。对私募基金管理人民事责任而言,确立事实原因以私募基金管理人违反民事义务为核心,辅之以逻辑、常识等自然判断。私募基金管理人违反信赖义务构成了损害的实质条件,其失职行为既可能导致基金资产的积极损失,如额外付出、财物毁损灭失,又可能导致基金资产的消极损失,如利润损失、

---

〔41〕 参见吴则涛:《中国资本市场争议解决:前沿问题与法律实务》,法律出版社2020年版,第229页。

〔42〕 上海金融法院:欧阳某玲诉联储证券有限责任公司财产损害赔偿纠纷二审民事判决书,案号:(2022)沪74民终692号,2022年8月10日。

商事机会的丧失。不完备的契约型私募基金合同及相关法律制度给基金清算造成了多重障碍。基金清算对损害确定的作用,强调基金清算对损害确定的一般性意义,法院裁判常以基金清算作为损害认定的前提。长期以来,审理契约型私募基金管理人损害赔偿案件,在现行法律层面关注投资者在清算完成后,以诉讼方式行使时是否因禁止重复起诉制度而遭受限制。

表3 私募基金管理人在基金运营过程中的义务类型

<table>
<tr><td>基金运营的情境化</td><td>忠实义务</td><td>注意义务</td></tr>
<tr><td rowspan="2">融资阶段</td><td>禁止欺诈义务</td><td>客观募资义务</td></tr>
<tr><td colspan="2">公平处理义务</td></tr>
<tr><td>投资阶段</td><td>禁止自我交易</td><td>审慎投资义务</td></tr>
<tr><td>基金管理</td><td>禁止自谋利益</td><td>信息披露义务</td></tr>
<tr><td>基金退出</td><td>合法行事义务</td><td>有效退出义务</td></tr>
</table>

四、基金管理人民事赔偿制度的规范适用

信义义务在保护基金持有人权利的同时,为基金管理人的责任划定适当边界。对基金持有人的民事救济与基金管理人民事责任的追究在内涵上属于一体两面。由于证券投资基金产品投资方式、投资标的、投资风险、损失原因等相互掺杂,要准确界定管理人责任成立及其范围、赔偿比例、赔偿损害的确切标准,取决于每个案件的具体情况。在损失比例分担上,按过错责任大小或信赖对于利益的大小承担责任,[43]立法应当明晰管理人对投资者承担损害赔偿责任的标准,以专家的高度抑或一般人的合理注意作为行为标准,从而清晰划定投资者与行业分风险分配边界。[44] 民事法律关系是每个基金正常运营所赖以建立的一种最基础

〔43〕 参见上海市高级人民法院课题组等:《私募基金纠纷法律适用问题研究》,载《法律适用》2023年第8期。

〔44〕 参见周淳:《基金管理人注意义务标准之厘定》,载《人民司法》2023年第2期。

和最重要的法律关系。相较于行政责任或刑事责任机制罚金都归缴国库,旨在弥补国家和公共利益的受损,民事责任机制终极目的是弥补个人投资者的损失,还应对基金管理人的违反信义义务的行为起到警示效果。

(一)已现损失:基金管理人民事赔偿方式的类型化

我国《证券投资基金法》(2015 年修正)第 145 条规定:"违反本法规定,给基金财产、基金份额持有人或者投资人造成损害的,依法承担赔偿责任。基金管理人、基金托管人在履行各自职责的过程中,违反本法规定或者基金合同约定,给基金财产或者基金份额持有人造成损害的,应当分别对各自的行为依法承担赔偿责任;因共同行为给基金财产或者基金份额持有人造成损害的,应当承担连带赔偿责任。"基于证券投资基金是集合投资行为,难以分清单个投资者资金,所以无法行使撤销权或追及权。甚至有学者认为,损害赔偿请求权成为投资者行使救济权的唯一方式。[45] 当前,我国仍以实际损失发生为基金管理人承担赔偿责任的前提。从请求权发生的维度来看,违约和侵权责任的阐述均要求证成损害的实际发生以及基金管理人的违约或侵权行为与损失的直接关系。若基金持有人依据信托法、基金法,或者公司法、财产法等对基金管理人提起诉讼,胜诉后的结果通常只能要求基金管理人"吐出"非法所得。若依据侵权法,除了必须证明损害行为已发生和损害结果的存在之外,还必须证明两者之间存在因果关系。若依据合同法对其提起诉讼,胜诉后通常只能获得相应补偿。[46]

第一,承担全部责任的归责标准。《九民纪要》第 77 条确立了赔偿全部实际损失的原则。要求基金管理人对投资人的本金回收承担全部责任,可能会触发禁止保底收益和刚性兑付的原则。[47] 基金管理人承担全额赔偿的情形在实务中比较少见,比较典型的是严重违反适当性义务、怠于履行清算责任,或不当变现底层资产、信息披露义务等。无论是侵权损害赔偿还是违约损害赔偿,目标都在于投资者损失的填补,因此

---

〔45〕 参见文杰:《投资信托法律关系研究》,武汉大学 2004 年博士学位论文。

〔46〕 参见王苏生:《证券投资基金管理人的责任》,北京大学出版社 2001 年版,第 180 页。

〔47〕 《私募投资基金监督管理暂行办法》第 15 条规定:"私募基金管理人、私募基金销售机构不得向投资者承诺投资本金不受损失或者承诺最低收益。"

在基金管理人全额赔付之后,投资者不能再次从剩余财产分配中获取超额利益。过分强调全额赔偿责任存在一定弊端。例如,导致投资者的道德风险,降低投资者在投资行为中的理性程度,不利于良好的金融秩序的建立。若基金管理人承担全额赔偿责任之后,基金财产尚有一定价值的情况下,基金管理人能否取得相应的权利并未规定。投资者自行止损的途径有限,发生过错概率和程度更为轻微,基金管理人承担全额赔偿的概率会提高。

基金管理人承担注意义务和忠实义务导致赔偿数额确定标准不同。违反注意义务产生损失,基金持有人根据该损失对基金管理人请求赔偿。改变投资用途等存在故意或重大过失等严重违约行为,则面临撤销全部法律行为或判决赔偿投资者全部损失的最严厉法律后果。我国台湾地区"信托法"第23条规定,依违反忠实义务的方式不同,赔偿范围亦不相同,单纯违反尽心尽力的注意义务,只需负填补性赔偿责任。在上海钜派投资集团有限公司等与杨某中其他合同纠纷案中,[48]法院认为,私募基金管理人应向投资者承担信义义务,忠诚勤勉履行合约。在募集阶段既未对投资标的充分进行尽职调查,也未能尽到投资者适当性管理义务;在投资、管理过程中,未能施以必要的注意义务,密切关注并把控各个环节中的风险,未主动行使查阅权、监督权,就募集资金的流向只是核对了股权投资书面文本和资金转账截屏,在案外人伪造的转账截屏存在明显瑕疵的情况下,未及时向股权投资标的企业进行必要核实,使投资款处于高度风险状态,对投资款脱离掌控存在重大过错。钜洲公司在案涉基金运作过程中未能专业、独立、尽责地履行管理人义务,其违规违约行为与投资者的损失存在相当因果关系,应当承担相应的赔偿责任,并对投资者遭受的全部损失承担赔偿责任。

第二,承担与有过失的归责标准。与有过失规则要求受害人须有过失、受害人的行为须助成损失的发生或扩大。受害人的过失,可以是对真正义务的违反,也可以是对不真正义务的违反。[49]《民法典》第592

〔48〕 上海金融法院:上海钜派投资集团有限公司等与杨某中其他合同纠纷民事二审民事判决书,案号:(2021)沪74民终1113号,2021年9月29日。

〔49〕 参见崔建远:《论与有过失规则》,载《荆楚法学》2022年第5期。

条第2款规定了违约责任中的与有过失规则。《民法典》第1173条规定了侵权责任中的与有过失规则。实际中基金持有人无过错的情况比较少见,如投资者未尽注意义务、轻信推介、未及时止损等。当基金持有人对于损害的发生也有过错的情况下,使基金管理人承担全部赔偿责任有失公允,而具体承担多少比例,需要结合具体案例来进行阐明。若损失是由市场风险、基金管理人失职和基金持有人自身过错等原因综合导致,则需要界定和区分。

在孙某丽、平安银行股份有限公司大连分行财产损害赔偿纠纷案中,[50]法院认定投资者存在过错,银行应当承担80%的本金损失。在徐某强等财产损害赔偿纠纷案中,[51]法院认为在《资管合同》对于管理人如何承担违约赔偿责任并未约定具体损失赔偿计算方式的情况下,为了填补投资者所遭受的实际损失,考虑到徐某强获得的投资收益、信保基金退款,结合联储证券的过错程度,一审法院酌定联储证券对徐某强的赔偿范围为投资本金的50%并无不当。在欧阳某玲财产损害赔偿纠纷案中,[52]法院认为资管计划投资结构明确,且资金也已投向合同约定的底层资产。联储证券虽在管理过程中未完全尽到忠诚勤勉义务,但并非损失产生的唯一原因。基于市场风险、投资者自身原因等要素,判决在欧阳某玲求偿本金的范围内,酌定70%的赔偿比例。基金管理人作出虚假陈述或未能向基金持有人披露有关投资的重大信息、提供有关基金绩效或其风险的不准确或误导性的信息、未遵守基金招股说明书或提供文件的投资指南、投资于禁止的资产类别或超过特定投资的允许限制等,均应承担民事赔偿责任。需要结合管理人是否尽到信息披露义务,基金持有人是否尽到减损义务等因素确定赔偿损失的时间范围和双方承担比例。实践中还需根据基金产品的特质以及基金管理人和投资者的具体情况和过错程度综合判断。

第三,承担补充责任的归责标准。若对责任主体作主次之分,法院

---

〔50〕 辽宁省大连市中级人民法院:孙某丽、平安银行股份有限公司大连分行财产损害赔偿纠纷再审民事判决书,案号:(2020)辽02民再156号,2020年12月1日。

〔51〕 上海金融法院:徐某强等诉联储证券有限责任公司财产损害赔偿纠纷二审民事判决书,案号:(2023)沪74民终290号,2023年5月19日。

〔52〕 同前注〔42〕。

对次要责任主体判定承担部分补充赔偿责任。此时补充责任的存在应当与其过错相适应,并需要明确具体范围和实施前提。过错程度越大,所应当承担的责任也就越重;过错程度越小,责任应该越轻。基金管理人承担补充责任,相较于按份责任和连带责任更有利于对基金持有人的保护。基金管理人因过错导致基金资产的损失,应承担赔偿责任,其过错责任不因其退任而免受追偿。[53] 由于基金设有止损线,止损线以上的本金损失是否应当赔偿取决于损失原因,若是基金管理人违反义务所致,则应纳入赔偿范围。

在我国首例间接投资权益类资管产品纠纷案中,深圳市中级人民法院二审认为,平安信托将赔偿胡先生损失 242577 元,按 100 万元投资测算,赔偿比例为 24%。在 A 项目退出过程中,华夏基金项目对应的天津海鹏 29.9% 的股权转让,构成自我交易。春华明德在转让天津海鹏 2.93% 股权的自我交易中存在利益冲突和利益输送。一方面,春华明德未充分披露交易情况,甚至未取得平安信托的同意,违反了忠实义务;另一方面,也间接证实了平安信托对投资者权益的漠视,对信托财产处分的漠不关心,严重违反信义义务。[54] 在钜洲资产管理(上海)有限公司、上海钜派投资集团有限公司与周某华其他合同纠纷案中,[55] 法院认为基金管理人应按照诚实信用、勤勉尽责的原则管理和运用基金财产并配备足够的具有专业能力的人员进行投资分析、决策。根据钜洲公司、钜派集团确认的投资人电话会议录音文字整理稿等证据证明,在案涉基金投资股权标的过程中,该基金财产被案外人侵占转移,与钜派集团、钜洲公司未切实履行管理人义务有相当因果关系。因此,钜洲公司、钜派集团应对被上诉人周某华在投资中遭受的损失承担赔偿责任。

(二)未现损失:预期收益与归入权在信义义务视阈下的适用

民事救济在原则上是补偿性而非惩罚性,即以补偿受害人所遭受的

---

[53] 参见贺绍奇:《证券投资基金的法律透视》,人民法院出版社 2000 年版,第 56 页。

[54] 参见郭亮:《为春华资本"贱卖"蚂蚁案买单,平安信托股权投资组合里还藏有多少"秘密"》,载新浪财经,https://finance. sina. cn/2023 - 07 - 11/detail - imzaiiwi4057246. d. html? from = wap。

[55] 上海金融法院:钜洲资产管理(上海)有限公司、上海钜派投资集团有限公司与周某华其他合同纠纷二审民事判决书,案号:(2021)沪 74 民终 375 号,2021 年 6 月 23 日。

损失为主要目标，而惩罚救济仅在侵权法上有零星体现，是一种例外和补充。民事救济具有效率不高，耗时较长，无法预防或杜绝损害后果等弊端，对基金管理人的威慑力是柔性有余而刚性不足，若仅仅以损失发生为前提，将不会起到警示作用。因此必须强化救济效果，提高惩戒力度。在损失并未发生的情况下，分为两种情况：其一，预期收益；其二，非法获得的不当收益。

一方面，预期收益。一定意义上讲，预期收益本质上属于惩罚性赔偿。根据《九民纪要》第 77 条的规定，若基金管理人的行为构成欺诈，基金持有人可以请求按照合同约定的预期收益率、业绩比较基准等作为计算利息损失的标准。若基金管理人存在明显恶意的其他情形，参照合同约定的预期收益标准计算利息。在确定预期收益的过程中，基金管理人的日常业务是运用基金资产进行证券投资，证券市场的波动性和不确定性也在一定程度上削弱了民事救济的效果。当基金持有人未遭受直接损失，但基金管理人行为明显违背信义义务，此时可以依据不安抗辩权予以追究民事赔偿责任。违约获益的赔偿责任也是通过信托法、侵权法向合同法中渗透。通过在当事人之间的合同关系上设定推定信托，或者在侵权责任和违约责任竞合的条件下，可能会适用侵权法中的不法获益赔偿责任。

另一方面，非法获得的不当收益。尽管付出了专业技能和时间精力，但基金管理人是否可以从不当收益中获益，抑或相关收益全部归基金持有人所有，目前实践中存在一定的混乱，有待进一步研究。笔者认为，不法行为中获得的利益，应当赔偿给原告，从而实现对基金持有人的充分救济。即使基金持有人未遭受任何损失，基金管理人的获利仍应归基金持有人所有。归入责任是将私募基金管理人及其关联人士所得的不当利益归入基金，可能等于基金所受损失抑或小于基金所受损失。若单纯的归入责任不足以弥补基金的损失，私募基金管理人及其关联人士应当继续承担损害赔偿责任。在基金持有人没有受到损失或者受到的损失无法计算的情况下，以基金管理人的获益为赔偿根据。

（三）基金管理人民事赔偿的免责规则及例外

私募基金管理人为投资者和其他利害关系人尽心尽责地服务具有必要性，但是若一味施加苛刻的法律义务和注意水平，会造成私募基金管理人执业风险大增，不符合社会利益平衡的理念。因此，除对私募基金管理人承担民事责任作出限制外，还应规定众多免责事由。换言之，赋予私募基金管理人一定的责任豁免权，以此作为不承担民事责任的法定抗辩理由。实践中，针对基金管理人的民事救济主要分为两类：其一，专门针对基金管理人违反信赖义务或信息披露义务等不当行为的民事救济，主要规定在《证券法》《证券投资基金法》中；其二，普通的民事救济，如《民法典》《公司法》《信托法》中的相关规定，避免不当行为对基金或基金持有人造成的损害。

基金管理人民事赔偿的免责规则包含以下内容：第一，《九民纪要》确立的卖者尽责买者自负原则。基金管理人并不对投资活动中的正常风险引发的投资损失承担责任。第二，基金管理人违反事先或者当时便已经取得了基金持有人同意的事项，或者事后已经得到了基金持有人的追认。第三，基金持有人通过合同或者弃权对基金管理人违反信托予以免责。第四，基金持有人长期不起诉要求违反信托的基金管理人承担责任，致使依当时情形，如果再允许其要求基金管理人承担责任已显得不公平。第五，违反信托的基金管理人已处于破产状态中，且其责任依破产法的规定应当予以免除。第六，损失未确定，暂时不需要承担责任。但基金未投向约定标的，基金管理人未控制任何基金资产且追回期限不可预见，造成清算无法进行的，可认定投资者损失已经固定。[56] 第七，基金管理人违反信托但法院判决禁止基金持有人向其主张违反信托的责任。

前述事项中，出现以下情况者，基金管理人民事赔偿的豁免责任将被排除：其一，基金管理人民事赔偿责任的豁免显然有悖社会正义；其二，基金管理人因恶意或未顾及信托目的或受益人利益的情况下违反基金合同；其三，免责条款是作为基金管理人的受信人关系或保密关系的结果加入信托文件的；其四，由基金管理人起草或最终导致由受托人起草的免责条款无效，除非基金管理人证明在当时的条件下免责条款是公正的，并且就条款的存在及其内容与基金持有人进行了充分沟通。

---

〔56〕 上海金融法院：上海钜派投资集团有限公司等与曹某委托理财合同纠纷民事二审案件民事判决书，案号：(2021)沪74民终1478号，2021年11月2日。

五、结论

保护基金持有人权益乃现代基金法制之灵魂。私募基金管理人的信义义务以信托关系为基本法律框架,既包括谨慎、勤勉的法定义务,也包括基金合同中约定的更高标准的义务,是法定义务与合同义务的有机结合。信义义务有助于弥补当事人在合同中完全约定的不足,避免滥用自由裁量权。私募基金管理人违反信义义务的归责要件,可依据合同或信托法律关系,选择最有利于实现基金持有人获得民事赔偿的方式。通过建立私募基金管理人的民事责任制度,增加管理人违法成本,综合评估管理人所负的信义义务,规范适用私募基金管理人民事赔偿标准,调动基金持有人参与基金治理的积极性,促进基金持有人和基金管理人之间的良性角力关系。

(编辑:张　越　赵　宇)

《证券法苑》(2024)
第四十一卷,第46~61页

论私募基金托管人的责任边界及履职基础

张笑滔*

摘要:《证券投资基金法》对托管人的规定,从最初针对公募证券投资基金产品,逐步适用至私募证券投资基金,但对于私募基金是否一概强制托管、托管职责是否比照适用,司法实践中一直存在不同理解。将私募基金管理人和托管人认定为共同受托关系,可能无法解决全部问题。仍需要从规范与功能层面,结合监管规定的制度变化、司法裁判的考量以及托管人面临的客观困难,在尊重当事人意思自治的前提下,从规则层面明确私募基金托管人的边界,改善受托管人履职的各类基础设施。

关键词:私募基金　托管责任　共同受托人　信义义务　连带责任

引　言

2023年年底,北京华软新动力私募基金管理有限公司投资的子基金杭州瑜瑶、深圳汇盛爆发资金

* 现任职于中信建投证券有限责任公司法律合规部。

挪用丑闻，洛克资本等私募基金管理人相继出现疑似挪用基金财产事件，导致私募基金投资人甚至专业的基金中的基金（fund of funds，FOF）管理人面临本金损失，中国证券监督管理委员会（以下简称证监会）第一时间启动立案调查。除相关私募管理人可能涉嫌诈骗等刑事案件外，私募基金托管人的是否履职、是否应当承担责任，一直是法学理论界和监管部门、实务界长期争论的法律问题。有学者站在维护私募基金投资人立场，从立法论角度旗帜鲜明地提出私募基金托管人与管理人作为共同受托人应承担连带责任，出发点值得赞赏，[1]然而，受托人信义义务内容和应然边界并不能通过共同受托人的理论推导。本文试图论证：第一，托管机制的历史变迁、监管规定以及司法机关判例表明，托管人对公募和私募产品管理人的监督和保护存在较大差异。第二，托管机构的边界建立在监管要求和合同约定基础之上，并非与管理人存在绝对天然的默认连带责任。第三，托管人对私募基金财产监督保护过程存在客观限制，在合同权利义务分配时，需遵循风险防范义务由最低成本者承担这一理性原则。第四，托管人的监督不仅需要商业逻辑的支持，还应关注在技术层面是否具备可操作性等因素，应当尽快为托管人提供履职的基础设施和条件，促使托管人更好地履职尽责，保护投资人利益。

一、基金托管机制的制度变迁

基金产品或资管计划共享底层的信托法或信义法的法律关系，信义法的权威学者弗兰柯（Tamar Frankel）教授认为，信义法核心特点包括：一是受托人提供财产管理服务；二是履行管理职责要求受托人必须被授予自由裁量的权力；三是这种授权行为给委托人带来的风险是，受托人可能滥用受托权而损害委托人的利益；四是为弥补委托人在信义

[1] 参见刘俊海：《论信托型私募基金托管人与管理人的连带责任——基金法、信托法、合同法与侵权法的四重维度》，载《政法论丛》2023年第2期。

关系中的自我保护能力不足,市场和法律需要给予额外保护。[2] 前者就包括本文讨论的市场主体自发形成的第三方监督保护机制——托管。

在信托制度广泛运用于金融资产持有、管理的过程中,经历了两次飞跃:一是信托财产类型,随着财产金融化趋势,从房屋土地等不动产逐步转化为股权、债权、资金、证券、收益凭证甚至是合同契约;二是持有载体的类型,从有形载体进化为电子化数字化的数据载体,而其中最重要的载体就是"账户",包括股票账户、债券账户、资金银行账户、交易所及登记公司的证券账户、[3]私募基金或信托产品在管理人或外包方的记录投资者权益的份额登记账户,即 TA 账户等。我国语境下的托管、保管,其实就是对于受托财产按照不同财产类型、不同账户分别记载保管,保障投资安全的前提下保证投资管理效率,承担安全保管财产、根据管理人投资指令办理清算交割、与托管相关的信息披露、对管理人相关内容复核审查、投资监督、参与清算组等职责。[4]

基于历史发展和分业监管的原因,我国的基金托管制度因不同"基金"或"产品"面临不同的监管部门,适用规则有所不同。在证监系统下,可分为公募基金托管和私募基金托管;在国家金融监督管理总局体系中,可分为信托计划、银行理财产品、保险资管产品等保管。本文着重分析证监系统下的基金财产托管。

(一)公募基金强制托管——安全高效

1997 年国务院证券委员会(已变更)制定的《证券投资基金管理暂行办法》首次确立了基金的强制托管原则,该办法通过引进第三方保管机构让资产的投资运作与资产的保管权分立,保障了资产投资的安全性。2000 年 10 月 8 日,证监会发布《开放式证券投资基金试点办法》(已失效),进一步规范开放式证券投资基金的托管机制。到 2012 年《证券投资基金法》修订后才允许由商业银行以外的其他金

---

〔2〕 See Tamar Frankel, *Fiduciary Law*, Oxford University Press, 2011, pp. 5 – 6.

〔3〕 账户作为金融资产的基本登记载体,受到的关注度极为有限。证券账户体系的具体法律分析,参见楼建波、刘燕:《证券持有结构对投资人证券权利法律定性的影响——一个新的分析框架》,载《商事法论集》(2009 年第 1 卷),法律出版社 2009 年版。

〔4〕 《证券投资基金法》(2015 年修正)第 36 条、第 37 条及《证券投资基金托管业务管理办法》第 17 条、第 21 条。

融机构担任基金托管人。2013年,《证券投资基金托管业务管理办法》(2020年3月修正,2020年7月公布新版)及《非银行金融机构开展证券投资基金托管业务暂行规定》(2017年修改,2020年修正,目前已失效)出台,明确规定了证券公司担任基金托管人的准入条件、审核程序、业务规范等事项。近些年公募基金的托管没有出现重大管理事故,与规则明确、管理人规范运作、托管人边界清晰,尤其是投资标的的标准化便于监督等因素,都密切相关。

(二)私募基金非强制性托管——乱象层出

《证券投资基金法》2012年修订时明确了证监会对私募证券投资基金的监管,同时奠定了非强制托管模式,即私募基金管理人和投资者之间通过私募基金合同自行约定是否托管。2014年证监会出台的《私募投资基金监督管理暂行办法》,2023年中国证券投资基金业协会发布的自律规则(《私募投资基金备案指引第2号——私募股权、创业投资基金》《不动产私募投资基金试点备案指引(试行)》等),以及证监会发布的《私募投资基金监督管理办法(征求意见稿)》(征求意见截止时间为2024年1月8日),依然沿用上述模式,除特殊的私募基金外,并未全产品强制性托管。[5]

到目前为止,仍然存在数量不小的未经托管的私募基金处于募集—投资—管理退出的不同环节,个别不法私募管理人就是利用了非强制托管的漏洞(以股权类私募基金为主),不按协议约定使用管理基金财产甚至挪用基金财产。[6]

(三)金融监督管理总局系统的保管制度

2019年出台的《中国银行业协会商业银行资产托管业务指引》,在

---

[5] 2023年12月证监会发布的《私募投资基金监督管理办法(征求意见稿)》仍然坚持自愿托管原则,但明确下列基金必须托管:(1)采用契约形式设立的;(2)接受资产管理产品、私募基金投资的;(3)主要投资单一标的、境外资产、场外衍生品等情形的;(4)开展杠杆融资的;(5)中国证监会规定的其他情形。

[6] 2023年12月,最高人民检察院、最高人民法院联合发布依法从严打击私募基金犯罪典型案例,涵盖私募基金管理人侵害投资人利益的挪用、侵占、商业贿赂等犯罪行为相关案例。参见《"两高"联合发布依法从严打击私募基金犯罪典型案例 进一步明确司法标准 强化办案指导》,载最高人民检察院网,https://www.spp.gov.cn/spp/xwfbh/wsfbt/202312/t20231226_638110.shtml#1。

第12条列举了托管行的职责范围,同时在第15条对托管行的职责进行了排除性规定,即明示特定事项不属于托管人的职责范围,如托管人不承担投资者的适当性管理、交易项目及信息的真实性、托管产品的本金及收益保证、自身职责之外的连带责任。

2022年12月29日,原银保监会公布了《商业银行托管业务监督管理办法(征求意见稿)》(以下简称《征求意见稿》),与证监系统规则不同:其一,因托管产品适用范围不局限于基金产品,还包括信托计划、保险资管产品、保险资金等,因此将上位法定位于《商业银行法》《银监法》《关于规范金融机构资产管理业务的指导意见》,而非《证券投资基金法》。其二,规定对投资于非标准化资产的资产管理产品,禁止商业银行承担财产保管、资产估值、投资监督等职责,仅能承担事务管理类服务,目的在于保护银行不受外部索赔影响。其三,《征求意见稿》允许银行托管人发现产品管理存在丧失履责能力情形时,可以终止托管服务,并向监管报告,明显区别于证监体系的"管理人客观上丧失继续管理基金能力时,托管人应当继续履责维护投资者利益"。

国家金融监督管理总局则将基金托管业务放在商业银行"资产托管"业务范围内,明确规定应当通过合同约定的方式,合理界定商业银行托管职责,明确规定特定事项和特定情形银行托管人不承担责任。[7] 在实务操作中,与基金协议不同的是,信托计划的保管银行并不参与信托合同的签署,而是由受托人代表信托计划委托人银行履行托管职责。[8] 而当多家信托公司出现违反信托合同约定使用信托资金的情况时,投资者几乎很少主张托管机构的责任。在这种监管思路之下,为防范私募基金行业风险传递给商业银行,从银行自身开展的

---

〔7〕《中国银行业协会商业银行资产托管业务指引》第16条规定:"托管银行因违反法律法规或托管合同,给托管资产造成损失的,应承担赔偿责任。管理人、受托人等相关机构因发生违法违规行为给托管资产或者相关受益人利益造成损害的,应当由各机构自行承担责任。托管银行对管理人、受托人等相关机构的行为不承担连带责任,法律法规另有规定或托管合同另有约定的除外。"

〔8〕学界对境外的托管制度介绍存在一元制与二元制的区别,将日本、韩国视为一元制,将英国视为二元制。而我国除了私募基金的托管制度外,信托计划的保管制其实更类似于德国模式。受托人与托管人的一元制与二元制关系的讨论,参见洪艳蓉:《论基金托管人的治理功能与独立责任》,载《中国法学》2019年第6期。

“资产托管业务”角度，区分“可托管资产和其他资产”，以避免托管人对履责能力之外的事项作出承诺或约定。[9]

（四）制度评价

基于历史原因，现阶段主要承担托管保管职责的为商业银行、证券公司。[10] 因此，私募基金托管人和托管业务一直由证监会和原银保监会共同实施监督管理[11]。从制度规定来说，证监体系以证监会、基金业协会针对公募基金有关规章、准则、自律规则、监管通报等托管业务相关规定，向下适用于私募基金托管，禁止证券公司基金托管人在开展私募基金托管业务中减免职责，并要求基金托管人基金触发维持运作机制时履行召集份额持有人大会、更换管理人、协助投资者维权等职责，各项要求比银保监体系严格。

但从实际效果看，公募基金管理全市场不过百余家，银保监体系的资管产品管理人数量也相对有限，此类持牌金融机构发行的产品，出现托管机构违约而赔偿的案件非常少。而截至2023年第二季度末，私募基金管理数量多达20000家，存在私募机构鱼龙混杂、部分机构合规风控意识不强、违法违规行为时有发生等乱象，投资人起诉管理人时顺便将托管人列为共同被告的纠纷层出不穷。[12]

客观说，基金托管人确实存在独立性不高、准入门槛过高导致竞争不足、收费过低导致怠于履职、投资监督流于形式等问题。[13] 某种程度上，证监体系的出发点是压实托管人职责，督促托管人勤勉尽责，

---

〔9〕 参见卜祥瑞：《银行托管私募基金权责清晰　依法依约不承担共同受托责任》，载《金融时报》2018年7月26日，第2版；巴曙松：《合理界定托管机构的职责范围，促进资产管理业务链的良好合作》，载中国银行业协会网站，https://www.china-cba.net/Index/show/catid/14/id/19300.html，2024年3月5日访问。

〔10〕 截至2023年12月，基金托管人机构共有62家，银行托管人31家，证券公司29家，其余2家为中国证券登记结算有限责任公司、中国证券金融股份有限公司。

〔11〕 《证券投资基金托管业务管理办法》（2020年）第6条规定：“中国证监会、中国银行保险监督管理委员会（以下简称中国银保监会）依照法律法规和审慎监管原则，对基金托管人及其基金托管业务活动实施监督管理。”

〔12〕 就笔者所在证券公司而言，此类纠纷已占据托管人全部诉讼案件数量的绝大部分。这种情况具有行业普遍性。

〔13〕 参见蔡云红：《我国基金托管人制度的法律问题与完善建议》，载《证券市场导报》2011年第7期。

履行管理人未尽责之事。银保监体系则更多是强调源头治理,抓住管理人这个“牛鼻子”,不要求其他机构履行合同约定之外的职责。

二、托管人的职责边界

(一)托管人并非共同受托人

有学者认为基金管理人和托管人构成共同受托人,其主要理由是:第一,《证券投资基金法》维度,《证券投资基金法》(2015年修正)第145条第2款规定的“基金管理人、基金托管人在履行各自职责的过程中……因共同行为给基金财产或者基金份额持有人造成损害的,应当承担连带赔偿责任”中的共同行为应作扩大解释,从故意的共同行为扩大到过失的共同行为,进而将共同行为人责任升级为共同受托人责任。第二,《信托法》维度,依据特别法优先适用、一般法普通适用的法理,《证券投资基金法》是《信托法》在证券投资基金领域的特别法,私募基金合同符合信托合同的核心特征,因此,基金托管人和基金管理人也构成《信托法》上“共同受托人”关系。第三,《民法典》合同编维度,基金管理人和托管人与《民法典》第932条中的共同受托的构成要件具有普适性。第四,《民法典》侵权责任编维度,《民法典》第1168条的规定也适用于私募基金管理人与托管人。故基金管理人与托管人构成共同受托人,承担严格的连带责任,并认为托管人的信义义务不得约定排除。[14]

但上述观点存在一定疑问。首先,从职责来说,《证券投资基金法》仅要求基金托管人“履行受托职责”,并未明确规定基金托管人与基金管理人应“共同履行受托职责”。从实际职责分工而言,基金托管

[14] 参见前注[1]。除此之外,《中华人民共和国证券投资基金法释义》(2012年修改)中提道:“非公开募集基金作为信托型基金,基金投资者与基金托管人、基金管理人签订基金合同,基金托管人和基金管理人是共同受托人。”参见中国人大网,http://www.npc.gov.cn/zgrdw/npc/flsyywd/jingji/2014-01/06/content_1822699.htm,2024年3月5日访问。

人与基金管理人并非《信托法》中的“共同处理信托事务”。[15] 其次，基金托管人与基金管理人并不享有“共同所有权”。根据《信托法》的规定，在受托人为数人时，信托财产的法律所有权归属于管理人/受托人，与托管人没有明确的产权归属关系，在信托计划财产保管关系中，保管银行是接受信托受托人的委托，构成委托保管关系，而与信托委托人不发生直接法律关系。[16] 比较而言，各国的基金法律法规虽然普遍明确基金托管人享有对基金财产的名义所有权，但也并没有采用基金管理人与基金托管人共同所有模式。[17] 最后，基金托管人与基金管理人责任承担方式以“过错原则”“分别原则”为主。根据《证券投资基金法》的规定，一般情况下，基金托管人与基金管理人仅对自己的行为负责，只有在双方存在共同行为对基金财产造成损害时才需要承担连带责任。[18]

即使认为二者构成信托法的共同受托人，在委托人同意、受托人之间协议约定各自边界的安排的前提下，似乎法律并不能一概禁止。这种共同受托人与分别按照自己权限职责承担责任，又有何本质差异？[19]

（二）司法机关裁判也不支持共同受托人理论

司法审判中，人民法院和仲裁机构往往倾向于以问题为导向，回避管理人与托管人之间法律本质的讨论，并没有采用“共同受托人→连带责任”裁判思路。从基金合同法律关系视角看，基金托管人在具体案件中履责的主要依据或权利来源是基金合同等托管人签署的基金法律文件。因此，裁判机关通常认为基金托管人的主要义务区别于管理人，核心是法律法规规定和合同约定的保管义务和监督义务，逐项核实是否存在违约或侵权责任。

---

〔15〕 参见前注〔8〕，洪艳蓉文。

〔16〕 也可参见《信托公司集合资金信托计划管理办法》第三章。

〔17〕 参见王沛然：《论基金托管人的责任认定：一种回归合同安排的视角》，载蔡建春、王红主编：《证券法苑》（第29卷），法律出版社2020年版。

〔18〕 参见周成、吴英姿：《基金投资托管人法律责任问题研究——以15个涉托管人责任案例为切入点》，载《湖南科技大学学报（社会科学版）》2020年第6期。

〔19〕 参见肖宇、许可：《私募股权基金管理人信义义务研究》，载《现代法学》2015年第6期。

对交易执行职责,北京金融法院认定,基金托管人在提交了划款指令、电子对账单等证据证明其已执行了管理人下达的划款指令,履行了监督职责的情况下,判定基金托管人不存在未尽托管人职责的行为。在基金合同合法生效的前提下,法院倾向通过审查基金托管人有无违约行为,无违约行为则无责任。[20]

对于信息披露职责,北京市东城区人民法院认定,《基金合同》明确约定基金信息披露义务人为基金管理人而非托管人,故原告提出托管人违反应履行的信息披露义务的主张没有事实依据。[21] 在发现托管人存在违约行为后,对于违约责任分配方面,裁判机构也往往科以保管人补充责任而非全部责任。[22]

在侵权之诉中,从侵权法律关系的视角看,法院审查基金托管人是否存在对基金财产而非具体投资人的侵权行为,并判断侵权行为与损害之间是否存在因果关系。例如,北京市东城区人民法院认定,基金托管人不存在直接或间接侵权行为,法院对原告主张基金托管人的侵权行为不予支持。[23]

对于协议能否约定排除托管人的责任,基金业协会的《私募投资基金备案须知》第4条第1款规定,托管人的法定监督职责不得被基金合同与托管合同免除。而《中国银行业协会商业银行资产托管业务指

---

〔20〕 北京市朝阳区人民法院:王某之与深圳宜投基金销售有限公司委托理财合同纠纷一审判决书,案号:(2021)京0105民初35401号,2022年3月15日。

〔21〕 北京市东城区人民法院:周某桥与华宇国信投资基金(北京)有限公司、中信建投股份有限公司合同纠纷一审判决书,案号:(2023)京0101民初2248号,2023年10月20日。

〔22〕 深圳市中级人民法院在一个案例中指出,基金托管人不参与基金财产的投资运作,基金托管人承担的责任界限也应当与基金管理人相区别,在尽可能保障投资者合法权益的同时,不应过分加重托管人责任。故为贯彻民法公平原则和权利与义务、过错与责任相一致的一般原则,综合考量当事人的过错程度、对造成损失的影响以及与投资人所遭受损失的因果关系等因素,酌定基金托管人对投资人的损失承担15%的补充赔偿责任。参见广东省深圳市中级人民法院:中国民生银行股份有限公司、史某合同纠纷二审判决书,案号:(2018)粤03民终16127号,2019年10月24日。

〔23〕 北京市东城区人民法院:苏某与某公司3侵权纠纷一审民事判决书,案号:(2023)京0101民初9024号,2023年9月20日。

引》赋予了银行作为受托人充分利用合同约定的空间。[24]

裁判机构在认定托管人是否承担补充责任时，在遵循基本的公平原则基础上，通常考虑的因素包括：第一，托管人是否存在违约、违规或其他侵权行为，是否已经按照合同约定及法律规定履行了保管基金财产、监督基金管理人的投资运作等义务；第二，托管人是否存在过错以及在个案中的具体过错程度；第三，托管人相关行为对于投资人损失发生及损失扩大的影响，行为与损失之间是否存在因果关系，在发现管理人存在违法违规及违约行为时，托管人是否已经尽到通知提示义务，并采取合理的措施防止损失进一步扩大。在确定具体的补充责任范围时，裁判机构亦会综合考虑托管人不直接参与基金的投资运作，其与管理人承担的责任范围应当相互区别，基于公平原则，以及权利与义务、过错与责任相一致的原则，并没有过分加重托管人责任。[25]

三、托管机构履职的客观限制

在实践层面，由于公募基金和私募基金在监管规则、参与主体资质要求、资金募集、投资运作、基金管理、基金退出、金融风险特征、行业特点和作用等方面存在较大差异，基金托管人完全按照公募基金托管业务规则开展私募投资基金托管业务、按照标准化资产托管来保管非标准化资产，存在实践困难。

（一）基金成立备案环节的监督困难

根据《私募投资基金募集行为管理办法》的有关规定，基金募集为

---

〔24〕 例如，《中国银行业协会商业银行资产托管业务指引》第5条规定"依约保管委托资产，履行托管合同约定的权利义务"，第7条规定"可以通过合同选择性地约定以下内容……"，第12条规定应当"根据法律法规规定和托管合同约定，承担下述全部或部分职责"，第15条规定"托管银行承担的托管职责仅限于法律法规规定和托管合同约定"，第16条第3款明确"托管银行对管理人、受托人等相关机构的行为不承担连带责任，法律法规另有规定或托管合同另有约定的除外"。赋予银行作为受托人充分利用合同约定的空间。

〔25〕 参见沈竹莺、杨晖等：《私募基金纠纷的裁判逻辑与法律适用——基于上海法院2014～2020年案件审理情况分析》，载蔡建春、刘绍统主编：《证券法苑》（第36卷），法律出版社2023年版。

募集机构的职责,募集机构应当在完成合格投资者确认程序后签署私募基金合同[26],而根据《证券投资基金托管业务管理办法》(2020年)第15条的规定,基金托管人有义务评估基金合同相关条款,确保相关约定合规清晰、风险揭示充分、会计估值科学公允。实践中,通常是托管人和管理人两方套印合同后,由管理人负责联系投资者签署合同,这样存在托管人签署合同和投资者签署合同脱节,管理人居中传递签署信息的情况,一旦发生管理人冒签、代签合同、适当性管理程序不到位、未及时给托管人寄送生效合同等情形,可能会影响基金合同的法律效力的认定,一旦基金合同存在不生效、无效或者撤销、解除等情形,托管人在这个环节面临较大的尽责瑕疵风险。全行业比照公募基金通过电子签约的诉求越发强烈,但因各家管理人信息技术水平不一,难以强制性推行电子签约。

(二)不同类型的基金财产监督保护的监管困难

根据公募基金托管业务要求,要求安全保管基金财产,包括账户开立、对账、信息保密等职责在内。实践中,由于私募基金投资标的广泛,私募基金对外投资形成的财产如股权、有限合伙份额、保证金等并未形成资金闭环,基金托管人对此类投资形成的非现金资产,难以实质掌握财产变化信息保证财产安全,主要因为非标准化基金财产的确权信息缺乏统一登记查询系统,难以实现对此类资产状况的有效的实时监控。例如,阜兴系集资诈骗案,上海第二中级人民法院和最高人民法院认定被告人朱某栋等人,使用虚构投资标的、夸大投资项目价值,以高收益、承诺到期还本付息等为诱饵,利用旗下的4家私募机构募集了368.45亿元,挪用365.65亿元,其中98.9%通过股权、债权方式投向了关联企业。因此,为避免对无法履责的事项承担责任,托管人不得不通过基金合同约定的方式减免保管财产的责任,这也是为何原银保监会将此类无法形成闭环的资产定义为"已划出托管账户以及处于托管银行实际控制之外的资产"[27],禁止商业银行承担保管责任。

---

[26] 《私募投资基金募集行为管理办法》第29条第1款规定:"各方应当在完成合格投资者确认程序后签署私募基金合同。"

[27] 参见《中国银行业协会商业银行资产托管业务指引》第15条第5项。

（三）投资监督信息获取的困难

如管理人拟下投一个私募基金，其募集户是否严格按照规定使用，托管人无从获知；如私募基金管理人存在道德风险，伪造章印提供下层私募基金虚假募集账户，则可能导致基金财产面临挪用。又如，场外衍生品（如挂钩的标的）或投资于各类不同类型衍生品（一笔交易既包括收益互换也包括场外期权），数据无法标准化，导致监控基本无法实现，对于股权等非标准化资产如管理人不及时、不配合去进行确权操作，也是实践中事后纠纷高发的风险。

（四）信息披露的监督困难

根据监管规定和协议约定，托管人的信息披露职责包括复核管理人报告、办理定期临时报告等事项，实践中经常遇到以下情况：基金管理人失联或不及时提供相关报告，基金托管人无法及时开展复核工作，以及基金管理人不按照托管人复核的结果向投资者进行信息披露，托管人无法复核和监督其是否进行信息披露。

（五）估值核算准确性的监督困难

首先，已出台的部分关于投资标的估值标准的法律法规明确约定适用于公募基金，但对私募的估值标准是否适用并没有明确约定。例如，对于退市证券的估值，行业目前未对退市证券在退市期间及股转系统挂牌后的估值给出明确标准，因此，私募基金领域目前存在估值标准不统一、难以确定公允性的问题。其次，客观条件限制产品估值的及时性和准确性，对 FOF 类产品净值取值问题，因所投底层标的价格不公开，若由管理人提供底层标的估值价格等数据公信力不高，若由该产品外包或托管机构提供阻碍较大，进而影响 FOF 类产品估值准确性和时效性。最后，还有的管理人，对于持有违约债券或停牌股票占比较高的产品仍坚持开放等，造成不平等对待投资者。

（六）基金清算操作性困难

虽然基金托管人是法定的清算小组成员，但监管规定对清算组的分工和职责没有明确规定，股权、债权类产品到期不能兑付，或者基金管理人无法履责的情况下，基金托管人难以实质履行基金清算变现职责；对于失联或注销管理人，存在无法与管理人取得联系或虽能与管理人取得联系，但管理人不配合对产品进行后续处置的情形；对于份额持有人大会召集等事项,托管人不掌握投资人及时、准确的联系方式,无法联系全体投资者,托管人履行召集持有人大会职责存在客观困难。

上述问题对于管理规范的公募基金不算问题,但对于风险管理能力、投资能力、合规管理能力参差不齐的私募管理人而言,都是托管人日常工作普遍存在的困难。由于此前托管人出现过承担责任的先例,目前愿意承担非标准化资产(股权、债权等)托管业务的证券公司托管人已经较少。可见,严格的民事责任会对市场服务的供给有一定的挤出效应。

四、提升托管人履职能力的几点建议

(一)统一不同托管规则

最新的《私募投资基金监督管理办法(征求意见稿)》〔28〕规定了股权、创投私募基金托管人的履责依据、履责边界和合同减免责条款效力的问题,但目前对证券公司与银行托管人的监管主体、规则仍然存在差异。建议按照投资标的是标准化品种还是非标准化品种而非基金类别设置差异化的托管要求,借鉴原银保监会制度的合理部分,从监管层面明确基金实际投资标的中存在托管人无法实质保管的非标准化资产时,允许通过合同自由约定方式约定履责边界,并设置特殊风险揭示条款,提示投资者注意托管人履责边界,合理评估基金投资风险。对安全保管职责和投资监督职责而言,托管银行对实际管控的托管资金账户及证券账户内的资产承担保管职责,不对已划出托管账户以及处于托

〔28〕《私募投资基金监督管理办法(征求意见稿)》第24条规定:"私募基金托管人托管私募证券投资基金的,应当符合《证券投资基金法》的规定,并按照《证券投资基金法》规定和基金合同约定履行职责。私募基金托管人托管私募股权投资基金、母基金等私募基金的,应当按照法律、行政法规、中国证监会规定和基金合同约定履行职责。私募基金管理人应当配合私募基金托管人履行职责,确保所提供材料的及时、完整、真实、准确。私募基金托管人发现私募基金管理人的投资违反法律、行政法规和基金合同约定的,应当拒绝执行,及时通知私募基金管理人并向中国证监会派出机构、基金业协会报告。"

管银行实际控制之外的资产承担保管责任;在监督职责方面,托管银行根据合同约定的监督内容和方式,对托管资产的投资运作进行表面一致性审查,履行"表面一致性"审核职责。[29]

(二)细化估值规则

根据监管规定,基金托管人承担的估值复核的职责主要包括,基金托管人与基金管理人应当按照《企业会计准则》及中国证监会的有关规定进行估值核算,对各类金融工具的估值方法予以定期评估,复核、审查基金管理人计算的基金资产净值和基金份额申购、赎回价格等,复核收益分配等。

鉴于已出台的部分法律法规明确规定公募基金适用,对私募基金是否适用没有明确要求,建议完善私募基金适用的估值指引和估值标准,如明确私募基金适用的固定收益品种、退市证券品种的估值标准,提升估值的透明度和公允性;对于存在嵌套产品投资的私募基金,明确规定底层产品托管人或外包服务机构有义务定期向上层产品(作为投资人的产品)管理人提供估值数据。现实中,底层产品管理人及托管人的不配合导致上层产品的运作无法正常进行,不利于行业的发展和维护投资人利益。

(三)建立信息披露及复核系统

职责划分方面,建议细化管理人和托管人信息披露方面的职责划分。建议明确管理人和托管人各司其职,托管人仅对基金财务数据复核,明确管理人对非财务数据的独立责任,避免投资者误解托管人信息披露内容,充分保障投资者的知情权。

系统建设方面,为防范管理人披露信息虚假、与托管人复核信息不一致的问题,建议通过系统功能升级实现控制,管理人、托管人、投资者在协会信息披露平台上实现基金信息披露信息的上传、复核、查询一站式功能。在协会信息披露平台赋予托管人复核权限,进行复核处理并

[29] 《中国银行业协会商业银行资产托管业务指引》第22条规定:"托管银行提供投资监督服务的,应根据法律法规规定和托管合同约定的监督内容和监督方式,对托管资产的投资运作等进行监督。相关当事人应提供监督所必需的交易材料等信息,并确保所提供的业务材料完整、准确、真实、有效,托管银行对提供材料是否与合同约定的监督事项相符进行表面一致性审查。"

开放给投资者查询的方式,避免管理人伪造托管人复核确认、披露虚假信息的情况,也有助于防范管理人通过伪造信息欺骗投资者的情况发生。

(四)加强托管人获取管理人信息渠道

建立健全管理人信息共享传递机制。建议基金业协会进一步加强基础设施建设,建设行业、管理人风险预警信息收集汇总平台,及时汇总行业热点负面信息,传递给相关方进行风险排查和处理;建议开放"资产管理业务平台"部分权限,开放基金托管人对管理人备案基金合同文本,信息披露材料、清算文件等的查询、确认功能,与投资者信息披露系统连通,确保投资者获取的基金信息的权威性、准确性、完整性。一方面,增加投资者查询合同签约情况,以及基金产品的重大信息变动情况的权限;另一方面,为托管人开通其托管产品的基础信息查询权限,方便托管人了解管理人履行信息披露义务的情况。完善异常管理人动态向托管人的推送,并优化托管人 AMBERS 系统权限,于注销、失联、异常经营管理人的信息推送更为细化。

五、结语

对托管机构所服务的基金/资管产品管理人和受托人来说,私募基金行业因前期发展迅猛,难免存在个别管理人泥沙俱下、良莠不齐,甚至出现违反监管规定和合同约定,挪用基金财产的行为。对此,首要的解决方案,还是在《私募投资基金监督管理条例》的指导下,不断加大对违法违规的管理人监管检查和处罚力度,[30] 杜绝以私募基金为名诈骗挪用基金财产的行为,净化行业生态,维护良好行业声誉。其次,对于托管机构而言,应当根据不同产品、不同投资标的区分托管职责,尽快建立健全有利于托管人履职尽责的制度环境和行业性的系统设施。

---

〔30〕 当然,对私募行业加强监管,有人主张这会增加私募管理人的合规成本。但美国学者最新研究发现,可能事实并非如此。See Ben Bates, *The Cost of Private Fund Regulation*, http://www.law.harvard.edu/programs/olin_center/fellows_papers/pdf/Bates_96.pdf, visited March 5, 2024.

最后，综合考虑托管人履职的客观制约因素、收费的高低、监督职责与基金财产损失之间的因果关系等因素，确定其职责，防止笼统以共同受托人的概念，忽视具体案件的复杂性和对未来类案的示范性。

（编辑：阎俊忆　姜沅伯）

《证券法苑》(2024)
第四十一卷,第62~93页

关于投资顾问行为标准的解释

美国证券交易委员会
刘春彦[*]　张冬妮　王诗蕊[**]译

美国证券交易委员会

17 CFR Part 276

[发行号 IA－5248;文件编号 S7－07－18]

RIN:3235－AM36

关于投资顾问行为标准的解释

发布机构:美国证券交易委员会

类型:解释

摘要:证券交易委员会("SEC"或"委员会")公布了关于1940年《投资顾问法》("顾问法"或"法案")投资顾问行为标准的解释。

日期:2019年7月12日生效。

欲知更多信息请联系:奥拉瓦莱·奥里奥拉(Olawalé Oriola),高级律师;马修·库克(Matthew Cook),高级法律顾问;或詹妮弗·宋格(Jennifer Songer),分支机构主管,电话(202)551－6787或邮箱IArules@ sec. gov,投资管理部投资顾问监管办公室,美国证券交易委员会,华盛顿特区东北大街

[*] 同济大学法学院副教授,硕士研究生导师。
[**] 同济大学法学院民商法学硕士研究生。

100号,邮编:20549-8549。

补充信息:委员会正在公布《投资顾问法》[15 U.S.C.80b][1]中关于投资顾问行为标准的解释。

一、介绍

根据联邦法律,投资顾问是受托人。[2] 根据《投资顾问法》,投资顾问对其客户负有的信义义务对委员会的投资者保护工作很重要,信义义务包括注意义务和忠实义务。对委员会的投资者保护工作同等重要的是,对零售客户推荐任何证券交易或涉及证券的投资策略时经纪—交易商的行为标准。[3] 投资顾问和经纪—交易商在委员会监管的资本市场和更广泛的经济中都扮演着重要的角色。投资顾问和经纪—交易商与投资者之间存在不同类型的关系,投资顾问和经纪—交易商提供不同的服务,有不同的薪酬模式。这种多样性之所以重要,是因为它为投资者提供了关于可以拥有的关系类型、可以获得的服务以及投资者如何支付这些服务的选择。

---

〔1〕 除非另有说明,当委员会提及《投资顾问法》或其任何段落时,指的是《美国法典》的15 U.S.C.80b,其中《投资顾问法》已单独立法;当提及《投资顾问法》或其任何段落下的规则时,指的是《美国法典》已公布的第17编第275部分联邦法规[17 CFR 275]。

〔2〕 SEC v. Capital Gains Research Bureau, Inc., 375 U.S. 180, 194 (1963) ("SEC v. Capital Gains");另见下文脚注〔34〕~〔44〕和附随文本;《投资顾问法》第2256号释令(2004年7月2日,投资顾问道德准则);《投资顾问法》第2204号释令(2003年12月17日),投资公司和投资顾问合规计划;投资顾问电子申报;《投资顾问法》第1862号释令(2000年4月5日),ADV表格的拟议修正案。根据《投资顾问法》第206条,投资顾问还对潜在客户负有反欺诈义务。

〔3〕 参见《交易法》第34-86031号释令(2019年6月5日)("Reg. BI Adoption"),最佳利益规则。《投资顾问法》下关于投资顾问行为标准的解释("最终解释")解释了《投资顾问法》第206条,该条适用于委员会和国家注册投资顾问,以及根据《投资顾问法》豁免注册或禁止注册的其他投资顾问。本最终解释旨在强调与投资顾问信义义务相关的原则。然而,它并不是理解这些原则的唯一途径。另外,在各种情况下,判例法、法规(如1974年《雇员退休收入保障法》,"ERISA")和州法律也规定了投资顾问的义务。在某些情况下,这些标准可能不同于委员会实施的标准。

2018年4月18日,委员会提出了旨在提高经纪—交易商[4]所需行为标准的规则和表格,并向零售投资者提供有关其经纪和咨询关系关键方面的清晰简洁的信息。[5] 与这些提议的公布相关联,委员会公布了一份关于《投资顾问法》项下投资顾问行为标准的解释供征集意见(拟议解释[6])。委员会在拟议的解释中指出,委员会仍然认为,颁布解释并重申以及在某些情况下阐释投资顾问根据《投资顾问法》第206条对其客户负有的信义义务的某些内容是适合且有益的。[7] 在考虑了所收到的意见之后,委员会将公布这一最终解释,并对意见作出一些说明。[8]

委员会收到了来自个人、投资顾问、交易或专业组织、律师事务所、消费者权益团体和律师协会的150多封关于委员会建议的解释的意见函。[9] 尽管许多评论人士普遍认为拟议的解释是有益的,[10]但有些评论人士指出,根据《投资顾问法》,委员会解释的固有挑战涉及投资

---

[4] 《交易法》第83062号释令(2018年4月18日)("拟议的BI规则"),最佳利益规则。

[5] CRS关系总结表格;ADV表格的修正案;《投资顾问法》第4888号释令(2018年4月18日),要求在零售通信中披露信息,并限制使用某些名称或头衔("关系概要提案")。

[6] 委员会关于投资顾问行为标准的拟议解释;《投资顾问法》第4889号释令(2018年4月18日),关于加强投资顾问监管的征求意见。

[7] 此外,委员会认识到,许多投资顾问提供非个人的投资建议。参见《投资顾问法》第203A-3条(在将"投资顾问代表"定义为"通过书面材料或口头陈述提供的投资咨询服务,其目的不在于满足特定个人或账户的目标或需求"的背景下,对"非个人投资咨询"进行定义)。本最终解释并未涉及《投资顾问法》在多大程度上适用于不同类型的非个人投资建议。

[8] 在拟议的解释中,委员会还要求就以下事项发表意见:委员会注册投资顾问人员的执照和继续教育要求;向拥有投资顾问账户的客户提供账户报表;证券交易委员会注册投资顾问的财务义务要求,包括忠实关系(fidelity bond),委员会将继续评估收到的回应意见。

[9] 以第S7-09-18号文件提交的意见函可在委员会网站https://www.sec.gov/Comment s/S7-09-18/s70918.htm上查阅。委员会还考虑了在第S7-08-18号文件(关系概要建议书意见)和第S7-07-18号文件(关于最佳利益规则的提案的意见)中提交的意见。这些意见可参见委员会网站https://www.sec.gov/comments/s7-08-18/s70818.htm和https://www.sec.gov/comments/s7-07-18/s70718.htm。

[10] 例如,北美证券管理人协会(2018年8月23日)意见函("NASAA函")(说明拟议的解释是"有用的内容");景顺公司(Invesco)意见函(2018年8月7日)("Invesco函")(同意"就适用于投资顾问的信义义务作出明确声明有好处")。

顾问对客户负有的信义义务的广泛范围。[11] 其中一些评论人士建议修改或撤回拟议的解释。[12] 尽管大多数评论人士同意，如拟议的解释所述，投资顾问的信义义务包括注意义务和忠实义务，但他们对信义义务的各个方面有不同的看法，并在某些情况下寻求对信义义务适用的官方说明。[13]

一些评论人士要求委员会改为采用规则文本。[14] 长期以来，投资顾问与其客户之间的关系是建立在信托原则（fiduciary principles）的基础上的，这些原则一般未在具体的法规或规则文本中规定。委员会认为，这种基于原则的做法应继续下去，因为它广泛地表达了投资顾问的标准，同时允许投资顾问在具体服务方面灵活地达到这一标准。委员会认为，在重申和在某些情况下说明信义义务的某些方面的最终解释中，

---

〔11〕 例如，Pickard Djinis 和 Pisarri LLP（2018 年 8 月 7 日）意见函（“Pickard 函”）（注意到委员会“努力综合判例法、立法史、学术文献、委员会先前的释令和其他法源，对信托行为标准作出充分解释”）；Dechert LLP 意见函（2018 年 8 月 7 日）（“Dechert 函”）（“对投资顾问信义义务的任何普遍解释都必须基于可靠和经过时间检验的原则，这一点至关重要。鉴于很难界定和涵盖投资顾问对其客户的所有义务，同时也考虑到咨询安排的多样性，今后将出现解释性问题。”）；美国律师协会商法部联邦证券监管委员会对冲基金小组委员会意见函（2018 年 8 月 24 日）（“ABA 函”）（“委员会首先注意到，在具有普遍适用性的广泛声明中，很难对投资顾问信义义务进行定性。”）。

〔12〕 例如，L. A. Schnase 意见函（2018 年 7 月 30 日）（敦促委员会不要以最终形式发布拟议的解释，或至少在没有实质性改变或重构的情况下发布）；货币管理研究所意见函（2018 年 8 月 7 日）（“MMI 函”）（敦促委员会“修订解释，使其反映投资顾问信义义务所依据的普通法原则”）；Dechert 函（建议委员会撤回拟议的解释，转而依赖现有的权威和法源，以及委员会现有惯例提供解释性指导，以确定投资顾问信义义务的来源和范围）。

〔13〕 例如，剑桥投资研究公司（2018 年 8 月 7 日）意见函（“剑桥函”）（说明“更好地明确投资顾问的信义义务的所有方面，将提高制定此类政策和程序的能力，并有助于消除零售客户和投资专业人员的困惑”）；机构有限合伙人协会意见函（2018 年 8 月 6 日）（“ILPA 函 1”）（“解释将为私募基金顾问对其客户承担的信义义务提供更多确定性。”）；纽约市律师协会意见函（2018 年 6 月 26 日）（“纽约市律协函”）（说明有必要对投资顾问的信义义务进行统一解释）。

〔14〕 一些评论人士建议委员会将拟议的解释编成法典。例如，Roy Tanga 意见函（2018 年 4 月 25 日）；Financial Engines 意见函（2018 年 8 月 6 日）（“Financial Engines 函”）；ILPA 函 1；AARP 意见函（2018 年 8 月 7 日）（“AARP 函”）；Gordon Donohue 意见函（2018 年 8 月 6 日）；Financial Planning Coalition 意见函（2018 年 8 月 7 日）（“FPC 函”）。

采用规则文本对于实现委员会的目标不是必需的。

二、投资顾问的信义义务

《投资顾问法》规定了投资顾问的联邦信义义务。[15] 此类信义义务源于普通法的原则基础,且对于《投资顾问法》中规定的投资顾问及其客户之间的关系尤为重要。[16] 投资顾问的信义义务是广泛的,适用于整个投资顾问—客户关系。[17] 《投资顾问法》或委员会规则未规定投资顾问应承担的具体的信义义务,但这反映了国会对"投资顾问关系的微妙信义性质"的认可以及国会"消除或至少披露所有利益冲突,这些利益冲突可能使投资顾问有意识或无意识地倾向于提供不公平的

〔15〕 Transamerica Mortgage Advisors, Inc. v. Lewis, 444 U. S. 11, 17 (1979)("Transamerica Mortgage v. Lewis")("§206 确立了监管投资顾问行为的联邦信托标准。")(引号省略);Santa Fe Industries, Inc. v. Green, 430 U. S. 462, 471, n. 11 (1977)(在讨论 SEC v. Capital Gains 时,说明了最高法院如何从术语"公平"的意义上解释欺诈行为,其"前提是最高法院承认国会打算通过《投资顾问法》为投资顾问建立联邦信托标准");SEC v. Capital Gains, 前注〔2〕;《投资顾问法》第 3060 号释令,对 ADV 表格的修正案(2010 年 7 月 28 日)("《投资顾问法》3060 号释令");"根据《投资顾问法》,投资顾问是受托人,其义务是为客户的最佳利益服务,其中包括不为自己利益而损害客户利益的义务",《投资顾问法》第 2106 号释令(2003 年 1 月 31 日),引自投资顾问的委托投票权(《投资顾问法》第 2106 号释令)。

〔16〕 参见 SEC v. Capital Gains, 前注〔2〕(讨论了《投资顾问法》的历史,也讨论了公平原则如何影响有关欺诈的普通法以及其如何改变了针对受托人的诉讼,"国会承认投资顾问是受托人")。

〔17〕 委员会以前曾在各种情况下承认《投资顾问法》第 206 条的广泛范围。例如,《投资顾问法》第 2106 号释令,前注〔15〕;《投资顾问法》第 4197 号释令(2015 年 9 月 17 日),Timbervest, LLC 等(委员会意见)("一旦投资顾问关系形成,《投资顾问法》不允许投资顾问在与信托关系有关的任何投资交易中利用这种信托关系欺骗客户。");另见 SEC v. Lauer, 2008 WL 4372896, 第 24 页(佛罗里达州 S. D. 2008 年 9 月 24 日)(《证券法》和《证券交易法》的反欺诈规定不同,《投资顾问法》第 206 节不要求行为是"要约或出售任何'证券'或'与购买或出售任何证券有关'");Thomas P. Lemke 和 Gerald T. Lins,《投资顾问监管》(2013 年版),§2:30 ["SEC 已经……适用第 206(1)条和第 206(2)条,其中欺诈源于投资咨询关系,即使不法行为并不涉及证券。"]。

建议”的意图。[18]《投资顾问法》规定了投资顾问的信义义务，从而认可投资顾问与客户之间关系的性质，这也是对“在目前切实可行的范围内清除（投资顾问）滥用行为”这一愿望的认可，该愿望正是《投资顾问法》颁布的动因。[19] 信义义务由《投资顾问法》的反欺诈条款强制执行。[20]

根据《投资顾问法》的规定，投资顾问的信义义务包括注意义务和忠实义务[21]。这种信义义务要求投资顾问“执行委托人的目标、目的

〔18〕 参见 SEC v. Capital Gains，前注〔2〕；另见《证券交易法》第 4048 号释令（1948 年 2 月 18 日），有关 Arleen W. Hughes 的事项（Arleen Hughes）（委员会意见）（讨论客户与双重注册人之间的信托关系，并说明注册人是受托人，根据 1933 年《证券法》和 1934 年《证券交易法》的反欺诈规定应承担义务）。

〔19〕 参见 SEC v. Capital Gains，前注〔2〕［注意到《投资顾问法》原法案（original bill）中的“政策声明”，宣称“国家公共利益和投资者利益受到不利影响……在进行投资顾问业务时以欺骗或误导投资者的方式进行或使此类投资顾问能够免除其对客户的信义义务。特此声明，根据本编的规定进行解释，本编的政策和目的旨在减轻并在目前切实可行的范围内消除本条中列举的滥用行为”］（引自 S. 3580, 76th Cong., 3d Sess., §202 和投资信托和投资公司——证券交易委员会的报告：根据 1935 年《公共事业控股公司法》第 30 条，关于投资顾问、投资管理、投资监督和投资咨询服务，H. R. Doc. No. 477, 76th Cong. 2d Sess., 1, at 28）（重点添加）。

〔20〕 同上；Transamerica Mortgage v. Lewis，前注〔15〕（“该法案的立法历史无疑使国会打算施加可执行的信义义务”）。一些评论人士质疑《投资顾问法》所规定的投资顾问的标准。例如，Stark& Stark, PC 意见函（未注明日期）（“普通法和《投资顾问法》规定的注意义务仅要求投资顾问在履行义务时不要疏忽”）。机构有限合伙人协会意见函（2018 年 11 月 21 日）（“ILPA 函 2”）（《投资顾问法》标准是一个较低的简单“过失”标准）。根据《投资顾问法》第 206(2) 条提出的索赔不是基于主观明知的，仅凭疏忽即可充分主张。Robare Group, Ltd., et al. v. SEC, 922 F. 3d 468, 472 (D. C. Cir. 2019)（“Robare v. SEC”）；SEC v. Steadman, 967 F. 2d 636, 643, n. 5 (D. C. Cir. 1992)（引自 SEC v. Capital Gains，前注〔2〕）［违反《投资顾问法》第 206(2) 条的行为可能取决于对简单过失的认定］；SEC v. DiBella, 587 F. 3d 553, 567 (2d Cir. 2009)［“政府无须表明（投资顾问）有意违反第 206(2) 条的意图”］；SEC v. Gruss, 859 F. Supp. 2d 653, 669 (S. D. N. Y. 2012)［根据《投资顾问法》第 206(2) 条提出的索赔不是基于主观明知的，仅凭疏忽即可充分主张］。但是，根据《投资顾问法》第 206(1) 条提出的要求需要主观明知。例如，Robare v. SEC；SEC v. Moran, 922 F. Supp. 867, 896 (S. D. N. Y. 1996)；Carroll v. Bear, Stearns & Co., 416 F. Supp. 998, 1001 (S. D. N. Y. 1976)。

〔21〕 例如，《投资顾问法》第 2106 号释令，前注〔15〕。评论人士通常认可这些义务。例如，美国客户联合会意见函（2018 年 8 月 7 日）（“CFA 函”）；投资顾问协会意见函（2018 年 8 月 6 日）（“IAA 函”）；投资与财富研究所意见函（2018 年 8 月 6 日）；Raymond James 意见函（2018 年 8 月 7 日）；FPC 意见函。但是请参见 Dechert 函（质疑是否有足够的支持来履行注意义务）。

或愿望”。[22] 这意味着,投资顾问必须始终为客户的最佳利益行事,而不是将客户的利益附属于自己。换言之,投资顾问不能将自身利益置于客户利益之上。这种注意义务和忠实义务的结合被描述为要求投资顾问始终以“客户的最佳利益”行事。[23] 委员会认为,投资顾问有义务为其客户的最佳利益行事,这是一项包罗万象的原则,既包括注意义务,也包括忠实义务。参见下文更详细的讨论,委员会认为,注意义务要求投资顾问根据客户的目标为客户的最佳利益提供投资建议。根据其忠实义务,投资顾问必须消除或充分公平地披露所有可能使投资顾问倾向于——有意或无意的——提供不公平建议的利益冲突,以便客户能够对利益冲突提供知情同意。[24] 委员会相信,这是投资顾问为客户的最佳利益行事义务的另一部分。

(一)根据关系范围确定的信义义务的适用

《投资顾问法》规定了投资顾问的信义义务,并承认投资顾问和客户之间关系的性质,即信托和信任关系。[25] 投资顾问的信义义务是原则性规定,并适用于投资顾问和客户之间的关系。信义义务遵循投资顾问和客户之间关系的准则,投资顾问和客户可以通过协议塑造这种

---

〔22〕 Arthur B. Laby, The Fiduciary Obligation as the Adoption of Ends, 56 Buffalo Law Review 99 (2008);另请参见《代理法重述(第三次)》第2.02条“实际权限的范围”(2006年)(根据受托人对委托人的表现形式和目标的合理理解来描述受托人的权力)。

〔23〕 参见《投资顾问法》第3060号释令,前注〔15〕(通过对ADV表格的修改,指出“根据《投资顾问法》,投资顾问是受托人,其义务是为客户的最佳利益服务,其中包括不以自己的利益取代客户利益”)(引自《投资顾问法》第2106号释令,前注〔15〕)。参见SEC v. Tambone, 550 F. 3d 106, 146 (1st Cir. 2008)(“第206条对投资顾问施加信义义务,使其始终为基金的最佳利益行事……”);SEC v. Moran, 944 F. Supp. 286, 297 (S. D. N. Y 1996)(“SEC v. Moran”)(“投资顾问被赋予履行维护其客户最佳利益的责任和义务”)。尽管大多数评论人士都认为投资顾问有义务为客户的最佳利益行事,但也有些人质疑拟议的解释是否适当地将寻求客户最佳利益视为注意义务的一部分,或者是否应将该义务视为忠实义务的一部分。例如,MMI函;投资公司协会意见函(2018年8月7日)(“ICI函”)。

〔24〕 参见下文脚注〔67〕~〔70〕和附随文本,了解关于知情同意的更详细的讨论,以及如何在客观的基础上对其进行一般性的考虑和推断。

〔25〕 例如,参议院银行和货币委员会小组委员会就S. 3580举行的听证会,76th Cong., 3d Sess.(主要强调投资顾问和客户之间的“信任和信托”关系);SEC v. Capital Gains, 前注〔2〕(引用相同内容)。

关系,前提是投资顾问充分公平的披露和客户的知情同意。[26] 委员会认识到投资顾问提供了多元化的服务,从客户可支付一次性费用的单一财务计划,到客户可能根据投资组合中资产的价值支付定期费用的长期投资组合管理都属于投资顾问和客户关系的范围。投资顾问还为各种各样的客户提供服务,从拥有有限资产、投资知识和经验的零售客户,到拥有庞大投资组合和丰富知识、经验和分析能力的机构客户。[27] 根据委员会的经验,《投资顾问法》规定的以原则为基础的信义义务拥有足够的灵活性,可以作为投资顾问的有效行为标准,而不论投资顾问提供的服务或服务的客户类型如何。

尽管根据《投资顾问法》,所有投资顾问都应向其每一位客户承担信义义务,但必须根据投资顾问与客户之间约定的关系范围来分析这一信义义务。特别是,投资顾问的信义义务所产生的具体义务取决于投资顾问作为代理人同意为客户即其委托人承担的义务。例如,在与零售客户的持续关系中,投资顾问提供充分、自主的建议的义务(例如,在有限分配限制条件下,投资顾问监督和定期调整股本和固定收益投资组合的义务),该义务将与投资顾问对注册投资公司或私募基金的义务(合同规定了顾问的服务范围和对其权限的限制)有显著不同的实质性的特殊性(例如,根据特定参数管理固定收益投资组合的授权,包括集中度限制、信用质量和到期日范围)。[28]

虽然投资顾问信义义务的适用因关系范围而有所不同,但在所有情况下,此种关系仍然是投资顾问对客户的受托关系。换言之,虽然投资顾问的联邦信义义务将以反映双方约定的关系范围的方式适用,但

---

〔26〕 一些评论人士要求委员会说明投资顾问和客户可以通过合同调整信义义务适用的关系范围。例如,MMI 函;Financial Engines 函;ABA 函。

〔27〕 这一最终解释也适用于智能投顾,通常通俗地称为"机器人顾问"。智能投顾和所有证券交易委员会注册的投资顾问一样,都要遵守《投资顾问法》的所有要求,包括要求他们提供与他们对客户的信义义务相一致的建议。参见投资管理部门,机器人顾问,IM 指南更新 No. 2017 - 02 (Feb. 2017),网址:https://www.sec.gov/Investment/IM-Guidance-2017-02.pdf(说明委员会工作人员根据《投资顾问法》指导 3 个不同领域,智能投顾在寻求履行《投资顾问法》规定的义务时,应根据其业务模式的性质加以考虑)。

〔28〕 参见本文注〔35〕后的正文。

不得豁免该义务。[29] 一项旨在普遍豁免顾问联邦信义义务的合同条款,都将与《投资顾问法》[30]不一致。[31] 例如,(i)一份说明投资顾

---

〔29〕 因为投资顾问的联邦信义义务可通过《投资顾问法》第206条强制执行,委员会认为,放弃执行第206条涉及《投资顾问法》第215(a)条"约束任何人放弃遵守本编任何条款的条件、规则或规定将无效"。另见《代理法重述(第三次)》§8.06委托人同意书(2006)[第1.01节中所定义的适用于代理人关系的法律对(在特殊情形)被授权的代理人采取不忠行为的情况施加了强制性限制。这些限制有保护和警示的作用。因此,包含旨在提前解除代理人对委托人的普通信义义务的通用或广泛的语言的协议不太可能是可执行的。这是因为广泛地豁免代理人的信义义务可能不能反映出委托人充分知情的判断;如果解除合同生效,委托人将面临这样的风险:代理人将以委托人同意解除合同时无法预见的方式滥用代理人的地位。相反,当委托人同意代理人的特定交易或特定类型的行为时,委托人有一个集中的机会评估更容易识别的风险]。

〔30〕 参见《投资顾问法》第206条和第215(a)条。评论人士普遍认为,客户不能通过协议豁免投资顾问的信义义务。参见Dechert函;Ropes& Gray LLP意见函(2018年8月7日)("Ropes & Gray函"),第20页;另见前注〔29〕。在拟议的解释中,委员会声明"投资顾问不能披露或协商,投资者也不能豁免联邦信义义务"。一位评论人士对这一广泛的声明提出不同意见,认为该声明对"投资顾问和客户界定顾问服务和义务范围的能力"提出了质疑。参见ABA函,也见Financial Engines函,委员会修改了这一声明,阐明普遍豁免信义义务将违反这一义务,并提供这种普遍豁免的例子。

〔31〕 一些评论人士提到2007年的一封不采取行动函,在这个函中,工作人员表示,投资顾问协议中旨在限制投资顾问在该协议下的责任的条款(所谓的"对冲条款")是否会违反《投资顾问法》第206(1)条和第206(2)条,取决于相关的所有事实和情况。Heitman Capital Management,LLC,SEC员工不采取行动函(2007年2月12日)("Heitman函")。一些评论人士表示,Heitman函将投资顾问的能力扩大到私募基金以及潜在的其他具有经验的客户,在投资顾问协议中免除了投资顾问根据州法律承担的信义义务。例如,ILPA函1;ILPA函2。评论人士对Heitman函的描述表明这封函可能被错误地应用了。Heitman函没有涉及投资顾问联邦信义义务的范围或实质内容;相反,它涉及对冲条款在多大程度上可能会误导违反《投资顾问法》的反欺诈规定。另一位评论人士同意对Heitman函的解读。参见美国投资委员会意见函(2019年2月25日)。针对这些意见,委员会在下文中表达了委员会就投资顾问根据《投资顾问法》第206(1)条和第206(2)条使用对冲条款义务的看法。由于委员会在本最终解释中表达了委员会的观点,Heitman函被撤回了。这一最终解释清楚地表明,投资顾问的联邦信义义务可能不会被豁免,尽管其适用可以由协议来规范。根据适用的州法律,本最终解释不就适用于投资顾问的任何信义义务的范围或实质表明立场。参见前注〔3〕。对冲条款是否违反《投资顾问法》反欺诈条款的问题取决于所有相关事实和情况,包括客户的特殊情况(如投资经验)。然而,委员会认为,在少数情况下(如果有),与零售客户签订的协

问不会担任受托人的声明;(ii)充分放弃所有利益冲突;(iii)无论客户的经验如何,豁免任何根据《投资顾问法》所承担的特定义务。

(二)注意义务

作为受托人,投资顾问对客户负有注意义务。〔32〕委员会在许多情况下讨论了注意义务及其内容〔33〕。注意义务包括但不限于:(i)提供符合客户最佳利益的建议的义务;(ii)在投资顾问有义务选择经纪—交易商执行客户交易的情况下,寻求客户交易最佳执行的义务;(iii)在相关过程中提供建议和监督的义务。

1. 提供符合客户最佳利益的建议的义务

注意义务包括提供符合客户最佳利益的投资建议的义务,包括提

议中的对冲条款与这些反欺诈条款是一致的——如果对冲条款旨在豁免投资顾问对客户行为的责任,且客户对这种行为可根据州或联邦法律对投资顾问提出不可撤销诉讼。这种对冲条款通常很可能误导这些零售客户,使其不行使合法权利,违反反欺诈条款,即使协议另有规定,客户可以继续保留其不可放弃的权利。与机构客户签订的协议中的对冲条款是否会违反《投资顾问法》的反欺诈条款,将根据具体事实和情况来确定。在一定程度上,如果对冲条款在投资顾问和客户之间造成利益冲突,投资顾问必须按照其忠实义务的要求解决冲突。

〔32〕 参见《投资顾问法》第 2106 号释令,前注〔15〕(说明根据《投资顾问法》,"投资顾问是一个受托人,对代表客户提供的所有服务,包括代理投票,负有注意和忠实的义务",这是法案的主题,并引用前注〔2〕的 SEC v. Capital Gains 来支持这一点)。这一最终解释并未涉及投资顾问在代理投票时如何履行其信义义务的细节。另见《代理法重述(第三次)》第 8.08 条(讨论普通法下代理人对委托人的注意义务);Tamar Frankel&Arthur B. Laby,《货币管理人条例》(2017 年更新)(建议可分为 3 个阶段)。第一个阶段决定了特定客户的需求;第二个阶段决定了能够满足客户需求的投资组合策略;第三个阶段涉及投资组合将包含证券的选择。注意义务涉及每个阶段,取决于投资顾问对客户义务的深度或程度。

〔33〕 例如,投资顾问提供的投资建议的适当性;《投资顾问法》第 1406 号释令(1994 年 3 月 16 日)中特定咨询客户的保管账户报表(说明投资顾问有注意义务,并讨论投资顾问的适当性义务);关于 1934 年《证券交易法》第 28(e)条范围和《证券交易法》第 23170 号释令(1986 年 4 月 28 日)相关事项的解释性释令("作为受托人的投资顾问有义务为客户在证券交易中获得最佳执行")。委员会强调注意义务的特定情况,但不是所有情况。例如,《投资顾问法》第 2106 号释令,前注〔15〕。

供适合客户的建议的义务。[34] 为了提供此类建议,投资顾问必须对客户的目标有合理的理解。对零售客户而言,这种合理理解的基础一般包括投资顾问对投资概况的理解;对机构客户而言,其包括投资顾问对投资委托书的理解。[35] 在合理理解客户目标的基础上提供符合客户最佳利益的建议的义务是注意义务的一个重要内容。

合理寻求客户的目标

投资顾问如何合理理解客户的目标,根据具体的事实和情况而有所不同,具体的事实和情况包括客户的性质、投资顾问—客户关系的范围以及预期投资建议的性质和复杂性。

为了合理理解零售客户的目标,投资顾问应至少对客户的财务状况、财务成熟水平、投资经验和财务目标(委员会统称为零售客户的“投资概况”)进行合理的调查。例如,为零售客户制定综合财务计划的投资顾问通常需要获取有关客户的一系列个人和财务信息,如当前

〔34〕 1994 年,委员会提出了一项规则,规定投资顾问有明确的应向客户提出适当建议的信义义务。《投资顾问法》第 1406 号释令,前注〔33〕。尽管这项规则从未被采纳,但是这项规则被设计,此外该规则反映了委员会对《投资顾问法》规定的投资顾问现有适当义务的解释。此外,委员会没有引用《投资顾问法》1406 号释令作为委员会在这里表达的观点的权威来源,但至少有一封意见函是如此建议,而引用《投资顾问法》第 1406 号释令仅仅是为了表明委员会长期以来持有这种观点。参见管理基金协会和另类投资管理协会意见函(2018 年 8 月 7 日)(表明委员会未能采纳拟议的适用性规则,意味着“投资顾问不受现行法规下明确的‘适当性’标准的约束”)。委员会认为,仅向客户提出适当建议的义务是投资顾问为客户的最佳利益行事的信义义务的一部分。因此,投资顾问必须提供适合其客户的投资建议,以符合其客户最佳利益。参见 SEC v. Tambone 案,前注〔23〕(“第 206 条规定,投资顾问应始终以基金的最佳利益行事……”);SEC v. Moran,前注〔23〕(“投资顾问有责任和义务为其客户的最佳利益行事。”)。

〔35〕 一些评论人士表示,对客户的投资情况进行合理调查的义务可能不适用于机构客户。例如,贝莱德公司意见函(2018 年 8 月 7 日);美国教师保险与年金协会意见函(2018 年 8 月 7 日);安联全球投资者美国有限责任公司意见函(2018 年 8 月 7 日)(“安联函”);约翰·汉考克(John Hancock)人寿保险公司(美国)意见函(2018 年 8 月 3 日)。因此,委员会将此义务描述为合理理解客户目标的义务。虽然不是每个客户都有投资概况,但每个客户都有目标。例如,机构客户的目标可以通过其投资委托书来确定。

收入、投资、资产和债务、婚姻状况、税务状况、保险单和财务目标〔36〕。

此外，零售客户的投资顾问通常有必要更新客户的投资概况，以保持对客户目标的合理理解，并调整建议以反映任何已变化的情况。〔37〕投资顾问必须更新客户投资概况，从而将根据事实和现状（包括投资顾问是否意识到，已经发生的事件可能导致投资顾问当前建议基于的客户投资概况不正确或不完整）调整投资顾问提供投资建议的频率。例如，在投资顾问持续提供咨询意见的财务计划中，投资顾问对有关税法的变化或对客户退休或婚姻状况发生变化的了解可能会触发投资顾问重新调查的义务。

相比之下，在投资顾问向机构客户提供投资建议时，对客户目标进行合理调查的性质和程度通常取决于这些客户的具体投资委托书。例如，一名投资顾问被聘请就机构客户的投资级债券投资组合提供咨询意见，该顾问就需要合理了解客户在该债券投资组合中的目标，而不是客户在其整个投资组合中的目标。同样，客户是注册投资公司或私募基金的投资顾问，则需要合理了解基金的投资准则和目标。按照机构客户（特别是基金）具体投资委托行事的投资顾问，委员会认为更新客户目标的义务不应适用，除非投资顾问协议中另有规定。

对建议符合客户的最佳利益的合理信赖

投资顾问必须具有合理信赖，其根据客户的目标提供的建议符合客户的最佳利益。合理信赖的形成将涉及例如考虑是否仅将投资推荐

〔36〕《投资顾问法》第1406号释令，前注〔33〕。在对客户的投资情况进行合理调查后，投资顾问通常有理由依赖客户（或客户代理人）提供的有关客户财务状况的信息，而且，如果后来发现客户在投资建议所依据的信息上误导了投资顾问，则不应认为投资顾问提供的建议不符合其客户的最佳利益。

〔37〕在提供一次性投资建议的情况下，不需要进行这种更新。在拟议的解释中，委员会声明投资顾问"必须"更新客户的投资概况，以便调整建议从而反映任何变化的情况。委员会认为，更新客户投资概况的任何义务，例如对零售客户目标进行合理调查的性质和程度，都取决于在这种情况下的合理条件。因此，委员会在本最终解释中修改了本声明的措辞。

给那些能够且愿意忍受那些投资风险以及潜在利益同风险相适应的客户。[38] 必须根据投资顾问为客户管理的投资组合和客户的目标来评估建议是否符合客户的最佳利益。

例如,当投资顾问为具有保守投资目标的零售客户提供建议时,对某些衍生产品进行投资以对冲客户投资组合中的利率风险或其他风险,可能符合客户的最佳利益,而对某些投机性衍生品进行定向(directionally)投资则可能不符合客户的最佳利益。对同一客户而言,以保证金投资某一证券可能不符合客户的最佳利益,而在不使用保证金的情况下投资同一证券可能符合客户的最佳利益。然而,当为财务成熟的客户提供建议时,如为具有适当风险承受能力的基金或其他成熟客户提供建议时,投资此类衍生品或保证金证券,或投资其他复杂工具或流动性有限的其他产品,可能符合客户的最佳利益。

同样,当投资顾问评估高风险产品(如垃圾股或其他交易量小的证券)是否符合零售客户的最佳利益时,投资顾问通常应对此类投资是否在零售客户的风险承受能力和目标范围内进行更严格的审查。另一个例子是,在缺乏明确的、短期的、针对特定客户的交易目标的情形下,诸如主要是为成熟投资者设计的短期交易工具的反向或杠杆式交易的复杂产品,可能不符合零售客户的最佳利益,如果这些产品一定程度上最初符合零售客户的最佳利益,则需要投资顾问进行日常监督。[39]

一个合理信赖是,投资建议符合客户的最佳利益还需要投资顾问对投资进行合理的调查,从而足以使投资建议不会基于实质性的不准

〔38〕 ADV 表格第 2A 部分第 8 项要求投资顾问描述其分析方法和投资策略,并披露投资证券涉及客户应准备承担的损失风险。本项目还要求投资顾问解释其使用的每一项重大投资策略或分析方法所涉及的重大风险和其建议的特定类型的证券,如果这些风险是重大的或不寻常的,则应提供更详细的说明。因此,投资顾问必须识别并解释其投资策略所涉及的某些风险以及他们推荐的证券类型。投资顾问在确定向客户推荐这些投资时需要考虑那些相同的风险。

〔39〕 参见《证券法》第 10515 号释令(2018 年 6 月 28 日),交易所交易基金;SEC 工作人员和金融业监管局,《投资者警示、杠杆和反向 ETF:对买入和持有投资者具有额外风险的专业产品》(2009 年 8 月 1 日);SEC 投资者教育和宣传办公室,《投资者公告:交易所交易基金》(ETFs)(2012 年 8 月);另见金融业监管局第 09 - 31 号监管公告:非传统交易所交易基金——金融业监管局提醒公司注意杠杆式和反向交易所交易基金的销售操作义务(2009 年 6 月)。

确或不完整的信息。[40] 委员会已在投资顾问向客户推荐证券之前未独立或合理地调查的情况下采取执法行动。[41]

与投资建议相关的成本(包括费用和报酬)通常是许多重要因素之一,例如投资产品或战略的投资目标、特征(包括任何特殊或不寻常的特点)、流动性、风险和潜在收益、波动性,在确定涉及单个证券或含单个证券或多个证券的投资策略是否最符合客户最佳利益时,要考虑在各种市场和经济的状况、时间范围和退出成本的可能表现。在考虑类似的投资产品或策略时,信义义务并不一定要求投资顾问推荐成本最低的投资产品或策略。

此外,如果投资顾问不进一步分析为客户和客户目标管理的投资组合中的其他因素,而只是建议其客户投资于成本最低(对客户)或报酬最少(对投资顾问)的投资产品或策略,那么,投资顾问就无法履行其提供符合客户最佳利益的建议的信义义务。相反,如果投资顾问合理地得出结论,认为有关投资或策略的其他因素超过成本,并根据客户的目标使投资或策略符合客户的最佳利益,则投资顾问可以建议更高成本的投资或策略。例如,与投资于上市公司的基金相比,建议具有高风险承受能力和丰富投资经验的客户投资于费用相对较高、流动性明显较低的私募股权基金,这可能符合投资顾问为客户最佳利益的信义义务,因为私募股权基金提供的资产类别适合客户的整体投资组合。

投资顾问的信义义务适用于投资顾问向客户提供的所有投资建

---

〔40〕 参见《投资顾问法》第3052号释令(2010年7月14日)。例如,美国代理系统上的概念释令(表明受托人"有进行合理调查的注意义务,以确定受托人的建议并非基于重大不准确或不完整的信息")。

〔41〕 例如,《投资顾问法》第4543号释令(2016年9月30日)(委员会意见),关于Larry C. Grossman("In re Grossman")(关于向客户推荐境外私募投资基金,对注册投资顾问的委托人施加责任);《投资顾问法》第4563号释令(2016年11月1日),部分保留;《投资顾问法》第4871号释令(2018年3月29日),对检查的回应[恢复2016年9月30日的意见和命令,但根据最高法院在Kokesh v. SEC案(137 S. Ct. 1635)(2017)中的判决,关于吐出非法所得和判决前利益的除外]。

议,包括有关投资策略、聘请次级顾问和账户类型的建议。[42] 关于账户类型的建议包括,是否通过某种类型的账户(例如,基于佣金的经纪账户或基于费用的顾问账户)开立或投资的建议以及是否将资产从一个账户(如退休账户)转入投资顾问或投资顾问关联公司管理的新账户或现有账户的建议。[43] 在提供有关账户类型的建议时,投资顾问应考虑其提供的所有类型的账户,并在投资顾问提供的账户类型不符合客户的最佳利益时向客户确认。[44]

2. 寻求最佳执行的义务

投资顾问的注意义务包括寻求客户交易的最佳执行,此种情形下投资顾问有义务选择经纪—交易商执行客户交易(通常在全权委托账

〔42〕 此外,对于潜在客户,根据《投资顾问法》第206条的规定,投资顾问负有反欺诈义务,反欺诈义务包括但不限于适用于存在欺诈或欺骗潜在客户的交易、做法或业务过程,这些交易、做法或业务过程包含有关投资策略、聘请次级顾问和账户类型。委员会认为,为了避免承担本反欺诈条款项下的责任,投资顾问在就这些事项提供任何建议之前,应充分了解潜在客户及其目标以形成建议的合理基础。在潜在客户成为投资顾问客户的时间点(如开户时),适用信义义务。因此,虽然向潜在客户提供的有关这些事项的建议必须符合《投资顾问法》第206条的反欺诈规定,但当潜在客户成为客户时,投资顾问还必须履行其对任何此类建议(如关于账户类型)的信义义务。

〔43〕 委员会认为,关于"展期"的建议应包括关于账户类型的建议,以及关于待展期资产的投资或投资策略的任何建议,因为该建议必须包括关于待展期资产的账户类型的建议。如下文所述,一般而言,投资顾问的监督义务扩张至其向客户提供的所有个性化建议,包括在持续的关系中,评估客户的账户或计划类型[如包管账户(wrap account)]是否继续符合客户的最佳利益。参见后注〔52〕。

〔44〕 因此,在向客户或顾客提供有关账户类型的建议时,取得双重许可的金融专业人士[例如,经纪—交易商的关联人士和受投资顾问监管的人(无论该专业人士是否为双重注册人、关联公司或无关联公司工作)]在确定建议是否符合客户的最佳利益时,应考虑提供的所有类型的账户(如经纪账户和咨询账户)。仅为受投资顾问监管的人的金融专业人士(无论该咨询公司是双重注册还是与经纪—交易商有关联)在该投资顾问提供的咨询账户符合客户的最佳利益时,才可推荐该账户。如果仅作为受投资顾问监管的人的金融专业人士选择建议客户考虑非咨询账户(或与双重注册人或关联公司的其他人员就非咨询账户进行商谈),则该建议应符合客户的最佳利益。该框架同样适用于潜在客户的情形,但向潜在客户提供的任何建议或意见都将受到联邦证券法反欺诈条款的约束。参见前注〔42〕和前注〔3〕中采用的最佳利益规则(BI)。

户的情况下)[45]。为履行这一义务,投资顾问必须设法为其每一位客户执行交易,在这种情况下使客户在每笔交易中的总成本或收益是最有利的。投资顾问通过寻求代表客户执行证券交易来履行这一义务,目的是在交易发生时的特定情况下为客户实现价值最大化。价值最大化不仅仅是成本最小化。在寻求最佳执行时,投资顾问应考虑“经纪商对投资顾问进行经纪服务的全部范围和质量,包括但不限于所提供研究的价值以及执行能力、佣金率、财务责任和响应能力”。[46] 换言之,“决定因素”不是可能的最低佣金成本,“而是交易是否代表高质量的最佳执行”。[47] 进一步,投资顾问应“定期和系统地”为客户评估其对客户的执行情况。[48]

3. 在投资顾问与客户之间的专业服务关系持续期间提供建议和监督的义务

投资顾问的注意义务还包括在考虑约定关系范围的前提下,以最

---

〔45〕《交易法》第54165号释令(2006年7月18日),参见1934年《证券交易法》第28(e)条有关客户佣金做法的佣金指南(指出投资顾问具有“最佳执行义务”);《投资顾问法》第3060号释令,前注〔15〕[讨论了在直接经纪安排和披露软美元(soft dollar)做法的背景下投资顾问的最佳执行义务];另见《投资顾问法》第206(3)-2(c)条(提及投资顾问最佳执行客户交易的义务)。

〔46〕《交易法》第23170号释令,前注〔33〕。

〔47〕同上。

〔48〕同上。《投资顾问法》并不禁止投资顾问利用关联经纪人执行客户交易。但是,投资顾问使用此类关联经纪人存在利益冲突,必须充分、公平地披露,客户必须提供对利益冲突的知情同意。另见《投资顾问法》第1732号释令(1998年7月17日),1940年《投资顾问法》第206(3)节的解释[讨论《投资顾问法》第206(3)节对某些委托人和代理交易的适用]。两位评论人士要求委员会规定与最佳执行有关的具体义务,健康市场协会意见函(2018年8月7日)和ICE Data Service意见函(2018年8月7日)。然而,规定投资顾问如何履行其最佳执行义务的具体要求不在本最终解释的范围内。

符合客户最佳利益的频率提供建议和监督的义务。[49] 例如,当投资顾问与客户保持持续关系并获得定期资产费用补偿时,投资顾问提供建议和监督的义务将相对广泛,这与此种关系的性质保持一致。[50] 相反,如果缺乏关于投资顾问的监督义务的明确协议,当投资顾问和客户之间的关系持续的时间有限时,例如提供一次性收费的一次性财务计划(one - time financial plan for a one - time fee),投资顾问不太可能具有监督的义务。换言之,在没有任何约定的限制或扩大的情况下,监督义务的范围将由约定的投资顾问安排的期限和性质来确定。[51] 一般而言,投资顾问的监督义务扩张到其向客户提供的所有个性化建议,包括在持续的关系中,评估客户的账户或项目类型(如一个包管账户)是否一直符合客户的最佳利益。[52]

---

〔49〕 参见 SEC v. Capital Gains,前注〔2〕(将投资顾问的"基本职能"描述为"在个人基础上向客户提供有关其投资的健全管理的称职、公平和持续的建议")(引用投资信托和投资公司——证券交易委员会的报告:根据1935年《公共事业控股公司法》第30条关于投资顾问、投资管理、投资监督和投资咨询服务,H. R. Doc. No. 477, 76th Cong. 2d Sess., 1, at 28)。参见 Barbara Black, Brokers and Advisers—What's in a Name?, 32 Fordham Journal of Corporate and Financial Law XI (2005) ("如果投资顾问的义务包括管理账户,则投资顾问有义务监督账户的执行情况,并对投资组合进行适当的改变。"); Arthur B. Laby, Fiduciary Obligations of Broker—Dealers and Investment Advisers, 55 Villanova Law Review 701 (2010年) ("Laby Villanova 文章")(说明投资顾问的行为范围可以通过协议改变,投资顾问的信义义务将与关系范围相称)(引用省略)。

〔50〕 但是,投资顾问和客户可以确定投资顾问监督的频率范围(例如,根据市场事件,视情况而定,同意每季度或每月监督一次),假设这是一次充分而公平的披露并获得知情同意。委员会认为监督的频率以及任何其他与约定频率有关的重要事实(诸如在和客户投资组合有关的市场事件发生时是否也将进行临时监督)都是与咨询关系有关的重要事实,投资顾问在咨询关系中必须按照其信义义务要求进行充分、公平的披露并获得知情同意。

〔51〕 另见 Laby Villanova 文章,前注〔49〕,第728页(2010年)("如果投资顾问同意提供持续的监督服务,无论是否发生任何交易,投资顾问的信义义务范围均包括持续的监督客户账户。投资顾问义务的这一特点,即使是在非全权委托账户中,也与经纪人管理非全权委托账户的义务形成鲜明对比,后者不需要监督。")(引用省略)。

〔52〕 投资顾问还可考虑根据《投资顾问法》第206(4) - 7条,与监督有关的书面政策和程序是否适当,这就要求根据《投资顾问法》注册或要求注册的任何投资顾问采取和实施合理设计的书面政策和程序,以防止投资顾问及其受监管人员违反《投资顾问法》及其规定。

(三)忠实义务

忠实义务要求投资顾问不能将客户的利益置于自己的利益的从属地位。[53] 换言之,投资顾问不得将自身利益置于客户利益之上。[54] 为履行忠实义务,投资顾问必须向客户充分公平地披露与咨询关系有关的所有重要事实。[55] 与咨询关系有关的重要事实包括公司就所提供的咨询意见采取行动的能力。这对于双重注册为经纪—交易商和投资顾问,并以咨询和经纪身份为同一客户服务的公司或个人尤其重要。因此,这些公司和个人一般应充分和公平地披露其打算以经纪身份行事的情况以及打算以投资顾问身份行事的情况。此种披露可通过

---

〔53〕《投资顾问法》第 3060 号释令,前注〔15〕(通过采纳 ADV 表格的修正案,并声明"根据《投资顾问法》投资顾问是一个受托人,其义务是为其客户的最佳利益服务,其中包括不将客户利益让渡给自己的义务",引自《投资顾问法》第 2106 号释令,前注〔15〕)。忠实义务不是仅适用于潜在投资,而是适用于对投资顾问向现有客户提供的所有建议,包括有关投资策略、聘请次级顾问和账户类型的建议。见前注〔42〕~〔43〕。

〔54〕例如,投资顾问不能将自己的利益置于客户的利益之上,无论是倾向于自己的账户,还是将向投资顾问支付更高费率的账户置于其他客户账户之上。委员会对那些将交易分配给自己账户、将不太有利或不盈利的交易分配给客户账户的投资顾问采取了多次执法行动。例如,SEC v. Strategic Capital Management, LLC and Michael J. Breton 第 23867 号诉讼释令(2017 年 6 月 23 日)(部分结算)(投资顾问通过主经纪账户进行交易,然后将有利可图的交易分配到投资顾问账户,将无利可图的交易放入客户账户,同时违反信义义务和披露规定)。在拟议的解释中,委员会指出,忠实义务要求投资顾问"把客户的利益放在首位"。一位评论人士认为,投资顾问将客户利益放在"首位"的要求与不将客户利益放在"从属"(subordinate)或"次要"(subrogate)地位的要求大不相同,而且与过去如何适用忠实义务不一致。参见证券业金融市场协会资产管理组意见函(2018 年 8 月 7 日)("SIFMA AMG 函")。因此,委员会修改了本最终解释中对忠实义务的描述,以便与委员会先前描述的义务更加一致。参见《投资顾问法》第 3060 号释令,前注〔15〕(根据《投资顾问法》的规定,投资顾问是受托人,其义务是为其客户的最佳利益服务,其中包括不将客户利益让渡给自己的义务)(引用《投资顾问法》第 2106 号释令,前注〔15〕)。在实践中,提到把客户的利益放在首位是一种简单的语言表述,投资顾问常用这种表述来解释他们的忠实义务,此种方式可能更容易被零售客户理解。

〔55〕参见 SEC v. Capital Gains,前注〔2〕("未能披露重要事实必须视为欺诈或在其意图范围内的欺骗。");《投资顾问法》第 3060 号释令,前注〔15〕("作为受托人,顾问有义务将可能影响咨询关系的任何重要信息告知其客户");另见 ADV 表格第 2 部分的一般说明 3("根据联邦和州法律,投资顾问是受托人,必须向其客户充分披露与咨询关系有关的所有重要事实。")。

多种方式完成,其中包括在关系开始时的书面披露,书面披露阐明双重注册人何时将以咨询身份行事以及其如何提供任何身份变更的通知。[56] 同样,以投资顾问身份行事的双重注册人应披露在何种情况下,其建议限于通过他的关联经纪—交易商或关联投资顾问提供的某些特定产品清单。

此外,投资顾问必须消除或至少充分和公平地披露所有利益冲突,而这些利益冲突可能使投资顾问有意识或无意识地倾向于提供不公平的建议。[57] 委员会相信,通过把与咨询关系有关的所有重要事实和利益冲突进行充分、公平的披露,并取得客户的知情同意,可以防止这些事实或冲突本身违反投资顾问的信义义务,但是此类披露和同意本身

---

〔56〕 参见前注〔3〕采用的最佳利益规则(BI),第99页。

〔57〕 在拟议的解释中,委员会指出投资顾问必须设法避免其和客户的利益冲突。拟议解释,前注〔6〕。一些评论人士要求说明"寻求避免"利益冲突的含义。例如,Schulte Roth & Zabel LLP 意见函(2018年8月8日);ABA 函(声明该措辞可理解为要求投资顾问在通过披露解决冲突之前,首先寻求避免冲突而非提供冲突的充分公平的披露,并非在无法通过充分公平的披露解决冲突时才寻求避免冲突)。委员会在通过对ADV表格第2部分说明的修正案时,首先使用了这一措辞。参见《投资顾问法》第3060号释令,前注〔15〕和ADV表格第2部分的一般说明3(作为受托人,还必须设法避免和客户的利益冲突,至少充分披露投资顾问和客户之间可能影响咨询关系的所有重大利益冲突)。采纳说明的这一释令澄清了委员会的意图,即它解释了SEC v. Capital Gains 和 Arleen Hughes 中陈述的信义义务。参见《投资顾问法》第3060号释令,前注〔15〕,在附随文本第4页(引自 SEC v. Capital Gains,前注〔2〕,Arleen Hughes,前注〔18〕,作为本语言的基础)。这两个案例都强调,作为受托人的投资顾问应设法避免冲突,至少必须充分公平地披露冲突并获得客户的知情同意。参见前注〔2〕"SEC v. Capital Gains"(《投资顾问法》因此反映了……国会意图消除或至少披露所有可能使投资顾问有意识或无意识地倾向于提供不公平建议的利益冲突);Arleen Hughes,前注〔18〕("由于对委托人信任的忠实是受托人对委托人的首要义务,一般规则是,受托人不得将自己置于自身利益可能与委托人利益发生冲突的境地,'但如果受托人'选择承担一个由利益冲突驱动的角色……他可以这样做,但前提是,他在披露后获得客户的同意……")。委员会在ADV表格第2部分说明中提到的"寻求避免"冲突符合最终解释中关于投资顾问"必须消除或至少披露所有可能使投资顾问有意识或无意识地倾向于提供不公平建议的利益冲突"的陈述,以及前注〔2〕中 SEC v. Capital Gains 中实质相同的陈述,以及 Arleen Hughes,前注〔18〕。虽然投资顾问可以通过充分公平地披露利益冲突并获得客户的知情同意来履行其忠实义务,但投资顾问被禁止过度或不公平地利用客户的信任。

并不能使投资顾问履行为客户最佳利益行事的义务。[58] 为了说明什么是充分和公平的披露，委员会提供以下指导：(i)适当的具体水平，包括说明投资顾问"可能"有冲突的适当性；(ii)披露与合格客户之间投资机会分配有关的冲突的考虑。

为了使披露充分和公平，披露应当足够具体，以便客户能够理解重要事实或利益冲突，并作出是否提供知情同意的决定。[59] 例如，如果披露投资顾问拥有"其他客户"，而不说明在客户之间发生冲突时投资顾问将如何处理这些与客户之间的冲突，或者披露投资顾问拥有"冲突"而不作进一步说明，这是不充分的。

类似地，当冲突确实存在时，披露投资顾问"可能"有特定冲突而

---

〔58〕 如上所述，投资顾问有义务为其客户的最佳利益行事，这是一项重要的原则，既包括注意义务，也包括忠实义务。参见 SEC v. Tambone，前注〔23〕（说明《投资顾问法》第 206 条赋予投资顾问一项信义义务，使其始终以该基金的最佳利益行事，并包括提供"所有重要事实的充分公平的披露"的义务）（强调补充）（引自 SEC v. Capital Gains，前注〔2〕）。委员会在上述最终解释中描述了投资顾问对其客户的信义义务将如何随咨询关系的范围而变化。见上文"二（一）"。

〔59〕 参见 Arleen Hughes，前注〔18〕，第 4 页和第 8 页（说明：对其信任的忠诚是受托人对其委托人的首要义务，因此一般规则是，受托人不得将自己置于其自身利益可能与其委托人利益相冲突的境地。仅为其委托人的利益行事，防止任何冲突和可能的义务从属关系，普通法禁止受托人将其委托人作为对方当事人进行交易。但是，如果委托人对此类交易给予知情同意，则为例外，"并补充说，注册人有积极义务用足够清楚的方式向其客户披露所有重要事实，以便客户充分了解事实，并能够给予其知情同意"）；另见 Hughes v. Securities and Exchange Commission, 174 F. 2d 969 (1949)（确认 SEC 对 Arleen Hughes 的决定）；ADV 表格第 2 部分的一般说明 3［说明投资顾问的披露义务要求，（顾问）向客户提供足够具体的事实，以便客户能够理解（顾问）拥有的利益冲突和（顾问）从事的业务做法，并能够对此类冲突或做法给予知情同意或予以拒绝］；《投资顾问法》第 3060 号释令，前注〔15〕；《代理法重述（第三次）》第8.06条［代理人的行为，如果委托人同意，则不应构成违反第 8.01 条、第 8.02 条、第 8.03 条、第 8.04 条和第 8.05 条所述信义义务的行为，假如是：(a)在获得委托人同意时，代理人(i)真诚行事；(ii)披露代理人知道、有理由知道或理应知道将很可能影响委托人判断的所有重要事实，除非委托人已表明委托人已经知道或委托人不希望知道这些事实；(iii)以其他方式公平地与委托人进行交易。(b)委托人的同意涉及某一特定行为、交易或某一特定类型的行为、交易，而前述行为很可能在代理关系的正常过程中预期发生］。见后注〔67〕~〔70〕和附随文本，了解关于知情同意的更详细的讨论，以及如何在客观的基础上对其进行一般性的考虑和如何推断。

未进行更多披露是不充分的披露。[60] 例如,当某些(但不是全部)类型或类别的客户、建议或交易存在冲突时,没有额外披露说明存在冲突的客户类型或类别、建议或交易,委员会认为使用“可能”是不适当的。此外,如果仅在所有可能或潜在冲突(无论可能性如何)的列表之前使用“可能”,并且混淆实际冲突以致客户无法提供知情同意,则使用“可能”将是不合适的。另外,“可能”一词可以适当地用于向客户披露潜在的冲突,但该冲突目前尚不存在,将来很可能出现。[61]

披露是否充分和公平取决于,包括但不限于客户的性质、服务范围以及重要事实或冲突。在某些情况下,对机构客户的充分公平披露(包括特定性、详细程度和术语解释)可能与对零售客户的充分公平披露有很大不同,因为机构客户通常比零售客户具有更强的能力和资源去分析和理解复杂冲突及冲突的后果。[62] 尽管如此,无论客户的性质如何,披露必须足够清楚和详细,足以使客户作出知情决定——同意或拒绝利益冲突。

在合格客户之间分配投资机会时,投资顾问可能面临自身利益与

〔60〕 委员会已经对此类案件采取了执法行动。《投资顾问法》第 4566 号释令(2016 年 11 月 7 日)。例如,关于 Robare 集团有限公司等(委员会意见)(除其他情况外,认定投资顾问可能获得某种类型补偿的披露是不充分的,因为投资顾问没有披露其实际上有一项安排,根据该安排,其收取的费用可能引起潜在的利益冲突);Robare v. SEC 部分支持部分因其他理由推翻,前注〔20〕;在 re Grossman 中,前注〔41〕[指出“在(相关的 ADV 表格披露)中使用预期的‘可能’是误导性的,因为它暗示了一种可能性,即(经纪人)将在稍后的时间进行推荐和/或收取‘推荐费’,而事实上,佣金分享安排已经到位并且产生收入”]。参见 Dolphin & Bradbury, Inc. v. SEC,512 F. 3d 634,640(D. C. Cir. 2008)(委员会注意到披露未来事件可能发生的风险与披露事件将发生的实际情况之间的关键区别)(初始强调)。就 ADV 表格第 2 部分目的而言,投资顾问被指示,当他们就某些(但并非所有)类型或类别的客户、建议或交易发生冲突或从事某项业务时,其应指明发生冲突或从事该业务而非仅仅披露冲突的“可能”。ADV 表格第 2 部分的一般说明 2。

〔61〕 委员会增加了一个例子,其中“可能”可以适当地用于回应一些评论人士的请求。例如,Pickard 函;ICI 函;Ropes& Gray 函;IAA 函。

〔62〕 Arleen Hughes,前注〔18〕(“披露的方法和程度取决于所涉及的特定客户”,一个不成熟的客户可能需要“比知情的投资者更广泛的解释”)。

单个客户或不同客户利益之间的冲突。[63] 如果是这样,投资顾问必须消除或至少通过充分和公平地披露与其分配政策有关的冲突,包括投资顾问将如何分配投资机会,以便客户能够提供知情同意。[64] 在分配投资机会时,投资顾问被允许考虑客户的性质和目标以及关系的范围。[65] 投资顾问无须制定按比例的分配政策或任何特定的分配方法,但与其他冲突和重要事实一样,投资顾问的分配做法不得妨碍其提供符合客户最佳利益的建议。[66]

虽然大多数评论人士都认为客户的知情同意是信义义务的一个组成部分,但一些评论人士反对用"知情"一词来描述客户对披露冲突的同意,他们认为这是主观性的。[67] 事实上,披露必须充分和公平,以便客户能够提供知情同意,这一事实并不要求投资顾问作出肯定的决定,即某一特定客户理解披露内容,并且告知了其对利益冲突的同意。相反,披露的目的应该是使客户能够理解利益冲突并提供知情同意。客

---

〔63〕 参见《代理法重述(第三次)》,第8条第1款一般信托原则(2006)("除非委托人同意,第8条第2~5款规定的更具体的忠实义务所阐述的一般信托原则也要求代理人不得利用代理人的地位或委托人的财产为代理人或第三方谋利。")。

〔64〕 委员会已提起多项执法行动,指控投资顾问不公平地将客户交易分配给优先客户,而没有进行充分和公平的披露。参见美国证券交易委员工作人员,根据《〈多德-弗兰克华尔街改革和消费者保护法〉第913节的要求对投资顾问和经纪—交易商进行的研究》(2011年1月),载 https://www.sec.gov/news/studies/2011/913studyfinal.pdf,第23~24页(引用执法行动)。该最终解释阐述了委员会对什么构成充分和公平披露的意见。参见前注〔59〕;另见 Barry Barbash, Jai Massari, The Investment Advisers Act of 1940: Regulation by Accretion, 39 Rutgers Law Journal 627(2008)(说明根据《投资顾问法》第206条、传统的信托和代理法概念,投资顾问不得给予某些客户优先待遇或系统地排除符合条件的客户参与特定机会,而不向客户提供有关待遇的适当披露)。

〔65〕 投资顾问和客户甚至可能同意某些投资机会或投资类别不会分配或提供给客户。

〔66〕 在拟议的解释中,委员会表示,"在合格客户之间分配投资机会时,投资顾问必须公平对待所有客户"。一些评论人士将这一说法解释为,即使第二位客户已得到充分和公平的披露,并在知情的情况下同意将某项投资分配给第一位客户,投资顾问也不允许将某项投资分配给第一位合格客户,而不是第二位合格客户。例如,Ropes& Gray 函;SIFMA AMG 函。委员会已将这句话从本最终解释中删除,代之以阐明委员会对投资机会分配看法的讨论。

〔67〕 参见 LPL Financial LLC 函(2018年8月7日);Ropes Gray 函。

户的知情同意取决于具体事实和情况,可以是明示的,也可以是默示的。[68] 然而,委员会认为,如果投资顾问知道或理应知道客户不了解冲突的性质和重要性,则推断或接受客户同意不符合投资顾问的信义义务。[69] 在某些情况下,冲突的性质和程度使投资顾问向客户提供的披露可能很难充分说明实质性事实或冲突的性质、程度和潜在影响从而足以使客户对此同意或拒绝。[70] 在其他情况下,披露可能不够具体,客户无法理解冲突是否以及如何影响其收到的建议。特别是对于零售客户,可能很难提供足够具体的关于复杂或广泛冲突的披露,但也是可理解的。在所有这些情况下,如果投资顾问不能向客户充分、公平地披露利益冲突,以便客户能够提供知情同意,则投资顾问应消除冲突或充分缓释(修改做法以减少)冲突,以便充分、公平地披露,知情同意将成为可能。

与咨询关系有关的所有重要事实以及可能使投资顾问有意识或无意识地倾向于提供不公平的建议的所有利益冲突的充分、公平地披露,可以帮助客户和潜在客户评估和选择投资顾问。因此,委员会要求投资顾问根据 ADV 表格第 2A 部分向客户提供一份"手册",手册规定了

---

〔68〕 委员会不解释投资顾问要求在书面咨询合同或其他书面形式中进行充分、公平的披露或知情同意的信义义务。例如,投资顾问可以向客户提供与投资顾问关系有关的所有重要事实以及所有利益冲突的充分、公平的披露,这些利益冲突可能会使顾问有意识或无意识地倾向于通过 ADV 表格和其他披露形式的组合提供不公平的建议,客户可通过与投资顾问建立或继续投资咨询关系的方式表示默示同意。

〔69〕 参见 Arleen Hughes,前注〔18〕("注册人无法通过和客户达成协议来履行此义务,记录显示某些客户不理解该协议,无论如何,该协议都不包含它必须传达的重要事实")。在拟议的解释中,委员会声明,推断或接受客户对冲突的同意不符合信义义务,因为"与利益冲突有关的重要事实无法充分公平地披露"。一些评论人士表示同意这一说法。例如,CFA 函(同意在无法充分和公平地披露有关冲突的重要事实的情况下,"应禁止投资顾问推断或接受客户对利益冲突的同意")。其他评论人士表示怀疑,这种披露可能是不可能的。例如 Allianz 函["(委员会)没有遇到委员会不能充分和公平地披露重要事实的情况,包括利益冲突的性质、程度、规模和潜在影响"]。作为对评论人士的回应,委员会已用更具体的例子取代了关于无法充分和公平地披露有关利益冲突的重要事实的一般性声明,说明投资顾问如何能够作出这种充分和公平的披露。参见前注〔59〕~〔66〕。

〔70〕 如上所述,机构客户通常比零售客户有更大的能力和更多的来源来分析和理解复杂利益冲突及其后果。参见前注〔62〕。

最低披露要求,包括披露某些冲突。[71] 投资顾问须在订立协议时或之前,将手册交付潜在客户,以便潜在客户可利用手册所载信息决定是否确立咨询关系[72]。在同时发布的公告中,委员会要求所有投资顾问在签订投资顾问协议时或之前向零售投资者提交一份关系摘要,其中包括但不限于对公司某些利益冲突的简明英文摘要,并鼓励零售投资者了解这些利益冲突。[73]

三、经济考虑

如上所述,本最终解释旨在重申并在某些情况下阐明在《投资顾问法》下投资顾问的信义义务的某些方面。最终解释本身并不为投资顾问创造任何新的法律义务。不过委员会认识到,在一定程度上,如果投资顾问的做法与上述最终解释不一致,本最终解释可能会产生潜在的经济影响。下面讨论这些潜在的影响。

---

〔71〕《投资顾问法》第 3060 号释令,前注〔15〕;ADV 表格第 2 部分的一般指引 3(“根据联邦和州法律,投资顾问是受托人,必须向其客户充分披露与咨询关系有关的所有重要事实。作为受托人,投资顾问还必须设法避免和客户的利益冲突,并至少充分披露其和客户之间可能影响咨询关系的所有重大利益冲突。这项义务要求投资顾问向客户提供充分具体的事实,以便客户能够理解利益冲突和投资顾问的业务做法,并对此类冲突或做法给予知情同意或予以拒绝。”)另见 Robare v. SEC,前注〔20〕[“无论 ADV 表格的要求如何,(投资顾问)有充分公平地向客户披露利益冲突的信义义务”]。

〔72〕《投资顾问法》204-3 规则。参见《投资顾问法》第 3060 号释令,前注〔15〕(通过 ADV 表格的修正案,并声明“客户可利用本披露选择其自己的投资顾问,并持续评估投资顾问的业务做法和利益冲突。因此,客户和潜在客户获得的信息披露,对他们有能力作出是否聘用投资顾问以及聘用后管理这种关系的知情决定至关重要”)。一定程度上,如果手册内容要求的信息不满足投资顾问的披露义务,投资顾问“可能必须向客户披露 ADV 表格第 2 部分未特别要求的信息,或比手册项目可能要求的更详细的信息”,并且可以在宣传册或其他方式进行披露。ADV 表格第 2 部分的一般指引 3。

〔73〕表格 CRS 关系摘要;ADV 表格的修正案;《投资顾问法》第 5247 号释令(2019 年 6 月 5 日),零售通信中要求的披露和对某些名称或头衔的使用限制(“采用关系摘要”)。

(一)背景

根据《投资顾问法》,委员会对投资顾问行为标准的解释在本最终解释中得以体现,这一解释将影响投资顾问及其关联人以及这些投资顾问的客户,并更广泛地影响金融咨询市场。[74] 截至2018年12月31日,在委员会注册的投资顾问有13299名,管理的资产超过84万亿美元;在各州注册的投资顾问有17268名,管理的资产约为3340亿美元;豁免报告但应提交ADV表格的投资顾问有3911名。[75] 截至2018年12月31日,证券交易委员会注册投资顾问提供咨询的客户账户约为4100万个。[76]

这些投资顾问目前因遵守其法律和监管义务而产生持续费用,包括与理解行为标准有关的费用。委员会认为,根据委员会的经验,根据《投资顾问法》,本最终解释得以体现的解释通常与投资顾问目前对信义义务的理解一致。[77] 然而,委员会认识到,由于投资顾问与客户关系的范围各不相同,而且这些范围在许多情况下可能是广泛的,与本最终解释相比,在当前的一些情况下,投资顾问将自己的信义义务解释成更少的内容,以及在当前的其他情况下,投资顾问将自己的信义义务解释成更多的内容。委员会缺乏数据去识别投资顾问目前理解的与本最终解释表明的行为标准不同的信义义务的内容。然而,根据数十年来作为主要监管机构与投资管理行业互动的经验,委员会普遍认为,这种费用在市场中所占的份额并不大。

一位评论人士认为,拟议的解释中关于投资顾问如何履行其信义

---

〔74〕 参见《关系摘要建议》,前注〔5〕,第IV.A节(一般讨论金融咨询市场)。

〔75〕 有关投资顾问的数据是员工基于ADV表格的分析得出的,尤其是1A部分管理资产的第5.F.(2)(c)条。由于根据《投资顾问法》第206条,本最终解释解释了投资顾问的信义义务,根据《投资顾问法》,本最终解释将适用于在SEC和州双重注册的投资顾问以及其他豁免注册或禁止注册的投资顾问。

〔76〕 参见ADV表格1A部分第5.F.(2)(f)条。

〔77〕 参见本文"二(二)1."。例如,一些评论人士要求委员会从拟议的解释中阐明投资顾问及其客户可以通过合同调整信义义务适用的关系范围。例如,MMI函;Financial Engines函;ABA函。参见前注〔67〕~〔69〕和附随文本,包括对这些评论人士的担忧的阐释。更一般地说,一些评论人士要求对拟议的解释作出阐明,委员会发布这一最终解释是为了解决评论人士提出的问题,如上文更详细讨论的那样。

义务的讨论,似乎是以客户是个人投资者为基础而不是以基金为基础的。[78] 这位评论人士表示他们担心基金经理是否有从基金客户那里推断出同意的能力,而从基金那里推断出同意的问题可能会大大增加风险投资基金的合规成本。[79] 委员会在本最终解释中的讨论包括阐明意见并明确承认,尽管所有投资顾问都对其客户负有信义义务,投资顾问信义义务的具体适用必须在投资顾问与客户关系的商定范围内加以考虑。[80] 与拟议的解释相比,本最终解释包含了更多投资顾问对机构客户适用信义义务的例子,并阐明了委员会对什么是充分和公平披露和知情同意的解释,并认可了对这一专题的一些意见。[81] 委员会认为,这些阐明意见将有助于解决该评论人士对风险投资基金合规成本增加的一些担忧,部分原因是阐明了信义义务如何适用于机构客户。委员会进一步相信,根据委员会与不同类型客户的投资顾问的经验,投资顾问对他们信义义务的理解与本最终解释的标准大体一致。

(二)潜在经济影响

根据委员会作为投资顾问行业长期监管者的经验,本最终解释所述的委员会对《投资顾问法》第 206 条下的信义义务的解释大体上重申了现行的投资顾问做法。因此,委员会预计这一最终解释不会产生重大的经济影响。然而,与委员会谈到受监管实体的法律义务的其他情况一样,委员会承认,受影响的公司(包括其做法与委员会的解释一致的公司)在评估委员会的解释和评估解释对它们的适用性时会产生费用。此外,一定程度上,当前某些投资顾问理解其履行信义义务所必需的惯例与本最终解释中讨论的惯例有所不同,将可能产生一些经济影响,委员会将在下面进行讨论。

投资顾问的客户

投资顾问与客户之间的典型关系是委托代理关系,即委托人(客

---

〔78〕 参见国家风险投资协会意见函(2018 年 8 月 7 日)("NVCA 函")。

〔79〕 同上。

〔80〕 参见本文"二(一)"。

〔81〕 特别是,本最终解释明确指出,委员会相信,客户在披露利益冲突后,通常可以"通过与投资顾问建立或继续投资咨询关系"默示提供其知情同意。参见前注〔68〕。

户)聘请代理人(投资顾问)代表委托人履行某些服务(投资咨询服务)。[82] 投资者和投资顾问可能有不同的偏好和目标,因此,投资顾问关系会受到代理机构问题的影响,包括由利益冲突引起的问题:投资顾问可能会采取行动,牺牲投资者的利益来增加他们的福祉,从而将代理成本强加给投资者。[83] 信义义务(如投资顾问应给予客户的义务)可以通过阻止投资顾问采取使其承担法律责任的行动,减少这些代理问题并降低代理成本。[84]

一定程度上,本最终解释导致投资顾问(如果有)的行为发生变化(目前这些投资顾问要求将其信义义务解释为与本最终解释不同的内容),那么,委员会预计代理问题可能会减少从而降低客户的代理成本。[85] 例如,作为其忠实义务的一部分,投资顾问充分和公平地披露[86]利益冲突并从其客户处获得了关于利益冲突的知情同意,这可能会通过提高客户对利益冲突的认识和提升客户监督投资顾问的能力,来降低与利益冲突有关的代理成本。或者,如果客户与利益冲突相关的感知风险太大,可以选择不同意投资顾问披露的有关利益冲突的信息,而尝试与投资顾问重新谈判合同或寻找替代的投资顾问或其他金融专业人士。此外,充分公平地披露当前利益冲突的义务可能会导致投资顾问采取其他行动,例如消除或充分缓释(修改做法以减少)该冲突,而不是冒客户不提供知情同意或寻找替代投资顾问或其他金融

〔82〕 参见 James A. Brickley, Clifford W. Smith Jr., Jerold L. Zimmerman, Managerial Economics and Organizational Architecture(2004 年),第 265 页["代理关系由一种协议构成,根据该协议,一方(委托人)聘请另一方(代理人)代表委托人履行某些服务。"];另见 Michael C. Jensen, William H. Meckling, Theory of the Firm: Managerial Behavior, Agency Costs and Ownership Structure, 3 Journal of Financial Economics 305 - 360(1976 年)("Jensen 和 Meckling")。

〔83〕 参见 Jensen 和 Meckling, 前注〔82〕。

〔84〕 See Frank H. Easterbrook, Daniel R. Fischel, Contract and Fiduciary Duty, 36 Journal of Law & Economics 425 - 446 (1993).

〔85〕 如果这一最终解释阐明了投资顾问的信义义务,一位评论人士建议,它可能随后阐明客户对其投资顾问的期望。参见 Cambridge 函(声明"投资顾问的信义义务的各个方面更加明确,将提高制定此类政策和程序的能力,并支持消除零售客户和投资专业人士的困惑")。

〔86〕 如上所述,此类披露是否充分和公平,包括但不只取决于客户的性质、服务范围和冲突。参见本文"二(三)"。

专业人士的风险。由于委员会无法确定目前要求将其信义义务与委员会解释不同的投资顾问的总数，很难评估这种披露将在多大程度上降低代理成本，[87] 因此，委员会无法估计这些投资顾问目前对投资者施加的代理成本。此外，委员会认为，(如果有)如果本最终解释有效地增强了投资顾问对其客户义务的理解，那么这些投资顾问的客户可能会受益。进一步地说，在一定程度上，本最终解释增进了任何投资顾问对注意义务的理解，这可能会提高投资建议的质量并加强对监督义务的遵守，例如有关账户或计划类型的建议是否仍符合客户的最佳利益，从而增加该建议符合客户目标的可能性。

此外，一定程度上，本最终解释使一些投资顾问确切地识别冲突的性质及程度，如难以向客户提供充分传达冲突的重要事实或性质、规模和潜在影响的披露，从而足以使客户同意或拒绝，或披露的内容不够具体，客户无法理解利益冲突是否以及如何影响他们收到的建议的情况下，本最终解释可能会导致这些投资顾问采取额外步骤改进其披露或确定是否适当地缓释(比如，修改惯例以减少)利益冲突，以便能够尽可能充分和公平地进行信息披露，并确保客户知情同意。本最终解释还可能导致一些投资顾问在某些情况下得出结论，认为他们不能向客户充分、公平地披露利益冲突以使客户能够提供知情同意。委员会期望这些投资顾问要么消除冲突，要么充分缓释冲突(修改惯例以减少冲突)，以便能够尽可能充分和公平地进行信息披露，并确保客户知情同意。因此，在某种程度上，这一最终解释将使投资顾问更好地理解他们的义务，从而改变他们的商业惯例：(i) 降低因利益冲突及其他代理成本导致投资顾问将自身利益置于客户利益之上的可能性；(ii) 帮助这些投资顾问提供充分和公平的披露，有望改善投资顾问与其客户之间的代理冲突。反过来，这可能会提高客户收到的建议的质量，从而为客户带来更高的总体回报，并提高投资组合分配的效率。然而，如上所述，委员会一般认为这些影响很小，因为委员会认为，委员会在本最终

〔87〕 一位评论人士不同意拟议解释中关于信义义务的讨论适用于基金投资者的投资顾问以及零售投资者的投资顾问。参见 NVCA 函。如上所述，本最终解释阐明了为解决该评论人士关注的问题而进行的讨论，并承认投资顾问对零售客户信义义务的适用与其对注册投资公司或私募基金的信义义务的具体适用不同。

解释中提出的解释大体上符合投资顾问目前对其在《投资顾问法》项下的信义义务的理解。最后，这一最终解释还将有利于投资顾问的客户，因为它有助于委员会监督投资顾问遵守其监管义务。

投资顾问和投资咨询市场

总的来说，委员会希望本最终解释能够确认投资顾问对其根据《投资顾问法》所承担的信义义务的理解，减少投资顾问的不确定性并促进其合规性。进一步地，通过最终阐明《投资顾问法》规定的投资顾问对客户的信义义务的某些方面，本最终解释可以减少与充分评估投资顾问的合规义务相关成本。委员会承认，在委员会讨论受监管实体的法律义务的情况下，受影响的公司（包括其做法与委员会解释一致的公司）会产生评估委员会解释和其适用性的费用。更多地，如上所述，可能有些目前了解信义义务的投资顾问，要求执行与本最终解释所述的信义义务不同的事项。当这些投资顾问改变其制度、流程、披露和行为并培训受其监管人员，使投资顾问的做法与最终解释保持一致时，投资顾问的合规成本将会增加。然而，这些投资顾问能够通过参考一个委员会的释令（在某些情况下该释令可以阐明）进而来确定其某些义务，从而了解其信义义务的各个方面，由此可以通过提高投资顾问效率上的潜在收益来减轻成本的增加。〔88〕此外，如上所述，如果投资顾问认为其对客户所承担的（信义义务）行为标准较低，那么随之而来的更高行为标准的调整以及相关政策和程序的变化将为客户带来收益。

更多地，在某种程度上理解了其信义义务要求与本最终解释中所述的信义义务有所不同的投资顾问会改变其行为以符合本最终解释，投资咨询市场可能会产生一些经济影响。例如，任何合规性的改善不仅可以减少当前投资咨询关系中的代理成本，而且可以增加这些关系对当前客户的价值，这也可能增加所有投资者对投资咨询市场的信任，从而可能导致更多的投资者寻求投资顾问的建议。反过来，这可能通过提高投资组合配置的效率而使投资者受益。在一定程度上，至少在短期内，要扩大投资咨询服务的供应以满足需求的增加是昂贵的或困

---

〔88〕 如前注〔3〕所述，本最终解释旨在强调与投资顾问信义义务有关的原则。然而，它并不是理解这些原则的唯一来源。

难的,任何这种对投资咨询服务的新需求都可能对收费产生一定的价格压力。然而,与此同时,如果任何此类新需求增加了投资咨询服务的整体盈利能力,那么委员会预计它将鼓励新的投资顾问进入,或由现有投资顾问聘用新的代表,这样竞争将随着时间的推移而加剧。事实上,从公司数量和代表人数来看,[89]最近市场上投资顾问部门的增长可能表明目前扩大投资咨询服务供应的成本相对较低。

此外,委员会承认,在某种程度上,某些投资顾问认识到,最终解释规定的信义义务比他们目前解释的信义义务更严格,这可能会影响竞争。具体而言,对投资顾问行为标准某些方面的最终解释可能会导致投资顾问为履行其信义义务而产生额外的合规成本。反过来,合规成本的增加可能会抑制对产生较低收入的客户群体(如金融资产水平相对较低的客户群体)的竞争,这可能会减少投资咨询服务的供应,并提高这些客户群体的成本。但是,已经遵守其理解的本最终解释所反映的信义义务的投资顾问以及因此目前可能在成本上具有相对劣势的投资顾问,可能会发现竞争那些因最终解释将面临更高的合规成本的投资顾问的客户更有利可图,这将减轻对投资顾问服务供应的负面影响。进一步,如上所述,投资咨询服务的供应最近出现增长趋势,这可能会减轻本最终解释可能产生的任何负面供应影响。[90]

一位评论人士说,在其看来,拟议解释中的任何陈述都表明,在某些情况下可能需要消除实质性冲突,而不是充分和公平地披露或缓释此类冲突,如果这样的要求导致没有分享(shared)这种解释的投资顾问改变他们的商业模式或产品或他们与客户互动的方式,那么,其可能

---

〔89〕 参见前注〔5〕中"关系概要提案",第四章第一节第一部分第四点。

〔90〕 除了对投资顾问服务市场的竞争产生影响,这一最终解释还可能影响投资顾问与其他金融咨询提供者(如经纪—交易商、银行和保险公司)之间的竞争。如果某些投资者在投资顾问和另一个财务顾问之间作出选择,那么情况可能就是至少在一定程度上是基于他们对各自客户的行为标准的认识。如果这一最终解释增加了投资者对投资顾问充分遵守其行为标准的信任,其中某些投资者可能会更愿意聘请投资顾问,而不是他们的非投资顾问竞争对手之一。因此,作为一个整体的投资顾问,可能会比其他类型的金融咨询提供者更具竞争力。另外,如果这一最终解释提高了投资顾问的成本,他们与其他金融咨询服务提供商的竞争力可能会降低。

对市场和投资顾问的成本产生影响。[91] 委员会不同意本最终解释包括消除利益冲突的要求。如上所述的更多细节,消除冲突是解决冲突的一种方法;适当时,投资顾问也可以通过提供充分和公平的披露来解决冲突,以使客户能够对冲突提供知情同意。[92] 进一步,委员会认为,灵活性的投资顾问必须在其向客户提供的具体服务范围内履行其联邦信义义务,如此,投资顾问解决利益冲突所产生的任何潜在成本或市场的影响可能会降低,正如本最终解释所述。

评论人士还特别提请委员会注意在拟议解释中讨论信义义务是否适用于机构客户的投资顾问以及零售客户的投资顾问的问题。同一位评论人士表示,如果不能将拟议解释中的概念应用到成熟客户身上,将面临改变市场或限制成熟客户的投资机会、增加成熟客户投资顾问的合规负担或使创新陷入僵局的风险。如上所述,与拟议的解释相比,本最终解释更详细地讨论了投资顾问和不同类型客户塑造信义义务适用关系的范围。[93] 特别是,本最终解释承认,虽然投资顾问对其每一位客户负有信义义务,但是例如在与零售客户的持续关系中提供充分、自由裁量建议的投资顾问的具体义务与投资顾问对机构客户(如注册投资公司或私募基金时)的义务显著不同,合同以非常具体的方式定义了投资顾问的服务范围和对其权限的限制。[94]

最后,如果本最终解释导致一些投资顾问重新评估其对忠实义务的遵守情况,则可能导致与特定投资有关的建议的预期获利能力下降,在重新评估后其合规成本将增加。[95] 因此,愿意建议客户进行这些投资的投资顾问人数可能会减少。有关这类投资的投资顾问建议的减少可能会影响投资者的效率;对于可能从这类投资顾问的建议中受益而又无法再收到此类建议的投资者来说,可能会降低投资组合分配的效

〔91〕 参见 Dechert 函。

〔92〕 参见本文“二(三)”。

〔93〕 参见前注〔78〕~〔81〕以及附随文本。

〔94〕 参见本文“二(一)”。

〔95〕 例如,这类产品可能包括高度复杂、高成本的产品,这些产品具有零售投资者难以完全理解的风险和回报特征,或者投资顾问及其代表从关联公司收到复杂的付款,造成利益冲突,而这些利益冲突很难让零售客户完全理解。

率。同时,如果对高度复杂的产品(例如,具有复杂支付结构的产品,如包括可变支付或者或有支付或向多方支付的产品)提供充分、公平的披露和适当的监督,导致投资顾问就这些产品的利润变少,可能会阻止投资顾问提供有关此类产品的建议。但是,投资者可能会从以下情形中获益:(1)不再收到此类产品不充分的披露或监督;(2)可能会收到有关其他复杂程度较低或价格昂贵的产品的建议,这些建议可能对投资者更有效;(3)只接受针对高度复杂或高成本产品的建议,投资顾问可就其冲突提供充分和公平的披露,并进行适当的监测。

(编辑:张　越　宋　澜)

《证券法苑》(2024)
第四十一卷,第94~109页

场外衍生品交易者适当性立法解读及建议*

赵婧薇**

摘要:《期货和衍生品法》中明确了金融机构开展衍生品交易业务应当履行交易者适当性管理义务。《衍生品交易监督管理办法(二次征求意见稿)》进一步细化了场外衍生品交易者适当性相关制度。本文提出场外衍生品交易者适当性构建具体路径:一是细化豁免交易者准入资格及豁免相关规定;二是明确交易者身份穿透核查的具体标准;三是增加交易者不履行如实告知义务的相应责任;四是参照金融机构对一定规模以上的大宗商品交易商进行监管。

关键词:场外衍生品交易　交易者适当性　专业交易者

交易者适当性制度是保护交易者、化解金融风险的重要制度之一。依据我国《期货和衍生品法》的规定,金融机构开展场外衍生品业务,应当履行

* 本文仅代表作者个人观点,与所任职单位无关。

** 法学博士,就职于广州期货交易所。

交易者适当性管理义务。[1]《衍生品交易监督管理办法(征求意见稿)》(以下简称《征求意见稿》)第四章专章规定了交易者,进一步明确了交易者适当性制度。本文通过分析场外衍生品交易者适当性制度,结合我国现状,研究交易者的分类标准以及金融机构履行交易者适当性的要求。

一、我国场外衍生品交易者适当性制度现状

我国对于场外衍生品交易者适当性制度存在证券及期货业和银行业两方面标准。

在证券及期货业方面,2022 年 4 月,《期货和衍生品法》首次从国家基础性法律层面明确了期货交易者适当性制度。为了响应《期货和衍生品法》,2022 年 8 月,中国证券监督管理委员会(以下简称证监会)修正了《证券期货投资者适当性管理办法》(以下简称《适当性管理办法》),在当中加入了衍生品交易中交易者的部分要求。从部门规章层级明确了场外衍生品交易者适当性可以适用该规定[2]。《适当性管理办法》中沿用了与证券期货相同的专业投资者与普通投资者的交易者分类方式以及门槛,将适用范围扩大至衍生品。2023 年 3 月,证监会首次公布了《征求意见稿》,并于 2023 年 11 月公布了《衍生品交易监督管理办法(二次征求意见稿)》(以下简称《二次征求意见稿》),《二次征求意见稿》共八章 50 条,以功能监管、统筹监管、严防风险、预留空间为原则,主要对衍生品交易和结算、禁止的交易行为、衍生品经营机构、交易者、衍生品交易场所、衍生品结算机构、衍生品交易报告

---

[1] 我国《期货和衍生品法》第 31 条规定:"金融机构开展衍生品交易业务,应当依法经过批准或者核准,履行交易者适当性管理义务,并应当遵守国家有关监督管理规定。"

[2] 《适当性管理办法》第 2 条第 1 款规定:"向投资者销售公开或者非公开发行的证券、公开或者非公开募集的证券投资基金和股权投资基金(包括创业投资基金,以下简称基金)、公开或者非公开转让的期货及其他衍生产品,或者为投资者提供相关业务服务的,适用本办法。"

库、衍生品行业协会等进行了规范。

在银行业方面,《银行业金融机构衍生产品交易业务管理暂行办法》规定,银行业金融机构应当高度重视衍生产品交易的风险管理工作,制定完善客户适合度评估制度,在综合考虑衍生产品分类和客户分类的基础上,对衍生产品交易进行充分的适合度评估。在客户分类上,将客户分为"除金融机构以外的个人客户和机构客户"。此外,2021 年 12 月,中国人民银行、中国银行保险监督管理委员会、证监会、国家外汇管理局共同发布《关于促进衍生品业务规范发展的指导意见(征求意见稿)》(以下简称《指导意见》),其中大部分内容与《银行业金融机构衍生产品交易业务管理暂行办法》重合,一旦《指导意见》正式出台,可能替代《银行业金融机构衍生产品交易业务管理暂行办法》。《指导意见》中规定能够参与境内场外衍生品交易的交易者范围包括境内企业及个人客户等。同时,《指导意见》要求金融机构主要面向非个人投资者开展衍生品业务,严格实施合格投资者标准审查。

二、我国交易者适当性制度立法的亮点及不足

目前,证监会层面的交易者适当性制度主要体现在 2022 年修正的《适当性管理办法》中。《适当性管理办法》制定了统一的适当性管理规定,是落实国务院有关文件部署和"依法监管、从严监管、全面监管"工作要求,明确、强化经营机构的适当性管理义务,切实保护投资者合法权益的重要举措。《征求意见稿》进一步贯彻落实了《期货和衍生品法》的精神,为衍生品市场风险管理提供了更为严密的制度支持。目前,我国交易者适当性制度相关立法既有亮点,又有尚待完善之处。

(一)我国交易者适当性制度立法亮点

《征求意见稿》第四章专章规定了交易者,分别通过限定交易者参与场外衍生品交易的资格、交易者身份核查、交易账户实名制等方面完善了交易者适当性制度。《征求意见稿》有以下亮点:

一是明确了场外衍生品交易者准入资格。《征求意见稿》第 23 条第 2 ~ 3 款规定:"衍生品行业协会和衍生品交易场所可以根据衍生品

合约标的资产类别不同等因素，设定差异化的交易者标准，但不得低于中国证监会规定的专业交易者标准。从事套期保值等风险管理活动的，可以按照规定豁免专业交易者的部分或者全部标准。”在设定差异化的交易者标准方面，我国《证券公司场外期权业务管理办法》中已经依据衍生品合约标的不同规定了不同的交易者标准。其中，商品类场外期权交易对手方应当是符合《适当性管理办法》的专业机构投资者，股票股指类等其他场外期权交易对手方除了要符合《适当性管理办法》中对专业机构投资者的要求，还应当满足其他条件[3]。该办法充分考虑到股票股指类衍生品交易具有高杠杆效应，交易者目的多为放大投资收益，此类交易对交易者风险承担能力要求较高；而商品类衍生品交易者目的多为风险管理，参与交易的中小企业比重较大。据此，对股票股指类期权交易对手方的要求高于商品类场外期权交易对手方。

从场外衍生品发展的角度来看，设定准入门槛既能促进场外衍生品市场良性发展，又可以在一定程度上保护部分不具有交易能力的交易者。场外衍生品的主要作用为套期保值以及风险管理，投机作用较小。而对于普通交易者来说，投机期望大于套期保值与风险管理，对于场外衍生品良性发展无法起到较大的积极作用；且场外衍生品市场杠杆较高，透明度低于证券、期货市场，这就要求场外衍生品交易者应当具有更强的抗风险能力。

二是具有套期保值需求的交易者，可豁免“参与场外衍生品交易必须为专业交易者”的资格要求。由于《适当性管理办法》中对于专业投

---

〔3〕 这些条件可参见《证券公司场外期权业务管理办法》第24条的相关规定：“（一）法人、合伙企业或者其他组织参与的，最近1年末净资产不低于5000万元人民币、金融资产不低于2000万元人民币，且具有3年以上证券、基金、期货、黄金、外汇等相关投资经验。（二）资产管理机构代表产品参与的，最近一年末管理的金融资产规模不低于5亿元人民币，且具备2年以上金融产品管理经验。（三）产品参与的，应当为合规设立的非结构化产品，规模不低于5000万元人民币，并符合以下条件：1. 穿透后的委托人中，单一投资者在产品中权益超过20%的，应当符合《证券期货投资者适当性管理办法》专业投资者的基本标准，且最近一年末金融资产不低于2000万元人民币，具有3年以上证券、基金、期货、黄金、外汇等相关投资经验；2. 购买场外期权支付的期权费以及缴纳的初始保证金合计不超过产品规模的30%。”

资者的门槛设置较高[4],我国多数中小企业无法同时满足上述要求。可见,《征求意见稿》从我国市场情况出发,充分考虑我国中小企业的风险管理需求,对于中小企业及农户,赋予其参与衍生品交易资格豁免权限。充分利用场外衍生品可定制化特点,解决中小企业避险难、避险贵问题,同时体现监管的人民性。

三是在严防风险的前提下,为市场预留了空间。由于衍生品市场个性化程度相对较高,情况较为复杂,且处于不断变化之中,《征求意见稿》给予了衍生品行业协会和衍生品交易场所可以根据衍生品合约标的资产类别不同等因素,设定差异化的交易者标准的权利,防止"一刀切"对市场造成不利限制。

(二)我国交易者适当性制度立法尚待完善之处

基于我国国家机构改革现状以及我国现有经济结构等因素,我国交易者适当性制度立法仍存在尚待完善之处。

第一,与现有交易者适当性制度法律体系的融合方面尚待完善。例如,根据《适当性管理办法》的规定,专业交易者可以分为两种类型:一类是直接认定为专业交易者的主体;另一类是由普通交易者转化为专业交易者的主体。《征求意见稿》中能够申请场外衍生品交易豁免资格的主体是普通交易者。当一个交易者为普通交易者但满足转化为

---

[4] 《适当性管理办法》第8条规定:"符合下列条件之一的是专业投资者:(一)经有关金融监管部门批准设立的金融机构,包括证券公司、期货公司、基金管理公司及其子公司、商业银行、保险公司、信托公司、财务公司等;经行业协会备案或者登记的证券公司子公司、期货公司子公司、私募基金管理人。(二)上述机构面向投资者发行的理财产品,包括但不限于证券公司资产管理产品、基金管理公司及其子公司产品、期货公司资产管理产品、银行理财产品、保险产品、信托产品、经行业协会备案的私募基金。(三)社会保障基金、企业年金等养老基金,慈善基金等社会公益基金,合格境外机构投资者(QFII)、人民币合格境外机构投资者(RQFII)。(四)同时符合下列条件的法人或者其他组织:1.最近1年末净资产不低于2000万元;2.最近1年末金融资产不低于1000万元;3.具有2年以上证券、基金、期货、黄金、外汇等投资经历。(五)同时符合下列条件的自然人:1.金融资产不低于500万元,或者最近3年个人年均收入不低于50万元;2.具有2年以上证券、基金、期货、黄金、外汇等投资经历,或者具有2年以上金融产品设计、投资、风险管理及相关工作经历,或者属于本条第(一)项规定的专业投资者的高级管理人员、获得职业资格认证的从事金融相关业务的注册会计师和律师。前款所称金融资产,是指银行存款、股票、债券、基金份额、资产管理计划、银行理财产品、信托计划、保险产品、期货及其他衍生产品等。"

专业交易者的客观要件时,该交易者想参与场外衍生品交易,是要求其转化为专业交易者参与场外衍生品交易还是要求其以豁免资格的形式参与场外衍生品交易,应当予以明确。

第二,对于交易者是否应当身份穿透核查尚待明确。《二次征求意见稿》第 25 条第 1 款规定,衍生品经营机构应当严格履行交易者适当性管理义务,全面了解交易者情况,审慎核查交易者真实身份和交易目的,开展风险承受能力评估,充分揭示风险。与第一次《征求意见稿》不同的是,本次删除了要求交易者身份穿透核查的相关规定。在法律未明确是否应当对交易者进行身份穿透核查的情形下,衍生品经营机构是否有权开展身份穿透核查以及穿透后的交易者是否也必须符合《二次征求意见稿》第 23 条所规定的专业交易者的标准,仍待明确。

第三,交易者提供虚假信息的责任尚待细化。《二次征求意见稿》第 25 条第 2 款规定,交易者拒绝提供或者未按照要求提供信息的,衍生品经营机构应当告知其后果,并按照规定拒绝提供服务。但现实中除了存在交易者拒绝提供和未按照要求提供信息的情况外,还存在提供虚假信息的情况。交易者是否具有提供真实信息的义务,如果不如实提供,应当承担怎样的责任,均未予以明确。

第四,是否参照金融机构对大宗商品交易商进行监管尚待明确。《征求意见稿》仅对从事衍生品业务的金融机构进行监管,未明确大宗商品交易商是否纳入监管范围。如果不对大宗商品交易商进行监管,容易引发风险。根据国际证监会组织技术委员会 2012 年颁布的衍生产品市场中介监管的国际标准,场外衍生品市场中介一般包括在场外衍生品市场从事交易、做市和提供中介服务的人,但不包括终端用户和上述从事交易、做市及提供中介服务以外的市场参与者。[5] 实践中,部分大宗商品交易商在从事现货交易的同时还与不同客户进行衍生品交易,实际上承担着做市商以及撮合双方成交的经纪商职能,符合国际证监会组织技术委员会关于衍生品市场中介的定义。例如,美国嘉吉公司作为全球领先的以贸易为主的大宗商品交易商,主要提供农业、食

〔5〕 参见 IOSCO, International Standards for Derivatives Market Intermediary Regulation, https://www.iosco.org/library/pubdocs/pdf/IOSCOPD381.pdf,2024 年 5 月 8 日访问。

品、工业品等商品转换业务,[6]嘉吉公司同时开展大量衍生品交易以实现风险管理的目的。嘉吉公司高级交易经理泰勒·舒尔茨在出席2017年国际农业风险管理论坛时提出,农产品供应链主要分为生产商、贸易商和终端需求商,生产商面临农产品生产和价格波动风险,贸易商面临农产品供应过程中的价格波动风险,终端需求商则面临价格波动风险和终端产品需求风险。从风险分类方面看,上述各方均面临农产品价格波动风险,这需要利用金融衍生品进行对冲转化。[7] 当一个大宗商品交易商所收取的保证金的规模达到甚至超过其净资本时,其会使用客户提交的保证金开展大量投资或对冲交易。一旦市场行情波动异常,交易商出现对冲损失,其净资本不足以完全吸纳损失,则只能占用其他客户提交的履约保障品,从而实现风险外溢,形成风险传导。然而,目前大宗商品交易商并未被纳入监管范围,具有一定市场风险。

三、境外场外衍生品交易者适当性制度现状

(一)美国场外衍生品交易者适当性制度现状

美国2000年《商品期货交易现代化法》确立了场外衍生品市场的合法地位,并明确了监管豁免政策,场外衍生品得益于宽松的监管环境而迅速发展。但当时美国以市场发展为主要目标,未意识到场外衍生品的风险性与投资者保护的重要性,交易者适当性制度并未建立。2008年国际金融危机后,美国金融市场监管当局认为场外衍生品的不规范化发展是引发金融危机的重要原因,于是将目光投向了场外衍生品市场。《多德-弗兰克法案》出台后,现有美国场外衍生品交易者适当性制度完全建立。

美国主要从资格门槛设定上建立场外衍生品交易者适当性制度。《多德-弗兰克法案》从资产、机构性质、注册地等方面划定了"合格合

---

[6] 一般指从空间(通过商品从其所在地区运输到其他地区)、时间(通过存储、消费、生产之间架起桥梁)和形式(通过混合或加工用于最终消费)上对商品进行转换。

[7] 《用期货管理农产品供应链中的风险》,载期货日报网,http://www.qhrb.com.cn/articles/214193,2024年2月1日访问。

约参与者”范围。商品期货委员会(Commodity Futures Trading Commission,CFTC)和证券交易委员会(Securities and Exchange Commission,SEC)根据《多德-弗兰克法案》,联合制定了《有关“互换交易商”“互换主要参与者”“证券互换交易商”“合格合约参与者”详细定义》的法律文件[8]。该文件明确了合格合约参与者的范围,包括掉期交易商、基于证券的掉期交易商、主要掉期参与者和基于证券的主要掉期参与者。同时,该文件从机构性质、总资产、注册地等多个方面进一步定义了合格合约参与者(eligible contract participants,ECP)[9]。美国《商品交易法》明确了合格合约参与者的具体要求,其场外衍生品交易者适当性制度与欧盟对比情况可见表1。实践中,CFTC对参与场外衍生品的资格监管也较为严格,CFTC曾就金融机构为零售客户提供场外衍生品交易服务而提起多起诉讼,如CFTC v. Yukom Communs等案中[10],CFTC认为Yukom Communs等金融机构让不符合合格合约交易者身份的客户进行场外交易[11],存在隐瞒零售客户令其认为其可以购买相关产品的欺诈行为,要求金融机构支付罚款及赔偿金,该诉求获得了美国第十一巡回法院的支持,保护了交易者的利益。

---

〔8〕 参见2023年5月23日《美国联邦公报》,文件网址为:https://www.cftc.gov/sites/default/files/idc/groups/public/%40lrfederalregister/documents/file/2012-10562a.pdf。

〔9〕 委员会在以下6个方面对“合格合约参与者”作了进一步定义。(1)如果外汇池直接进入零售外汇交易,且有一个或多个非ECP的直接参与者,则通常禁止该外汇池符合ECP资格;(2)在确定外汇池的参与者是不是ECP时,间接参与者不在考虑范围内,除非该外汇池持有直接或间接权益的商品池;(3)资产超过500万美元,且由美国《商品交易法》第1a(18)(a)条所述人员运营的商品池;(4)ECP包括掉期交易商、基于证券的掉期交易商、主要掉期参与者、基于证券的主要掉期参与者;(5)总资产超过1000万美元的金融商品池运营商(commodity pool operator,CPO)以及不违反美国《商品交易法》相关规定而成立的外汇池;(6)委员会就外汇池的ECP进行解释,其参与者仅限于非美国人。

〔10〕 案件编号:美国伊利诺伊州东区地方法院第19-CV-05416号。

〔11〕 指在“指定合约市场”之外的掉期交易。

表1 美国与欧盟场外衍生品交易者适当性制度情况对比

对比项目	美国	欧盟
相关立法	《多德-弗兰克法案》《商品交易法》	《金融工具市场指令》(修订版)(Markets in Financial Instruments Directive Ⅱ, MiFID Ⅱ)《欧盟市场基础设施规则》(The European Market Infrastructure Regulation, EMIR)
场外衍生品交易者资格	需满足合格合约参与者资格	专业投资者
监管情况	从豁免监管到严格监管。符合合格合约参与者资格的可参与场外衍生品交易,但对部分交易者采取豁免政策	进行专门的金融衍生品监管立法改革。监管模式正在从以往的"原则监管"向"规则监管"逐渐转变。交易者参与场外衍生品交易门槛相对较低
特点	建立了场外衍生品独立的资格门槛	交易者类型可以转化,同时对转化为专业投资者的投资者予以特殊保护

注:MiFID Ⅱ第25条规定,参与期货及衍生品交易的交易者应当满足适当性和适合性的审查;MiFID Ⅱ附录Ⅱ规定了具体审查适当性和适合性的要求。

(二)欧盟场外衍生品交易者适当性制度现状

欧盟通过设定交易者分类、完善类型转化规则、建立中小企业准入保护规则等,构建了场外衍生品交易者适当性制度。

在交易者分类方面,2007年欧盟《金融工具市场指令》(Markets in Financial Instruments Directive, MiFID)将场内、场外规定统一化[12],首次规定了交易者分类并沿用至今,分类包括合格对手方、专业客户、零售客户,保护程度依次增加。三种分类并非绝对相互排斥,而是可以互相转化的。合格对手方包括投资公司、信贷机构、保险公司、可转让证券集合投资计划及其管理公司、国家政府及其相应机构等。

在交易者转化方面,2018年欧盟《金融工具市场指令》(修订版)(MiFID Ⅱ)取代了MiFID,进一步加强了投资者保护。MiFID Ⅱ附录Ⅱ

〔12〕 MiFID Ⅱ中规定,商品衍生品及其他衍生品,由于其交易方式会引发与传统金融工具类似的监管问题,应在金融工具之列。

中规定,普通交易者在满足一定交易规模时,遵循固定程序可以转化为专业交易者。尽管转化为专业投资者的投资者可放弃本来法律为其提供的一些保护,但不应推定这些投资者与专业投资者具有相同的市场知识和经验,其仍应得到特别保护〔13〕。

四、我国场外衍生品交易者适当性构建总体思路

场外衍生品是重要的风险管理工具,在我国以中小企业为主要国民经济支柱的背景下,建议我国场外衍生品交易者适当性制度构建在总思路上满足以下两点:一方面,充分考虑我国现有经济结构,建立场外衍生品交易者适当性制度;另一方面,统一场外衍生品交易者适当性相关规定。

(一)根据我国经济结构建立场外衍生品交易者适当性制度

《2017—2022 年中国企业经营项目行业市场深度调研及投资战略研究分析报告》显示,我国中小企业有 4000 万家,占企业总数的 99%,贡献了我国 60% 的国内生产总值、50% 的税收和 80% 的城镇就业。就我国而言,中小企业是我国经济发展的重要力量,是我国避险需求强烈的主体。

实践中,市场风向也确实如此。各类实体企业的避险需求增加,助推风险管理公司业务增长,风险管理公司的营利情况也有了明显改善,净利润水平大幅提高。根据中国期货业协会发布的数据,截至 2022 年年末,我国期货公司共 150 家,截至 2022 年 5 月 31 日,共有 96 家期货公司在协会备案设立 99 家风险管理公司。〔14〕 以商品衍生品为例,风险管理公司业务中,中小企业场外商品衍生品全年累计新增名义金额 2658.23 亿元。上市公司场外商品衍生品全年累计新增名义金额 636.88 亿元。〔15〕 以永安期货为例,2022 年下半年,剔除保险公司,开展商品类衍生品业务的客户有 240 家,其中普通投资者 172 家(占比

〔13〕 如严格审查相关实体的经理、董事及实际交易人的专业水平等。

〔14〕 中国证券监督管理委员会、中国期货业协会编:《中国期货市场年鉴 2022》,中国财政经济出版社 2023 年版,第 5 页。

〔15〕 同上,第 11 页。

71.67%),专业投资者68家(占比28.33%)。这些客户除贸易商外,主要为产业上下游客户,中小微企业较多,这些企业不能满足专业交易者的要求,但其具有较强的风险管理需求。

由此可见,就我国场外衍生品业务而言,中小企业的名义金额约为上市公司的4.17倍。中小交易者风险意识比较淡薄,投资专业知识相对匮乏,在设定场外衍生品交易者适当性制度时,应当充分考虑我国现有的经济结构以及关键主体的避险需求。

(二)统一场外衍生品交易者适当性相关规定

在我国,以证监会及中国人民银行协同监管的格局下,两部门监管的松紧度存在不一致现象,为保证场外衍生品市场稳定性,应尽量统一场外衍生品交易者适当性的相关规定。

美国在统一规定场外衍生品交易者适当性方面的思路主要为创新及调和:第一,引入新的受监管平台互换执行设施,废除原有的衍生品交易执行设施,建立独立的场外衍生品合格合约参与者资格门槛;第二,明确监管范围,详细说明易混淆的产品,CFTC负责监管一般互换产品〔16〕,SEC负责监管证券类互换产品〔17〕,CFTC和SEC共同监管混合类互换产品〔18〕;第三,在衍生品交易平台是否可以向个人交易者(无合格合约参与者资质的人)提供服务上,要求仅允许个人交易者在交易所参与交易。

在我国现有监管格局的前提下,可以通过调整具体制度统一场外衍生品交易者适当性的相关规定,但统一并不意味着完全一致,还需充分考虑市场客观规律及需求。

---

〔16〕《多德-弗兰克法案》列示的一般互换产品包括利率互换、利率上限期权、货币互换、外汇互换、总收益互换、股指互换、权益互换、债务互换、信用违约互换等。

〔17〕《多德-弗兰克法案》列示的证券类互换产品包括窄基证券指数、单一证券或贷款、前两种标的发行者的有关事件。

〔18〕指同时满足一般互换与证券类互换定义的衍生产品。

五、场外衍生品交易者适当性制度构建具体路径

关于场外衍生品交易者适当性制度构建的具体路径，本文有 4 个方面的建议。

（一）细化交易者准入资格及豁免的相关规定

在明确场外衍生品交易准入资格方面，本文认为《征求意见稿》已经给出了较好的回答，即明确场外衍生品交易者应当符合专业交易者资格，同时，对于从事套期保值等风险管理活动的交易者也有相关的豁免条款。但对于豁免的标准、套期保值的认定尺度以及对豁免主体是否应当给予特殊保护仍需予以明确。建议由衍生品交易场所、衍生品行业协会等自律组织制定具体的豁免标准以及套期保值的认定尺度。就目前而言，各交易所对中小企业及农户均有豁免政策。以大连商品交易所为例，根据《大连商品交易所场外业务参与者管理办法（试行）》的规定，申请成为衍生品交易商，应当符合注册资本及净资产均不低于 5000 万元，取得期货业协会开展衍生品业务的备案，具有健全的内部控制、风险管理和衍生品业务实施方案，近三年无重大违法违规行为等标准（上述标准明显高于《适当性管理办法》中专业投资者的标准）。同时，大连商品交易所开展的“企风计划”“农保计划”中推出进一步降低或免除企业参与门槛条件、提高项目支持的标准，让更多具有风险管理需求的交易者，以更低标准（豁免了部分或全部适当性要求）参与衍生品交易。由于不同品种风险不同，交易者准入标准不同，还需要根据品种类型以及风险控制要求制定细化规则。例如，大连商品交易所“企风计划”根据品种的不同设置了不同的套保量最低标准。[19] 大连商品交易所开展的“企风计划”“农保计划”多以项目申请方式开展，对于交易者资质采取一一审查的方式。就现阶段而言，建立统一的豁免标准规则时机尚不成熟，建议继续保持由衍生品交易场所逐一审查认定具体的豁免标准以及套

---

〔19〕 例如，铁矿石套保量最低标准为 5000 吨，玉米、玉米淀粉等为 2000 吨，生猪、黄大豆 1 号等为 1000 吨。

期保值的认定尺度。原因在于,不同品种存在的差异、交易者是否具有健全的内部控制体系、风险管理和衍生品业务实施方案等决定着哪些条件可以豁免,而上述因素均需要专业的个性化判断,目前可参考的类似范本较少,难以形成量化标准。豁免制度大幅度降低了参与衍生品交易的门槛,其初衷在于服务实体经济,但在一定程度上引入了市场风险,当前我国衍生品市场正处于规范化发展的初期,应当更为谨慎。建议在《衍生品交易监督管理办法》正式出台,衍生品市场规范发展一段时间后,衍生品交易场所、衍生品行业协会通过总结市场规律形成更为符合市场规律的标准。此外,建议增加对于豁免专业交易者的主体特殊保护条款。申请豁免的主体多为具有风险管理需求的中小企业,这类主体必然不具有与专业交易者相同的市场知识以及相关投资经验,尽管允许其参与场外衍生品交易,但是不应因此降低对其保护程度。

综上,建议在《征求意见稿》第 23 条规定:"从事套期保值等风险管理活动,且不满足普通交易者向专业交易者转换条件的交易者,可以按照规定豁免专业交易者的部分或者全部标准,但不应推定此类交易者与专业交易者具有相同的市场知识和经验。"

(二)明确交易者身份穿透核查的具体标准

交易者身份穿透核查的目的是识别风险承担人,预防发生风险错配的问题。[20] 穿透核查的底层逻辑是查明穿透关系以及穿透后交易者的风险承担能力,从而避免风险错配。而《征求意见稿》未明确穿透核查后的交易者的标准,为避免衍生品交易主体范围扩大、避免交易者错配与其风险承受能力不符的衍生品、保护交易者的利益,应确立身份穿透核查制度,该制度能够有效识别风险,预防风险转嫁,预防交易者交易与其风险承受能力不相匹配的衍生品。建议在《征求意见稿》中明确规定应当对交易者实施穿透核查制度,且经穿透核查后的交易者应当符合《征求意见稿》第 23 条的要求。要求穿透核查后的交易者符合原有适当性制度要求是目前的通行做法。例如,我国《证券公司场外期权业务管理办法》第 24 条规定,穿透后的委托人中,单一投资者在产品中权益超过

---

〔20〕 参见张婧:《穿透式监管在资管业务中的法制化研究》,载《经济问题》2022 年第 10 期。

20%的,应当符合《适当性管理办法》专业投资者的基本标准。

当存在多层穿透关系时,如果对多重关系一一核查,监管部门的成本巨大,难以实现,此外,无限扩张式穿透监管应用范围的本质是扩大司法监管权和金融监管权,会形成政府对市场产生负面影响的不良后果。[21] 但如果不实施穿透核查,一旦最终交易者不符合监管要求,则可能面临高杠杆的金融风险,而且交易者自身利益也难以保障。因此,界定一个合理的穿透界限,既能满足穿透交易者身份的目的,又不触及监管权限过大的问题,同时能够节约监管成本。

(三)建议增加交易者不履行如实告知义务的相应责任

《征求意见稿》第25条规定,交易者拒绝提供或者未按照要求提供信息的,衍生品经营机构应当告知其后果,并按照规定拒绝提供服务。建议进一步明确两个内容:

一是交易者提供虚假信息时,衍生品合约效力未受到影响。目前我国法律规定中与如实告知义务相关的条款分为两类:一类为因未履行如实告知义务而对合同效力产生实质性影响,如保险合同中的告知义务[22];另一类为未履行如实告知义务,不对合同履行产生实质性影响,如买卖合同中卖方未告知商品存在不影响使用的瑕疵。[23] 上述两类情况均应当由未告知人承担相应责任。在交易者提供虚假信息,衍生品经营机构依据虚假信息提供了相关服务,衍生品交易已经达成,且提供的虚假信息不是目前法律所规定的交易无效的情形下,交易者应当对交易结果承担履约责任与违约责任。

二是交易者提供虚假信息,衍生品经营机构未拒绝为其提供服务,衍生品经营机构不应承担相应责任。《征求意见稿》第25条本质是规定了交易者的如实告知义务,以保证衍生品经营机构能够精准匹配相应的产品,有效地控制金融风险,保障交易者利益。为进一步保护交易者利益,目前的规定在一定程度上增加了衍生品经营机构的责任,即衍生品

---

〔21〕 参见赵姿昂:《资产管理案件穿透式审判探析》,载《人民论坛》2021年第7期。

〔22〕 参见潘红艳:《〈保险法〉中投保人如实告知义务条文的结构性解读及完善》,载《法学杂志》2020年第2期。

〔23〕 参见郑臻:《拍卖人瑕疵说明义务认定与标准——以2012—2020年已判决案例为样本的分析》,载《山东大学学报(哲学社会科学版)》2023年第4期。

经营机构需审核该信息是否真实,如不真实则按规定拒绝提供服务。但现实中衍生品经营机构对于真实性的审核多限于形式审核,难以审核出交易者隐瞒真实信息故意提供虚假信息的情况。当交易者故意提供虚假信息去交易与其风险承受水平不相符合的衍生品时,应当推定该交易者放弃了法律对其的特殊保护,衍生品经营机构不应为没有拒绝为其提供服务而承担责任。

(四)参照金融机构对一定规模以上的大宗商品交易商进行监管

建议综合考虑大宗商品交易商的交易量、持仓情况、交易频率等因素,确定监管尺度。

境外立法中存在对一定规模以上的非金融机构参照金融机构管理的惯例。例如,依据《欧盟市场基础设施规则》的规定,清算阈值是ESMA介入非金融交易对手方监管的重要指标。ESMA在设定清算阈值时,应考虑每个对手方和每类场外衍生品合同的净头寸和风险敞口总和的系统相关性。在适当情况下,适用于金融对手方的规则也应适用于非金融对手方。《欧盟市场基础设施规则》第10(1)条中规定,非金融交易对手方在场外衍生品合约中建仓的,当其超过一定规模〔24〕时,该非金融交易对手方将参照金融交易对手方接受ESMA的监管。〔25〕

一些大宗商品交易商基于套期保值或者风险管理等目的参与衍生品交易,交易量不大,风险敞口较低,其本质仍是交易者,不宜参照金融机构进行监管。但是,部分大宗商品交易商进行现货交易的同时还大量开展衍生品交易,此时,大宗商品交易商本质不再是一般的交易者,而是衍生品交易的信用和资产中介,类似金融机构在衍生品交易中的地位,可能引发风险。因此,建议评估大宗商品交易商的持仓情况、交易量、交

---

〔24〕 每12个月,持有场外衍生品合约的非金融交易对手方应当计算其前12个月的月末平均头寸总额,并能够证明计算前12个月的总月末平均头寸不会导致风险。如果非金融交易对手方不计算其头寸,或其一个或多个类别的场外衍生品计算结果超过了《欧盟市场基础设施规则》第4款1项b点规定的清算阈值(由非金融交易对手方向ESMA明确情况并说明清算时限),如评估存在风险或超过4个月未计算头寸,则需要接受ESMA的监管,承担4个月内清算所有相关衍生品合约的义务。

〔25〕 See ESMA, The European Parliament and of the Council of 4 July 2012 on OTC derivatives, https://eur - lex. europa. eu/legal - content/EN/TXT/? uri = CELEX: 32012R0648, visited July 2, 2024.

易频率等多方面因素，在《衍生品交易监督管理办法》中规定超过一定阈值的大宗商品交易商参照金融机构监管，接下来，由衍生品交易所或衍生品行业协会根据我国大宗商品交易商在场外衍生品交易中的持仓情况等对阈值予以具体确定。

（编辑：徐伟浩　宋　澜）

《证券法苑》(2024)
第四十一卷,第110~136页

股权衍生品权益披露研究*

吴紫艳　施　睿　王楠楠　张佳峥　张橙逸**

摘要:《衍生品交易监督管理办法(二次征求意见稿)》要求在履行信息披露义务或者收购时,将股票持仓和以该股票为标的的衍生品持仓合并计算,但我国境内现行信息披露规则中缺乏股权衍生品权益披露的细化要求。通过梳理对比我国香港地区和美国两个市场关于股权衍生品权益信息披露的规则和实践,发现香港地区市场披露规则更有借鉴意义。建议明确规定股权衍生品权益需与现货合并计算并适用信息披露要求,同时通过交易所规则细化具体安排。

关键词:股权衍生品　权益披露　合并计算

近年来,上市公司收购和5%以上的大额股份权益变动活动日趋活跃,已经成为资本市场日益普遍的证券交易行为。该类交易对投资者影响重大,既会导致上市公司实际控制人和重要股东变动,进而可能引起上市公司治理结构和生产经营发生较

---

* 本文仅代表作者个人观点,与所任职单位无关。

** 吴紫艳、施睿、王楠楠供职于中信证券股份有限公司合规部,张佳峥、张橙逸原供职于中信证券股份有限公司合规部。

大变化，对上市公司质量产生重大影响；也直接涉及上市公司二级市场股票交易，关系到投资者能否在公平透明的交易环境下进行投资决策。我国现行《证券法》《上市公司收购管理办法》《上市公司信息披露管理办法》及交易所规则中，均对投资者持有上市公司股票现货的信息披露规则作了翔实规定。但投资者通过场外期权、收益互换等场外股权衍生品间接享有上市公司股票收益等情形下如何适用权益变动信息披露规则，暂无明文规定。

为贯彻落实《期货和衍生品法》，促进衍生品市场健康发展，更好地服务实体经济，防范和化解金融风险，中国证券监督管理委员会（以下简称证监会）研究起草了《衍生品交易监督管理办法（征求意见稿）》（以下简称《征求意见稿》），并于 2023 年 3 月 17 日向社会公开征求意见，于 2023 年 11 月 17 日，发布《衍生品交易监督管理办法（二次征求意见稿）》（以下简称《二次征求意见稿》），再次公开征求意见。《征求意见稿》起草说明中提道，"为防范利用衍生品交易规避场内监管，以及摸清场内场外总体风险，本办法借鉴国际经验，明确持仓合并原则：对于股票市场与衍生品市场的持仓合并，要求在履行信披义务或者收购时，将股票持仓和以该股票为标的的衍生品持仓合并计算"，这体现在《征求意见稿》和《二次征求意见稿》第 14 条。《征求意见稿》起草说明同时指出："考虑到实践中关于是否持仓合并以及如何持仓合并的情况较为复杂，本办法仅原则性规定持仓合并的要求，具体合并方法按照交易场所、行业协会等相关自律组织的规定执行。"

本文在分析现行我国境内信息披露规则体系、梳理对比我国香港地区和美国两个市场相关规则和实践的基础上，对持有挂钩上市公司股票标的的场外衍生品合约如何进行权益披露进行研究分析，旨在为我国境内股权衍生品权益披露提出适宜且可行的实施建议。

一、我国境内股权衍生品权益披露现状

（一）信息披露监管规则

从我国境内证券市场信息披露整体制度框架来看，在法律层面，涉

及信息披露的有《证券法》《会计法》《公司法》《刑法》[1]等，其中最核心的是《证券法》，其设立专章规定了信息披露相关事宜。行政法规与部门规章层面则有《股票发行与交易管理暂行条例》、《上市公司信息披露管理办法》、《上市公司证券发行管理办法》（已失效）、《上市公司收购管理办法》等，其中最核心的是《上市公司信息披露管理办法》，2021 年修订版第 27 条明确了“涉及上市公司的收购、合并、分立、发行股份、回购股份等行为导致上市公司股本总额、股东、实际控制人等发生重大变化的，信息披露义务人应当依法履行报告、公告义务，披露权益变动情况”。在证券交易所等自律组织的行业规定层面[2]，上海、深圳、北京交易所通过上市公司自律监管指南和工作通知等形式，分别明确不同板块的发行人信息披露要求。

大额股份变动相关信息披露要求主要包括：(1)通过证券交易所的证券交易，投资者持有或者通过协议、其他安排与他人共同持有一个上市公司已发行的有表决权股份达到 5% 时，应当在该事实发生之日起 3 日内，向证监会、交易所作出书面报告，通知该上市公司，并予公告；(2)投资者持有或者通过协议、其他安排与他人共同持有一个上市公司已发行的有表决权股份达到 5% 后，其所持该上市公司已发行的有表决权股份比例每增加或者减少 5%，应当依照前述规定进行报告和公告；(3)投资者持有或者通过协议、其他安排与他人共同持有一个上市公司已发行的有表决权股份达到 5% 后，其所持该上市公司已发行的有表决权股份比例每增加或者减少 1%，应当在该事实发生的次日通知该上市公司，并予公告。

上述规则中，对权益披露的基础主要是投资者持有“有表决权”的股份。股份表决权，是指股东按其持有的股份对公司事务进行表决的权利。

2020 年 9 月和 2021 年 12 月，中国证券业协会分别发布《证券公司

[1] 《刑法》（2023 年修正）中有两项涉及证券市场的信息披露违法犯罪行为，即第 160 条欺诈发行证券罪及第 161 条违规披露、不披露重要信息罪。

[2] 2018 年 4 月 13 日，沪深交易所分别发布了《上市公司收购及股份权益变动信息披露业务指引（征求意见稿）》，细化了权益披露的相关要求，相关精神和安排被 2019 年修订的《证券法》以及 2020 年修正的《上市公司收购管理办法》采纳吸收。

场外期权业务管理办法》和《证券公司收益互换业务管理办法》。两个办法皆规定,证券公司不得违规与上市公司及其关联方、一致行动人开展以本公司股票为标的的场外期权/收益互换。但同时,两个办法皆未明确挂钩上市公司股票的场外衍生品权益披露的规则。

在股权衍生品交易中,投资者作为衍生品交易商的交易对手方,未实际持有挂钩标的的股票现货,并非上市公司登记在册的股东。因缺乏明确的披露要求,大多数投资者认为其在衍生品合约中并未享有相关股票的表决权,无须进行权益披露。上述现状导致股权衍生品合约可能成为部分投资者隐匿身份、规避信息披露、开展违规交易的工具,不利于证券市场的公开、公正和公平。

(二)实务案例

1. 2015 年宝能系增持万科 A 案例中的衍生品权益变动披露

2015 年,宝能系旗下的前海人寿保险(以下简称前海人寿)和深圳钜盛华股份有限公司(以下简称钜盛华)在半年内通过集中竞价交易买入、券商股票收益互换业务、融资融券买入等多种方式增持万科 A 的股份权益至总股本的 24.26%,成为万科企业股份有限公司(以下简称万科)的第一大股东。2015 年下半年宝能系增持万科 A 的信息披露情况(2015 年 7 月 10 日至 12 月 26 日)中涉及的场外衍生品信息披露相关公告信息整理如表 1 所示。

表 1　相关公告信息整理

公告日期	公告标题	公告主要内容
2015 年 8 月 4 日	钜盛华《关于〈万科企业股份有限公司简式权益变动报告书〉的补充更正公告》	截至 2015 年 7 月 24 日披露的钜盛华权益变动,部分是通过证券公司的股票收益互换业务实现:具体为钜盛华以收益互换的形式持有约 4.2 亿股万科 A 股股票收益权(占总股本的 3.81%)
2015 年 8 月 27 日	万科《关于股东权益变动的提示性公告》	截至 2015 年 8 月 26 日,钜盛华以收益互换的形式持有约 4.67 亿股万科 A 股股票收益权(占总股本的 4.23%)

续表

公告日期	公告标题	公告主要内容
2015年10月22日	钜盛华《关于回购其享有收益权的万科企业股份有限公司部分股份的公告》	2015年6月25日至8月26日，钜盛华分别与4家证券公司签订了关于开展收益互换交易业务的相关协议，4家证券公司在此期间内买入了万科A股约8.89亿股。截至2015年10月20日，钜盛华通过大宗交易的方式回购其享有收益权的万科A股股票约3.32亿股，转为直接持有（占总股本3%）；钜盛华以收益互换形式享有万科A股股票约5.57亿股的收益权（占总股本5.04%）。其持有权益的形式部分发生变化，由持有衍生品权益转化为直接持有股票现货
2015年11月20日	万科《关于股东权益变动的提示性公告》	2015年10月27日至11月17日，钜盛华回购其以收益互换的形式享有收益权的万科A股股票约5.57亿股（占公司总股本的5.04%），转由钜盛华直接持有。其持有权益的形式发生变化，持有衍生品权益全部转化为直接持有股票现货

资料来源：深圳证券交易所信息披露平台，http://www.szse.cn/disclosure/listed/notice/index.html，2023年9月2日访问。

上述衍生品权益变动的信息披露没有标准可供参考，因此存在以下问题：

（1）对衍生品权益的理解存在偏差。钜盛华第一次（2015年8月）披露其通过收益互换持有标的股票收益权，是对其前一个月权益变动披露内容进行更正，将集中竞价买入改为了部分通过收益互换享有权益，可见，其最初未能正确认识直接持股和通过衍生品享有权益之间的差别。

（2）披露的信息较为模糊且缺乏统一标准。例如，在2015年8月4日的补充更正公告中，钜盛华披露了其与券商开展收益互换业务的具体情况，但并未披露钜盛华与券商之间关于投票权的约定情况；在2015年10月22日的公告中，则笼统地披露分别与4家券商开展收益互换，4家券商其间共买入万科A股约8.89亿股，但并未像前期公告一样披露各自的交易时间段和持有数据。

2. 2020年云南白药股权激励案例中的场外衍生品权益披露

云南白药集团股份有限公司(以下简称云南白药)2020年拟实施员工激励计划时发布公告,称"拟使用自有资金以集中竞价或法律法规允许的方式回购公司股份,用于实施员工持股计划或股权激励计划",且"拟与中国国际金融股份有限公司(以下简称中金公司)合作,借助证券公司专业交易能力,综合运用收益互换、场外期权等工具,为公司实施本次回购提供综合服务"。

2020年6月18日,云南白药发布《关于首次回购股份的公告》,随后于当年每个月月初(8月4日、9月2日、10月9日、11月3日和12月2日)发布《关于回购股份的进展公告》,公告内容包括截至上个月月底的回购情况以及与中金公司签署的衍生品协议获得的现金结算收益和回购的实际成本等信息。

云南白药通过场外衍生品业务,实现了对股票回购的成本控制,发行人进行的相关信息披露并非权益变动信息披露,主要是作为回购信息披露的一部分内容存在,提升了市场的透明度。作为衍生品业务的对手方,中金公司并未对相关事项进行权益披露,笔者推断主要是因为其持有的云南白药股份权益没有超过5%(根据发行人回购安排,此次回购股份上限为1670万股,占总股本的1.31%)。

综合上述案例来看,随着场外衍生品业务不断发展,以及其与场内股票市场的联动性,为维护市场公开、公平与公正,有必要进一步完善和明确股权衍生品在权益变动中的信息披露要求,包括披露场景、内容、时效、路径、计算方法等。

二、我国香港地区和美国市场权益披露的具体要求和实践

从股权衍生品的权益披露规则来看,我国香港地区和美国的要求略有不同。在我国香港地区,投资者持有期权、互换等股权衍生品,无论其结算方式为现金还是实物,均被视为持有相关股份的有投票权股份的权益,须与投资者持有的其他权益合并计算,并判断是否需要进行权益披露;同时,投资者持有的股权衍生品还需按照好仓与淡仓进行区分,分别

进行披露,不得抵消。而在美国,投资者持有的股本衍生工具,只有在符合特定条件的情况下才需要与投资者持有的其他权益合并计算以判断是否需要进行信息披露,即投资者可能通过行权、平仓等操作,在60天内有权获得挂钩标的股票,且相关衍生品合约的结算方式为实物结算。但是,若投资者开展股权衍生品交易的目的主要是规避信息披露的要求,则即便不满足上述条件也需要合并进行信息披露。同时,空头衍生品交易在实物结算之前不会导致衍生品的买方或卖方的受益所有权发生变化,因此,空头衍生品交易在实物结算之前不需要进行信息披露。

(一)我国香港市场

我国香港市场权益披露制度框架主要包括一部主要法律[《证券及期货条例》(第571章)第XV部权益披露]、一部概要释义[《〈证券及期货条例〉(第571章)第XV部的概要——披露权益》],以及两部除外情况的附属制度[《证券及期货(披露权益——除外情况)规例》(第571章,附属法例AG)和《豁免上市法团及其他人士使其不受〈证券及期货条例〉第XV部(披露权益)规限的指引》][3]。

根据香港证券及期货事务监察委员会(以下简称香港证监会)官网介绍,香港市场权益披露制度的首要目标是及时为上市公司的投资者提供相关资料[4],以便他们识别出控制或有能力控制上市公司的股份权益的人士,以及可能因为涉及上市公司的关联方交易而受惠的人士。为此,上市公司的内幕人士,即大股东和董事及最高行政人员(以及其一致行动人)需要分别按照要求,向香港联合交易所有限公司(以下简称香港联交所)和有关上市公司发出通知,披露相关权益和淡仓。

1. 核心要求

香港联交所上市公司的大股东(持有上市公司有投票权股份权益5%及以上)及其一致行动人,需要披露其对该公司有投票权股份的权益

[3] 广义上的信息披露要求还应包括香港联交所发布的主板上市规则和创业板(growth enterprise market,GEM)上市规则中的相关规定。

[4] 参见《〈证券及期货条例〉第XV部——披露权益》,载香港证监会网站,https://www.sfc.hk/TC/Rules-and-standards/Securities-and-Futures-Ordinance-Part-XV---Disclosure-of-Interests,2023年9月2日访问。

及淡仓；上市公司的董事和最高行政人员（包括其一致行动人），必须披露其对该公司任何股份的权益及淡仓。

大股东、董事和最高行政人员权益披露的主要区别包括两个方面：一是大股东只需要关注有投票权股份（包括已发行的有投票权股份，以及未发行股份且该等股份一旦发行，便会带有在所有情况下均可在该法团的成员大会上投票的权利[5]）的权益，而董事和最高行政人员需要披露所有股份的权益；二是只有当持有投票权股份权益达到5%及以上时，投资者（大股东）才需要进行权益披露，而董事和最高行政人员无论持有多少比例都需要进行权益披露。

2. 股本衍生工具

(1)股本衍生工具范围及合并计算要求

在我国香港地区的权益披露制度中，股本衍生工具包括标的股票的任何权利、期权或权益，以及任何挂钩标的股票（包括其任何权利、期权或权益）的合约，且无论这些权利、期权或权益或者合约是否在场内交易，是否由发行人发行或提供，是否以支付现金、交付股份或其他方式履行[6]。具体包括权证、牛熊证及其他结构性产品，可换股债券、可转换债券及其他股票挂钩票据（包括基金、票据等），美国存托凭证和我国香港存托凭证，场内股票期权和股票期货，以及场外远期、期权或掉期[7]。

香港《证券及期货条例》第322条第(8)项规定："任何股本衍生工具的持有人、卖方或发行人如凭借持有、售卖或发行（视属何情况而定）该等工具而——(a)有权要求另一人在某日期或之前或某期间内，向他交付该等工具的相关股份；(b)有义务在某日期或之前或某期间内，提取该等相关股份；(c)在该等相关股份的价格在某日期或之前或某期间内上升的情况下，有权从另一人收取一笔款项；或(d)在该等相关股份的价格在某日期或之前或某期间内上升的情况下，有权避免或减少损失，则不论上述权利或义务是否在任何情况下附有条件，他均须视为拥

[5] 参见香港《证券及期货条例》第308条第(1)项有投票权股份(voting shares)的定义。

[6] 参见香港《证券及期货条例》第308条第(1)项股本衍生工具(equity derivatives)的定义。

[7] 参见香港《〈证券及期货条例〉(第571章)第XV部的概要——披露权益》第2.3.2条。

有该等相关股份的有投票权股份的权益。”根据该规定,无论是以实物结算还是以现金结算,只要投资者持有或卖出挂钩上市公司股票的股本衍生工具,即被视为持有相关股份的权益〔8〕,因此,在决定是否有披露责任时,必须与其他权益合并计算。应注意的是,这里需要披露的是股份权益。例如,持有1张挂钩1000股标的股票的看涨期权合约若存在披露义务,则应当披露对1000股股份的持有权益,而非对1张看涨期权合约的持有权益。

(2)股本衍生品工具的好仓与淡仓

港股中,股本衍生工具进一步可分为好仓与淡仓。好仓是指投资者有权或有责任购买相关股份,或当相关股份股价高于某水平(或低于某水平)时有权向另一方收取款项(或有责任向另一方支付款项)〔9〕,类似内地多头合约的概念。

淡仓通常会在与持有、出售或发行金融文书(如股本衍生品工具)的人有关联的情况下使用,如有权要求另一人购买相关股份、有责任交付相关股份等情况。它除了包含境内空头合约的概念,还包括根据证券借贷协议借入的股份权益〔10〕,考虑到证券借贷不在本文的讨论范围之内,后文提到的淡仓主要指空头头寸。

大股东、董事或者最高行政人员持有的好仓和淡仓需要分别合并计算,分别进行披露,二者不能抵消。

(3)股本衍生工具对应的股份数量

若投资者持有、出售或发行股本衍生工具,股份数量举例如下:一是股本衍生工具对应的股份数量等于在行使有关衍生工具的权利时,投资者可能获得或需要交付的股份数量;二是股本衍生工具对应的股份数量等于在计算股本衍生工具结算款项时所参考的股份数量;三是若股本衍生工具为场内股票期货合约,则股本衍生工具对应的股份数量为合约乘数(合约乘数以股票期货合约发行文件载明为准)乘以投资者持有的合

〔8〕 同上,第2.3.4条。

〔9〕 同上,第2.4.1条。

〔10〕 参见香港《证券及期货条例》第308条第(1)项淡仓(short position)的定义,以及香港《〈证券及期货条例〉(第571章)第XV部的概要——披露权益》第2.4.2条。

约张数[11]。一般来说，若股本衍生工具可以选择使用现金或实物交收，应使用第一种计算方式[12]。

3. 披露要求

(1)好仓的披露要求

①披露起点

好仓的披露起点是5%，持有上市公司权益首次达到5%或以上、持有5%或以上权益后下降至5%以下，应当履行披露责任。

计算投资者持有的某上市法团的股份权益百分比的计算公式为：[持有权益的股份(已发行或未发行)总数]÷上市法团同一类别的已发行股份的数目×100%。其中，持有权益的股份总数等于拥有权益以及被当作拥有权益的有关上市法团的所有同一类别的股份相加：拥有的权益即投资者直接持有、名义持有的股份权益等，加上因持有股本衍生工具所视为的股份权益；被当作拥有的权益，即投资者的配偶、未满18岁的子女，以及其所控制的法团等一致行动人所持有的股份权益[13]。披露案例如2023年5月31日，万科企业(股票代码：2202. HK)的股东摩根大通集团(J. P. Morgan Chase & Co.，以下简称JPMorgan)披露(序号CS20230605E00355)[14]其通过控制的法团，通过股本衍生工具，持有万科企业的权益超过了5%(从4.43%增加至5.18%)。

同时，在进行信息披露的表格中，如果好仓或淡仓涉及股本衍生工具，则需要细化披露股本衍生工具的情况，包括上市衍生工具和非上市衍生工具，且均包括“以实物交收”“以现金交收”“可转换文书”“其他”四种类型。万科企业的股东JPMorgan的披露表格中分别披露了

[11] 参见香港《〈证券及期货条例〉(第571章)第XV部的概要——披露权益》第2.5.1条。

[12] 同上，第2.5.2条。

[13] 参见香港《〈证券及期货条例〉(第571章)第XV部的概要——披露权益》第2.2部分“何谓当作持有的权益?”

[14] 详细披露内容参见香港联交所披露易网站，https://di. hkex. com. hk/di/NSForm2. aspx? fn = CS20230605E00355&sa2 = an&sid = 105293&corpn = % e8% 90% ac% e7% a7% 91% e4% bc% 81% e6% a5% ad% e8% 82% a1% e4% bb% bd% e6% 9c% 89% e9% 99% 90% e5% 85% ac% e5% 8f% b8 + + - + H% e8% 82% a1&sd = 18% 2f06% 2f2015&ed = 18% 2f06% 2f2023&cid = 2&sa1 = cl&scsd = 18% 2f06% 2f2015&sced = 18% 2f06% 2f2023&sc = 02202&src = MAIN&lang = ZH&g_lang = zh - HK&，2023年9月2日访问。

“4102—上市衍生工具—以现金交收”的好仓和淡仓股份数目、“4105—非上市衍生工具—以实物交收”的好仓和淡仓股份数目、“4106—非上市衍生工具—以现金交收”的好仓和淡仓股份数目以及“4103—上市衍生工具—可转换文书”的好仓和淡仓股份数目。

②变动披露

投资者持有的权益百分率上升或下降导致其跨越了某个处于5%以上的百分率整数（例如，持有权益从6.9%增加至7.2%，跨越了7%；或者从10.1%降至9.9%，跨越了10%）同样需要填写披露表格并进行披露。

(2)淡仓的披露要求

① 披露起点

投资者持有上市公司权益比例达到5%及以上且持有淡仓1%以上的，需要在披露好仓的同时单独就淡仓进行信息披露。如后续因权益变动，不再持有超过1%的淡仓，同样要进行信息披露。

对于持有淡仓的披露，前提是已经持有权益达到或超过5%，否则无须进行淡仓的披露。例如，持有的权益仅为2%，此时若持有的淡仓从5%上升至10%，依然是不用披露的。

②变动披露

股份权益性质发生改变，或持有的淡仓百分率上升或下降导致其跨越了某个处于1%以上的百分率整数[15]（例如，已经持有8%的权益，持有的淡仓由6.9%增加至7.2%，跨越了7%；或者由10.1%降至9.9%，跨越了10%），需要按要求进行信息披露。

2023年6月19日，万科企业的股东JPMorgan披露（序号CS20230622E00125）[16]其通过控制的法团，通过股本衍生工具，在持有万科企业的权益超过了5%的情况下，持有的淡仓从2.02%降至1.99%。

(3)重要事项

好仓和淡仓之间不得相互抵销。好仓和淡仓的百分率数字必须分开计算，对于复杂期权同样适用。例如，结合看涨和看跌期权的马鞍式

〔15〕 参见香港《〈证券及期货条例〉（第571章）第XV部的概要——披露权益》第2.7.1条。

〔16〕 同前注〔15〕。

结构期权,会同时产生好仓及淡仓,须以两个独立的交易进行披露[17]。同时,对于挂钩同一部分股份的结构性股本衍生工具(一笔交易),则应当注意如果多项期权均是持有权益或淡仓(为相同方向),则仅披露一次。亦即,当一个结构挂钩1000股标的股份,具体为买入看涨期权和买入看跌期权,应就1000股的权益和1000股的淡仓分别披露;但若一个结构挂钩1000股标的股份,具体为买入看跌期权和卖出看涨期权,则应仅披露1000股(而非2000股)的淡仓。

4. 披露豁免

涉及股本衍生工具权益披露的主要豁免情况如下:

(1)衍生工具挂钩一篮子股份。挂钩一篮子上市股票(上市地为香港联交所或其指定的交易所[18])的衍生工具可以豁免,前提是该篮子中至少有5家上市公司的股份,且没有一只股份占整个篮子股份的价值超过30%[19]。

特别地,对于在香港交易所上市的交易所交易基金(exchange traded fund,ETF)(其属于受香港证监会认可的集合投资计划),根据香港《证券及期货条例》第323条第(1)(c)项及第(4)项的约定,投资者通过持有ETF而获得的对ETF底层股票标的的权益及淡仓,不属于应当披露的权益及淡仓,除非该投资者是该ETF的管理人。因此,投资者通过股本衍生工具挂钩ETF的,也可以豁免披露要求。

(2)衍生工具挂钩波动率。香港证监会认为,股份权益不会因为持有、出售或发行方差衍生工具(衍生工具的价格或价值均纯粹与相关股份的波动率挂钩)而产生,因此,相关投资者无须披露挂钩上市公司股份波动率的衍生工具信息[20]。

此外,2019年11月,香港金融发展局针对香港《〈证券及期货条例〉

[17] 参见香港《〈证券及期货条例〉(第571章)第XV部的概要——披露权益》第2.6.3.1条。

[18] 交易所名单载香港《证券及期货条例》附表1第3部。

[19] 参见香港《证券及期货条例》第308条第(5)项和香港《〈证券及期货条例〉(第571章)第XV部的概要——披露权益》第2.12.3.1条。

[20] 参见香港《〈证券及期货条例〉(第571章)第XV部的概要——披露权益》第2.5.5条。

第XV部——披露权益》提出修订建议[21],其中指出,对于结构复杂(具有多种期权策略)的衍生工具,识别相关股份或组成成分,以及确定披露好仓、淡仓抑或两边皆需披露,可否应用一篮子豁免,都存在相当的困难。需要就每个产品和每个期权进行特定的实际分析和场景分析,这对于大规模使用结构性衍生产品的公司而言,是一种负担。为此,香港金融发展局建议可考虑针对现金结算的股本衍生工具提供更多的、更细的披露权益指引或豁免。但截至笔者撰写本文,尚未看到进一步的细则。

5. 董事和最高行政人员的特殊要求

从香港市场权益披露的核心要求可以看出,由于直接、广泛地参与上市法团的公司治理,上市公司的董事和最高行政人员的权益披露要求更为严格,即其需要披露所有的权益、淡仓以及变动情况,不限于有投票权的股份权益,也没有5%或者1%的披露门槛。

6. 关于静默期的问题

从本源上来看,"静默期"的设置旨在保护中小投资者的合法权益,是为了防止在上市公司内幕信息公布前,知情人利用其进行内幕交易。因此,静默期执行和实践的总体原则和口径,应当充分考虑香港《证券及期货条例》中的内幕交易相关条文。根据该条例第291条的规定,任何人如掌握上市法团内幕消息,就不得进行该法团的上市证券或其衍生工具交易。

根据香港联交所《主板上市规则》附录C3"上市发行人董事进行证券交易的标准守则"中"绝对禁止"内容,在上市公司刊发财务业绩当天及某些期间(年度业绩刊发日期前60日内,季度及半年度业务刊发日期前30日内),其董事不得买卖其所属上市发行人的任何证券;其中"买卖"包括授予、接受、收购、出售、转让、行使或履行现在或将来的任何期权或其他权利或责任。因此,董事在静默期内不能交易挂钩其所属上市公司权益的股本衍生工具。

---

[21] 参见香港金融发展局网站,https://www.fsdc.org.hk/cn/insights/revamp-of-disclosure-of-interests-regime-under-part-xv-of-the-securities-and-futures-ordinance-recommendations/,2023年9月2日访问。

从实践案例来看,香港市场失当行为审裁处[22]曾就新怡环球(Sunny Global Holding Ltd.,证券代码:1094.HK)员工的市场失当行为进行过处罚[23]。2003年6月,新怡环球全资子公司的雇员孔某、陈某、蔡某,在公司即将发表中期业绩时,要求行使其持有的股票期权。香港市场失当行为审裁处认为:"他们同一天行使期权不是巧合……本审裁处裁定他们知道事情很急,因为他们从工作中知悉即将发表的中期业绩的内容的性质,而这些内容他们知道是'有关消息',而此有关消息会告诉市场2003年3月31日为止的过去半年新怡环球的业绩大跌,尤其是利润下降,这样一来他们手中的股票期权有可能会变得一文不值。"审裁处裁定前述三人相关行为属于内幕交易,违反了香港《证券及期货条例》第270条的规定。

(二)美国市场

美国信息披露要求主要体现在美国《1934年证券交易法》第13(d)条和第13(g)条及美国证券交易委员会出台的Rule 13(d)等相关细化规则中,要求获得在美上市公司5%以上受益所有权的人进行信息披露,旨在向上市公司、股东以及全市场提供有关大股东权益变动、可能影响发行人状况的信息。

1.信息披露的基本要求

根据《1934年证券交易法》的规定,需进行信息披露的主体为持有5%以上有表决权股票的受益所有权的人。根据该法第13(d)-3条的规定,拥有受益所有权,指直接或间接拥有投票权(有权投票或对投票行为有支配权)或投资权(对证券进行处置或指导处置的权利)或两者兼有。

第13(d)条适用于根据《1934年证券交易法》第12条注册的、有表决权的证券。根据美国目前的监管要求,所有在美国的全国性证券交易

---

[22] 香港市场失当行为审裁处于2003年根据香港《证券及期货条例》成立,香港证监会如觉得曾发生或可能曾发生市场失当行为,或者根据香港《证券及期货条例》第XIVA部提出的违反披露规定事宜,均可提请审裁处进行研讯。

[23] 参见《香港市场失当行为审裁处报告书》,载香港市场失当行为审裁处网站,https://www.mmt.gov.hk/files/Sunny.Global.Holdings.Limited.Report.CHT.pdf,2023年9月2日访问。

所上市的股票都必须注册。在某些情况下,非上市证券也可能根据第12条进行注册。此外,存托凭证的受益所有人被视为凭证所代表的同等数量股份的受益所有人。

(1)基本规则。美国信息披露规则要求受益所有人在拥有的受益所有权超过5%时进行初次披露,并在此后发生重大变化时进行更新。

(2)披露主体。获得在美上市公司5%以上受益所有权的受益所有人需进行信息披露。同一股票可以有多个受益所有人,每个受益所有人有单独的报告义务。

2. 股本衍生工具的受益所有权判断标准

根据美国信息披露规则,确定是否有申报义务的关键是报告人是否对该证券有受益所有权。受益所有权并不与是否享有经济利益相挂钩,而是取决于是否有投票权或投资权。具体有以下标准:

(1)60天规则。如果报告人在60天内有权获得某证券,则为该证券的受益所有人。常见的由于有权获得证券而被认定为受益所有人的情形有:行使期权、认股权证或权利;证券的转换;撤销或自动终止信托、全权委托账户或类似安排的权利等。

对于证券类衍生品,需针对不同的种类和具体情形,根据是否能够在60天内对标的证券拥有投票权或投资权,分别判断是否拥有受益所有权。

例如,2023年2月17日,大卫·J. 马丁(David J. Matlin)先生更新13D表格,披露其持有的、独立拥有表决权的制药公司Clene Inc.股份数为5,451,862股。该表格附注(1)中的持股总数包括通过期权持有的158,178股,这些期权目前已经可以行权或在60天内可以行权,行权后将获得对应的普通股股份。[24]

再如,美国巧克力巨头好时公司(Hershey Co.)在2017年年末以16亿美元收购健康零食制造商Amplify Snack Brands,2017年12月27日,好时公司提交了13D表格。根据表格附注(1)可知,好时公司拥有Amplify Snack Brands公司42,567,047股普通股,其中不包括在2018年

〔24〕 参见美国证券交易委员会网,https://www.sec.gov/Archives/edgar/data/897069/00008970 6923000136/clene - schedule13da21822.htm,2023年9月2日访问。

2月25日(60天之后)之后才可行权的期权所对应的股份。[25]

特别地,对于挂钩ETF标的的衍生品合约而言,需要结合具体情况进行判断。在实际结算时,投资者在大多数情况下并不会直接获得ETF追踪的指数底层股票的投票权或投资权,因此,并不对底层股票拥有受益所有权。

(2)经济利益是否分离。如果衍生品交易所产生的经济利益已与该交易所涉及的证券的投票权或投资权适当分离,仅拥有经济利益的一方不应被视为拥有受益所有权。

美国信息披露规则将衍生品分为以现金结算的衍生品和以实物结算的衍生品。现金结算的衍生品包括现金结算的股指期权、股指互换和单一股票互换、股指期货、价差合约等。对于以现金结算的衍生品,美国监管机构认为,衍生品持有人对标的证券不享有投票权和控制权,虽然享有经济利益,但不会被视为拥有受益所有权。以实物结算的衍生品,需逐案判断60天内是否会获得投票权或投资权。

(3)持有衍生品合约的目的。如果持有衍生品的目的是规避信息披露要求,则衍生品持有人会被认定为挂钩股票的受益所有人。根据《1934年证券交易法》第13(d)-3条(b)款,如果通过直接或间接的方式,建立或使用信托、代理、授权、合伙安排或任何其他合同及协议,剥离受益所有权,以逃避第13(d)条或第13(g)条的报告义务,则应被视为受益所有人。

2008年8月的CSX公司诉儿童投资基金管理公司案明确了该观点。[26] 该案中,原告CSX公司为一家在纽约证券交易所上市的铁路公司,被告The Children's Investment Fund Management (UK) LLP(以下简称TCI)和3G Fund L. P.(以下简称3G)为两家对冲基金公司。TCI在2006年、2007年大量买入挂钩CSX股票的总收益互换(total return

〔25〕 参见美国证券交易委员会网,https://www.sec.gov/Archives/edgar/data/47111/000119312517380140/d515093dsc13d.htm,2023年9月2日访问。

〔26〕 案件详细情况参见https://caselaw.findlaw.com/court/us-2nd-circuit/1574479.html,2023年9月2日访问。

swap,TRS)[27],在2007年12月才提交13D表格,2008年TCI和3G试图提名CSX公司的董事会人选并修改其公司章程,故CSX公司起诉TCI和3G,指控它们未能及时提交13D表格,并要求禁止其行使投票权。TCI和3G辩称它们通过TRS持有CSX公司的头寸,仅享有经济利益而没有投票权,因此无须提交13D表格。

法院认为,证据表明TCI确有争夺CSX公司控制权的目的,并且有意规避信息披露。①TCI分散了它的TRS持仓,使其在每一个交易对手的TRS持仓,都不足以使交易对手因对冲买入股票而需要披露;②TCI曾与多家银行、对冲基金、CSX公司管理层沟通杠杆收购CSX的可能性;③TCI提名董事,并提案修改CSX公司章程。

法院指出,TCI能够显著影响(significantly influenced)其互换交易对手方买入或卖出CSX股票:①交易商的业务开展模式是达成TRS交易的同时对冲其敞口;②TCI能够指导或至少影响其交易对手方对所持有的用于对冲的股票的投票。法院认为有充分理由认为TCI是TRS所挂钩股票的受益所有人,TCI的确违反了《1934年证券交易法》第13(d)条的规定。

法院裁定,根据第13(d)-3条(b)款的规定,TCI作为现金结算TRS的持有人,以规避信息披露规则为目的签订了TRS合同,应被视为"受益所有人"。另外,法院驳回了禁止TCI行使投票权的诉讼请求。

本案说明,虽然现金结算的TRS通常不会产生披露义务,但为了逃避信息披露而签订此类衍生品合约的人将被视为受益所有人,并有义务进行信息披露。

值得注意的是,美国证券交易委员会在2022年2月发布关于受益所有人认定的修正案提案并征求意见,2023年4月重启了对该修正案提案的征求意见程序。修正案提案中,美国证券交易委员会拟在第13(d)-3条中加入(e)条,规定如果现金结算的衍生品持有人的目的是改变或

---

〔27〕 总收益互换是指一份合约。在该合约中,一方支付约定金额(可能固定也可能浮动),另一方支付根据标的资产收益决定的浮动金额。在典型的TRS中,多头仅获得经济利益,空头保留因对冲持有股票的投票权。

影响该权益类证券发行人的控制权，或参与具有此类目的的交易，则该持有人也将被视为衍生品标的资产的受益所有人。衍生品持有人持有标的资产的数量为以下两者取大者：① 衍生品挂钩股数乘以衍生品 delta；② 衍生品名义本金除以挂钩标的证券最新收盘价乘以衍生品 delta。2023 年 10 月 10 日，美国证券交易委员会发布最终修订后的第 13(d)条款，未采纳前述将现金结算的衍生品交易纳入受益所有权的提案；但本次最终修订案明确，获得超过 5% 受益所有权的主体在填写 13D 表格中的第 6 项时，需同时填写其持有的挂钩该标的的场外衍生品合约（含现金结算的场外衍生品合约）的情况。[28]

3. 披露方式：13D 表格、13F 表格、13G 表格

(1)13D 表格

当投资者获得超过 5% 受益所有权时，应当提交 13D 表格履行披露义务。披露内容包括受益所有人的身份、交易目的、标的证券相关的合同或安排、资金来源、证明材料。披露时间为可披露事件发生后的第十个自然日 17:30（华盛顿时间）之前，交易日后的第一个自然日为第一天。当受益所有权增加或减少超过 1% 时，应当在下一个交易日报告变动情况。受益所有人在填写 13D 表格中的第 7 ~ 11 项时，需考虑其衍生品持仓情况，并在附注中详细说明持股数量中通过衍生品合约受益拥有的数量。

(2)13G 表格

对于非美国机构，如果是在正常经营中取得证券、目的不是影响或改变控制权、受到与美国证券交易委员会监管框架相当的制度监管且应美国证券交易委员会需求可提交 13D 表格的，可提交简短版本的 13G 表格，披露内容仅包括受益所有人的身份和持有的股份数量，无须披露交易目的、资金来源等内容。如果受益所有人在过去 12 个月（滚动计算）内获得的证券比例低于 2%，即使此人持有的证券总数已超过 5%，也无须提交 13D 表格，只需在每个自然年结束后 45 天内提交 13G 表格。

---

〔28〕 参见美国证券交易委员会网，https://www.sec.gov/news/press-release/2023-219，2024 年 4 月 25 日访问。

受益所有人在填写 13G 表格中的第 5 ~ 9 项时,需考虑其衍生品持仓情况,并在附注中详细说明持股数量中通过衍生品合约受益拥有的数量。

(3)13F 表格

《1934 年证券交易法》第 13(f)条要求,管理 1 亿美元及以上的在美上市股权资产的机构投资管理人(institutional investment managers)每个季度需提交 13F 表格,披露持股情况。机构投资管理人包括:①管理自己投资组合的实体,如银行、保险公司、经纪人或交易商;②管理第三方账户的自然人或实体,如共同基金管理人或养老金管理人;③信托受托人。

需要注意的是,管理自己账户的自然人不是机构投资管理人。对于非美国实体和自然人,如果参与了美国的证券交易所交易,并且管理 1 亿美元及以上的在美上市股权资产,也需提交 13F 表格。

13F 表格中必须披露的信息包括:①所持股权类证券的类别,包括在交易所上市的用有 CUSIP 编码的期权;②所持仓的股份数量;③证券公允价值。

(4)实物结算的看涨期权的披露方式

对于实物结算的看涨期权买方,如果期权可在 60 天内行权,则看涨期权买方签订期权合约时获得标的证券的受益所有权,此时发生受益所有权变更,需进行报告,报告的数量为预期在行权时可以取得的股份数量。行权时,受益所有权不发生变更,且受益所有权已经实质报告过,故无须修改已提交的表格。期权结算时,受益所有权不发生变更,且受益所有权已经实质报告过,故无须修改已提交的表格。

对于期权卖方,签订期权合约时,期权卖方持有对冲证券,期权卖方保留受益所有权。行权时,期权卖方仍拥有受益所有权,无须变更报送表格。期权结算时,期权卖方不再拥有受益所有权,如果行权后出售股票将导致受益所有权与当前备案相比减少超过 1%,则需要立即修改先前提交的 13D 表格。

以约翰·威廉姆·肖恩在 2023 年 3 月 29 日作出的披露为例,报告人记录的拥有受益所有权的股票数量包括期权合约中可执行的股票数量。如表 2 所示,报告人披露了期权合约的买卖方向,以及合约所对应的股票的买卖方向及数量。

表2　13D表格中期权的披露方式

交易性质	买卖日期	买卖股票数量/只	每股交易价格/美元
卖出期权合约	2023年1月26日	(200)*	0.100
买入期权合约	2023年1月27日	6	1.600

*以括号形式表示相对应的股票数量为可卖出数量。

4. 内部人的信息披露要求

根据《1934年证券交易法》第16(a)条的规定,董事、高级管理人员以及主要股东(10%以上受益所有人)为内部人(insider)。初次满足内部人条件时,应提交表格3(Form 3),内部人的受益所有权变更时应提交表格4(Form 4)。内部人还应提交年度报告表格5(Form 5),报告本财年内未在表格3和表格4中报告的交易。

内部人需在这三张表格中披露其受益所有的证券情况。披露内容分为两部分:栏目1(Table Ⅰ)披露非衍生股权资产持仓,如普通股和优先股;栏目2(Table Ⅱ)披露衍生类证券持仓,如期权和可转债。在栏目2中,内部人需披露衍生品合约的类型、行权日、到期日、可转换的股票数量及类型、行权价以及是否直接持有该衍生品。判断是否披露衍生品合约的标准为是否"受益所有"对应的证券,故需考虑到期日是否不足60天、经济利益是否分离以及持有衍生品合约的目的。

5. 衍生品与短线交易

根据《1934年证券交易法》第16(b)条的规定,如果内部人在6个月内既有买入行为又有卖出行为,无论是何种顺序或组合方式,都将被视为短线交易。尽管短线交易未被完全禁止,但上市公司有权起诉作出短线交易的内部人,追缴其在短线交易中获得的利润。第16b-6(a)条和第16b-6(b)条说明了衍生品交易中的建仓平仓如何适用短线交易规则。

根据第16b-6(a)条的规定,建仓看涨等效头寸和平仓看跌等效头寸应当被视为"买入"标的资产,建仓看跌等效头寸和平仓看涨等效头寸应当被视为"卖出"标的资产,建仓或平仓衍生品的日期即"买入"或"卖出"的日期。

根据《1934 年证券交易法》第 16b－6（b）条的规定，如果行权价格已经事先确定，则对实值期权及平值期权行权造成的平仓不视为短线交易。如果行权事先确定行权价的看涨头寸而获得标的证券，则不视为短线交易中的“买入”；如果行权事先确定行权价的看跌头寸行权而处置标的证券，则不视为短线交易中的“卖出”。然而，对虚值期权行权将被视为短线交易，该例外情况仅有一种豁免情形：美国《税法典》（Internal Revenue Code）关于期权行权税收处理的规定使期权持有人行权能享受更优惠的税收政策。

6. 空头持仓披露的最新要求

2023 年 10 月，美国证券交易委员会发布《1934 年证券交易法》Rule13f－2，对大额空头持仓提出披露要求：机构投资管理人持有美国上市公司及其他符合该法规要求的权益类证券标的的空头持仓，当市值超过特定标准时，须在该自然月后的 14 个自然日内填写 SHO 表格（Form SHO），向美国证券交易委员会报告其空头持仓情况。其中，特定标准是指：（1）若对应的标的为根据《1934 年证券交易法》需要报告的发行人，月均空头持仓金额超过 1000 万美元，或超过该发行人份额比例的 2.5%；（2）若对应的标的不是根据《1934 年证券交易法》需要报告的发行人，某自然月内任一交易日日终空头持仓规模超过 50 万美元。该法规于 2025 年 1 月正式生效。[29]

三、对我国境内股权衍生品权益信息披露的建议

从我国香港市场及美国市场的信息披露规则来看，是否将投资者通过股权衍生品合约而持有的头寸与其现货头寸合并计算并履行信息披露义务，存在明显的区别。对于我国香港市场来说，只要通过衍生品合约享有权益，就需要纳入合并范围，除非有豁免情形。而对于美国市场来说，其更注重判断衍生品合约持有者一定期间内是否真实持有对应的

---

〔29〕 参见 https://www.ecfr.gov/current/title－17/chapter－II/part－240/subpart－A/subject－group－ECFR7ce825ff9acf140/section－240.13f－2，2024 年 12 月 25 日访问。

头寸或者是否拥有投票权或投资权。

《二次征求意见稿》第14条规定："在履行信息披露义务或者收购等活动中，应当按照证券交易场所的规定，将衍生品经营机构、交易者[30]持有的以上市公司或者股票在国务院批准的其他全国性证券交易场所交易的公司的有表决权股票（以下简称标的股票）为标的物的衍生品合约与其直接和间接持有的标的股票合并计算。"

笔者认为，该处表述主要是与《证券法》第63条第4款中"有表决权的股份"等表述保持一致。根据我国学者解读，"没有表决权的股份主要包括优先股、放弃表决权的股份、已经委托他人行使表决权的股份以及法律上不得行使表决权的股份等"。[31]结合该解读，笔者理解，"有表决权"的主要含义是：(1)该类股份属于可以行使表决权的股份，而非优先股这一类没有表决权或者表决权受限于特定事项的股份类型。(2)该部分股份的表决权没有因为法律原因而丧失或者受限。对于"已经委托他人行使表决权"是否属于"没有表决权"，笔者认为情形相对复杂，需要结合实际案例进行分析，如已委托他人行使表决权，但仍然代表本人意愿，则不应该理解为没有表决权。

在衍生品合约中，交易者与交易商约定其不享有表决权，并不意味着该部分股份本身的表决权被放弃，因此不能简单地认定为属于没有表决权的股份。尽管双方约定交易者仅享有股权衍生品合约相关的经济权益，但交易者可能依然有权与交易商进行现货结算而直接持有股份，也可能通过交易商间接参与表决行为。若交易者通过与多家交易商开展挂钩同一股票的股权衍生品交易，还有可能达到规避信息披露的效果。另外，如果交易者身份为上市公司持股5%以上的股东，其可能通过与交易商开展股权衍生品交易而达到变相增持或减持的经济效果，也存在利用内幕信息或非公开信息开展衍生品交易获利的风险，不利于市场的公平、公正与公开。

鉴于目前我国境内场外衍生品市场发展尚不规范，结合《征求意见

---

[30] 《期货和衍生品法》使用了"交易者"的概念，因此本文第三部分衍生品合约相关内容使用了"交易者"的表述，与前文的"投资者"语义相同，并无矛盾。

[31] 郭锋等：《中华人民共和国证券法制度精义与条文评注》，中国法制出版社2020年版，第338页。

稿》起草说明中提到的“为防范利用衍生品交易规避场内监管,以及摸清场内场外总体风险”,笔者认为,我国香港市场的股权衍生品权益披露规则更有借鉴意义,即对于特定交易者通过股权衍生品享有权益的,应当进行必要的信息披露,而不考虑其在衍生品合约中约定有无投票权。

结合上述分析,笔者对我国境内股权衍生品权益信息披露规则提出以下建议:

1. 明确股权衍生品权益披露的原则——与现货合并计算并适用基础信息披露要求。

《二次征求意见稿》提出了合并持仓的基本原则,即要求在履行信息披露义务或者收购时,将股票持仓和以该股票为标的的衍生品持仓合并计算,笔者认为应当予以支持,并且在《上市公司收购管理办法》等相关规则修订时,也应采纳该原则。同时,在实务操作中,考虑到股权衍生品结构的复杂多样性,需要交易所的信息披露规则中进一步细化股权衍生品信息披露的具体要求,建议参考融资融券业务实践,由交易所单独出具股权衍生品信息披露指南,明确股权衍生品信息披露的一般要求、计算规则及豁免情形。

2. 细化对衍生品交易的信息披露安排。

(1)多头合约与现货权益合并计算。

交易者持有股权衍生品的多头头寸,则意味着在期权到期时交易者有权以确定的价格购买相关股票(若为实物交割的期权),或当相关股票的价格上涨时,交易者能够从其持有的股权衍生品合约中获得对应的经济利益。此种情形下,交易者持有的多头头寸应当与其现货端持有的股票数量合并计算并适用基础信息披露要求。

在确定多头衍生品合约对应的股份数量时,除了数值期权等特殊结构的期权,还应将衍生品合约中约定的名义数量视为交易者持有的股份数量。因为该等名义数量即到期交割时交易者有权购买的股份数量(若为实物交割的期权),或用于计算交易者衍生品收益的股份数量。同一股票、同一交易者及其一致行动人与多家场外衍生品交易商同时开展挂钩该股票的多头衍生品交易的,应当合并计算并适用基础信息披露要求。

(2)空头合约单独披露,不得与多头合约抵销。

交易者持有股权衍生品的空头头寸,则意味着在期权到期时交易者有权或有责任以确定的价格卖出相关股票(若为实物交割的期权),或当相关股票的价格下跌时,交易者能够从其持有的股权衍生品合约中获得经济利益。在持有空头头寸的情况下,交易者通过股权衍生品获益的股份数量,不能简单将交易者通过现货持有的股份数量以及其通过股权衍生品多头合约持有的股份数量抵销后披露股份数量净值,而应当将其作为与多头数量并列的项单独披露。例如,上市公司某股东持有6%的股份,但其与场外衍生品交易商开展了期权空头交易,期权合约的名义数量为上市公司股份总数的2%。这说明该股东对期权合约到期日(若为欧式期权)或期权合约存续期间(若为美式期权)的上市公司股价持看跌的观点,该信息应当与交易者持有6%的多头股份这一事实共同披露,而不能简单将6%与2%轧差后进行披露。这样才能更加充分地解释大股东的权益状态,避免混淆。

(3)期权合约信息披露规则。

①期权合约对应的持股数量计算。

对于线性结构的收益互换合约而言,交易者持有互换多头或空头即意味着就合约名义数量的标的股票而言,交易者能够从标的股票的上涨或下跌中获得相对应的收益,因此,合约名义数量即视为交易者开展收益互换合约的名义股份数量。

对于香草结构期权而言,交易者可以通过期权合约而获得的有表决权股票数量,应当以期权合约中约定的名义数量为准(需要考虑参与率),该名义数量即为期权持有者可能获得或需要交付的股份数量。若合约中未约定名义数量,则可以通过名义本金额除以标的期初价格确定。

②特殊结构期权单独披露。

特别地,对于数值期权、雪球期权等最高收益有封顶的期权结构而言,即使标的股票大幅上涨,交易者仅能获得固定收益,而并非获得与合约约定的名义数量对应的标的股票的上涨幅度一致的收益,若仍然使用合约约定的名义数量作为交易者应当进行信息披露的股份数量,则可能给市场其他投资者带来错误信息。因此,对于该类期权结构,建议单独进行信息披露。例如,单独披露数值期权的名义数量,但不与其他多头头寸合并计算统计是否达到信息披露要求;对于雪球期权等带有敲入结构的期权,由于敲入前后期权的收益结构特征可能发生显著变化,可考虑在交易者达成期权、期权敲入后适用不同的信息披露规则。

(4)现货权益和衍生品权益相互转化时的披露。

对于现金结算的股权衍生品交易,若交易者在达成相关衍生品交易时已经进行了信息披露,在平仓或行权衍生品交易、完成现金结算时,原披露的多头或空头头寸已经不复存在,此时应当披露通过衍生品取得的权益已经消灭的事实。对于以实物结算的股权衍生品多头交易,由于交易者取得衍生品权益已经进行了信息披露,在进行实物结算时交易者持有的多头头寸数量并未发生变化,仅持有权益的形式发生了变化,可以要求简化披露其持有权益发生变化的事实。对于实物结算的股权衍生品空头交易,虽然在达成衍生品交易时交易者已经披露了通过衍生品持有空头头寸的事实,但在进行实物结算时交易者的现货持仓头寸会发生真实减少,此时则需要按照基本披露规则进行信息披露。

3. 限制性条件。

(1)遵守静默期规则。

根据现行沪深交易所相关规则,在上市公司定期报告公告前30天内,以及上市公司业绩预告、业绩快报公告前10天内(以下简称敏感时期),上市公司董事、监事和高级管理人员不得买卖本公司股票。上市公司的董事、监事和高级管理人员作为法定的内幕信息知情人,在上述敏感时期内知道关于上市公司业绩表现的内幕信息,因此,现行法律法规禁止该类人员在敏感时期内进行本公司股票的交易。然而,其同样可以通过开展挂钩本公司股票的股权衍生品交易达到为自己获利的目的。因此,出于禁止内幕交易的考虑,对于该类人员在敏感时期内开展的挂钩本公司股票的股权衍生品交易行为,无论是多头交易还是空头交易,无论是以现金结算还是以实物结算,均应予以禁止。

(2)限制短线交易。

根据《证券法》第44条第1款的规定,上市公司持有5%以上股份的股东、董事、监事、高级管理人员,将其持有的该公司的股票或者其他具有股权性质的证券在买入后6个月内卖出,或者在卖出后6个月内又买入,由此所得收益归该公司所有,公司董事会应当收回其所得收益。现行规则并未明确该等主体在6个月内开展股权衍生品交易的行为是否同样受短线交易规则的约束。

《二次征求意见稿》第16条规定:"禁止通过衍生品交易实施《证券法》第四十四条规定的短线交易行为。"因此,笔者建议将通过股权衍生品合约开展的交易同样纳入短线交易规则范畴。例如,上市公司董事在买入本公司股票后,6个月内又建仓空头衍生品合约的,则构成短线交易;反之亦然。

(3)禁止内幕交易与操纵市场。

如前所述,将股权衍生品交易纳入现货权益信息披露的一个出发点是,堵住持股5%以上的股东通过开展股权衍生品交易而规避信息披露要求、开展内幕交易和操纵市场行为的漏洞。因此,笔者建议,内幕信息知情人利用内幕信息开展相关标的证券的股权衍生品交易及投资者操纵股权衍生品市场的,应当参照适用《证券法》《期货和衍生品法》《刑法》等法律法规中关于内幕交易及操纵市场的相关规则及罚则,并与现货端的市场不当行为合并计算,确定处罚标准。

4. 豁免情形。

在明确股权衍生品权益披露应当合并计算并适用基础信息披露要求的基础上,基于特殊类型股权衍生品合约的交易结构特征,在实践中可以考虑豁免该类型衍生品合约的信息披露要求。

(1)挂钩足够分散的一篮子标的的衍生品合约。投资者开展的股权衍生品交易的挂钩标的为一篮子标的,其损益取决于该一篮子标的中表现最好(或最差)的标的的涨跌幅,或者取决于该一篮子标的的涨跌幅的平均值。在该一篮子标的数量足够多(如超过20只标的)、标的足够分散(如每只标的在该篮子中的权重不超过5%)的情况下,可以认定投资者开展该类衍生品合约交易的目的不是谋求该篮子中特定一只或数只标的的权益,从而豁免穿透合并结算。

(2)挂钩交易所交易基金的衍生品合约。交易者或者交易商本身均不会因为持有交易所交易基金而享有底层追踪的一篮子股票的权益,笔者建议豁免挂钩交易所交易基金的衍生品合约穿透至股票进行合并权益计算。但如果后续将交易所交易基金换成一篮子股票并进行挂钩,则应当根据前文相关论述判断是否符合豁免规则。

(编辑:朱锡俊　宋　澜)

《证券法苑》(2024)
第四十一卷,第137~147页

金融衍生品跨境交易的认定及效力

——申请人国泰世华商业银行股份有限公司与被申请人高某认可和执行我国台湾地区民事判决纠纷

葛少帅*

摘要:在认定当事人是否从事金融衍生品跨境交易时,可以参照《期货和衍生品法》中关于期货跨境交易的规定,秉持维护金融秩序和安全、保护境内投资者利益的原则,从交易主体、合约缔结地、合约履行地等多方面综合判断。境外主体未经批准,在我国境内从事金融衍生品业务违反了我国社会公共利益,相关民事判决不应得到认可和执行。

关键词:金融衍生品　跨境交易　公共利益　认可和执行

一、案件概述

申请人:国泰世华商业银行股份有限公司(以下简称国泰世华银行)

被申请人:高某

* 上海市黄浦区人民法院法官。

案外人AUDI公司系注册于我国香港地区的法人,负责人为本案被申请人高某。2014年,国泰世华银行与主债务人AUDI公司签订国际掉期与衍生工具协会(International Swaps and Derivatives Association, ISDA)主契约条款、程序条款等,进行“卖出美元兑换离岸人民币目标可赎回汇率选择权产品”交易。高某向国泰世华银行出具保证书,约定由高某对主债务人AUDI公司与国泰世华银行进行的衍生性金融商品及结构性商品交易,在本金500万美元限额内,与主债务人承担连带清偿责任。

案涉ISDA主契约条款、程序条款等的签订过程为:国泰世华银行工作人员李某成前往上海市与高某会面,向主债务人AUDI公司及高某推介国泰世华银行境外授信及金融交易业务,并交付开户和授信文件、ISDA主契约条款、程序条款等。高某(代表主债务人)签署上述文件后由李某成带回我国台湾地区,再经国泰世华银行审核同意。案涉ISDA程序条款中约定,合同履行地为国泰世华银行位于我国台湾地区台北市信义区松仁路7号之主营业场所。

2014年1月17日、1月20日,AUDI公司与国泰世华银行分别进行了名目本金均为100万美元、杠杆名目本金均为200万美元的“卖出美元兑换离岸人民币目标可赎回汇率选择权产品”交易,根据比价结果,AUDI公司应当给付国泰世华银行259万余美元,但AUDI公司并未履行相应的责任。国泰世华银行遂就与主债务人AUDI公司之间的纠纷,根据双方约定的纠纷解决方式向我国台湾地区仲裁机构申请仲裁,并获得支持。

因主债务人AUDI公司并未履行相应的仲裁裁决,故国泰世华银行向我国台湾地区台北地方法院起诉高某,要求高某承担相应的保证责任。2020年4月20日,台北地方法院经过审理作出2018年重诉字第320号民事判决,判决高某向国泰世华银行支付259万余美元以及相应的利息。该案起诉状副本及传票通过海峡交流基金会,由上海市松江区人民法院送达,高某于2018年8月23日签收。

后高某向我国台湾地区高等法院提起上诉,经过审理,台湾地区高等法院于2021年7月27日作出2020年重上字第424号民事判决,驳回高某的上诉。案件最终生效判决确定高某应当对AUDI公司所负相应债务承担连带清偿责任。该案出庭通知书通过海峡交流基金会，由上海市松江区人民法院送达，高某的同住人于2020年7月20日签收。

后因高某并未履行我国台湾地区法院相关生效判决，国泰世华银行向高某住所地有管辖权法院（上海金融法院）申请认可和执行案涉的我国台湾地区法院民事判决。

在上海金融法院审查过程中，被申请人高某辩称，国泰世华银行未经批准擅自在我国大陆非法从事金融衍生品业务，且高某对外提供担保并未经有关部门批准登记，违反了我国外汇管理规定，认可和执行案涉民事判决将损害我国社会公共利益。

二、审判结论

上海金融法院审查后认为：

第一，被申请人高某住所地为上海市，案涉纠纷为金融民商事纠纷，故依据最高人民法院《关于认可和执行台湾地区法院民事判决的规定》第4条第1款，以及最高人民法院《关于上海金融法院案件管辖的规定》第1条第6项的规定，本案属于上海金融法院管辖范围。

第二，案涉我国台湾地区民事判决经过台湾地区台北地方法院一审、高等法院二审，并已出具《民事判决确定证明书》，证明案涉判决已于2021年8月30日生效。

第三，案涉我国台湾地区案件审理过程中，相关传票、诉状副本、出庭通知书等材料，已经海峡交流基金会委托上海市松江区人民法院进行了送达。高某也委托台湾地区律师陈某瑜和李某莹参与了诉讼。本案被申请人的诉讼权利已经得到适当行使，各方对此亦无异议，上海金融法院予以确认。

第四，关于认可系争判决是否损害社会公共利益的问题，案件审理过程中，被申请人高某主张本案申请人国泰世华银行存在违反我国法律规定，在我国大陆开展非法金融衍生品业务以及案涉担保交易模式违反外汇管理强制性规定的情况，损害了社会公共利益，不应予以认可和执行。对此，上海金融法院认为：

(1)关于国泰世华银行是否属于非法开展金融衍生品业务的问题。

首先,从案涉金融衍生品的交易主体分析,与国泰世华银行签订ISDA主契约条款等,进行“卖出美元兑换离岸人民币目标可赎回汇率选择权产品”交易的对象是我国香港地区法人AUDI公司,高某仅系该公司法定代表人,该金融衍生品的交易主体为境外主体。

其次,从案涉ISDA主契约条款等的签订过程分析,因代表主债务人的高某身处上海市,故国泰世华银行工作人员李某成前往上海市向高某推介国泰世华银行之境外授信及金融交易业务,高某签署案涉ISDA主契约、程序性条款后,由李某成带回我国台湾地区,经国泰世华银行同意后,主契约等方成立,故案涉ISDA主契约等最终成立地点不在我国大陆。

最后,从案涉ISDA协议的履行地分析,ISDA程序性条款约定了合同履行地为我国台湾地区台北市信义区松仁路7号,被申请人高某称AUDI公司仅为交易壳公司,未参与签署交易行为,主协议项下交易行为均在我国台湾地区和大陆进行,不符合双方之间的约定,且高某并未提供证据加以证明。

综上,国泰世华银行与AUDI公司之间的金融衍生品交易的相关业务参与主体所在地、协议成立地、履行地等均不在我国大陆,无证据证明案涉金融衍生品业务系国泰世华银行在大陆从事非法衍生品业务。对被申请人高某辩称国泰世华银行在大陆从事非法金融衍生品业务,进而得出认可和执行本案所涉民事判决将损害我国社会公共利益之结论的主张,不予支持。

(2)关于本案所涉的担保交易模式是否损害社会公共利益的问题。

被申请人高某称,本案交易模式违反了我国外汇管理的强制性规定。《外汇管理条例》第19条第1款规定:“提供对外担保,应当向外汇管理机关提出申请,由外汇管理机关根据申请人的资产负债等情况作出批准或者不批准的决定;国家规定其经营范围需经有关主管部门批准的,应当在向外汇管理机关提出申请前办理批准手续。申请人签订对外担保合同后,应当到外汇管理机关办理对外担保登记。”《个人外汇管理办法》第21条规定:“境内个人向境外提供贷款、借用外债、提供对外担保和直接参与境外商品期货和金融衍生产品交易,应当符合有关规定并到外汇局办理相应登记手续。”本案系争担保书的签署并未履行前述登记程序。本案的担保交易模式扰乱了我国相关金融管理秩序,损害了我国社会公共利益。对此,上海金融法院认为,拒绝认可和执行之“社会公共利益”条件应做严格解释,通常仅包括认可和执行判决的结果直接违反社会公共利益之情形。即便本案涉及的是高某为AUDI公司所担保的事宜,高某的担保行为仅为个案,系平等主体之间民事法律关系,我国台湾地区法院就本案所涉纠纷作出的裁判效力限于双方当事人之间,对其效力的认可和执行并不会涉及社会不特定多数人的利益。故对被申请人的此项主张,上海金融法院不予支持。

被申请人还称国泰世华银行并未对投资人进行任何风险评估,未对投资人的利益进行保护,但并未提供证据加以证明,上海金融法院不予支持,且该事项并非本案处理的范围。

另外,上海金融法院依法对本案进行了审查,未发现存在违反国家法律基本原则或者损害社会公共利益的其他情况;且案件双方并未订立有效仲裁协议或存在案涉纠纷已经人民法院作出判决或者我国大陆仲裁庭已作出仲裁裁决的情况。

上海金融法院依照最高人民法院《关于认可和执行台湾地区法院民事判决的规定》的相关内容对案件进行了审查,案涉台湾地区民事判决不存在其他不应认可和执行的情形,故作出裁定认可和执行台湾地区的相关判决。该裁定目前已经生效。

三、案件评析

(一)认可和执行案件中社会公共利益的认定标准

我国法律制度中用社会公共利益一词指代对公共秩序保留制度中的公共秩序。英美普通法系国家一般采用公共政策(public policy)的概念,大陆法系各国则采用公共秩序(order public)、保留条款(reservation clause)、排除条款等概念。一直以来,社会公共利益并未有明确的定义,主要原因在于:(1)从社会公共利益的性质和功能来讲,它是一个主权国家为维护其基本的社会、经济、政治、法律、宗教、道德观念和准则而设置的最后一道“安全阀”,这本身就要求这一概念具有较大的弹性。(2)社会公共利益具有明显的地域性。(3)社会公共利益具有明显的时间性。任何一个国家对社会公共利益的使用都不是一成不变的,国家都会根据国内、国际形势的发展变化,适时地对所保护的社会基本观念与准则作出调整。这种地域上的差异性和时间上的可变性,对社会公共利益概念的确定与应用,都会产生一定的影响。[1]

在我国,社会公共利益亦是一个相对概念,是特定时空的产物。不同社会的不同发展阶段,对社会公共利益的理解和认识可能会有所不同,社会公共利益的表现形式非常广泛,且是一个不断发展的概念。[2] 虽然并未有部门对社会公共利益认定标准作出明确的界定,但最高人民法院在已有的案例中严格限制社会公共利益原则的运用,并通过个案的方式,明确了以下规则:(1)违反我国法律、行政法规和部门规章中强制性规定不能完全等同于违反我国的社会公共利益;[3](2)不能以仲裁实体结果是否公平合理作为认定承认和执行仲裁裁决是否违反我国社会公共利益的标准;[4](3)只有在承认和执行外国商事仲裁裁决将导致违反我国法律基本原则、侵犯我国国家主权、危害国家及社会公共安全、违反善良风俗等危及我国根本社会公共利益情形时,才能援引公共政策事由予以拒绝承认和执行。[5] 因此,对于此类案件中社会公共利益的判断,更多需要承办法官在个案中进行具体认定。

同时,考虑到涉我国台湾地区民事判决的认可和执行案件,毕竟属于一国之内的区际私法问题,故应当采取更加谨慎的态度。在《〈关于

〔1〕 参见朱克鹏:《国际商事仲裁的法律适用》,法律出版社1999年版,第294页。

〔2〕 参见高志宏:《公共利益观的当代法治意蕴及其实现路径》,载《政法论坛》2020年第2期。

〔3〕 最高人民法院关于ED&F曼氏(香港)有限公司申请承认和执行伦敦糖业协会仲裁裁决案的复函,〔2003〕民四他字第3号。

〔4〕 最高人民法院关于GRD Minproc有限公司申请承认并执行瑞典斯德哥尔摩商会仲裁院仲裁裁决一案的请示的复函,〔2008〕民四他字第48号。

〔5〕 最高人民法院关于韦斯顿瓦克公司申请承认与执行英国仲裁裁决案的请示的复函,〔2012〕民四他字第12号。

认可和执行台湾地区仲裁裁决的规定〉理解与适用》中,文章进一步明确,海峡两岸在社会、经济制度等方面均存在较大差异,规定社会公共利益条款固然可以起到"安全阀"的功能,但是认可和执行台湾地区仲裁裁决毕竟属于一国之内的区际司法合作,人民法院在司法实践中应当采取十分慎重的态度,严格限制其适用。对此笔者认为,可以参照最高人民法院《关于内地与香港特别行政区法院相互认可和执行民商事案件判决的安排》第 12 条第 2 款的规定。

(二)未经批准跨境从事金融衍生品业务是否违反社会公共利益

1. 对跨境从事金融衍生品业务的规制

金融衍生品是基于基础金融工具(如货币、汇率、利率、股票指数等)的金融工具,它是以传统金融品为基础衍生出来的、作为买卖对象的金融品,属于衍生品的一种。根据《期货和衍生品法》第 3 条第 2 款的规定,衍生品交易是指期货交易以外的,以互换合约、远期合约和非标准化期权合约及其组合为交易标的的交易活动。

我国对期货和衍生品跨境交易的规制,主要体现在《期货和衍生品法》和中国证券监督管理委员会等机构制定的一系列规定中。《期货和衍生品法》主要从以下两个方面进行了规制:(1)明确了境外适用效力。其中第 2 条第 2 款规定了在我国境外的期货交易和衍生品交易及相关活动,扰乱我国境内市场秩序,损害境内交易者合法权益的,也适用该法。(2)对跨境交易作出明确规定。第 118 条规定了跨境直接接入服务注册制度,第 120 条明确了跨境期货经营机构的注册要求,第 121 条规定了境外交易场所在境内代表机构经营禁止,第 122 条规定了期货市场跨境营销、推介及招揽许可制度,为境外机构在境内直接或间接从事期货市场跨境营销、推介及招揽设置了行政许可等。

除《期货和衍生品法》外,根据《期货交易管理条例》的授权,中国证券监督管理委员会还制定了《境外交易者和境外经纪机构从事境内特定品种期货交易管理暂行办法》等规定,对境外机构从事境内期货交易进行了规制。

2. 未经批准从事金融衍生品业务对社会公共利益的影响

我国对从事衍生品交易业务采取审批制,《期货和衍生品法》第 31 条规定:"金融机构开展衍生品交易业务,应当依法经过批准或者核准,履行交易者适当性管理义务,并应当遵守国家有关监督管理规定。”《银行业金融机构衍生产品交易业务管理暂行办法》(2011 年修订)第6 条第1 款规定:“银行业金融机构开办衍生产品交易业务,应当经中国银监会批准,接受中国银监会的监督与检查。”我国相关法律法规中关于从事金融衍生品业务的主体资格有明确的规定,故未经批准在我国境内擅自从事衍生品交易业务,应当被认定为无效。

同时,最高人民法院《关于适用〈中华人民共和国涉外民事关系法律适用法〉若干问题的解释(一)》(2020 年修正)第 8 条规定:“有下列情形之一,涉及中华人民共和国社会公共利益、当事人不能通过约定排除适用、无需通过冲突规范指引而直接适用于涉外民事关系的法律、行政法规的规定,人民法院应当认定为涉外民事关系法律适用法第四条规定的强制性规定:……(四)涉及外汇管制等金融安全的……” 从上述规定可知,涉及我国金融安全的,应当被认定为涉及社会公共利益。我国相关法律法规之所以对期货和衍生品业务主体实行特许经营模式,正是基于保护境内投资者和维护金融秩序、保障金融安全的考量。从《期货和衍生品法》第 2 条的规定可知,在当前国际资本市场环境下,我国对金融安全问题愈发重视,威胁金融秩序和金融安全即损害我国社会公共利益已成共识。若相关机构未经批准在我国境内从事金融衍生品的业务,则应当认定为违反了我国社会公共利益,相关民事判决亦不能得到认可和执行。

(三)未经批准跨境从事金融衍生品业务的认定

1. 本案所涉金融衍生品及相关行为的性质

本案中涉及的具体业务为“卖出美元兑换离岸人民币目标可赎回汇率选择权产品”,该金融衍生品属于典型的外汇掉期利率产品。所谓“外汇掉期”,是交易双方约定以货币 A 交换一定数量的货币 B,并以约定价格在未来的约定日期用货币 B 反向交换同样数量的货币 A。国泰世华银行与主债务人 AUDI 公司通过 ISDA 协议签订进行交易的金融衍生品本身正是外汇掉期产品。

但是案涉 ISDA 主协议的签订过程又具有特殊性。根据案件查明的事实,案涉 ISDA 主协议的签订过程为,国泰世华银行工作人员来上海,向香港地区法人 AUDI 公司负责人高某推介案涉的金融衍生品。

就国泰世华银行工作人员向 AUDI 公司法定代表人高某推介案涉金融衍生品行为本身的性质而言,属于推介、招揽行为。一般认为,“经营”一词的含义并不局限于买卖成交,成交仅是经营活动的一个阶段或者说是经营的成果。经营者对自己的产品宣传推介、向潜在的交易对手发出要约、招揽客户、协商交易规则等行为都属于经营的范畴。故向潜在客户推介金融衍生品、招揽的行为属于从事金融衍生品业务的行为。

虽然《期货和衍生品法》第 122 条规定的只是期货市场跨境营销、推介及招揽许可制度,但如上文所述,境外机构在我国境内从事金融市场营销、推介及招揽活动,也属于经营衍生品的行为,亦应当经国务院期货监督管理机构批准。故仍需要判断国泰世华银行是否在我国大陆从事金融衍生品业务。

2. 跨境推介、招揽行为的确定标准

对金融衍生品的跨境推介、招揽行为,根据被推介及招揽的对象不同,具体而言,至少包括两种情形:一种情形是境外机构在我国境内向境内主体进行推介及招揽活动;另一种情形是境外机构在我国境内向境外主体进行推介及招揽活动。《期货和衍生品法》第 122 条所指的行为属于上述哪种情形抑或上述两种情形均属于第 122 条规制的范围,并未有相关规定予以明确。

一种观点认为,应当以地理位置为判断标准。只要境外机构在我国境内从事了期货市场营销、推介及招揽活动,就属于《期货和衍生品法》第 122 条规定的行为。另一种观点认为,不仅要考虑地理位置,还要考虑市场营销、推介及招揽活动的对象,即不仅要求市场营销、推介及招揽活动都发生在我国境内,而且要求被营销、推介及招揽的对象应当属于境内主体。

对此,笔者赞同后一种观点,从《期货和衍生品法》第 122 条立法目的来分析,其主要是保护境内投资者的合法权益,维护境内金融市场的秩序和安全。如果被营销、推介及招揽的对象并非我国境内的主体,一般情形之下很难影响境内金融秩序和安全。如果按照前一种观点,则可能因规制范围过大而导致不合理的结果。例如,境外法人的负责人来我国境内旅游或从事其他业务,境外金融机构派人来境内向其推介相关金融衍生品业务,如果认定此活动属于上述第122条规定的情形,则导致境外主体不能在我国境内洽谈业务的后果,规制范围不合理,亦无必要。

3. 本案中当事人是否从事跨境金融衍生品业务的确定

本案中,当事人是否从事跨境金融衍生品业务,可从以下3个方面具体分析:

首先,从金融衍生品交易合约的主体的角度分析。本案中交易的主体一方为我国香港地区法人,另一方为我国台湾地区银行机构,虽然被申请人高某是我国境内主体,但是高某在本案中仅是作为香港地区法人的负责人,对交易承担担保责任。案涉金融衍生品业务交易的主体均为境外主体。

其次,从金融衍生品交易合约的成立地和履行地的角度分析。案涉ISDA协议等是先由高某代表香港地区法人在上海签字盖章,然后由国泰世华银行工作人员带回台湾地区,由申请人审核盖章后才生效,合同的签订地应当是最后盖章的一方即申请人所在地。从合同履行情况分析,案涉金融衍生品的履行约定在我国台湾地区。故主债务合同签订地和履行地均不在我国境内。

最后,从是否扰乱境内金融市场或者损害境内交易者合法权益的角度分析。案涉金融衍生品与我国境内唯一的联系在于主债务人的负责人居住在上海。考虑到《期货和衍生品法》第2条的规定,还应当考虑案涉的交易是否扰乱境内的金融市场或者损害境内交易者的合法权益。本案中并未有相关证据显示存在上述情况,故本案中申请人所涉及的行为不能适用《期货和衍生品法》的相关规定。

综上,国泰世华银行案涉行为并非在我国境内从事金融衍生品业务的行为,故被申请人对此的抗辩应当驳回。此外,需要注意的是,本案中,国泰世华银行要求高某承担责任的直接依据是高某对案外人的债务承担担保责任。一种观点认为,只能对直接的法律关系进行认定,担保行为并不违反我国的社会公共利益,故不应当继续审查担保行为的效力。但如前文所述,在适用社会公共利益条款时,应当采用结果说,如果对案涉判决的认可和执行会导致实际上认可了未经批准在我国境内从事金融衍生品业务的效力,则不应当对担保行为的判决进行认可和执行。因此,在本案中,申请人是否未经批准擅自在我国境内从事金融衍生品的交易业务是本案必须审查的范围。

（编辑:徐安安　宋　澜）

【公司治理与监管】

《证券法苑》(2024)
第四十一卷,第148～176页

控股股东与实际控制人经营性行为规范的系统检视
——基于新《公司法》背景

郭富青[*]　吴元爱[**]

摘要:我国立法强调控股股东与实际控制人消极作用,导致关于"双控人"的经营性规范均为禁止或限制性消极规范,在规制模式上存在一定弊端,达不到规制的预期效果。应准确定义"双控人",增设积极规范,强化实效性,重构"双控人"的经营性规范,形成既能有效抑制其消极影响,又能确保其正当行使控制权,发挥积极作用,激励与约束有机结合的良性机制,促进公司高质量、可持续发展。

关键词:控股股东　实际控制人　经营性规范　积极规制　消极规制

我国绝大多数公司股权高度集中,公司的治理通常掌握在控股股东、实际控制人(有时我们称其为"双控人")手中,他们是公司的终极控制者。他们要么亲自担任经营董事、总经理,直接享有公司经营管理权;要么隐身于董事或总经理背后,间接

* 西北政法大学民商法学院教授、博士生导师。
** 西北政法大学民商法博士研究生。

操控公司。纵览"双控人"在公司设立和运作中的角色,可以说"成也萧何,败也萧何"。"双控人"一般是公司的缔造者和公司发展壮大的推动者,同时也常常是公司黑幕或丑闻的始作俑者,其违法违规操纵公司的行为有时是断送公司前景的主要因素。因此,如何规制"双控人"是中国公司治理规范体系中不容忽视的核心问题,是最具理论意义和现实价值的研究课题。[1]

本文将通过对《公司法》(2023 年修订)(以下称新《公司法》)、《证券法》、中国证券监督管理委员会(以下简称证监会)规章和证券交易所规则中关于"双控人"经营类规范的梳理,检讨其调整功能和效果,提出重构经营类规范的方案或对策,优化公司治理机制,以期促进我国市场经济高质量发展。

一、控股股东与实际控制人经营性行为规范的地位与范围

(一)控股股东与实际控制人经营性行为规范的地位

控股股东、实际控制人经营性行为规范,系指法律对其介入公司经营管理或影响公司经营而设定的行为规范。在大多数国家的大公司中,基本的代理问题不是外部投资者与管理者之间的冲突,而是外部投资者与几乎完全控制管理者的控制股东之间的冲突。[2] 这种现象在我国尤其突出,由于绝大多数公司股权集中度较高,"一股独大"的现象极为普遍。这一基本情形致使我国资本市场存在"大股东侵占、财务造假等易发、多发的突出问题"。[3] 为此,我国证券交易所的上市规则要求,公司应当根据股权结构、股东持股比例、董事会成员构成及董事的提名任免、过往决策实际情况、股东之间的一致行动协议或者约定等情况,真实、客观、审慎地认定公司控制权归属,无正当、合理理由不

---

〔1〕 参见赵旭东:《公司治理中的控股股东及其法律规制》,载《法学研究》2020 年第 4 期。

〔2〕 See Donald C. Clarke, *The Independent Director in Chinese Corporate Governance*, Delaware Journal of Corporate Law, Vol. 31, 2006.

〔3〕 参见中国证监会《关于〈上市公司独立董事管理办法(征求意见稿)〉的说明》第一部分"起草背景"。

得认定为无控股股东、实际控制人。[4] 其目的就是规范和监督"双控人"的行为,防范其滥用控制权,并便于事后追究其责任。有学者对2007~2019年在沪深证券交易所挂牌交易的上市公司进行了统计,发现拥有"双控人"的公司平均占比为97.71%。[5] "双控人"往往利用其所处的控制地位组织、指示证券发行人、上市公司进行虚假陈述,欺诈公众投资者,所以证券市场中损害公众投资者合法权益的丑闻,此伏彼起地发生。"双控人"滥用控制权损害公司利益最为常见的方式是:通过财务造假、发布虚假信息欺骗投资者,通过关联交易占有公司财产,向自身或关联方输送利益。例如,康美药业公司的控股股东康美实业及实际控制人马某田,截至2019年支配的表决权高达40.04%。2016~2018年,康美药业未经授权和审批累计向控股股东及关联方提供非经营活动资金116.19亿元。又如,2020年,ST大集与关联方多次发生非经营性关联交易,全年关联方占用ST大集资金总计100.17亿元,占2020年经审计净资产的38.75%。[6] 这些案件的共同特点均表现为,"双控人"滥用控制权操纵公司向自己或关联公司输送利益,直接侵害公司的利益,间接损害其他股东及其利益相关人的利益,尤其给公众投资者造成重大经济损失。

以上案件也在一定程度上说明,在我国,"双控人"与中小股东、公众投资者之间的利益冲突持续存在。这是以公司为中介而存在的诸多矛盾中的主要矛盾,是公司治理制度应当解决的主要问题。我国公司治理制度安排的重心,不应是调整中小股东与公司经营管理者之间的代理关系,以消除"内部人控制",而应是防止"双控人"滥用控制权插手或干预公司的经理管理活动,破坏、扭曲公司的治理结构及其机制,同时支持"双控人"依法行使公司控制权,以保护公司、其他股东及公司利益相关者的合法权益。2023年4月,中国证监会在《关于〈上市公司独立董事管理办法(征求意见稿)〉的说明》中,首次厘清了独立董事

---

〔4〕 参见《深圳证券交易所股票上市规则》(2024年修订)第4.5.6条。《上海证券交易所股票上市规则》(2024年4月修订)第4.5.5条也有类似规定。

〔5〕 参见郑彧:《论实际控制人的法律责任:公法的路径依赖与私法的理念再生》,载《财经法学》2021年第3期。

〔6〕 参见中国证监会《行政处罚决定书(供销大集及相关责任人员)》(〔2022〕52号)。

的职责定位，并将公司与“双控人”之间的潜在重大利益冲突事项列为监督职责聚焦的重点之一。我国应建构以控股股东为核心的治理结构和机制，顺应公司股权高度集中的结构和治理态势，围绕控股股东控制权的行使建构科学、合理、系统的法律规则。[7] 尤其是，“双控人”经营类规范在我国公司治理规范体系中居于核心地位，并发挥着关键的作用。其主要调整对象是：“双控人”与中小股东、债权人的关系；“双控人”与董事会、经营管理者的关系。健全的“双控人”的经营性行为规范应当兼具约束与激励的调整功能，既要有效地防止“双控人”滥用控制权损害公司、其他股东和利益相关者的合法权益，又要确保其正当地行使控制权，降低经营管理成本，实现组织经营一体化、经营效益最大化，并实现“双控人”作为企业家的经营愿景。

（二）控股股东与实际控制人经营性行为规范的范围

1. 禁止控股股东、实际控制人滥用控制权的规范

禁止控股股东、实际控制人滥用控制权的规范可细分为四小类：（1）禁止控股股东、实际控制人滥用控股权损害公司、其他股东利益的规范。资本多数决的逻辑往往是，多数权利意味着全部权利，少数权利意味着没有权利。表决的最终结果总是对多数股东意志的全部肯定，对少数股东意志的彻底否定。[8] 控股股东基于资本多数决自上而下地配置权力，首先通过多数表决权控制股东会的决策，进而间接控制董事会、监事会直至经理。我国立法并未对股东滥用资本多数决予以专门规定，根据《民法典》第 83 条和新《公司法》第 21 条的规定，股东应当依法行使股东权利，不得滥用股东权利损害公司或者其他股东的利益；股东滥用股东权利给公司或者其他股东造成损失的，应当依法承担赔偿责任。如果控股股东滥用表决权作出不利于公司或对其他股东具有歧视性的决议，公司、其他股东根据新《公司法》第 25 条有权要求法院宣布该项决议无效，从而阻止该决议的执行。（2）控股股东、实际控制人对公司和其他股东负有诚信义务。证监会制定的《上市公司章程指引》（2023 年修正）第 40 条第 2 款规定：“公司控股股东及实际控制

〔7〕 同前注〔1〕。

〔8〕 同前注〔1〕。

人对公司和公司社会公众股股东负有诚信义务。”然而,我国新《公司法》、《证券法》(2019年修订)均未作出相应规定。(3)控制权转让规范。《上市公司收购管理办法》(2020年修正)第53条第1款规定:“上市公司控股股东向收购人协议转让其所持有的上市公司股份的,应当对收购人的主体资格、诚信情况及收购意图进行调查,并在其权益变动报告书中披露有关调查情况。”“双控人”在转让其对公司的控制权时,未清偿其对公司的负债,未解除公司为其提供的担保,或者未对其损害公司利益的其他情形作出纠正的,中国证监会责令改正、责令暂停或者停止收购活动。[9] (4)公司人格否认规范。新《公司法》第23条规定:“公司股东滥用公司法人独立地位和股东有限责任,逃避债务,严重损害公司债权人利益的,应当对公司债务承担连带责任。股东利用其控制的两个以上公司实施前款规定行为的,各公司应当对任一公司的债务承担连带责任。只有一个股东的公司,股东不能证明公司财产独立于股东自己的财产的,应当对公司债务承担连带责任。”

2. 禁止控股股东、实际控制人干预公司经营,维护公司独立性的规范

除了新《公司法》第21条、第22条和第23条关于股东滥用权利的规定,《上市公司治理准则》(2018年修订)第六章特设第二节对“上市公司的独立性”加以规定。第68条规定:“控股股东、实际控制人与上市公司应当实行人员、资产、财务分开,机构、业务独立,各自独立核算、独立承担责任和风险。”在此基础上进一步规定,禁止“双控人”在上市公司担任除董事、监事之外的其他行政职务,禁止其占用、支配上市公司资产,干预上市公司的财产、会计活动和其他具体运作,影响其经营管理的独立性,避免与上市公司进行同业竞争。[10]

---

〔9〕 参见《上市公司收购管理办法》(2020年修正)第79条第1款。

〔10〕 参见《上市公司治理准则》(2018年修订)第69~73条;《深圳证券交易所股票上市规则》(2024年修订)第四章第五节“控股股东和实际控制人”第4.5.1条第2款、第4.5.3条第(九)项;《上海证券交易所股票上市规则》(2024年4月修订)第四章第五节“控股股东和实际控制人”第4.5.1条第2款、第4.5.2条第(九)项;《上海证券交易所上市公司自律监管指引第1号——规范运作》(2023年12月修订)第四章“控股股东和实际控制人”。

3. 关联交易规范

关联交易规范包括两类:(1)禁止与公司进行有失公允的关联交易的一般规范。《民法典》第84条、新《公司法》第22条均有类似规定:控股股东、实际控制人不得利用关联关系损害公司利益。否则,给公司造成损失的,应当承担赔偿责任。(2)关联担保规范。新《公司法》第15条第2~3款规定:"公司为公司股东或者实际控制人提供担保的,应当经股东会决议。前款规定的股东或者受前款规定的实际控制人支配的股东,不得参加前款规定事项的表决。该项表决由出席会议的其他股东所持表决权的过半数通过。"关联担保规范在性质上属于关联交易的特殊规范。《上市公司治理准则》(2018年修订)第六章特设第三节以第74~77条对"关联交易"作出了详细的规定。证券交易所的股票上市规则也对"双控人"与上市公司的关联交易,从必要性、公允性、合法合规性以及审议程序、信息披露等方面进行了更加细化的规定,严禁利用关联交易调节财务指标,损害公司利益。[11]

4. 控股股东、实际控制人的信息披露规范

《证券法》(2019年修订)规定上市公司应当披露"双控人"发生变化的信息,"双控人"负有协助披露义务;上市公司未按规定披露信息或在信息披露中虚假陈述损害投资者权益的,"双控人"应当承担法律责任。[12]《上市公司治理准则》(2018年修订)第90条要求"双控人"以及收购人应当依照相关规定进行信息披露,并配合上市公司的信息披露工作,及时告知上市公司控制权变更、权益变动、与其他单位和个人的关联关系及其变化等重大事项。证券交易所股票上市规则进一步要求其严格按照有关规定履行信息披露义务,保证披露信息的质量,不得有虚假记载、误导性陈述或者重大遗漏,不得妨碍公司或者相关信息披露义务人披露信息,不得组织、指使公司或者相关信息披露义务人从事信息披露违法行为。"双控人"应建立信息披露管理制度,指派专人负责信息

---

〔11〕 例如,《深圳证券交易所股票上市规则》(2024年修订)第4.5.3条第8项、第6.3.1条、第6.3.9条。

〔12〕 参见《证券法》(2019年修订)第85条、第93条、第181条第2款、第197条和第211条;《上海证券交易所股票上市规则》(2024年4月修订)第4.5.2条第8项、第6.3.1条、第6.3.9条、第6.3.17条。

披露工作,配合上市公司的信息披露工作,及时答复上市公司问询,保证所提供信息、材料的真实、准确和完整。[13] 这些规定的立法目的是揭露公司真正的所有者或控制者,从而建立"双控人"滥用控制权的预防机制。一则针对公开收购发挥预警功能,保护管理层和股东的利益;二则有利于提高市场的透明度,保护公众投资者的利益。[14]

二、控股股东与实际控制人经营性行为规范的基本特质

(一)经营性行为规范的目的与价值取向

新《公司法》第1条明确规定其立法目的是规范公司的组织和行为,保护公司、股东、职工和债权人的合法权益,完善中国特色现代企业制度,弘扬企业家精神,维护社会经济秩序,促进社会主义市场经济的发展。控股股东、实际控制人经营性规范作为公司法的组成部分,自然应当秉承这一立法宗旨,保护公司、股东、职工和债权人的合法权益。但是,作为特殊规范,其更侧重于保护中小股东和公司债权人的利益。就《证券法》而言,"双控人"经营性规范则侧重于保护公众投资者的合法权益。立法目的决定手段和方法,出于对被控制的公司及受其不利影响的其他股东和公司利益相关者的保护,"双控人"经营性规范主要采用对这两类控制者支配公司经营的行为加以禁止和限制的方式进行规制,以确保公司法人机关(董事会或经营管理者)能够自主地经营管理公司,保持公司作为独立市场主体的品格。

公司一旦依法成立便会将其股东的实体转化为与本身等同的虚拟法人格,能够以自己的名义享有权利和承担义务。[15] 法律赋予公司法

---

〔13〕 参见《上海证券交易所股票上市规则》(2024年4月修订)第4.5.1条第3款,第4.5.2条第4项,第4.5.3条。另外,《上海证券交易所股票上市规则》(2024年4月修订)、《深圳证券交易所股票上市规则》(2024年修订)均设第六章"应当披露的交易"第三节对"关联交易"的披露进行了专门系统的规定。

〔14〕 参见汤欣等:《控股股东法律规制比较研究》,法律出版社2006年版,第87页。

〔15〕 参见[美]M.E.泰格、[美]M.R.利维:《法律与资本主义的兴起》,纪琨译,学林出版社1996年版,第17页。

人独立地位旨在在公司成立后的存续期间，公司法律实体独立于其股东，尤其是控股股东，以实现"公司法人机关"独自掌控公司，自主经营、自负盈亏的制度预期。股份公司、有限责任公司作为法人企业的独立性，使其与合伙公司和无限公司截然不同。控股股东、实际控股人经营性行为规范的目的是进一步引导和规范上市公司"双控人"行为，切实保护上市公司和其他股东的合法权益。〔16〕"双控人"经营性规范要实现保护公司、其他股东和公司公众投资者合法权益的宗旨，就必须以公司法人人格独立为基础，以追求公司独立自主的经营为价值取向。因为在股东仅承担有限责任的前提之下，只有确保公司的独立性，才能防止股东侵蚀公司的财产，使公司财产成为公司债权人债权实现的担保，避免向公司债权人转嫁经营风险。〔17〕因为"双控人"拥有对公司的控股权和实际支配力，潜在地存在滥用股权和支配力损害公司和中小股东合法权益的可能性，所以既需要事先设定引导，约束其行为，设备保护公司和其他股东利益的预防措施，也需要有效的事后救济手段。

（二）经营性行为规范的理论基础

控股股东、实际控制人的经营规范的理论基础是公司法人人格独立原则。英国萨洛蒙诉萨洛蒙有限公司案以判例法的形式确立了公司为独立的法律实体地位，即"从法律的角度讲，公司一旦正式注册成立，就成为一个与股东没有关系的法律上的'人'，从而拥有自己独立的权利和义务"〔18〕。日本公司法基于公司法人格独立原则，不承认母公司（控制股东）对子公司的指挥命令权，即便是从属于企业集团的子公司，也是法律上的独立主体。子公司的董事必须完全为了子公司的利益而履行职权，没有遵循母公司指示的义务。如果子公司与母公司或企业集团其他成员从事对子公司不利的交易，即使该交易有利于整个企业集团，也不能成为免除子公司董事责任的理由。母公司在公司法上没有对子公

---

〔16〕 具体可参见《上海证券交易所上市公司自律监管指引第1号——规范运作》（2023年12月修订）第4.1.1条的规定。

〔17〕 参见［韩］李哲松：《韩国公司法》，吴日焕译，中国政法大学出版社2000年版，第336～337页。

〔18〕 Paul L. Davies, Daniel D. Prentice, L. C. B. Gower, *Gower's Principle of Modern Company Law*, Sweet & Maxwell, 1997, pp. 77–78.

司“指手画脚”的权力,其滥用影响力的行为会构成对子公司的侵权,应当承担损害赔偿责任。[19] 公司法人独立原则的前提是股东有限责任原则,即股东仅以出资额或认购的股本额向公司承担责任,对公司的负债不承担直接责任,也不得插手公司的经营管理活动。换言之,股东以放弃公司经营权为代价,换取有限责任的保护。股东仅限于在股东会行使表决权,参与公司的重大经营决策,但是不得滥用资本多数决,也不允许不正当地利用影响力介入公司具体的经营活动。根据禁止滥用股东权的法理,股东行使股东权必须为了公司的整体利益而不是仅出于个人的利益;公司必须按照股东持有股份的内容及数量平等地对待每一个股东,若按照资本多数决原则通过的股东会决议违反了股东平等原则,则此种不公正的决议无效。

依据公司法人独立原则,公司法将公司的经营决策权和管理权分配给董事会或管理层,既简化了决策程序,明确了公司实际行动的负责人,又限制了股东对公司经营活动的控制。[20] 从而引出股东与公司分离原则,要求股东与公司保持在人格、财产、责任等方面的分离状态,以维护公司自主经营、独立运行。正是基于法人独立原理,我国《民法典》第 60 条规定:“法人以其全部财产独立承担民事责任。”新《公司法》第 3 条规定:“公司是企业法人,有独立的法人财产,享有法人财产权。公司以其全部财产对公司的债务承担责任。公司的合法权益受法律保护,不受侵犯。”第 4 条规定:“有限责任公司的股东以其认缴的出资额为限对公司承担责任;股份有限公司的股东以其认购的股份为限对公司承担责任。公司股东对公司依法享有资产收益、参与重大决策和选择管理者等权利。”《上市公司治理准则》(2018 年修订)第 68 条规定:“控股股东、实际控制人与上市公司应当实行人员、资产、财务分开,机构、业务独立,各自独立核算、独立承担责任和风险。”另外,“上市公司的高级管理人员在控股股东不得担任除董事、监事以外的其他行政职务”。要求“双控人”及关联方不得实施以下行为:占用、支配上市公司资产;干预上市公司的

---

〔19〕 参见朱大明、[日]行冈睦彦:《控制股东滥用影响力的法律规制——以中日公司法的比较为视角》,载《清华法学》2019 年第 2 期。

〔20〕 See Margaret M. Blaire, *Locking in Capital What Corporate Law Achieved for Business Organizers in the Nineteenth Century*, UCLA Law Review, Vol. 51,2003.

财务、会计活动;干涉上市公司的具体运作,影响其经营管理的独立性;从事与上市公司相同或者相近的业务,进行同业竞争。[21]

在公司法人独立理论的指导下,"双控人"经营性规范竭力避免"双控人"与公司之间存在利益冲突,塑造公司独立市场主体的品格。因为公司在"双控人"的支配下一旦丧失某一方面的独立性,将会直接损害公司的利益,间接损害其他股东和其他利益相关者的利益。例如,康得新复合材料集团股份有限公司(以下简称康得新)是深圳证券交易所的上市公司,其控股股东是康得投资集团有限公司(以下简称康得集团)持股比例为24.05%;康得新董事长钟某,因持有80%的康得集团股权而成为康得新的实际控制人。2014年,康得集团与北京银行西单支行签订合作协议,约定康得集团在该行开立集团母账户,下属公司康得新及3家全资子公司分别开立4个子账户。后康得集团要求将子账户资金实时归集于集团母账户,致使康得新无法管理属于自己的资金。康得集团于2015~2018年通过资金集中管理的方式侵占上市公司资金,实施掏空行为,导致康得新债券违约。[22] 由此可见,在控股股东实施的资金集中管理中,上市子公司的资金被归集于集团母公司后,与集团公司资金混淆,不但妨碍了上市公司财产的独立性,而且集团对上市子公司资金的低息甚至无息保管,造成了上市公司资金的利息损失。[23]

(三)经营性行为规范的表现形式

我国公司立法囿于公司法人独立原则和股东与公司分离原则,要求"双控人"正当地行使权利,谨防其滥权、越权干预公司的经营管理,导致公司丧失独立市场主体品格。尽管证券立法十分重视"双控人"发挥稳定上市公司经营、稳定证券市场的功能,要求发行人的控制权稳定,最近两年或三年内其实际控制人没有发生变更,不存在导致控制权可能变

---

〔21〕 参见《上市公司治理准则》(2018年修订)第69~73条。

〔22〕 参见孙述龙、鲍晴:《从康得新数据造假事件看财务公司资金集中管理的优势》,载《交通财会》2020年第6期;黄世忠、叶钦华、徐珊等:《2010~2019年中国上市公司财务舞弊分析》,载《财会月刊》2020年第14期。

〔23〕 参见唐啸、郭飞:《资金集中管理与控股股东掏空——基于康得新与永煤控股的综合分析》,载《财务管理研究》2022年第5期。

更的重大权属纠纷。[24] 但是，为了确保上市公司的独立性及自主经营价值的实现，同样以事前禁止的规制方式，防止“双控人”以各种方式或手段介入上市公司的经营管理活动，力求防患于未然。此类规定致使“双控人”既不是法定的公司治理主体，也未被分配任何法定的公司治理权，甚至《公司法》中相关的法条及文字都显得异常“吝啬”。[25] 此外，有关“双控人”经营性法律规范的性质或类型，一律属于禁止与限制性规范、义务性规范，均为消极规范。

三、控股股东与实际控制人经营性行为规范模式与功能的检讨

（一）控股股东、实际控制人规范及其解释的偏差

控股股东、实际控制人的界定规范，在新《公司法》中发生了变化。2018 年《公司法》采用“非股东”的表述，将实际控制人与控股股东区别开来，实际控制人并不包括具有股东身份的这一类主体。但是新《公司法》取消了“非股东”这一限定要件，极易导致实际控制人与控股股东相混淆，进而会引发适用的困惑。

2018 年《公司法》第 216 条第 2 项第 1 句先采用形式标准，将向公司出资或持有公司股份占公司资本总额的 50% 以上的股东，界定为控股股东；然后又在第 2 句中采用实质标准，将出资额或持股比例虽然不足 50%，但依其享有的表决权已足以对股东（大）会的决议产生重大影响的股东推定为控股股东。第 216 条第 3 项则规定：“实际控制人，是指虽不是公司的股东，但通过投资关系、协议或者其他安排，能够实际支配公司行为的人。”这一定义首先将直接向公司投资的“股东”排除在实际控制人之外。其次，非股东成为公司实际控制人，只能是通过间接投资关系、协议或者其他安排来实现，且能够实际支配公司行为。例如，母公司是孙公司的实际控制人，或者非股东通过支配协议、公司托管协议和表决

〔24〕 参见《存托凭证发行与交易管理办法（试行）》（2023 年修订）（中国证券监督管理委员会令第 215 号）第 5 条；《首次公开发行股票注册管理办法》（中国证券监督管理委员会令第 205 号）第 12 条。

〔25〕 同前注〔1〕。

权信托等成为公司的实际控制人。公司立法之所以对控股股东与实际控制人作如此界分,是因为二者虽然均对公司实施控制,但控制的根据显然有别。控股股东对公司的控制是一种直接显名控制,可能通过直接拥有的股份表决权参与公司的重大决策,而实际控制人对公司的控制是一种间接隐名控制,其既不直接参与公司的治理,也无法与公司直接形成权利义务关系。客观而论,第216条第2项与第3项对控股股东、实际控制人内涵的揭示与外延的界分比较清晰,不存在任何逻辑问题。问题是,第216条第2项关于“推定控股股东”的规定只要求表决权对股东会决议生产重大影响即可,并未规定股东能获得如此重大影响力之表决权的具体事由。另外,只将控股股东影响的对象和程度局限于对股东会决议的重大影响,却未对控股股东实际支配公司行为作出规定,[26]造成控股股东的定义缺乏周延性,形成法律漏洞。因为在实践中,控股股东除了通过表决权优势左右股东会决议,在公司的日常运行中还时常通过名义董事或经理操纵公司的经营行为。

有学者主张实际控制人系涵盖所有有能力控制并实际上实施了控制公司行为的主体。因此,对实际控制人予以“非股东”身份界定是没有必要的,凡“通过投资关系、协议或者其他安排能够实际支配公司行为的人”皆为实际控制人。这样的定义可以把持股未达控股额却实际控制公司的股东纳入实际控制人的外延,避免出现空白地带。[27]《深圳证券交易所股票上市规则》(2018年11月修订)接受了不再以非股东作为限定要素定义实际控制的主张。[28]据此,当上市公司没有任何一个股东的持股比例能够对股东会的决议产生重大影响时,由若干个大股东签订协议共享公司控股权,签订协议的股东往往被错误地认定为实际控制人。

〔26〕 参见李敬宜:《实际控制人滥用公司控制力救济——公司法人格否认制度之辨析》,载《中国外资》2022年第10期。

〔27〕 参见叶敏、周俊鹏:《公司实际控制人概念辨析》,载《国家检察官学院学报》2007年第6期;陈洁:《实际控制人公司法规制的体系性思考》,载《北京理工大学学报(社会科学版)》2022年第5期。

〔28〕《深圳证券交易所股票上市规则》(2018年11月修订)将实际控制人界定为“指通过投资关系、协议或者其他安排,能够支配、实际支配公司行为的自然人、法人或者其他组织”。2024年修订时仅稍作修改。

对实际控制人的界定,笔者认为,如果取消“非股东”的限定要素,不但违反了2018年《公司法》第216条第3项的规定,而且违背了公司法对“股东”与“非股东”控制公司区别对待、分别规制的内在逻辑。对实际控制人的界定一旦取消“非股东”的限定,其外延将包含或覆盖“控股股东”,造成两个并列的概念在外延上交叉或重复。将“控股股东”与“实际控制人”混为一谈,在迎合证券市场一体化监管需要的同时,必然引发法律适用的冲突和适用不当。因为在设计和调整控股股东、实际控制人、董事和高级管理人员与公司、中小股东之间法律关系时,这些控制者基于与公司不同的基础关系而产生的公司控制权或影响力已经被纳入相应规范的构成要件,从而决定了《公司法》对控股股东、实际控制人、董事和经营者的规制存在较大的差异。例如,控股股东在股东会决议时须受滥用表决权规范的约束,而实际控制人则不受该规范的约束;公司法关于公司人格否认的规定可以直接适用于控股股东,但是,对实际控制人只能类推适用,对董事和经营者则完全不适用。

(二)多为抽象的一般规范,可操作的具体规范不足

我国公司立法只是将控股股东视为普通股东,根据股东平等原则,既不承认控股股东(或控股公司)特殊法律地位和权利,也未赋予其对公司和其他股东特有的义务,而是一视同仁地默认控股股东与其他股东享有同样的权利、承担同样的义务和责任。因此,新《公司法》第21条并未突出和强调控股股东,而是笼统地规定公司股东应当依法行使股东权利,不得滥用股东权利损害公司或者其他股东的利益。根据新《公司法》第23条的规定,股东不得滥用公司法人独立地位和有限责任损害公司债权人的利益。否则,应当依法承担赔偿责任或对公司债务承担连带责任。新《公司法》虽然不承认控股股东享有特殊权利,但是对“双控人”却施加了不得利用其关联关系损害公司利益的义务及相应的赔偿责任。〔29〕然而,这些规定过于抽象,几乎是宣示性规范,既没有规定股东滥用权利损害公司和其他股东利益承担责任的构成要件,也没有明确所承担责任的性质。〔30〕另外,对“双控人”与公司的关联交易是否构成不

〔29〕参见《民法典》第84条、新《公司法》第22条。
〔30〕同前注〔19〕。

公平交易,也未规定判断标准、程序和救济路径。司法实践中,针对控股股东滥用权利损害小股东利益的诉讼,法院只能援引《民法典》对一般民事侵权责任构成要件的规定进行审理,致使作为小股东的原告承担过重的举证责任,由于难以举证通常无法实现补偿损失的诉求。

(三)直接规制与间接规制的配合度尚有改进空间

2023年之前,我国公司立法关于"双控人"的经营性规范,均属于针对其施加一定义务,并在其违反义务时追究其责任,以保护公司、股东和公司债权利益的直接规制模式。[31] 为维护公平、有序的证券交易秩序,保护公众投资者的合法权益,在"双控人"不正当行使影响力致使违法发行证券、不依法或违法披露信息、擅自改变公开发行证券所募集资金的用途等方面,我国证券立法也毫无例外地采用直接规制的方式,对"双控人"支配上市公司滥用控制权予以事前严格管制、事后严厉处罚,并为公众投资者提供了多种权利救济手段。新《公司法》虽然使"双控人"直接法律规制条文之间的逻辑关系变得清晰、合理,但是其过于抽象,适用性不强的缺陷并未得以消除。尤其是直接规范中,对实际控制人滥用其影响力损害股东利益时,未赋予股东相应的损害赔偿请求权,存在明显的法律漏洞。

在公司立法中对"双控人"予以明确的规制,具有更强的透明性与可预测性,有利于规范"双控人"的行为,促进公司实现良好的治理。然而,"双控人"最常见的控制公司的手段是在公司中任命代表自己利益的名义董事。甚至可以毫不夸张地说,几乎每一位"名义董事"的身后都伫立着一个或多个在幕后指挥的实际控制者。[32] 换言之,控股股东除了利用资本多数决控制和影响公司的重大决策,主要是通过在幕后操纵董事或经营者,甚至插手公司业务以实现对公司经营活动的干预或影响。正因如此,许多国家的公司法对"双控人"采用了间接规制方式,即在某些特定场景中,忽视控制股东身份而将其视为董事,使其因事实上的董事身份受到规制。[33] 英国《1985年公司法》第741条规定"影子董

〔31〕 参见2018年《公司法》第16条第2~3款、第20条、第21条和第63条。

〔32〕 参见前注〔14〕,第98页。

〔33〕 同上,第251页。

事”必须承担董事的义务和责任。[34] 将实际控制人认定为“影子董事”,控制“名义董事”的“影子董事”须承担与董事相同的责任,从而在尊重公司独立性的前提下将董事对公司的法定责任引申到对“双控人”的行为约束上来。[35] 1998 年韩国《商法典》增订第 401 - 2 条,创设“非董事者直接或间接指示业务执行者责任”[36],在不直接强加控股股东“受信义务”的前提下,以“指示业务执行者”为中介,将向董事指示业务的“双控人”视为董事,与董事承担相同的责任。日本、法国则将介入公司经营管理活动的控制者视为“事实董事”,要求其承担董事应承担的义务和责任。日本公司法上的“事实董事制度”是通过判例确立的。事实董事虽然没有被选聘为公司的董事,却能够作为公司的经营者积极地参与公司经营,因而被法官视为董事,使其如同公司选聘的董事一样对不正当地使用影响力所造成的公司损失承担相应的赔偿责任。

间接规制的内在理论逻辑在于,基于维护公司独立法律实体地位,强调应由董事或经营者依法支配公司的经营并强化其义务和法律责任,促使其对抗“双控人”对公司经营的不正当干扰;同时,“双控人”须尊重公司经营管理的独立性,若不正当地插手公司经营活动,则应与公司董事承担相同的法律责任。

在借鉴境外对“双控人”间接规制的立法经验的基础上,结合我国“双控人”滥用控制权干预公司事务的实际情况,新《公司法》第 180 条第 3 款规定:“公司的控股股东、实际控制人不担任公司董事但实际执行公司事务的,适用前两款规定。”这意味如果“双控人”越俎代庖执行公司事务,便成为事实上的董事,理应与董事同等对待,对公司负有忠实和勤勉义务,违反该义务损害公司利益,则应与董事承担相同的赔偿责任。第 192 条规定:“公司的控股股东、实际控制人指示董事、高级管理人员从事损害公司或者股东利益的行为的,与该董事、高级管理人员承担连

[34] 根据英国《1985 年公司法》第 741 条的规定,影子董事是经常指示董事行为的人,即形式上不是董事,而被法律视为董事的人。影子董事承担董事的义务和责任,须具备 4 个构成要件:(1)公司有选任的董事;(2)影子董事指示选任董事从事公司行为;(3)董事接受了指令;(4)公司董事习惯于接受影子董事的指令。但是,影子董事承担法律责任必须以公司的全部董事或多数董事习惯于根据其指令行事为前提条件。

[35] 同前注[5]。

[36] 指示业务执行者的构成要件为:(1)有影响力来指示公司业务执行;(2)发出了业务执行的指示;(3)董事服从该指示,且此种服从属于董事责任的懈怠。

带责任。”以上两条规定无疑加强了对“双控人”的规制，使公司立法对“双控人”的规范演变为直接规制与间接规制双管齐下、相辅相成的完整的体系，大大提高了公司立法对公司、股东利益的保护水平。然而，美中不足的是，新《公司法》增加的这两个条款仅限于对公司、股东的保护，未能扩展适用于对公司债权人的保护。其保护的对象和法律效力存在局限性，与《公司法》对公司、股东和债权人的平等保护无法实现完美匹配。

（四）强调规范的约束功能，忽视了引导激励功能

我国与大多数国家一样，公司法对“双控人”的规制基于公司法人格独立理论，以及对其监管的需要，旨在采取各种方式限制和约束“双控人”滥用公司控股权或施加不正当的影响力。学术研究通常也限于对控股股东的硬性约束，更多地侧重于对“双控人”的侵权行为或不公平交易设置事后责任追究。根据新《公司法》第 21 条、第 22 条、第 23 条的规定，控股股东滥用股东权利或利用关联关系损害公司或者其他股东利益的，应当依法承担赔偿责任；滥用公司法人独立地位、有限责任逃避债务，严重损害公司债权人利益的，也应当对公司债务承担连带责任。“双控人”对发行公司未按照规定披露信息，或者在信息披露中作虚假、误导性陈述或者存在重大遗漏，应与发行公司对投资者在证券交易中的损失承担连带赔偿责任。“双控人”利用控制公司的地位破坏证券市场的正常秩序，损害公众投资者利益的行为，除了承担民事责任，还必须承担行政责任，构成犯罪的，同时应当承担严厉的刑事处罚。[37] 这些规定的鲜

〔37〕《证券法》(2019 年修订)第 181 条第 2 款规定：“发行人的控股股东、实际控制人组织、指使从事前款违法行为的，没收违法所得，并处以违法所得百分之十以上一倍以下的罚款；没有违法所得或者违法所得不足二千万元的，处以二百万元以上二千万元以下的罚款。对直接负责的主管人员和其他直接责任人员，处以一百万元以上一千万元以下的罚款。”《刑法》(2023 年修正)第 160 条第 2 款规定：“控股股东、实际控制人组织、指使实施前款行为的，处五年以下有期徒刑或者拘役，并处或者单处非法募集资金金额百分之二十以上一倍以下罚金；数额特别巨大、后果特别严重或者有其他特别严重情节的，处五年以上有期徒刑，并处非法募集资金金额百分之二十以上一倍以下罚金。”第 161 条第 1 ~ 2 款规定：“依法负有信息披露义务的公司、企业向股东和社会公众提供虚假的或者隐瞒重要事实的财务会计报告，或者对依法应当披露的其他重要信息不按照规定披露，严重损害股东或者其他人利益，或者有其他严重情节的，对其直接负责的主管人员和其他直接责任人员，处五年以下有期徒刑或者拘役，并处或者单处罚金；情节特别严重的，处五年以上十年以下有期徒刑，并处罚金。前款规定的公司、企业的控股股东、实际控制人实施或者组织、指使实施前款行为的，或者隐瞒相关事项导致前款规定的情形发生的，依照前款的规定处罚。”

明特征都是将外部人控制公司的行为视为消极的负面行为,要么限制和约束控制行为,要么对不当控制行为予以纠正和责任追究,却从未将其作为积极的行为予以正面认肯,亦从未积极调整其正当行使控制权。[38]

总之,现有关于"双控人"的经营规范均是致力于防止股东滥用表决权作出不利于公司且有害于小股东的决议,禁止其介入公司经营管理或业务活动,以维护公司独立地位的消极规范。除此之外,不承认"双控人"对公司的支配和控制地位以及对公司的经营管理权,严格要求其与公司在人、财、物和业务等方面保持分离,以消极的态度实现对公司的"无为而治"。这显然与公司运行过程中,"双控人"积极进取,通过多数表决权控制公司治理的格局、经营方向和策略,或仰仗事实控制权支配、影响公司的经营管理的客观事实,严重不符或脱节。另外,现有规范也使上市公司监管者的心态处于矛盾之中,监管者一方面希望借助"双控人"的资源或信用稳固上市公司的经营,提振投资者的信心,因而非常忌惮上市公司出现无"双控人"的情形;[39] 另一方面又竭力防范和阻止"双控人"插手上市公司的经营活动,维护上市公司的独立性和公众投资者的利益。

四、重构控股股东与实际控制人经营性行为规范的设想

(一)准确界定控股股东与实际控制人增强法律规范的可操作性

新《公司法》关于控股股东的定义维持了2018年《公司法》第216条第2项的规定不变,但是,对第3项关于"实际控制人"的规定修改时,删除了2018年《公司法》第216条第3项中"虽不是公司的股东"的限定,

---

〔38〕 同前注〔32〕;李建伟:《公司制度、公司治理与公司管理》,人民法院出版社2005年版,第118页;同前注〔1〕。

〔39〕 《上海证券交易所股票上市规则》(2024年4月修订)第4.5.6条规定:"上市公司无控股股东、实际控制人的,公司第一大股东及其最终控制人应当比照控股股东、实际控制人,遵守本节的规定。"《深圳证券交易所股票上市规则》(2024年修订)第4.5.7条规定:"上市公司披露无控股股东、实际控制人的,公司第一大股东及其最终控制人应当比照控股股东、实际控制人,遵守本节规定。"

致使“实际控制人”变更为“通过投资关系、协议或者其他安排,能够实际支配公司行为的人”。这一修改致使原本控股股东、实际控制人两个内涵明确,外延独立、清晰,且呈并列关系的概念,变为在外延上交叉、重复的概念,有违逻辑规律。例如,A 股东持有的股份仅占公司有表决股份的 10%,但是,其所持股份为特别表决权股,每一股享有 10 个表决权,致使 A 享有的表决权占公司全部有表决权股份的 52.6%,足以对股东会的决议产生决定性影响。根据新《公司法》第 265 条第 2 项的规定应当认定 A 为控股股东,但是,A 同时属于第 265 条第 3 项所定义的“通过投资关系”“能够实际支配公司行为的人”。换言之,A 既是控股股东又是实际控制人,这显然不符合《公司法》分别界定控股股东、实际控制人的初衷和立法目的。

科学合理地界分控股股东、实际控制人是准确适用法律、追求规制效益最大化的前提。公司立法的初衷是控股股东、实际控股人是两个并列的概念,以是不是“股东”作为二者外延的边界,目的是对公司区分“股东控制”与“非股东控制”,以控制依据的不同在法律规制上区别对待,[40]通过实际控制人的规制补充控股股东的规制,避免在公司控制者的制度设计中出现空白或漏洞。譬如,对控股股东、实际控制人均可适用信义义务规则、关联交易规则和股东表决权一致行动协议等规范加以调整。但是,对非股东的实际控制人的规制,则只能依靠专门规定、关联交易规则与侵权法规则进行约束,以防止其对公司不当行使影响力。

笔者主张,要妥善地界定控股股东、实际控制人这两个概念,仍须坚守既有立法例:二者为内涵不同、外延独立的并列概念,保持实际控制人原有定义不变,依然以“是否股东”作为区分二者的要素。同时,重新确定控股股东的内涵与外延。首先,随着我国公司立法引入股份表决权差异化制度导致股份的持有(现金流权)与表决权分离,界定控股股东的形式标准应当由股东持有的“股份数额”改为持有的有表决权股的“表

〔40〕 参见陈洁:《实际控制人公司法规制的体系性思考》,载《北京理工大学学报(社会科学版)》2022 年第 5 期。

决权额"[41];其次,由于公司控制工具的多样化,实质控制标准应当明确规定表决权以外的控制方式。据此,对控股股东可以作如下定义:控股股东,是指因其出资额或者持有的股份而享有的表决权占公司表决权总额50%以上的股东;因其出资额或者持有股份而享有的表决权比例虽然不足50%,但股东结合表决权协议或其他安排而实际支配的表决权能够决定董事会半数以上成员选任,或足以对公司股东会的决议产生重大影响,并据此支配公司的财务、人事和业务经营行为的股东。理由是:其一,以股东直接拥有表决权比例超过公司表决总额50%的形式标准认定控股股东简单易行;其二,辅之以实质标准,将直接拥有表决权的比例虽未达到控制公司的比例,但实际支配的表决权对公司决议已经产生决定性或重大影响的股东,拟制为控股股东;其三,将控股股东控制公司的方式,由凭借表决权优势仅对股东会决议产生重大影响,扩展到支配公司的财务、人事和业务经营行为。这样一来,不但控股股东的概念趋于周延,而且与实际控制人的概念相辅相成,涵盖了公司"外部控制者"的外延,不会再有法律漏洞。

新《公司法》将2018年《公司法》第20条股东滥用权利损害公司、其他股东利益与损害债权人利益的情形一分为二,前者作为第21条,后者作为第23条,2018年《公司法》第21条内容基本不作修改,将序号调整为新《公司法》第22条。因而,新《公司法》由第21条(禁止股东滥用权利的一般规定)与第22条(禁止控股股东、实际控制人利用关联关系损害公司利益)及第23条(禁止公司股东滥用公司法人独立地位和股东有限责任损害债权人的利益)作为特别规定,构成逻辑结构层次更加清明的规范群。然而,美中不足的是,这些规定仍然存在过于抽象、可操作性较差的缺陷。

笔者认为,新《公司法》第21条应当规定股东滥用权利须以违反信

[41] 已经有许多国家的公司立法由原来的通过持股额界定控股股东,转向以股东拥有的股份表决权额来界定。例如,关于控股股东的定义,由英国《1985年公司法》第736条重点强调对股份的拥有转向《1989年公司法》对公司表决权的控制,澳大利亚《公司法》第46条(a)节在规定控制/从属关系时,也将一个公司拥有或控制另一个公司股东大会半数以上的投票权,作为优于拥有其已发行半数以上股份加以考虑的形式标准。

义义务为前提,并且规定股东滥用权利损害公司、其他股东利益应当承担与一般侵权责任不同的法定责任,其归责原则应为过错推定原则。就第22条而言,应当补充规定"双控人"与公司关联交易的信息披露、决策程序、是否公平的判断标准和救济途径。针对第23条,应当运用列举的立法技术,对控股股东滥用公司法人独立地位和有限责任的典型表现进行类型化列示,增加其可适用性和实效性。

(二)控股股东与实际控制人的立法假设及观念转变

公司的创设是以信任为基础的股东合作的成果,然而,在公司成立之后,股东与股东之间、股东与董事之间、董事与高级管理人员之间的关系却被公司立法假设为竞争关系,并在公司内部以这种"冲突性角色假定"构建公司法的体系。由此,如何解决控股股东剥削小股东,董事、管理者损害公司或股东利益,公司损害债权人利益这三个方面的问题便成为《公司法》调整的核心。公司立法仅以"双控人"与公司、其他股东和公司债权人之间为利益冲突关系的假设作为规制的出发点和归宿,具有片面性。因为在公司运行的现实世界里,真实的"双控人"具有二重性,除了与公司、其他股东和公司利益相关者之间的对立,还有促进合作和共同发展的另一面向。"双控人"对公司的控制通常是为了实现企业家的愿景,而不是出于损害公司和其他股东的利益的目的;小股东对公司的投资往往是基于信赖"双控人"声誉、信用能为公司创造附加价值。"大股东有初步的信用和能力吸引别人参加由他安排的共同投资活动,并使中小股东通过投资契约的安排实事上承认大股东对公司的控制。"[42]法律亦应承认控股股东的地位,控股股东控制公司在法律上具有正当性。"双控人"同样有能力监督董事和经营管理层依照法律、公司章程从事经营活动,确保公司稳定经营,提高经营业绩,改善公司治理,修正经营偏差。

综上所述,在未来,公司立法应转变理念,全面地认识"双控人"的性质,既要抑制或消除其控制公司的消极影响,更应激励其发挥积极作用,承认其应有的法律地位和对公司的控制权。

〔42〕 甘培忠:《公司控制权的正当行使》,法律出版社2006年版,第39页。

(三)公司立法应进一步提高直接规制与间接规制相结合的功能效应

完善"双控人"经营性规范有赖于《公司法》已有的直接规制与新增加的间接规制有机结合,发挥"一加一大于二"的功能融合效应。

对"双控人"直接规制的前提是,明确其对公司、其他股东和公司其他利益相关者承担何种义务和责任。受托权力理论认为,公司权力是受托性的,基于《公司法》规定或作为合同的公司章程,行使公司权力的人(无论是多数股东还是董事)与公司和股东之间形成信任关系,而基于信任关系,多数股东或董事对公司和少数股东具有信义义务。[43] 据此,美国判例法将董事的信义义务拓展适用于控股股东以保护其他股东的利益。1919 年美国联邦最高法院在 Southern Pacific Co. v. Bogert 一案中认为,当多数股东无论通过何种方式控制公司时,多数股东就是少数股东的受托人,应对少数股东承担信义义务,与少数股东分享收益。[44] 1975 年马萨诸塞州最高法院在 Donahue v. Rodd Electrotype Co. 一案中认为,封闭型公司类似合伙,少数派的利益存在固有危险。因此,其股东之间应当承担与合伙人一样的信义义务,应尽最大善意和忠实义务,即承担高于公众公司股东的信义义务。封闭型公司的控股股东不得利用优势谋取没有给予其他股东同等机会的个人利益。[45] 1976 年,在 Wikes 一案中,[46]法院从股东利益平衡角度认识到,"控制股东追求个人利益具有天然的正当性,其无需为他人利益行使权力,只需在行使权力时适当考虑其他股东利益的平衡"。[47]

当前,我国学者和立法者为了维护公司的独立性,保护中小股东或公众投资的利益,均赞同强化"双控人"的义务和责任,但是,应以何种性质的义务和责任作为规制的基点,却莫衷一是,众说纷纭,总结后大致可以概括为三种学说:

第一,信义义务说。有学者认为我国早在 2005 年修订的《公司法》

---

〔43〕 Berle, Jr., *Corporate Powers as Powers in Trust*, Harvard Law Review, Vol. 44, 1931.

〔44〕 See Southern Pacific Co. v. Bogert, 250 U. S. 483, 39 S. Ct. 533.

〔45〕 See Donahue v. Rodd Electrotype Co., 367 Mass. 593 (1975).

〔46〕 See Wikes v. Springside Nursing Home, Inc. & Others, 370 Mass. 842 (1976).

〔47〕 参见傅穹、虞雅曌:《控制股东滥用权利规制的司法观察及漏洞填补》,载《社会科学战线》2022 年第 1 期。

第20条中就引入了控股股东信义义务。[48] 另有学者认为,控股股东凭借表决权优势而拥有公司控制权,可能实施侵害公司、其他股东的行为,应施以信义义务加以约束。然而,上述第20条只是隐含了股东信义义务,并无明文规定。因此,在《公司法》修订中,应认真考虑如何明确规定控股股东的信义义务。[49] 还有学者认为,控股股东因控制公司的地位而与从属公司及其少数股东、债权人存在事实上的信义关系,应比普通股东承担更高级别和更多的义务,[50]应将信义义务扩张适用于控股股东,[51]从而借助控股股东对公司和其他股东的信义义务实现利益平衡。[52]

第二,诚信义务说。[53] 该说认为公司法规范层面上未曾有对"信义义务"的表述。信义义务在我国只不过是学术用语。我国在采用直接规制模式时应全面引入控股股东的诚信义务;并将"公司利益"嵌入新《公司法》第21条"禁止股东滥用权利"一般条款中,要求股东应善意地为公司利益而行事,对公司和其他股东负诚信义务。理由是:(1)对控股股东规制不能简单照搬董事的义务,控股股东对公司、中小股东不负忠实义务,仅承担股东之间的公平对待义务,控股股东在追求自身利益时,负有不损害公司或其他股东利益的义务。(2)扎根于本土的诚信原则具有低成本、操作性强等优势,比移植境外的信义义务更具生命力。[54] 证监会颁布的关于上市公司的规范文件已经规定了控股股东的

---

〔48〕 参见朱慈蕴:《论中国公司法本土化与国际化的融合——改革开放以来的历史沿革、最新发展与未来走向》,载《东方法学》2020年第2期。

〔49〕 参见王建文:《论我国构建控制股东信义义务的依据与路径》,载《比较法研究》2020年第1期。

〔50〕 参见刁龙生:《控制股东的义务和责任研究》,法律出版社2006年版,第94页。

〔51〕 参见朱慈蕴:《资本多数决原则与控制股东的诚信义务》,载《法学研究》2004年第4期。

〔52〕 参见冯果、艾传涛:《控制股东诚信义务及民事责任制度研究》,载王保树主编,清华大学商法研究中心编:《商事法论集》(第6卷),法律出版社2002年版,第65页;王继远:《控制股东对公司和股东的信义义务》,法律出版社2010年版,第138~139页。

〔53〕 同前注〔40〕。

〔54〕 参见傅穹:《公司利益理念下控制股东诚信义务的本土治理与重构》,载《学术论坛》2021年第4期。

诚信义务。[55]

第三,一般忠实义务说。有学者认为,在我国的《公司法》中,没有必要将诚信义务作为不正当行使影响力的上位概念予以规定。理由是,我国《公司法》规制"双控人"的核心是禁止其滥用股东权利,对于是否构成滥用股东权利或不正当行使影响力,可以根据是否违反了"不得在公司的损失中谋求自我利益"即一般忠实义务标准进行判断。[56]

笔者赞同第一种学说,对"双控人"进行直接规制应以其负有信义义务为基础,并要求其对违反该义务损害公司、中小股东和其他利益相关者的行为承担法律责任。信义关系本质上是特定当事人之间不对等的法律关系。一方拥有以自己的行为改变他人法律地位的能力,而另一方则必须承受这种改变的法律后果。根据衡平原则,若某人对他人的利益拥有高度优势与影响,其就是受信人,且与利益受其影响的人之间形成了信义关系。法律为了防止受信人滥用权力以保护双方的信任关系,则对受信人施加信义义务。[57] "双控人"以其表决权优势及其附加的影响力实际控制公司的决策和经营活动,使公司、其他股东与之形成不对等的信义关系,因此,要求其对公司、其他股东负信义义务具有充分的理论依据。信义义务主要由忠实义务和勤勉(或合理注意)义务构成。我国早在1993年《公司法》中就已经规定了董事的忠实义务,2005年《公司法》修正时又增加了董事勤勉义务,将信义义务延伸到"双控人",并不缺乏立法和实践基础。另外,信义义务理论及制度在英美法系国家源远流长,司法判例已经形成健全的规则体系和判断标准,有丰富的法律资源可以利用和借鉴。

---

〔55〕 2002年中国证监会颁布的《上市公司治理准则》第19条规定:"控股股东对上市公司及其他股东负有诚信义务。"2018年修订版在第63条有相应规定。《上市公司章程指引》(2023年修正)第40条第2款规定:"公司控股股东及实际控制人对公司和公司社会公众股股东负有诚信义务。"《上海证券交易所上市公司自律监管指引第1号——规范运作》(2023年12月修订)第4.1.1条第1款规定:"控股股东和实际控制人应当遵守诚实信用原则,依法行使股东权利、履行股东义务,依规签署并恪守有关声明和承诺,不得隐瞒其控股股东、实际控制人身份,逃避相关义务和责任。"

〔56〕 这不同于公司法上的严格忠实义务判断标准,而是一般忠实义务判断标准,以不损害公司利益的消极义务为足。参见前注〔19〕。

〔57〕 参见张开平:《英美公司董事法律制度研究》,法律出版社1998年版,第151~152页。

诚信义务与信义义务具有本质的不同。诚信义务是由诚实信用原则派生的平等合同当事人所负的对等性义务，信义义务是不对等关系中施于强者的义务；诚信义务笼统而缺乏明确性，而信义义务则蕴含着具体的行为规则和判断标准；诚信义务履行标准相对较低，仅要求做到当事人之间及与第三人之间的利益平衡，而信义义务则是高标准严要求，〔58〕要求受托人不得谋取私利，不得将自身利益凌驾于受益人的利益之上，必须尽到谨慎、合理注意义务。由此可知，“双控人”与公司之间控制与被控制的基础关系与诚信义务不匹配，也无法矫正二者之间的不平等关系，无法有效保护公司和其他股东的利益免受侵害。值得强调的是，采用“诚信义务”的表述，不但不利于在公司法中形成信义义务的制度体系，而且还会给我国公司境外上市或跨国经营造成不必要的法律障碍。

当然，要求“双控人”对公司、其他股东承担信义义务，并不意味着照搬董事对公司的信义义务，更重要的是根据二者的法律地位不同，作出与董事对公司所负信义义务不同的安排。首先，控股股东追求自身的利益具有天然的正当性，其“不负有不将自己置于利益冲突地位的一般义务”〔59〕，对公司、其他股东所负的忠实义务仅限于不因谋取自身利益而损害公司、其他股东的利益。其次，“双控人”不是公司的经营管理者，对公司和其他股东的注意义务，具有非持续性、〔60〕消极性，其不负有为公司利益、股东利益最大化积极进取的义务。最后，“双控人”不正当使用影响力所应承担的赔偿责任应当定性为法定责任。〔61〕这种责任与一般侵权责任不同，适用举证责任倒置的规则，不需要原告举证证明被告具有故意或重大过失，〔62〕以便小股东和公司债权人的损害获得有效的救济。

间接规制模式是以董事为中介，将《公司法》规定的董事义务和责

〔58〕 参见朱伟一：《何以美国法官解释受信关系模棱两可》，载《上海证券报》2018年9月11日，第8版。

〔59〕 [英]保罗·戴维斯：《英国公司法精要》，樊云慧译，法律出版社2007年版，第235页。

〔60〕 同前注〔5〕。

〔61〕 参见刘建功：《〈公司法〉第20条的适用空间》，载《法律适用》2008年Z1期。

〔62〕 参见冯果：《公司法》，武汉大学出版社2007年版，第238页。

任适用“双控人”以规范其经营性行为。由于“双控人”滥用影响力损害公司利益的行为必定借助董事等公司经营者实施并完成，有学者认为，作为一种间接规制，扩大董事行为规范的适用范围对于阻止“双控人”滥用影响力的行为更为直接也更为有效。因此，在直接规制方式之外，以董事会为中心的责任制度构建，对于完善我国“双控人”经营性规范、优化公司治理结构极为必要，具有非常重要的现实意义。〔63〕进而言之，如果上市公司的董事责任无法真正落实，实际控制人操纵公司经营的弊端就难以根除，所有绕开“董事责任”而寻求的他方主体责任只是“治标不治本”的短期应对之道。反之，强化董事责任并以董事责任为中心的间接规制能够将约束力较弱的控股股东信义义务转换为约束力更强的董事信义义务。〔64〕相反的观点则认为间接规制增加了约束控股股东的证明成本，弱化了对控股股东的规制强度，从而主张对控股股东采取直接规制模式将更有利于牵制控股股东行为。〔65〕

笔者认为，间接规制对直接规制具有补充调整的功能，它锁定“双控人”直接插手公司业务或操纵、指示董事或经营者业务执行的行为与公司、其他股东利益受损害之间的因果关系，将追究责任的构成要件明晰化、具体化，更有利于规范“双控人”对公司的常态控制行为。为此，新《公司法》第 180 条与第 192 条共同引入了对“双控人”的间接规制。这两条规定实质上是新《公司法》第 21 条一般性禁止股东滥用权利损害公司或其他股东利益的特殊规定，可通过优先适用弥补一般规定操作性差的缺陷，增强规制的有效性。这两条与新《公司法》第 22 条禁止“双控人”利用关联关系损害公司利益的规定形成配套关系，具有互相解释和印证的功能，当“双控人”指示董事、高级管理人员从事关联交易时更加易于举证，也有助于判断和认定关联交易的决策程序是否正当、合法。此外，这两条对适用第 23 条认定“双控人”是否滥用公司法人独立地位和有限责任严重损害公司债权人利益，也有重要的参考价值。再者，这两条对“双控人”的间接规定仅限于保护公司、股东的利益。然而，“双

---

〔63〕 同前注〔5〕、前注〔20〕。

〔64〕 参见郑彧：《上市公司实际控制人法律责任的反思与构建》，载《法学研究》2021 年第 2 期。

〔65〕 同前注〔54〕。

控人”在无董事身份却插手公司事务执行，或指示董事、高级管理人员执行公司事务损害公司、股东利益的同时，还会损害公司债权的利益。但这两条不适用债权利益的保护，明显存在法律漏洞。笔者建议将来《公司法》再修订时，在第182条和第192条中将债权人列入保护的范围，以实现公司股东与债权人利益保护的平衡。总之，公司立法应进一步提高直接规制与间接规制的同频共振。

（四）公司立法应在坚持消极规制的基础上增设积极规范

我国现有的“双控人”经营性规范，无论是直接规制还是间接规制，均为清一色的消极规范，仅施加义务、责任，却不赋予或承认其相应的控制权。这种规制模式致使公司治理的法定主体与实际主体严重脱节，未将控股股东作为公司治理主体，成为我国现行公司治理制度的重大缺陷。[66] 控股型公司的治理实事上是以“双控人”为中心的治理结构，我国公司立法应尊重现实，确立“双控人”在公司治理中的主体地位和相应的公司控制权力。

首先，公司法人独立和股东有限责任作为公司制度体系的基石不能动摇，为了确保公司独立运行而设定的禁止、限制“双控人”滥用控制权的消极规范应当坚守并不断完善。

其次，增设有关“双控人”的积极规范，有条件地承认其对公司的控制权并保障其正当行使，保护公司其他股东和债权人的合法权益，激励“双控人”成为公司的后盾，充分发挥其维护公司稳定、长远发展的积极作用。

公司立法应当肯定公司存在“双控人”的正当性和正面价值。在上市公司股权分散、无“双控人”的情况下，由于集体决策成本较高，公司容易被内部人控制，分散的小股东对管理者无法实施有效的内部监督。公司无实际控制人或频繁变更实际控制人的状态，还会影响公司未来长期发展战略的制定，致使经营缺乏稳定性，主营业务经营乏力，存在较大的投资风险，难以成为机构投资者的投资目标。[67] 事实上，我国没有

〔66〕 同前注〔1〕。

〔67〕 参见桂小笋、李亚男：《近400家公司上市以来实控人变更超5次　更有甚者“无实际控制人”》，载《证券日报》2022年2月21日，A3版。

“双控人”的股权分散的上市公司的业绩表现和稳定性不如拥有“双控人”的公司。[68] 如果一个公司拥有资金实力较强的控股股东,则该公司估值就会高,在投资者保护相对比较薄弱的国家更是如此。[69] 有实证研究表明,大股东持股比例上升时,更有动力监督管理层,同时大股东掏空的动机下降,未来股价崩盘的风险显著下降。[70] 控股股东关系联盟具有积极的治理作用,能够显著提高企业实质性创新。[71] 因此,《公司法》一旦认可“双控人”对公司拥有正当的控制权,必然会激发其参与公司治理的能动性和创造性,在追求自身利益的同时,谋求公司和其他股东利益的共同增长。

笔者认为,在以下条件或场景中应当承认控股股东或实际控制人对公司享有正当的控股权:

第一,根据表决权多数决原则,控股股东可以通过股东会依法善意地行使表决权控制或影响公司重大决策,但是不得操纵表决作出仅对自己有利而不利于公司或损害其他股东利益的决议。

第二,对于股东人数较少、规模较小的封闭型有限责任公司和股份有限公司,依法赋予控股股东经营管理公司权。这方面国外已经有许多立法例可以参考和借鉴。例如,有境外法律允许封闭公司在经全体股东多数表决通过后,在章程中规定由股东而不是董事会行使公司经营权,行使公司经营权的股东可以视为董事,并承担董事的全部责任。[72] 美国法律允许有限责任公司不设股东会、董事会,由股东直接经营管理公司,法律许可不设股东会、董事会,允许股东直接经理管理公司。[73] 日本《公司法》规定合同型公司中每个股东均拥有业务执行权,但是,允许

〔68〕 同前注〔38〕,李建伟书。

〔69〕 See Rafael La Porta et al., *Investor Protection and Corporate Valuation*, The Journal of Finance, Vol. 57, 2002.

〔70〕 参见王化成、曹丰、叶康涛:《监督还是掏空:大股东持股比例与股价崩盘风险》,载《管理世界》2015 年第 2 期。

〔71〕 参见杨松令、李雅馨、刘亭立:《控股股东关系联盟与企业实质性创新——基于双重治理的中介作用》,载《科技促进发展》2022 年第 8 期。

〔72〕 参见美国《特拉华州普通公司法》(1992 年版)第 351 节。

〔73〕 参见宋永新:《美国非公司企业法》,社会科学文献出版社 2000 年版,第 192 ~ 194 页;王妍:《企业形态及企业法律制度创新方向研究》,法律出版社 2015 年版,第 10 页。

公司章程将业务执行权仅赋予个别股东。[74] 这些公司形态实质上都是合伙与公司混合的中间企业形态。我国绝大多数公司为封闭型公司，根据现行《公司法》的规定，这些公司应由依法设立的法人机关经营管理，股东不干预公司的经营活动。然而，这些公司的运作实态通常是所有权与经营权二合一，公司的一切经营活动往往由控股股东掌控。为了弥合公司运行实践与公司立法的严重脱节，矫正公司治理偏离《公司法》的现象。笔者认为必须尊重封闭公司的本性，在《公司法》修订时应赋予股东尤其是控股股东对公司的经营管理权，同时通过控股股东承担信义义务，赋予小股东、债权人诉权等救济手段，防止控股股东滥用经营管理权损害公司、股东和公司债权人的权益。

第三，公司集团立法应当以赋予控股股东（控股公司）对公司集团享有统一的决策和管理权为核心，建构健全的规范体系。我国在改革开放推行市场经济的过程中，始终存在企业组织形态及经营方式的发展与法律供给的紧张关系。一方面，在国家政策的推动下，涌现出大量的公司集团使公司联合经营，集团化运行成为经济发展的主导模式；另一方面，我国《公司法》一直以塑造单个公司独立法律实体为立法基础，忌惮公司集团内控股公司与从属公司之间的控制与被控制关系破坏原本单个公司应有的独立性。因而，《公司法》中一直未创设公司集团法律规范，致使对公司集团的调整仍然以确保单个公司绝对的独立性、禁止控股公司对集团成员公司拥有经营管理权的思路进行消极规制，实际上否定了公司集团存在的必要性和正当性，[75] 造成公司集团既无法实现联合经营效应，也缺乏对从属公司、从属公司的少数股东和债权人的有效保护措施。新《公司法》并未改变这种状况。

笔者认为，对公司集团的成长应提供激励与约束相结合的系统化的法律供给。其一，改变仅专注于单个公司独立法人地位和行为模式的立法理念，将立法视野拓展到公司集团化联合经营的现实需要，突破"每一公司都是独立主体"的理论假设，统筹兼顾公司集团的整体利益和成员

---

〔74〕 参见平力群：《组织形态创新与新兴产业发展——以日本移植 LLC、LLP 为例》，载《现代日本经济》2010 年第 5 期。

〔75〕 参见汪青松：《中国公司集团治理的法律机制构建》，载《法律科学（西北政法大学学报）》2023 年第 3 期。

公司的个体利益,从而实现公司资源的有效配置和经济效益最大化。[76]其二,借鉴德国《股份公司法》第308条的规定,赋予控股公司全面领导公司集团的权力。如果存在支配或利润转移合同,支配企业有权向被支配公司董事会下达指令,甚至可以下达对公司不利但对支配企业或集团的成员企业有利的指令;从属公司董事会无权拒绝它认为不利于支配企业或企业集团其他成员利益的指令。确认和维护控股公司的统一管理权或指示权是公司集团存续的基础和标志。当然,授予控股公司统一管理权的前提是,支配合同已经事先规定,对从属公司服从统一管理可能遭受的损害由控股公司承担补偿责任。在构成事实公司集团时,控股公司则不得指示从属公司从事有损自身利益的经营,否则,对从属公司因此而遭受的损失,控股公司及其负责人应负赔偿责任。其三,母子公司董事、高级管理人员的义务和责任的配置应超越单个公司独立法人的界限。母公司的董事、高级管理人员在向子公司下达指令时应尽到一个正直的、有责任心的管理者应尽到的谨慎、勤勉义务。否则,他们应当作为连带债务人对子公司因此而遭受的损失承担赔偿责任。子公司的董事和经理违反信义义务的,除了因执行支配公司的指令而造成子公司的损失,也应作为连带债务人对子公司承担赔偿责任。其四,突破单一公司独立法人和有限责任的藩篱,重构支配公司对从属公司及其股东和债权人的责任。支配公司对从属公司因执行其指令而遭受的法定公积金不足以弥补的损失应当予以补偿。除子公司对该补偿拥有请求权外,子公司的其他股东也可以要求赔偿。当支配公司将从属公司纳入其统一管理或与从属公司签订利益支付合同时,支配公司有义务以现金或本公司的股票作为对价购买局外股东持有的股票。未从子公司获得清偿的债权人也可以要求支配公司补偿,支配公司不得以子公司已放弃补偿要求或就补偿达成和解而对抗债权人。当子公司破产时,控股公司和其他成员公司享有的债权受清偿的顺序,应劣后于第三人。

(编辑:邹　莹　吴紫君)

〔76〕 参见刘连煜:《公司法原理》,中国政法大学出版社2002年版,第40~41页。

《证券法苑》(2024)
第四十一卷,第177~213页

公司自由裁量权促进利益相关者利益的必然性和可取性*

[美]艾纳·艾尔豪格**著
马学荣***译

摘要:关于公司宗旨是利润最大化还是要兼顾利益相关者的问题,在学界和业界争论已久。本文对反对利益相关者理论的文献进行了批驳,并鲜明地指出,为了公共利益而牺牲公司利润的公司自由裁量权是明确存在且不可避免的。企业领导人为了公共利益而牺牲企业利润的有限自由裁量权实际上是可取的,也是有社会效果的。

关键词:公司宗旨　自由裁量权　利益相关者　股东至上

---

* Einer Elhauge, *The Inevitability and Desirability of the Corporate Discretion to Advance Stakeholder Interests*, 106 Cornell L. Rev. 1819 (2021). 本文已获得原文作者翻译授权。

** 哈佛大学法学院皮特里(Petrie)法学教授。感谢哈佛法学院和皮特里—弗洛姆中心(Petrie - Flom Center)提供的暑期研究经费。

*** 法学博士,宁夏职业技术学院副教授。

引　言

在《利益相关者治理的虚幻承诺》(*The Illusory Promise of Stakeholder Governance*)一文中,卢西安·贝布丘克(Lucian Bebchuk)和罗伯托·塔拉里塔(Roberto Tallarita)对公司领导人应有法律义务只为股东价值最大化的观点进行了有力的辩护。[1] 他们将"利益相关者"定义为"公司的所有非股东群体——包括雇员、客户、供应商、社区和环境"。[2] 他们批评了"利益相关者主义"的替代性方案,他们将其定义为"一种鼓励和依赖公司领导人为利益相关者而不仅仅是股东利益服务的治理模式"。[3] 虽然他们有时称自己的立场为"股东至上",但这一说法用词不当,因为他们赞成的不仅是一个主要促进股东利益的法律义务。[4] 他们赞成我所说的"股东排他性",即只为股东利益最大化的法律义务,禁止公司领导人对非股东利益施加任何独立影响。[5]

他们的论点直截了当。首先,他们认为利益相关者主义是虚幻的,因为公司领导人的动机和过去的行为表明,除了为股东价值服务,不能指望他们保护利益相关者。[6] 其次,他们认为利益相关者主义是不可取的,因为它使公司领导人更加不受股东的监督(从而使公司业绩恶化),而且它不如通过法律法规或税收保护利益相关者的替代方案有效。[7]

在他们批评的倡导"利益相关者主义"的先前学术研究中,包括我自

[1] Lucian A. Bebchuk & Roberto Tallarita, The Illusory Promise of Stakeholder Governance, 106 CORNELL L. REV. 91 (2020). 他们将"企业领导人"定义为"作出重要企业决策的个人,包括董事和高管"。同前,第94页。

[2] 同上,第93页。

[3] 同上,第91页(强调是后加的);第94页(类似的语言)。

[4] 同上,第104页、第106页、第110页、第139页。

[5] 同上,第91页、第94页、第97~98页、第110页、第114~115页、第139页(认为公司法应允许公司领导人只在股东价值最大化的情况下考虑利益相关者的利益,应该禁止公司领导人对利益相关者的利益施加任何独立的影响)。

[6] 同上,第91~92页、第98~100页、第124~158页。

[7] 同上,第92页、第94页、第100~101页、第164~168页。

己的文章《为了公共利益牺牲公司利润》(*Sacrificing Corporate Profits in the Public Interest*)[8]。我自己不会把我的文章说成是在倡导对利益相关者主义的一般理解;因为我的文章并没有倡导任何法律上的改变,既没有赋予利益相关者对公司决策更多的权力,也没有要求公司领导人进一步促进利益相关者的利益。然而,由于贝布丘克和塔拉里塔对利益相关者主义的全面定义包括任何依赖于企业领导人已经拥有一定的自由裁量权来对利益相关方利益施加一定的独立权重的治理模式,根据他们自己的定义,我的立场算作"利益相关者主义"。为了保持我们术语的一致性,我将在本文中使用他们对利益相关者主义的定义。

在我之前的文章中,我得出了描述性和规范性的结论,这与贝布丘克和塔拉里塔的结论截然相反。

首先,我得出的结论是,公司领导人从来没有任何法律上的强制性义务来专门实现股东利润的最大化。事实上,我的结论是,为了公共利益牺牲公司利润的某种自由裁量权不仅经常是明确的,而且是不可避免的;因为即使公司法在名义上规定了利润最大化的义务,"最小化总代理成本也需要给予管理者商业判断规则的尊重,这必然赋予这种牺牲利润的自由裁量权"。[9] 因此,与贝布丘克和塔拉里塔关于利益相关者主义是"虚幻的"论点相反,我认为这是不可避免的。

其次,我认为,企业领导人为了公共利益而牺牲企业利润的有限自由裁量权实际上是可取的,也是有社会效果的。原因之一是,"即使是最佳法律制裁也必然是不完善的,需要社会和道德制裁的补充,以充分优化行为。因此,纯粹的利润最大化会因为凌驾于这些社会和道德制裁之上而使公司行为恶化"。[10] 另一个原因是,股东本身往往重视受其公司影响的其他人的利益,因此,利润最大化的义务往往也会损害股

[8] 同前注[1],第 104 页[引用 Einer Elhauge, Sacrificing Corporate Profits in the Public Interest, 80 N. Y. U. L. REV. 733 (2005),作为支持他们所批评的"利益相关者"立场的著名前期作品之一][以下简称 Elhauge, Sacrificing Corporate Profits]。

[9] Elhauge, Sacrificing Corporate Profits, 同前注[8],第 733 页、第 738 ~ 739 页、第 776 ~ 779 页、第 783 页、第 810 ~ 811 页、第 862 页。在之前的那篇文章中,我用"为了公众利益"作为保护任何非股东利益的一个概括。

[10] 同上,第 733 页、第 740 页、第 748 ~ 756 页、第 802 页、第 797 ~ 805 页、第 814 ~ 817 页。

东的价值。[11] 此外,股东存在的集体行动问题,可能会妨碍他们有效地自行采取行动从而促进实现其非货币目标。[12]

再次,明确的合同在某种程度上是僵化的,可能没有适当地考虑未来的突发事件;所以对公司来说,授权公司领导人签订法律上不可强制执行的隐性合同往往更有效率。在这种情况下,利益相关者被诱导向公司提供价值;前提是公司领导人会有自由裁量权,在以后的决策中会对这些努力进行奖励。[13] 要求股东在每时每刻都实现利润最大化,反而会导致公司领导人必须违背这种法律上不可执行的隐性合同;此前景无法有效地阻止隐性合同诱使利益相关者为公司提供价值,从而产生提前降低股东事前利润的自我挫败效应。[14]

最后,我强调,公司领导人偏离股东利益的能力受到"产品市场、资本市场、劳动力市场、收购威胁、股东投票以及管理利润分享或股票期权的严重制约"。[15] 公司领导人可以偏离股东利益的程度仅限于这些约束条件不完善,足以给管理者一些代理松弛(agency slack);但这意味着任何利用代理松弛来促进利益相关者利益的行为都可能取代促进管理利益,而不是股东利益。[16]

简言之,贝布丘克和塔拉里塔不仅批评了我作为利益相关者的立场;而且对我的描述性主张即推进利益相关者利益的有边界的自由裁量权是不可避免的,以及我的规范性主张即这种有边界的自由裁量权是可取的,均得出了相反的结论。然而,奇怪的是,贝布丘克和塔拉里塔的文章从来没有回应我为我的描述性或规范性结论提供的任何分析。考虑到我的分析,就会发现他们自己的几个论点存在缺陷。他们在文章中提出的任何观点都没有削弱我的论点。事实上,在某些方面,他们的分析实际上证实了我自己分析的关键要素。

---

[11] 同前注[1],第 793 页、第 800 ~ 801 页。

[12] 同上,第 733 ~ 734 页、第 740 页、第 742 页、第 759 页、第 792 页、第 799 ~ 800 页、第 815 ~ 817 页、第 820 ~ 825 页、第 827 页。

[13] 同上,第 739 页、第 779 ~ 882 页。

[14] 同上,第 864 ~ 865 页。

[15] 同上,第 741 页、第 808 ~ 810 页。

[16] 同上,第 740 ~ 741 页、第 776 ~ 777 页、第 805 ~ 807 页。

为了理解原因，首先需要对我为我的结论提供的分析作出更为详尽的解释，我在第一部分提供了这个解释。然后在第二部分解释了为什么贝布丘克和塔拉里塔的文章中没有任何论点回应我的分析。

在进行更详细的分析之前，有必要澄清我的主张，以避免在一些重要方面的分析是混乱的。

首先，正如我在之前文章中所说的，“我并不是说经理们有法定义务为了公众利益牺牲公司利润；我是说他们有这样做的自由裁量权”。[17] 因此，当贝布丘克和塔拉里塔声称我“主张企业领导人必须聚合和平衡其多重选民的利益”时，他们错了。[18]

其次，正如我在之前的文章中所说，“我并不否认管理者的首要义务是而且应该是盈利，我也不是说应该增加他们牺牲利润的自由裁量权，更不是说让他们无限制地牺牲”。[19] 因此，贝布丘克和塔拉里塔错误地将我与应该放弃“股东至上”的论点联系起来。[20] 恰恰相反，我明确承认，股东有而且应该有“相对于其他利益相关者的首要地位”[21]。我只反对“股东排他性”，因为我得出的结论是“盈利的义务不是也不应该是排他性的，相反，管理者应该而且应该有一些有限自由裁量权来调整这种义务，以符合社会和道德规范”。[22]

最后，我在之前的文章中强调，我并没有主张增加现有的“牺牲利润的自由裁量权”。[23] 因此，贝布丘克和塔拉里塔将我的立场划归为利益相关者主义，声称利益相关者必然主张增加公司领导层的绝缘性，这是错误的。[24] 事实上，我明确强调，“管理者现有牺牲利润的自由裁量权实际上是可取的，正是因为它是有界限的”[25]。正如我所指出的，这种界限主要不是由法律规定的，而是由市场约束规定的，尽管公司法

〔17〕 同前注〔1〕，第743页（重点在原文），第744页、第805页。

〔18〕 Bebchuk & Tallarita，同前注〔1〕，第114～115页（强调是后加的）。

〔19〕 Elhauge, Sacrificing Corporate Profits，同前注〔8〕，第745页（重点在原文）。

〔20〕 Bebchuk & Tallarita，同前注〔1〕，第104页。

〔21〕 Elhauge, Sacrificing Corporate Profits，同前注〔8〕，第745页。

〔22〕 同上，第745页（重点在原文）。

〔23〕 同上，第745页。

〔24〕 Bebchuk & Tallarita，同前注〔1〕，第92页、第94页、第164～165页。

〔25〕 Elhauge, Sacrificing Corporate Profits，同前注〔8〕，第745页。

也对这种自由裁量权设定了外部限制,并且在某些情况下,当这些市场约束很弱时,会被施加更严格的法律限制。[26]

一、为什么牺牲股东利益以促进利益相关者利益的有限自由裁量权一直存在,而且是不可避免的和可取的

(一)牺牲股东利润以促进股东利益的一些自由裁量权的长期存在和必然性

没有任何公司法规规定公司领导人有义务使股东的利润或价值最大化。[27] 相反,每项公司法规都明确允许公司为慈善目的进行捐赠,即使这牺牲了公司利润。[28] 在涉及公司领导人在作出其他公司决策时是否可以权衡利益相关者的利益和股东利益的州公司法规中,包括大多数州,都明确授权这样做。[29] 在某种程度上,没有任何州的公司法规禁止公司领导人权衡利益相关者的利益(interests)与股东的利润(profits)。

公司普通法与这些法规一致。美国法律学会(The American Law Institute, ALI)1994 年《公司治理原则》(Principles of Corporate Governance)明确指出,在没有任何公司成文法的情况下,公司普通法的缺省规则是,公司领导人可在特定情形下牺牲股东利润:(1)遵守法律;(2)"合理考量企业社会责任框架内的伦理要求";(3)将"合理数量"的公司资源用于"公共福利、人道主义、教育和慈善目的"。[30]

为了详尽阐释美国法律协会所指出的第一点(上文中的"遵守法律"),即使公司领导们已经考虑到预料之中面临的法律惩罚,甚至不

〔26〕 Elhauge, Sacrificing Corporate Profits,同前注〔8〕,第 745 ~ 746 页、第 808 ~ 810 页。

〔27〕 同上,第 738 页、第 763 页。

〔28〕 同上,第 738 页、第 763 页、第 767 ~ 768 页。

〔29〕 同上,第 738 页、第 763 页、第 766 ~ 767 页。

〔30〕 同上,第 738 页、第 763 页、第 766 页、第 769 页[引用 1 AM. LAW INST., Principles of Corporate Governance: Analysis and Recommendations § 2.01(b)(2)-(3) & cmt. d (1994)]。

遵守法律往往会更有利可图,但他们不仅能(may)而且必须(must)牺牲股东的利润来遵守法律。[31] 根据包括特拉华州在内的所有州无可争议的法律,未能牺牲股东利润以遵守法律将违反公司领导人的信义义务(fiducary duty),并使他们个人对公司的任何法律处罚、诉讼费用和对违法行为的经济制裁负责,对于公司可能从非法活动中获得的额外利润则没有任何补偿。[32] 正如我所指出的,这一理论是有意义的,原因在下文讨论。为了最佳地规范普通独资企业的行为,我们不仅依赖法律制裁,还依赖社会和道德制裁。[33] 对于公司来说,问题在于公司领导人受制于股东,这些股东在结构上不受社会和道德制裁的影响,他们存在集体行动问题,这使他们不太可能对其可能感觉到的不受影响的社会和道德制裁采取行动。[34] 因此,通过将公司的所有法律和经济制裁集中到公司领导人身上,强加信义义务以避免有利可图的违法行为的原则,抵消了对社会反应迟钝的股东对公司领导人的结构性影响。[35] 无论如何,作为一个描述性的问题,法律不仅明确地赋予了公司领导人为了遵守保护利益相关者的法律而牺牲股东利益的自由裁量权,而且赋予了这样做的法律义务。

至于第二点,即公司领导人可以牺牲公司的利润来考虑合理的道德因素,使公司领导人有自由裁量权来避免任何可能不道德地损害利益相关者的行为,即使这会使股东获利。[36] 这就提供了充分的自由裁量权,可以在合理的范围内平衡利益相关者的利益和股东的利润。第三点似乎仅限于企业捐赠。然而,美国法律协会的评论和规则表明,其也授权公司运营(operations)或收购(takeovers)决策可以牺牲股东利润,从而促进利益相关者的利益。[37] 但是,第二点和第三点都受到合理性限制;这表明公司法的首要目标应该是股东利润,尽管有一定的自

〔31〕 Elhauge, Sacrificing Corporate Profits,同前注〔8〕,第757页。

〔32〕 同上,第758页。

〔33〕 同上,第747~756页。

〔34〕 同上,第757~761页。

〔35〕 同上,第761~762页。

〔36〕 同上,第764页。

〔37〕 同上。

由裁量权将这一目标降低到边际水平。

ALI对公司原则的陈述得到了大量判例法的支持,包括在特拉华州(Delaware)。[38] 即使是1919年的道奇(Dodge)案——通常被引用为对股东利润最大化义务的最明确的支持,也只是说股东利润应该是公司领导人的首要目标,但不是唯一目标。[39] 事实上,办理道奇案的法院支持了一项主要基于人道主义动机的公司扩张决定,并赞许地引用了美国最高法院先前的一项决定;该决定支持了另一项公司决定,即向该市供水,供市政使用,因为这是对该市之前赋予该公司的沉没利益的回报。[40] 实际上,法庭宣布无效的唯一一项公司判决,没有涉及任何牺牲公司利润来推进利益相关者的利益,而是涉及扣减股息以迫使少数股东(道奇兄弟)将其股票出售给大股东(亨利·福特);因此,这反而引发了利益冲突,触及忠实义务问题。[41]

诚然,有一种有限的情况确实引发了利润最大化的实际责任:公司控制权的出售。[42] 但是,这种责任仅限于这种情况,因为它们引起了最后时期的问题,这些问题破坏了普通的市场约束,(如果没有任何这种责任)就会使公司领导人拥有过度无限制的自由裁量权,以牺牲股东的利润来促进其他利益。[43]

有些人辩称,普通法中的注意义务是为了"公司的最大利益"而采取行动,规定了股东利润最大化的义务,但注意义务法(duty-of-care law)中从未将"公司的最佳利益"定义为仅指"股东的利润"[44]。上述法律恰恰采用了相反的观点:公司的最大利益可以覆盖利益相关者的利益。[45]

在任何情况下,即使人们认为(与上述所有法规和判例法相反)普通法的注意义务规定了使股东利润最大化的名义责任,商业判断规则

---

〔38〕 Elhauge, Sacrificing Corporate Profits,同前注〔8〕,第764~766页。

〔39〕 同上,第772~773页。

〔40〕 同上,第773~774页、第781~782页。

〔41〕 同上,第774~775页。

〔42〕 同上,第746页、第765~766页、第848~852页。

〔43〕 同上。

〔44〕 同上,第769页。

〔45〕 同上。

明确表明，它不能以阻止公司领导人行使实质上的自由裁量权来促进利益相关者的利益的方式合法执行。[46] 根据商业判断规则，除非决策者有经济利益冲突，否则法院不会对商业决定是否符合公司的最佳利益进行二次评估。[47] 如果没有这样的财务冲突，法院将维持商业决策；而不必审查这些决策是否实际增加了公司利润，是否真的可能这样做，是否出于增加公司利润的动机，甚至是否可以具体说明任何此类增长情况。[48]

因此，只要公司领导人提出一些可以想象的理论，说明这样做可以提高公司的长期利润，法院就会作出牺牲公司利润以促进利益相关者利益的决定。[49] 这种理论几乎总是存在：任何保护利益相关者利益的决定都可能是合理的，因为它有助于避免消费者、员工、社区、其他企业或政府监管机构的不良反应。[50] 即使只是简单地将公司资金捐赠给利益相关者，也可以说是为了提高公司的声誉，从而提高长期的盈利能力；法院也曾以类似的理由支持公司交易结构的决定，以创造税收劣势的方式构建公司交易，在数学上这肯定会降低公司利润。[51]

人们可以想象摆脱商业判断规则。但问题是，这样做并不可取，因为法院和陪审团的商业裁决偶尔会取代公司领导人自由决定的商业判断，这会降低效率。[52] 事实上，90%以上的特拉华州公司都选择取消经理人注意义务的章程条款，即使在商业判断规则下仍是如此。这表明，人们普遍希望规避任何可能的风险，即法院可能实际上强加可强制执行的责任，以实现利润最大化。[53]

因此，即使是像贝布丘克和塔拉里塔这样名义利润最大化义务的坚定支持者，也承认商业判断规则必须保留在理论版图中。[54] 只要这

---

〔46〕 Elhauge, Sacrificing Corporate Profits，同前注〔8〕，第746页、第770~771页。

〔47〕 同上，第770页。

〔48〕 同上，第770页、第772页。

〔49〕 同上，第770~772页。

〔50〕 同上，第772页。

〔51〕 同上，第771页注93。

〔52〕 同上，第738~739页、776~779页、第783页、第810~811页。

〔53〕 同上，第862页。

〔54〕 Bebchuk & Tallarita，同前注〔1〕，第112~113页。

样做,就必然意味着没有实现利润最大化的可强制执行义务。因此,公司领导人保留了一些有限的事实自由裁量权,可以根据利益相关者利益牺牲股东利润。在这个意义上,牺牲股东利润以促进利益相关者利益的有限自由裁量权,不仅是对现行法律的准确描述,而且是不可避免的。正如下一节所讨论的,这种有限自由裁量权也是积极可取的。

(二)牺牲股东利益促进利益相关者利益的有限自由裁量权的可取性

前一节指出,为保护利益相关者的利益而牺牲股东利润的有限自由裁量权不仅一直是法律规定的,而且是不可避免的。本节表明,基于几个原因,这也肯定是可取的。

1. 利润最大化义务将凌驾于理想的社会和道德制裁上

股东利润最大化的义务将凌驾于最佳行为规范所必需的社会和道德制裁之上。对法律监管的经济分析表明,法律监管不可避免地是不完善的。这不仅是因为不完善的政治进程经常阻止或延迟最佳法律的通过;而且考虑到不可避免的信息不确定性和裁决错误,即使是最佳的法律惩罚也不可能阻止所有不可取的行为,无法阻止所有可取的行为。[55] 法律所能做的最好的事情就是通过将法律上未被制止的不良行为和法律上被制止的良好行为所造成损害总和的最小化来进行优化。[56]

因此,最佳行为规范始终要求以社会和道德制裁来补充法律制裁。[57] 社会和道德制裁往往是可取的,因为与法律制裁相比,它们可能涉及较少的信息不确定性或程序成本。[58] 事实上,在规范大多数日常行为方面,社会和道德制裁可能比法律制裁更重要。[59] 我们中的任何一个人都希望与那些总是做任何能使其个人利益最大化的事情的人打交道,除去预期的法律惩罚,而不考虑对其他人的影响吗?很难说,因为这几乎就是反社会者的定义。

---

〔55〕 Elhauge, Sacrificing Corporate Profits,同前注〔8〕,第747~749页、第802页。

〔56〕 同上,第748~749页、第802页。

〔57〕 同上,第751~754页。

〔58〕 同上,第754~755页。

〔59〕 同上,第753~754页。

这是企业实现股东利润最大化义务的核心问题。它不仅允许，而且要求所有公司领导人表现得像公司反社会者一样，无论对其他人的影响如何，都尽可能地实现股东利润最大化，并坚决无视旨在保护其他人利益的任何社会或道德制裁。除非我们认为社会和道德制裁是如此偏离正道，以至于它们净是有害的，否则没有理由采取如此改变；如果我们如此认为，那么适当的改变将是让每个人而不仅仅是企业领导者，都有义务实施带来利润最大化的行为，从而推翻这些偏离正道的社会和道德制裁。[60] 假设我们不认为我们的社会和道德制裁是如此偏离方向，那么利润最大化的义务（对公司或其他任何人）将导致较差的行为，因为它会凌驾于社会和道德惩罚的理想监管之上。[61]

2. 因为股东通常重视利益相关者的利益，利润最大化的义务往往会损害股东的价值

即使人们认为公司领导人有义务使股东价值最大化，但股东往往重视受其公司影响的利益相关者的利益。事实上，一项调查发现：97%的公司股东认为，管理者应该考虑利益相关者的利益；88%的股东认为，公司领导人在考虑向新工厂搬迁以获取利润时，应该在决定搬迁之前权衡对利益相关者产生的影响。[62] 例如，股东可能关心环境，因此，当他们的公司采取某些措施使股东利润最大化但对利益相关者施加过高的环境成本时，股东可能会遭受效用的净损失。利润最大化的义务将要求管理者采取这种利润最大化行动，即使这样做会损害股东效用。[63]

此外，正如我在前一篇文章中所指出的，从结构层面来看，集体行动问题削弱了股东采取有效行动以推进其非货币目标（nonmonetary objectives）实现的能力。[64] 因此，股东往往需要依靠公司领导人为其推进非货币目标。

---

〔60〕 Elhauge, Sacrificing Corporate Profits，同前注〔8〕，第755～756页。

〔61〕 同上，第797～805页、第814～817页。

〔62〕 同上，第793页。

〔63〕 同上，第800～801页。

〔64〕 同上，第740页、第742页、第759页、第792页、第799～800页、第815～817页、第820～825页、第827页。

例如,假设一位收购竞标人成功竞标,其会采取措施以提高公司利润,但会带来现有股东认为过高的环境成本。竞购者将增加公司利润,因此可以提供高于现有股价的溢价。即使每个股东都希望不发生收购,但每个股东都会意识到,其自身决定是否出让自己小部分股份对收购发生与否的影响并不大,但却完全决定了这位股东能否及时获得收购溢价。[65] 因此,每一位股东单独行动,都会有动机出价;即使考虑到他们的环境价值,他们都希望收购不会成功。这一集体行动问题解释了为什么所有州都(通过法规或法院判决)赋予公司领导人明确或事实自由裁量权,在决定是否阻止敌意收购时权衡利益相关者的利益。[66]

这个问题不仅限于对收购要约的回应。股东还存在集体行动问题,这可能会妨碍他们在作出投资决策时考虑到他们的非货币目标。[67] 假设一家公司从事反社会行为(antisocial behavior),虽然此种行为导致利润增加,但从股东社会目标实现层面来看,这种行为会给股东造成净效用损失(net utility loss)。每个股东都会意识到,个人的撤资决定对公司是否继续进行反社会行为影响不大,但肯定会剥夺股东在这些增加的利润中的份额;因此,如果股东采取单独行动,即使对股东效用造成净损害,也会激励他们投资于利润最大化决策的公司。我对股东在进行收购和投资决策时所面临的集体行动问题的分析,在我的文章之后,得到了著名经济学家奥利弗·哈特(Oliver Hart)和路易吉·津加莱斯(Luigi Zingales)的证实,他们使用了一个常见的经济模型得出了类似观点。[68]

人们可能会认为,股东投票是解决此类集体行动问题的自然方法,因为投票允许股东集体行动而不是单独行动。哈特和津加莱斯本人也持此种观点。[69] 但是,股东无法对公司的一般经营决策进行可行的投

---

〔65〕 Elhauge, Sacrificing Corporate Profits,同前注〔8〕,第742页、第820~824页。

〔66〕 同上,第742页、第825页、第827~830页。

〔67〕 同上,第759页、第792页、第799页、第816~818页、第824~825页。

〔68〕 Oliver Hart & Luigi Zingales, *Companies Should Maximize Shareholder Welfare Not Market Value*, 2 J. L. FIN. & ACCT. 247, 251-52 (2017).

〔69〕 同上,第247页、第260~261页、第270~271页。

票,这就是公司法将其交由管理层自由裁量的原因。[70] 此外,即使在股东可就相关问题进行可行投票的情况下,股东也会面临集体行动问题,这可能会妨碍他们在投票时获得足够的信息,以推进其社会目标。[71] 例如,即使股东关心环境,对其投资组合中的每一家公司而言,了解和分析每一项潜在公司行为对环境的影响所产生的成本对每个股东来说都是昂贵的。此外,由于每位股东只有一小部分的投票权,她知道,在知情的情况下投票,对这些公司是否从事股东认为会造成过高环境成本的行为影响不大。因此,即使股东们非常关心环境问题,集体行动问题也会阻碍他们了解足够多的信息,使其难以通过投票推动环保目标的落实。[72]

自从我撰写上一篇文章以来,不同公司之间共同持股的现象日益增多,这使人们更加注意到股东(shareholders)可能会因为营利性的公司行为(profitable corporate action)而遭受净损失(net loss)——此种行为会损害利益相关者(stakeholders)。因为投资者在很大程度上已经转向投资于具有广泛多样化投资组合的基金;所以,投资者不仅经常投资于可能从事一些有利可图的反社会行为的公司,而且还投资于可能受该行为影响的其他公司。由于这种共同持股的增长,从1980年到2017年,任何一家标准普尔500指数公司的股东对另一家标准普尔500指数公司的利润的平均权重从20%上升到70%,对同一行业的另一家公

---

〔70〕 Elhauge, Sacrificing Corporate Profits, 同前注〔8〕,第815页。

〔71〕 同上,第759页、第799~800页、第816~817页、第827页。哈特和津加莱斯忽略了这些信息成本和它们所造成的集体行动问题,因为他们的经济模型假设股东对所涉及的社会问题完全知情。参见 Hart & Zingales, 同前注〔68〕,第253~254页。

〔72〕 股东投票的另一个问题是,即使股东完全知情,他们在很大程度上不受独资经营者会感受到的普通社会或道德制裁的影响。参见 Elhauge, Sacrificing Corporate Profits, 同前注〔8〕,第740页、第758~759页、第798~799页、第814~815页、第827页。真正承受社会制裁和道德制裁的主体将是公司的领导人,因此,必须赋予其相应的裁量权,使其能通过社会道德规范约束公司行为。同上,第740页、第758~759页、第797~805页、第814~817页。但这一问题的本质并不是利润最大化与股东价值的冲突,而是关乎此前讨论的利润最大化逻辑如何凌驾于社会道德规范的约束效力。见本文一(二)第1部分。

司的权重上升到75%。[73] 这意味着,如果一家公司的行为对整个经济中的其他公司造成了环境损害,那么第一家公司的股东将通过对其他公司的投资而遭受平均70%的损害。如果一家公司的行为以其他方式损害了同一行业的客户或供应商,那么,第一家公司的股东也将遭受平均75%的损害。

因此,即使股东只关心自己的个人经济利益,任何特定公司的股东也会越来越强烈地关心损害利益相关者的公司行为,因为这些股东也越来越多地投资于这些利益相关者。因此,对股东利益做出反应的公司领导人可能会越来越多地考虑利益相关者的利益,因为他们的股东都投资于这些利益相关者。与这些激励措施相一致的是,经验证据表明,普通股东的存在增加了公司避免有害环境行为的程度。[74] 每个公司的利润最大化的义务会阻止这种效果,要求每个公司的领导人从事任何能增加该公司利润的行动,即使这些增加的利润被其共同股东所拥有的其他公司的总体环境危害所抵消。即使人们认为企业应该只实现股东利益的最大化,但以这种方式忽视股东利益显然是不可取的。

3. 利润最大化的义务需要打破有效的隐性合同,从而损害事先的公司营利能力

经济文献表明,公司签订法律上不可执行的隐性合同通常是有效

---

〔73〕 See Elhauge, The Causal Mechanisms of Horizontal Shareholding, 82 OHIO STATE L. J. 1, 7-8 (2021). 关于共同持股及其多重影响的爆炸性文献综述,参见 Martin C. Schmalz, Common-Ownership Concentration and Corporate Conduct, 10 ANN. REV. FIN. ECON. 413 (2018); Martin C. Schmalz, Recent Studies on Common Ownership, Firm Behavior, and Market Outcomes, 66 ANTITRUST BULL. 12 (2021)。

〔74〕 See Madison Condon, Externalities and the Common Owner, 95 WASH. L. REV. 1 (2020); José Azar, et al., The Big Three and Corporate Carbon Emissions Around the World (November 27, 2020), J. OF FIN. ECONS. 共同持股的影响并不总是良性的。当跨市场竞争对手之间存在共同持股时,这种持股被称为横向持股,它可能会产生反竞争效应,减少这些竞争对手之间的竞争。See Elhauge, Horizontal Shareholding, 129 HARV. L. REV. 1267 (2016); Elhauge, How Horizontal Shareholding Harms Our Economy—And Why Antitrust Law Can Fix It, 10 HARV. BUS. L. REV. 207 (2020). 在这种情况下,问题在于最佳竞争行为要求企业忽略其竞争行为损害对手利润的事实。但在其他情况下,当共同持股导致企业将其对其他企业造成的有害外部因素(如环境危害)内部化时,共同持股也会产生有益的影响。

和有利可图的。[75] 这种隐性合同有两种类型:特殊的和普通的。

一些隐性合同反映了与利益相关者的特殊理解。这种隐性合同可能促使利益相关者(如工人或社区)向公司授予某些特定利益(如更努力工作或有利的分区审查),但前提是公司经理稍后将适当奖励这些努力或不采取损害利益相关者的行动。[76] 例如,这种隐性合同可能促使培养员工技能,使其对公司(而不是其他公司)更有价值,但前提是公司管理层稍后将行使其自由裁量权,避免将其工资削减到不包括员工在公司的特定人力资本投资价值的水平。[77] 在时间2(time 2),违背这样一个隐性合同(implicit contract)将是符合利润最大化且完全合法的,但是,这会阻止利益相关者与公司签订隐性合同,这些合同在时间1(time 1)是事前利润最大化的。"由于缺乏法律强制力,这种隐性合同的执行必须依靠社会或道德的制裁,以防止违背这种松散的理解,而这种制裁只有在不被法律义务推翻的情况下才会有效。"[78]

经济文献表明,这种隐性合同往往比显性合同更有效率、更有利可图。[79] 主要原因是,通常很难界定相关义务及其条件,特别是考虑到许多义务将取决于未知的未来或有关事项。为了说明这一点,在上面的例子中,隐性合同并不是简单的合同,如果员工在一份合同中工作了几年,他们的工资就永远不会被削减。相反,隐性合同要求员工充分发展其公司特有的技能(而且很难确定他们是否做到了这一点,特别是因为必要的技能可能会随着时间的推移而改变),并防止只削减工资,剥夺员工公司特有投资的价值(这很难界定,特别是在许多事件中,可能因不相关的因素削减工资)。

假设一家公司不能签订这样一份隐性合同,因为利润最大化的义务排除了管理层在事后兑现隐性合同的自由裁量权,而这样做是事后无利可图的。在这种情况下,公司不会签订任何不削减工资的明确合同,因为相关的义务和条件无法在书面合同中明确规定,而替代更明确

---

〔75〕 Elhauge, Sacrificing Corporate Profits,同前注〔8〕,第779~782页。

〔76〕 同上。

〔77〕 同上,第779~780页。

〔78〕 同上。

〔79〕 同上,第779页。

的义务和条件(例如,为公司工作10年的所有员工永远不会被降薪)将是僵化的,在某些突发事件发生时会效率低下。相反,在这个事项上,公司并没有明确或隐含的合同,因此,工人不会做出一些事前就能提高股东利润的公司特定投资。

其他隐性合同不涉及公司和特定利益相关者之间的任何特殊理解,而是涉及每个人都将遵守正常社会和道德规范的一般隐性社会合同。[80] 在这种一般的隐性契约下,利益相关者可能会遵守对公司有利的社会或道德规范,但前提是期望公司会遵守对他人有利的社会和道德规范。如果这样,公司在事后牺牲利润的情况下遵守社会和道德规范的自由裁量权就是事前利润最大化。

这种隐含的理解是,企业管理者将保留以诚实的方式行事的自由裁量权,而不是在后来变得有利可图时通过背弃社会和道德规范来背叛他人。相关经济文献表明了为什么拥有一个值得信赖的品格可以获利。正如该文献所显示的,一个拥有值得信赖的品格的人可以诱导他人与之进行有效的交易,从而使承诺拥有这种值得信赖的品格是有效的和事先有利可图的,即使事后一个人可能通过背弃信任而做得更好。[81] 同样,一家公司如果保持公司经理的自由裁量权,使其能够基于其高尚的品格行事,即使在事后变得无利可图时,也可以与公司进行有效的交易,而这些交易使该公司在事前获利。

事实证明,道奇(Dodge)案中主张利润最大化义务,该案通常被视为他们的主要案例之一,批准这种事后利润最大化的牺牲,以便遵守一种普遍的隐性社会契约,以回报过去赋予的利益。道奇案中的意见表明,它同意美国最高法院先前的一项裁决;该裁决允许一家公司将公司的水提供给市政使用,以换取该市事先授予铺设水管的权利。[82] 这一决定在事后是无利可图的,因为该公司本可以出售水,而该市不可能在没有公正补偿的情况下按照宪法规定剥夺其水权。该公司也没有任何具体的特别隐含的理解,它将在未来向城市提供水。但法院“支持公

---

〔80〕 Elhauge, Sacrificing Corporate Profits,同前注〔8〕,第780~781页。

〔81〕 同上,第780页注125。

〔82〕 同上,第781页。

司的行为,将其作为一种适当的手段,以回报城市在过去(实际上是沉没的)通过允许地下管道而带来的利益”。[83] 简而言之,公司经理人(managers)拥有自由裁量权(discretion)——通过遵守社会与感恩道德来牺牲事后公司利润。理由是,他们知道维持这种自由裁量权才有可能许可公司首先铺设水管——这就促使了城市决定(city decision)事先就是盈利的(profitable)。

贝布丘克和塔拉里塔所倡导的在每一时刻都要实现利润最大化的责任,将迫使公司领导人在有利可图时放弃隐性合同,这将使公司无法诱使利益相关者签订有效的隐性合同。通过阻碍这些隐性合同的签订,利润最大化义务将以损害股东和所有利益相关者的方式降低公司效率和预先的利润率。

4. 为保护利益相关者而牺牲公司利润的有限管理自由裁量权反映了一种有限的代理懈怠,因此可能会取代那些反而会促进管理利益的决策

管理层行使自由裁量权来牺牲股东利益的情形,会受到严格的限制,这是因为这种情形反映了市场监管和法律机制监管的代理懈怠(agency slack)问题。正如我之前的文章所强调的,牺牲公司利润的管理者自由裁量权受到“产品市场竞争(承担过高成本的公司无法生存)、劳动力市场纪律(牺牲太多利润的经理会发现很难找到另一份工作或更好的工作)和资本市场的制约”(如果经理人牺牲了太多利润,那么其持有的股票和股票期权的价值就会降低,甚至可能引发收购要约)。[84] 考虑到股东理性的冷漠,股东投票当然是不完美的,但它也对管理者牺牲股东利益的决定施加了重要约束。[85] 最后,正如我所强调的,管理者牺牲利润的行为受到高级管理人员薪酬方法的进一步制约:如果公司利润较低,高级管理人员薪酬便会降低。[86]

这些市场机制的结合是高度制约的,但并不完善。[87] 公司法为这

---

〔83〕 Elhauge, Sacrificing Corporate Profits,同前注〔8〕,第 781 页。

〔84〕 同上,第 808 页。

〔85〕 同上。

〔86〕 同上,第 808 ~ 810 页。

〔87〕 同上,第 741 页、第 745 ~ 746 页、第 809 页。

些市场约束提供了支持。在公司法明确允许牺牲公司利润以促进利益相关者利益的情况下,它施加了一个合理性约束:禁止过度牺牲利润。[88] 如果公司法允许实施自由裁量权,通过接受与利润最大化的任何紧张联系来牺牲利润,那么至少需要表明与利润的某种可能性联系也会限制利润牺牲。[89] 此外,在涉及控制权出售的特殊情况下,当管理者因为所有这些市场约束变得不那么有效而遇到最后一个时期的问题时,法律确实根据露华浓(Revlon)原则规定了一项可执行的利润最大化义务。[90] 这种市场和法律约束的结合,只允许有限的自由裁量权为进一步的利益相关者而牺牲公司利润。

由于这些市场和法律约束是不完善的,一些牺牲股东利益的代理懈怠总是存在的。[91] 但正是这些不完美之处,使代理懈怠能够促进企业管理者自身的利益。因为这些不完善的约束条件所留下的代理懈怠的总量是恒定的,管理者为促进利益相关者的利益所做的任何利润牺牲都有可能取代以其他方式促进管理利益的利润牺牲。[92] 道德和社会制裁可能会说服公司管理者牺牲公司利润,以避免这种制裁;但鉴于代理懈怠总量是有上限的,这种牺牲很可能取代牺牲公司利润以促进管理者利益的其他决定。[93]

二、贝布丘克 - 塔拉里塔(Bebchuk - Tallarita)论点的非回应性

尽管贝布丘克和塔拉里塔批评了我作为利益相关者的立场,[94] 但

〔88〕 Elhauge, Sacrificing Corporate Profits,同前注〔8〕,第 746 页、第 775 页、第 842 ~ 848 页。

〔89〕 同上,第 746 页、第 777 页、第 842 页。

〔90〕 同上,第 746 页、第 765 ~ 766 页、第 841 ~ 842 页、第 848 ~ 852 页。

〔91〕 同上,第 776 ~ 777 页、第 809 ~ 810 页。Michael C. Jensen & William H. Meckling, Theory of the Firm: Managerial Behavior, Agency Costs and Ownership Structure, 3 J. FIN. ECON. 305, 309 - 10 (1976).

〔92〕 参见 Elhauge, Sacrificing Corporate Profits,同前注〔8〕,第 740 ~ 741 页、第 777 页、第 805 ~ 807 页。

〔93〕 同上。

〔94〕 Bebchuk & Tallarita,同前注〔1〕,第 104 页。

他们实际上没有回应我为我的立场提供的任何分析。他们提供的任何肯定性分析也没有削弱我为我的立场提出的任何论据。相反,他们的大部分分析实际上支持了我的立场的前提。此外,考虑到我的分析,他们的许多论点都存在缺陷。

(一)长期以来显然存在牺牲公司利润的实质性管理自由裁量权

贝布丘克和塔拉里塔没有反驳我的观点,即没有任何公司法规规定存在利润最大化的义务,而且在公司法规解决了这一问题的情况下,他们反而规定公司经理可以权衡利益相关者的利益。〔95〕 事实上,贝布丘克和塔拉里塔承认,32 个州的公司法规允许考虑利益相关者的利益。〔96〕 相反,他们认为应该修改这些公司法规,以施加利润最大化的义务。但重要的是要保持描述性和分析性声明的区别,他们的承认意味着其承认长期以来大多数州都拒绝了利润最大化的义务。

贝布丘克和塔拉里塔也没有提及我的任何分析;这些分析表明,至少截至 2005 年,公司普通法(包括特拉华州)没有采纳利润最大化的义务,而美国法律协会对普通法的重述早就明确拒绝了这种义务。〔97〕贝布丘克和塔拉里塔确实认为,在我之前的文章发表后,2010 年特拉华州高等法院在 eBay 案中的判决表明,特拉华州普通法确实采纳了利润最大化的义务。〔98〕 然而,这个 eBay 案的判决并没有产生贝布丘克和塔拉里塔得出的影响。

首先,尽管威廉·钱德勒(William Chandler)大法官备受尊敬,但 eBay 案是一名审判法官在一个案件中作出的决定。因此,它是否会被视为特拉华州法律的权威性声明,目前尚不清楚。

更重要的是,即使被视为特拉华州法律的明确声明,eBay 案的裁决也是相当有限的。最多,法院认为它不会支持"具体的、明确的、公认的不寻求股东利润最大化"的公司行为。〔99〕 这证实了而非反驳了我

〔95〕 见本文一(一)部分。

〔96〕 Bebchuk & Tallarita,同前注〔1〕,第 105 页、第 115 ~ 118 页。

〔97〕 见本文一(一)部分。

〔98〕 Bebchuk & Tallarita,同前注〔1〕,第 137 页[引用 eBay Domestic Holdings, Inc. v. Newmark, 16 A. 3d 1, 34 (Del. Ch. 2010)]。

〔99〕 16 A. 3d at 34(原文中强调)。

的观点,即使我们将普通法解读为规定了名义上利润最大化义务,也不会改变公司领导人在牺牲公司利润方面拥有大量事实上的自由裁量权的现实;因为根据商业判断规则,法院不会对任何所谓的行动是为了使公司利润最大化的主张进行二次猜测。[100] 在某些方面,eBay 案的裁决只是强调了这一点:只有当公司领导人不仅承认他们牺牲了公司利润,而且不遗余力地具体和明确地这样做时,决策才会无效。避免这种具体、明确的承认是一个很容易达到的标准,也很难消除我所确立的牺牲利润的事实自由裁量权。

事实上,令人惊讶的是,eBay 在应用比一般商业判断规则更严格的标准的情况下,采用了这一极其微弱的限制。在 eBay 案中,备受打击的公司决定采取毒丸(poison)计划,限制少数 eBay 股东收购公司(craigslist)的额外股份。[101] 法院认为,该决定是一种防御性策略,可以巩固管理者并防止控制权的改变,因此不应根据"尊重商业判断的标准"来判断,而应根据"强化审查的中间标准"进行判断。[102] 根据这一标准,董事必须确定所服务的公司目标,并证明他们的行为与这些目标相关联是合理的。[103] 事实上,即使在这种强化标准下,法院也只愿意推翻一项具体和明确承认牺牲公司利润的决定,这使牺牲利润的决定更不可能根据适用于公司领导人普通经营决策的商业判断规则而受到否决。[104]

eBay 案还涉及其他特殊情况;这些情况是过去限制公司自由裁量权的罕见触发因素,不适用于牺牲利润的普通裁量权的行使。在 eBay 案中,拥有 craigslist* 多数股份的两位股东反对第三位股东 eBay 决定通过推出自己的在线分类网站与 craigslist 竞争。[105] 作为回应,大股东要求 eBay 出售其股份;而当 eBay 不出售股份时,大股东(作为董事)决

---

〔100〕 见本文一(一)部分。

〔101〕 16 A. 3d at 6, 28.

〔102〕 同上,第 28 页。

〔103〕 同上。

〔104〕 另见同上,第 35 页(董事不能部署毒丸"以捍卫公开摒弃股东财富最大化的商业战略")(重点补充)。

* craigslist 是一家国外与信息分类有关的网站。——译者注

〔105〕 同上,第 6 页。

定惩罚 eBay，采取一种毒丸，阻止 eBay 在大股东去世后从其继承人手中收购任何股份。[106] 因此，正如在道奇案中一样，被否决的决定涉及大股东和小股东之间的冲突，即大股东利用他们对公司的权力，试图迫使与公司竞争的小股东向他们出售股份。[107] 这种利益冲突引起了对忠实义务的担忧，而牺牲所有股东的利润来保护利益相关者的决定并不涉及忠实义务。

此外，eBay 案涉及类似露华浓的最后期限问题。[108] eBay 案中的最后期限并没有涉及典型问题：在公司作出决定时，决策者离开公司的方式破坏了市场对他们自由裁量权的常规约束。相反，它涉及更严峻的最后时期的问题，即大股东试图在他们自己去世后支配公司的控制权和政策。这意味着，在公司决策生效之时，市场约束根本不适用；因为决策相关者已经去世，并以一种约束未来公司经理和股东的方式在坟墓之外作出裁决。对这一影响的担忧似乎是促使 eBay 作出这一决定的部分原因。[109] 这种最后一段时期和去世后的担忧，并不是由普通的企业决策所引起的，这些决策旨在缓和利润最大化以保护利益相关者。

事实上，eBay 案更重要的一点是，法院没有做任何事情来限制日常现实，即由于 craigslist 的公司领导人拒绝利润最大化，“craigslist 在很大程度上将其业务作为一项社区服务来经营”，拒绝对分类广告收费或将其网站上的广告空间出售给第三方。[110] 简而言之，虽然法院宣布引发利益冲突和最后期限问题的毒丸计划无效；但法院没有干扰企业领导人继续行使经营自由裁量权，牺牲大量企业利润，以使社会受益。因此，该案证实而非反驳了为公共利益牺牲公司利润的实质自由裁量权的存在。

因此，贝布丘克和塔拉里塔没有提出任何反驳我的观点的证据，即公司法从未强制规定利润最大化的义务，而是长期以来（无论明示或

---

〔106〕 同前注〔101〕，第 6 页、第 32 页、第 34 页。

〔107〕 见本文一（一）部分。

〔108〕 见本文一（一）和一（四）部分（解释说，控制权的出售会触发 Revlon 义务，因为在这种情况下，最后时期的问题会破坏普通市场对管理者自由裁量权的限制）。

〔109〕 16 A. 3d at 32.

〔110〕 同上，at 8，34。

暗示)维持了牺牲公司利润以保护利益相关者利益的实质性裁量权。准确理解这一基线对于评估贝布丘克和塔拉里塔的其他主张很重要,即除非他们改变了行为,否则最近否认利润最大化义务的声明一定是虚幻的。

(二)牺牲公司利润以造福利益相关者的自由裁量权仍然是不可避免的,而不是虚幻的

1. 确认牺牲公司利润以造福利益相关者的自由裁量权必然性

如上所述,我之前的文章认为,牺牲公司利润的实质性自由裁量权不仅早已成为法律,而且是不可避免的;因为如果不放弃商业判断规则,就无法消除这种自由裁量,而商业判断规则将造成无法克服的低效率成本。[111] 贝布丘克和塔拉里塔有没有对这一说法提出反驳?没有。相反,其分析反而有力地证实了这一说法。

首先,贝布丘克和塔拉里塔强调,只要公司领导人愿意声称有利于利益相关者的行动有助于长期股东价值,“根据商业判断规则,公司领导人实际上并不面临无法向审查法院证明其决定的重大风险”[112]。因此,他们的分析证实了我之前的观察,即公司领导人声称利益相关者利益和长期股东利润之间存在某种可能的联系,从而无法经得住商业判断规则审查,这并不存在重大风险。因此,它证实了我的观点,即商业判断规则必然赋予企业领导人以牺牲企业利润来造福利益相关者的实质自由裁量权。

同样,贝布丘克和塔拉里塔认为,法律是否允许或授权董事权衡利益相关者的利益没有实际意义,因为无论哪种方式,“商业判断规则都防止法院对董事的决定进行二次猜测……因此,即使有一项规则强制要求董事重视利益相关者的利益,他们在多大程度上会这样做也最终取决于他们自己的自由裁量权”[113]。如果商业判断规则通过防止司法第二次猜测,使赋予利益相关者利益权重的任何授权无效,那么从逻辑上讲,它也会使任何不对利益相关者利益加以重视的授权无效。无论

[111] 见本文一(一)部分。

[112] Bebchuk & Tallarita,同前注[1],第112~113页。

[113] 同上,第115页。

哪一个是强制性的，商业判断规则都意味着任何给予股东或利益相关者利益的权重将最终取决于公司领导人的自由裁量权。这再次证实了我的观点。

当然，我们可以想象摆脱商业判断规则。但是贝布丘克和塔拉里塔并没有对我的观点作出任何回应，即这样做将是低效的，于公司利润有害。[114] 相反，他们的分析自始至终都假定，无论公司法是否规定了不权衡利益相关者利益的义务、权衡利益相关者利益的义务或者权衡利益相关者利益的自由裁量权，商业判断规则都是可取的；它将继续成为理论界关注的对象，并赋予企业领导人在某种程度上权衡利益相关者利益的自由裁量权。[115]

因此，鉴于贝布丘克和塔拉里塔似乎并没有质疑这样一个实际的现实，即公司法总是赋予企业领导人一定的自由裁量权，以牺牲企业利润来造福利益相关者，他们的论点并不支持任何可执行的利润最大化义务。他们的立场似乎可以归结为一个主张，即公司法应该规定股东利润最大化是一个理想的标准，尽管这是不可执行的，并且只有在公司领导人犯了公开承认他们牺牲股东利润这一容易避免的错误时，才会产生影响。

但是，我们为什么会认为这样一个无法执行(unenforceable)的目标恢宏的标准会有任何实用意义呢？如果没有，又何论理想性标准的实用意义。无论利润最大化是不是规定的不可强制执行的理想标准，公司领导人仍然会受到市场的限制，这些限制主要倾向于公司利润的最大化，但这将在一定程度上受到社会和道德制裁的制约。[116] 同样，无论理想的标准是什么，公司领导人在某种程度上仍会受到现实的影响，即股东通常关心利益相关者的利益(尤其是因为他们经常投资于利益相关者)，保护利益相关者自由裁量权通常会增加事前盈利能力(ex ante profitability)。[117] 鉴于这些现实，很难理解为什么坚持一个不可强

---

〔114〕 见本文一(一)部分。

〔115〕 Bebchuk & Tallarita，同前注〔1〕，第102页注20，第112~113页、第115页、第122页。

〔116〕 见本文一(二)第1和第4部分。

〔117〕 见本文一(二)第2和第3部分。

制执行的利润最大化的理想标准会改善行为。

事实上,采用这样一种无法执行的理想标准的主要影响似乎是,公司领导人不会公开宣称其在权衡利益相关方的利益,而是不得不暗中权衡利益相关方的利益,方法是作出牵强的(但实际上是不可审查的)声明,称只有在这样做能增加股东长期利润的情况下,才会考虑利益相关者利益。正如我在之前的文章中所指出的,迫使公司领导人秘密而非公开地权衡利益相关者的利益只会增加代理成本,从边际效果来看,也剥夺了股东掌握关于公司领导人实际所做事情的精准信息。[118]

2. 为什么牺牲公司利润以造福利益相关者的自由裁量权并非虚幻

贝布丘克和塔拉里塔也为牺牲公司利润的自由裁量权是虚幻的说法提供了各种论据。他们所说的"虚幻",似乎并不是(鉴于上述情况)指这种自由裁量权实际上并不存在。相反,他们似乎是指不能指望公司经理人行使这种自由裁量权来保护利益相关者。但他们对这一说法的论证是有缺陷的,主要是因为他们假设了一个不正确的基线(baseline)。

(1)2019 年商业圆桌会议声明。贝布丘克和塔拉里塔认为,牺牲公司利润以保护利益相关者的自由裁量权一定是虚幻的,因为 2019 年商业圆桌会议的声明接受了这一立场,并没有导致各种变化。[119] 但他们在每一点上的论点,都取决于他们对预先存在(pre-existing)的公司法规定的不正确基线的假设。

第一,贝布丘克和塔拉里塔指出,签署该声明的首席执行官们基本上没有寻求董事会的批准,这表明他们不认为新的声明是一个有意义的改变。[120] 但这并不令人惊讶,因为该声明并不是一个有意义的改变,现有的公司法早已确认了存在一种牺牲公司利润以保护利益相关者的公司自由裁量权。[121] 贝布丘克和塔拉里塔的假设并非如此,只是因为他们错误地认为之前的基准线是一种利润最大化的义务,而事实

---

[118] Elhauge, Sacrificing Corporate Profits,同前注[8],第 740~741 页、第 795 页、第 807 页、第 811 页。

[119] Bebchuk & Tallarita,同前注[1],第 94~95 页、第 98~99 页、第 124~139 页。

[120] 同上,第 98 页、第 130~133 页。

[121] 见本文一(一)和二(一)部分。

上这种义务从未存在过。[122] 相比之下，签署2019年声明的公司解释说，它们认为这不是一个有意义的改变，因为这与它们过去的做法一致。[123] 这不是事后的合理解释。正如我在前一篇文章中所指出，早在1989年，商业圆桌会议就已经拒绝了企业领导人有义务实现利润最大化的立场。[124] 可以肯定，1997年商业圆桌会议指出，董事的主要职责是对股东负责，[125]但这与采取股东排他性立场不同，因此与公司法中长期存在的牺牲利润以保护利益相关者的有限自由裁量权相一致。[126] 简而言之，商业圆桌会议在2019年所做的只是正确地陈述了它所知道牺牲利润的自由裁量权的现实，而这种自由裁量权已经存在了几十年。签署该声明的首席执行官们认为，重新确认这一长期存在的原则并不是一项需要董事会批准的有意义的改变，这一事实很难表明该原则赋予了一种虚幻的自由裁量权。

第二，贝布丘克和塔拉里塔指出，签署2019年商业圆桌会议声明的公司一般不会修改公司准则，该准则规定公司应当首先追求股东利益的增加。[127] 同样，这也不足为奇，因为先前的规则已经规定，尽管公司应该主要促进股东的利益；但当追求利润最大化对利益相关者造成损害时，他们可以缓和这种追求。[128] 贝布丘克和塔拉里塔的假设并非如此，因为他们将股东优先权与他们偏好的股东排他性原则混为一谈，[129]而这一原则长期以来一直被公司法所拒绝。

第三，贝布丘克和塔拉里塔强调，2019年商业圆桌会议的声明没有明确说明它是否倾向于保护利益相关者，而不是间接地让股东受益；它没有解决利益相关者和股东的利益可能发生冲突的问题，也没有解

〔122〕 Bebchuk & Tallarita，同前注〔1〕，第98页、第130～133页。

〔123〕 同上，第131～132页。

〔124〕 Elhauge, Sacrificing Corporate Profits，同前注〔8〕，第803～804页。

〔125〕 Bebchuk & Tallarita，同前注〔1〕，第106页。

〔126〕 见本文引言和一（一）部分。

〔127〕 Bebchuk & Tallarita，同前注〔1〕，第98页、第133～137页。

〔128〕 Elhauge, Sacrificing Corporate Profits，同前注〔8〕，第745页；前文I. A部分。

〔129〕 Bebchuk & Tallarita，同前注〔1〕，第91页、第94页、第97～98页、第104页、第106页、第110页、第114～115页、第139页。

释如何权衡这种冲突的利益。[130] 但是,这并不令人惊讶。如上所述,牺牲公司利润以使利益相关者受益的明示自由裁量权(an express discretion)和事实自由裁量权(the de facto discretion)——无论何时,只要能够声称与长期股东价值具有可能的联系,且是由做到这一点的能力所供给的,上述两种自由裁量权之间就几乎没有任何区别。[131] 鉴于前者会带来一些额外的法律风险,但并不会有意义地增加这种自由裁量权,声明(以及许多签署公司的公司准则)转而依赖后者就不足为奇了。这并没有提供证据表明这种自由裁量权是虚幻的。

第四,贝布丘克和塔拉里塔认为,2019 年商业圆桌会议的声明一定是虚幻的,因为它忽略了与要求股东利润最大化的公司法中所谓的冲突。[132] 其论点再次错误地假设一些州的公司法规定了可执行的利润最大化义务,而事实上它们并没有这样做;因为它们要么明确承认牺牲公司利润以使利益相关者受益的自由裁量权,要么隐含地承认根据商业判断规则这样做的事实自由裁量权。[133] 因此,2019 年商业圆桌会议的声明正确地忽略了所谓的冲突,因为根本不存在冲突。

(2)公司领导人的激励。贝布丘克和塔拉里塔认为,公司领导权衡利益相关者利益的任何自由裁量权一定是虚幻的,因为市场约束(包括高管薪酬、资本市场、劳动力市场和控制权市场)为公司领导人提高股东价值提供了有力激励,但却很少激励他们独立地衡量利益相关者的利益。[134] 这些论点都没有反驳我的分析。我的分析依赖于完全相同的市场约束(以及产品市场和股东投票)来解释为什么牺牲公司利润的任何管理者自由裁量权都将限于行使剩余的代理松弛上,因为这些约束必然是不完善的。[135] 只要这种代理松弛不是零,经理们就会有牺牲公司利润以促进利益相关者利益的自由裁量权,因此这种自由裁量权不会是虚幻的。

---

〔130〕 同前注〔1〕,第 98 ~ 99 页、第 127 ~ 129 页。

〔131〕 见本文一(一)和二(一)部分。

〔132〕 Bebchuk & Tallarita,同前注〔1〕,第 99 页、第 137 ~ 139 页。

〔133〕 见本文一(一)和二(一)部分。

〔134〕 Bebchuk & Tallarita,同前注〔1〕,第 92 页、第 99 页、第 140 ~ 155 页。

〔135〕 见本文一(二)第 4 部分。

贝布丘克和塔拉里塔并不否认某些代理松弛是不可避免的。事实上，他们承认，这些市场约束是非常不完善的，以至于公司领导人的代理松弛“非常严重”。[136] 这种严重的代理松弛意味着为了公共利益而牺牲公司利润的重大（但有限制的）自由裁量权。

贝布丘克和塔拉里塔认为，不能期望公司领导人利用其重大的代理松弛来促进利益相关者的利益（而不是管理者利益），因为没有任何市场约束提供任何积极的激励来提高利益相关者福利。[137] 同样，这并没有反驳我的分析，而是证实了我的观点，即公司领导人可以利用固定的代理松弛来促进自己的利益或利益相关者的利益。[138] 如我所指出的，这意味着任何为利益相关方牺牲公司利润的自由裁量权的行使都可能取代牺牲利润，而牺牲利润本来是可以促进管理层利益的。[139] 这种替代效应使为利益相关者利益而行使这种自由裁量权更加可取，对股东的伤害更小。

企业领导人将有动机为了自身利益而行使他们的代理懈怠，这一事实很难使他们行使裁量权以促进利益相关者的利益成为虚幻的。毕竟，这里的目标只是让公司像独资经营者一样对社会和道德的制裁作出反应。[140] 独资经营者的财务利益只会使其自身利润最大化，但独资经营者也希望避免因以违反社会或道德规范的方式伤害他人而遭受的社会或道德制裁。在某种程度上，这些社会或道德制裁削弱了独资经营者实现利润最大化的财务激励。同样，尽管企业领导人有促进自身财务利益的动机，但当他们从事以违反社会或道德规范的方式损害利益相关者的盈利行为时，他们也会受到社会和道德制裁。有时，这些社会或道德制裁会阻止企业领导人采取损害利益相关者的行动。

此外，尽管贝布丘克和塔拉里塔认为相关的市场约束为促进股东利益提供了强有力的激励，这是正确的；但他们错误地认为，这必然意

---

〔136〕 Bebchuk & Tallarita，同前注〔1〕，第 147 页、第 154～155 页。

〔137〕 同上。

〔138〕 见本文一（二）第 4 部分。

〔139〕 同上。

〔140〕 见本文一（二）第 1 部分。Elhauge, Sacrificing Corporate Profits，同前注〔8〕，第 745 页。

味着没有什么激励来支持利益相关者的利益,因为股东本身往往对这些利益相关者的利益有兴趣。[141] 贝布丘克和塔拉里塔拒绝接受这一论点,理由是他们详述的市场约束鼓励企业领导人"只考虑股东的财务利益"。[142] 但是,贝布丘克和塔拉里塔并没有对我的分析作出回应;我的分析表明,隐性特殊合同和普通隐性社会契约往往意味着,牺牲公司利润来保护利益相关者会增加公司的事前盈利能力。[143] 如果一家公司的领导人具有值得信赖的品格,并且有权以可预见的方式遵守这种品格,不会违背这种隐性合同,那么该公司的利润将更高,这意味着在其他公司获得更高的薪酬和就业前景。

贝布丘克和塔拉里塔认为,影响企业领导人的市场约束完全局限于公司股东的财务利益,这种说法也不正确。正如他们所讨论的那样,这些市场约束包括劳动力市场和控制市场,这些市场取决于股东是否愿意保留公司领导人或其他公司的股东是否愿意雇用他们。[144] 如果这些股东看重的不是有争议的特定公司的利润,他们可能不赞成保留或雇用那些从事损害股东所看重的利益相关者的盈利行为的公司领导人。[145] 鉴于普通股持股的激增意味着这些股东将经常投资于那些利益相关者,为避免这些利益相关者受到伤害方面具有经济利益,这种情况尤其可能发生。[146] 实证文献表明,这种普通股增加了公司避免有害环境行为的程度,这表明这种效果绝非虚幻。[147]

(3)私募股权交易中缺乏对利益相关者的合同保护。贝布丘克和塔拉里塔还认为,衡量利益相关方利益的自由裁量权肯定是虚幻的 ,因为在法规允许公司经理在此类交易中考虑利益相关者利益的州,当公司经理谈判将公司出售给私募股权(private equity)时,经理通常不会为利益相关者的合同保护进行讨价还价。[148] 不幸的是,贝布丘克和

---

〔141〕 见本文一(二)第2和第3部分。

〔142〕 Bebchuk & Tallarita,同前注〔1〕,第155页注208。

〔143〕 见本文一(二)第3部分。

〔144〕 Bebchuk & Tallarita,同前注〔1〕,第143~145页。

〔145〕 见本文一(二)第2部分。

〔146〕 同上。

〔147〕 同上。

〔148〕 Bebchuk & Tallarita,同前注〔1〕,第99~100页、第155~158页。

塔拉里塔对合同保护的关注忽略了一点,即保持一些保护利益相关者的自由裁量权的根本原因是处理那些法律约束和显性的合同保护无法有效或高效地处理的情况。[149] 这就是保留自由裁量权以应对社会和道德制裁以及履行特殊隐性合同或普通隐性社会合同的全部原因。[150] 在他们的研究中,贝布丘克和塔拉里塔驳回了“软”承诺,因为其在法律上是不可执行的。[151] 但是,这种软承诺正是隐性合同;而且文献表明,在显性可执行合同无效的情况下,这种软承诺是有效的。[152] 如果显性的合同保护是有效的,那么公司就会有充分的动机在私募股权收购之前采用此种合同,从而消除作为收购一部分而增加显性合同保护的任何必要性。

此外,贝布丘克和塔拉里塔解释说,他们“聚焦于私募股权收购,因为这种收购将资产转移到经理人控制之下,他们有强大的动机来实现财务回报的最大化,往往会给利益相关者带来重大风险”。[153] 这种解释必然假设,在此类收购之前,公司在某种程度上牺牲了公司利润以保护利益相关者;否则,将控制权交给具有更大激励以实现利润最大化的经理人不会给利益相关者带来任何重大风险,因为之前的管理者已经在以对这些利益相关者带来相同风险的方式实现利润的最大化。因此,贝布丘克和塔拉里塔关注私募股权收购的理由本身就证实了当前公司领导人正在行使牺牲利润以保护利益相关者的自由裁量权,因此远不是虚幻的。

贝布丘克和塔拉里塔的逻辑进一步假设,不仅私募股权所有者更有可能伤害利益相关者,而且出售的公司领导人也知道这一点;否则,他们未能就利益相关者的特殊保护进行谈判将毫无意义,因为公司领导人不知道有任何理由与他们进行谈判。这意味着贝布丘克和塔拉里塔的数据集(dataset)是一个有偏见的公司选择,因为它仅限于那些公司领导人愿意出售给更有可能损害利益相关者的私募股权所有者的公

---

[149] 见本文一(二)第1和第3部分。

[150] 同上。

[151] Bebchuk & Tallarita,同前注[1],第156~157页。

[152] 见本文一(二)第3部分。

[153] Bebchuk & Tallarita,同前注[1],第156页。

司。他们的数据集必然排除了那些不愿意进行增加利益相关者损害风险的私募股权交易的公司经理。可以预见的是,他们将是那些更关心社会和道德制裁的人,因此更有可能行使牺牲利润的自由裁量权,以使利益相关者受益。因此,那些愿意进行增加对股东损害风险的私募股权交易的公司经理人,将是那些不太关心避免对利益相关者伤害的公司经理人,他们也不太可能在合同或软承诺的谈判中,行使牺牲利润的自由裁量权来保护利益相关者。这不足为奇。

也不清楚为什么人们会期望私募股权所有者给利益相关者带来更大的风险。毕竟,私募股权所有者也会受到社会和道德的制裁,这些制裁可以抑制他们追求利润最大化的动机,就像对公司领导或独资经营者一样。[154] 私募股权所有者也可能希望通过保留履行可执行的隐性合同的自由裁量权或对其他利益相关者的利益进行估价来增加事前利润;特别是如果私募股权基金的投资者也投资于这些其他利益相关者,这对于通常投资于私募股权基金的多元化机构投资者来说是可能的。[155] 鉴于私募股权基金的所有权由许多有限合伙人投资者持有,私募股权基金通常也会存在一定的代理懈怠,因此,有一定的自由裁量权为利益相关者牺牲公司利润,其方式倾向于替代行使代理懈怠来支持私募股权管理。[156] 如果私募股权基金对利益相关者构成的风险并不比典型的公司经理人更大,那么就没有理由在私募股权收购期间为利益相关者寻求任何特殊保护。

此外,尽管贝布丘克和塔拉里塔声称,[157] 企业领导人"一般"不会采取措施保护利益相关者,但这一事实并不意味着企业经理人从不这样做。这些证据与我的观点完全一致,即公司领导人主要为股东的利益行事,但也保留一定的自由裁量权使利益相关者受益。[158] 相比之下,这些证据与贝布丘克和塔拉里塔的观点不一致;他们认为股东排他性占主导地位,因为这意味着有时公司经理人保护利益相关者。事实

〔154〕 见本文一(二)第1部分。

〔155〕 见本文一(二)第2~3部分。

〔156〕 见本文一(二)第4部分。

〔157〕 Bebchuk & Tallarita,同前注〔1〕,第99页、第156~157页。

〔158〕 见本文引言和一(四)第4部分。

上,根据贝布丘克和塔拉里塔的说法,即使是那些愿意向对利益相关者构成重大风险的私募股权所有者出售股票的公司经理,有时也会为利益相关者协商特殊(合同或软)保护措施。这就着重强调了一定要有强大的社会和道德方面的制裁,偶尔会促进公司管理者代表利益相关者行使自由裁量权。

最后,贝布丘克和塔拉里塔从他们的观察中得出了一个不利的推论,即尽管最近的声明肯定了牺牲公司利润以保护利益相关者的自由裁量权,但近年来公司领导人在私募股权收购中纳入利益相关者保护的程度并未增加。[159] 然而,随着时间的推移,没有这种变化并不令人惊讶,因为牺牲公司利润以保护利益相关者的自由裁量权一直存在,而且最近也没有改变。[160]

(三)为利益相关者牺牲公司利润的有限自由裁量权仍然可取

贝布丘克和塔拉里塔根本无视我的所有论点,即为什么拥有为了利益相关者利益牺牲公司利润的有限自由裁量权在规范上是可取的。考虑到我的规范性分析,不仅表明了他们相反的规范性结论是错误的,而且揭示了他们自己的肯定性分析中的几个缺陷。

1.拥有应对社会和道德制裁的自由裁量权的可取性

贝布丘克和塔拉里塔没有提到我的分析。他们的分析表明,鉴于即使是最佳监管的法律制裁也不可避免地存在过度和不足的威慑力,最佳的监管要求用社会和道德制裁来补充法律监管,而这将被利润最大化的义务并非可取地压制。[161] 此外,他们的部分肯定性、规范性论证忽略了我对揭示他们主张中缺陷所做的分析。

特别是,贝布丘克和塔拉里塔认为,承认存在牺牲公司利润以保护利益相关者的自由裁量权是不可取的,因为这将延迟或阻碍通过更有效的法律法规或税收保护利益相关方的努力。[162] 他们的论点基于这样一个假设,即法律法规或税收总是可以消除社会问题,这忽略了大量

---

〔159〕 Bebchuk & Tallarita,同前注〔1〕,第157页。

〔160〕 见本文一(一)和二(一)部分。

〔161〕 见本文一(二)第1部分。

〔162〕 Bebchuk & Tallarita,同前注〔1〕,第92页、第94页、第101页、第164页、第168~173页、第176~177页。

文献。这些文献表明,由于法律规则和裁决不可避免的不精确性,即使是最理想的法律规则也会留下许多过度威慑和威慑不足的问题。[163] 他们的论点还依赖于一项前提,即依靠自由裁量权而牺牲利润是法律监管和税收的"替代性"策略。[164] 相反,文献表明,优化行为需要用社会和道德制裁来补充这些法律监管和税收,而这些只有在行为人有应对这些社会和道德制裁的自由裁量权的情况下才会奏效。[165] 因此,世界各地都没有把社会或道德制裁作为法律监管或税收的替代策略,而是同时采用这两种策略。它们是互补的,而非替代的。

此外,贝布丘克和塔拉里塔忽视了这样一个事实,即他们追求利润最大化的义务将肯定会通过推翻现有的理论来削弱法律监管的有效性;因为现有的理论不仅允许而且要求公司领导人遵守法律规定,即使违规的预期利润会超过预期的惩罚。[166] 如上所述,这一现有理论通过将法律制裁集中在这些公司领导人身上而提高了法律监管的有效性;因此,改变这一理论转而采用利润最大化的义务,会降低法律监管的有效性。

贝布丘克和塔拉里塔也没有提供任何证据表明,承认保护利益相关者的自由裁量权会延迟或阻滞法律改革,更不用说为他们更大胆的主张提供证据了,即利益相关者主义试图使法律监管成为不必要的。[167] 我不知道有什么证据表明,要求独资经营者(sole proprietors)以合乎道德的方式行事会降低对法律的要求,以确保不道德的独资企业遵守类似的规范,更不用说这些法律是不必要的。我也不知道有任何环保活动家曾建议过,因为公司有保护环境的自由裁量权,所以他们不会要求进行保护环境的法律改革,或者认为这种法律改革是不必要的。

事实上,因果效应可能是相反的。如果大型知名企业也努力保护环境,往往会证明这种环境保护的重要性,并使其不那么具有争议性,

---

〔163〕 见本文一(二)第1部分。

〔164〕 Bebchuk & Tallarita,同前注〔1〕,第94页。

〔165〕 见本文一(二)第1部分。

〔166〕 见本文一(一)部分。

〔167〕 Bebchuk & Tallarita,同前注〔1〕,第176页。

从而在政治上更容易进行法律改革。此外，若大公司从事一些对社会负责的行为，而小公司却没有，也许是因为小公司不太容易受到社会制裁，或者是因为它们不太知名；那么，大公司就有肯定的动机来支持法律改革，迫使其较小的竞争对手遵守同样的行为规范。

例如，考虑一下当大公司宣布它们正在减少碳排放以应对气候变化时会发生什么。这使制定减少碳排放的法律变得更加容易；不仅因为它在政治上证实了气候变化是一个主要问题的立场，还因为大公司更喜欢一个公平的竞争环境。在这个环境中，社会责任感不强的公司也可以减少它们的碳排放任务。

贝布丘克和塔拉里塔抱怨说，那些（像我一样）支持自由裁量权保护利益相关者的人，并没有明确规定一个精确的协议，以确定利益相关者的利益，并将其与股东的利润进行权衡。〔168〕 但是，指导行使牺牲利润的自由裁量权的社会和道德规范往往不需要任何这种无限制的效用平衡。例如，我们都遵守普通的道德规则，讲真话，履行承诺，互惠互利，而不需要每次都对效用的权重进行全面计算。即使相关的社会和道德规范确实包含了更多考虑我们的行为可能伤害他人的程度的开放式义务，这些规范也不一定要精确到令人满意的程度。这只是必然的情况，即与纯粹追求个人私利的选择相比，这些社会和道德规范往往会倾向于使行为朝着理想的方向发展。〔169〕

事实上，如果我们确实认为可以制定一项规则，准确地告诉企业如何衡量对他人的损害，那么就没有理由不在一项也适用于非公司制企业的一般法中这样做，而不是在一些只适用于公司经理人的特殊义务中这样做。〔170〕 但现实情况是，即使是最理想的法律义务也无法触及剩余领域，这恰恰证明了依靠社会和道德制裁的补充策略的合理性；只有在存在应对这些制裁的自由裁量权的情况下，这些制裁才奏效。〔171〕

可以肯定的是，在没有确切的法律规则的情况下，哪些利益相关者

---

〔168〕 同前注〔1〕，第 98 页、第 115 ~ 123 页。

〔169〕 Elhauge, Sacrificing Corporate Profits，同前注〔8〕，第 744 页、第 755 页、第 804 ~ 805 页。

〔170〕 同上，第 743 页。

〔171〕 同上，第 743 ~ 744 页。

的利益应该得到保护以及保护到何种程度,都会引发我们无法达成共识的哲学难题。但这些问题是不可避免的,而且这些问题的困难并不意味着正确的答案是(如贝布丘克和塔拉里塔所假设的那样)施加一个肯定的对利益相关者的利益不加重视的利润最大化义务。毕竟,没有人会认为,正因为我们从未就我们在每一种行为可能影响他人的情况下应该如何准确地采取行动达成过普遍的哲学共识,我们每个人都应该表现得像反社会者一样,无视道德规范,从不考虑我们对他人的影响,并且在受到预期的法律惩罚的情况下,尽可能地最大化我们的个人利益。然而,这正是贝布丘克和塔拉里塔为企业行为所主张的。

2. 认识到股东重视利益相关者利益的可取性

贝布丘克和塔拉里塔没有对我的观点作出规范性回应,即利润最大化的义务通常会损害股东的价值,因为股东通常会对利益相关者的利益给予一定重视。[172] 贝布丘克和塔拉里塔没有解决这个规范性问题,而是回避了它并认为这无关紧要,因为即使这是真的,市场约束也促使公司领导人只考虑股东的财务利益。因此,他们认为公司领导人会考虑股东可能对利益相关者利益施加的任何影响是不切实际的。[173] 基于上述原因,他们错误地认为公司这样做的自由裁量权是虚幻的。[174] 无论如何,这并没有解决对规范性层面的挑战。

事实上,目前还不清楚贝布丘克和塔拉里塔在规范性问题上的立场。假设利润最大化的公司行为会损害股东价值,是出于股东更重视避免对利益相关者的伤害,而不是增加公司利润。贝布丘克和塔拉里塔也许认为企业领导人的职责是采取这种行动——因为这将使企业利润最大化,或者避免采取这种行动——因为这不会使股东价值最大化。

后一个答案出现在许多段落中。在这些段落中,贝布丘克和塔拉里塔将这一义务描述为实现"股东价值"最大化的义务。[175] 但如果是

---

[172] 见本文一(二)第2部分。

[173] Bebchuk & Tallarita,同前注[1],第155页 n. 208。

[174] 见本文二(二)第2部分。

[175] Bebchuk & Tallarita,同前注[1],第97页、第110页。

这样的话，那么其承认，公司领导人不仅可以而且必须考虑利益相关者的损害——只要他们认为股东会关心这些损害；这是常见的，而且随着普通股的增加而变得更加常见。[176] 这将进一步表明，鉴于股东面临的集体行动问题，公司领导人在决定是否阻止收购要约时，可以而且必须(can and must)权衡他们认为股东在多大程度上关心利益相关者的利益。[177] 承认这些例外情形恰恰会牵涉到贝布丘克和塔拉里塔所要批判的利益相关者主义(stakeholderism)。

另一种说法是，贝布丘克和塔拉里塔的本意是，义务是为了使股票价值最大化，在这种情况下，公司领导人有义务采取利润最大化的行动。如果这样，他们有义务采取肯定会损害股东和利益相关者的行动。说管理者必须这么做，很难看出这在规范上有什么吸引力，但避免这种规范性暗示的唯一方法是转而采取第一种立场，从而采取一种符合利益相关者主义的形式。

他们关于规范性立场的这种深刻的模糊性不能通过声称没有实际意义来巧妙地回避。毕竟，因为贝布丘克和塔拉里塔承认，无论哪种方式的义务都无法切实执行，所以我们真正谈论的只是一种期望的义务。[178] 如果一个人要承担一种渴望的义务，他应该能够定义这种期望是什么。

3. 遵守有效隐性合同的自由裁量权的可取性

贝布丘克和塔拉里塔没有提及我的观点，即利润最大化的义务将要求公司在违背利润最大化时违背不可执行的隐性合同，即使这将阻止利益相关者签订对公司事先有利的隐性合同。[179] 这一问题与上一节的问题不同，即股东是否会把一些独立的价值放在避免对利益相关者的损害上。即使股东只关心这家公司的利润，他们不希望企业领导人被迫参与违背隐性合同的利润最大化行为。事实上，股东们更希望通过抑制自己违背这种隐性合同的动机，通过承诺(通过公司法)一种管理体系将遵守隐性合同的自由裁量权交给受制于社会和道德制裁的

〔176〕 见本文一(二)第2部分。

〔177〕 同上。

〔178〕 见本文二(二)第1部分。

〔179〕 见本文一(二)第3部分。

公司经理人,由经理人执行这些隐性合同。

由于这种隐性合同的存在,即使我们关心的只是股东的价值,即使股东看重的只是利润,利润最大化的义务在规范上也是不可取的。这种义务也会损害利益相关者,因为违背这种隐性合同会直接损害他们的利益,也因为这种义务会阻止本来对双方都有利的隐性合同。鉴于这样的义务会同时伤害到股东和利益相关者,显然是不可取的。

考虑到关于隐性合同的经济文献,也揭示了贝布丘克和塔拉里塔的论点中的一个错误,即开明的股东价值和股东价值最大化之间没有真正的区别。〔180〕 他们辩称,如果有益于利益相关者的"开明"决策确实有益于股东,那么这种决策将由股东价值最大化决定,因此这两个标准没有区别。如果利益相关者的决定将在以后产生增加股东利润的效果,这将是正确的;因为这样的决定将使股东利润最大化,而这两个标准是相同的。但隐性合同的时间问题是,只有当公司在以后的时间 2 中维持自由裁量权,通过履行不可执行的隐性合同来牺牲利润时,才可能诱使利益相关者在时间 1 内向公司授予有利可图的利益。开明股东价值的标准将允许公司在时间 2 内不违背隐性合同,因为以这种方式考虑利益相关者的利益对股东来说是事先有利的,尽管时间 2 的决定本身损害了股东的利润和价值。因此,当问题为是否违背隐性合同时,这两个标准会得出不同的结果。在这种情况下,开明的股东价值显然会产生更合乎规范的理想结果。〔181〕

4. 为利益相关者而非经理人的利益行使有限的代理懈怠的可取性

贝布丘克和塔拉里塔也没有回应我的观点,因为市场限制使公司经理拥有有限的代理懈怠,任何为了利益相关者利益而牺牲利润的自由裁量权的行使,都很可能简单地取代那些本来会有利于公司经理的自由裁量权的行使。〔182〕 忽视这一分析会导致他们采取错误的论点,即

---

〔180〕 Bebchuk & Tallarita,同前注〔1〕,第 97 页、第 108 ~ 110 页、第 139 页。

〔181〕 一些开明的股东价值观版本还可能考虑到这样一个现实,即由于股东通常重视利益相关者的利益,考虑利益相关者利益可能是必要的,以避免以降低股东价值的方式损害利益相关者利润最大化决策。在这种情况下,基于本文二(三)第 2 部分详述的原因,标准也可能出现分歧。

〔182〕 见本文一(二)第 4 部分。

利益相关者主义必然会以一种不可取的方式使公司领导更远离股东监督,从而不可取地使公司业绩恶化。[183] 至少从我自己为他们所谓的利益相关者主义所作的论证中可以看出,这并没有起到任何作用。我的分析只是认识到了一个现实情况,即现有的代理懈怠已经给了企业管理者很大的自由裁量权,可以牺牲企业利润来保护利益相关者。我不仅从未主张通过增加公司经理的绝缘性(insulation)来增加代理懈怠,而且我也明确拒绝了这一立场,并认为代理懈怠的有限性是其可取之处的一部分。[184]

他们认为利益相关者主义会增加管理者的绝缘性,这也反映了他们错误的假设,即先前存在的公司法体现了利润最大化的义务,而实际上它始终体现的是牺牲公司利润以保护利益相关者的自由裁量权。[185] 利益相关者主义,至少在我看来,并不是为了增加公司管理者的绝缘性以增加他们保护利益相关者的自由裁量权。它是关于清醒地接受这种自由裁量权早已存在的现实,并清醒地分析现有自由裁量权的规范含义。

(编辑:严　琦　赵　宇)

---

〔183〕 Bebchuk & Tallarita,同前注〔1〕,第 92 页、第 94 页、第 100 ~ 101 页、第 164 ~ 168 页。

〔184〕 见本文引言。

〔185〕 见本文一(一)和二(一)部分。

《证券法苑》(2024)
第四十一卷,第214~247页

当我们谈论股东至上时,我们应该谈论什么*

[美]安·M. 利普顿**著
方姝茜***　杨海峰****译

摘要:“股东至上”可以认为是当今公司治理的主流法律观点。然而,“股东至上”理念是有可能与公司财富最大化的目标相左的。对于真正的私人秩序体系而言,应当优先尊重股东关于公司目标的实际选择,即使这些选择可能与财富最大化目标不一致甚至相背离。在社会多元化的背景下,站在公司背后的股东之间也存在不同的偏好。监管制度也开始更多地关注机构股东对于公司目标的选择,同时个人投资者的意愿也通过诸多技术手段愈发显性化。

关键词:股东至上　财富最大化　假设交易　公司目标

---

* Ann M. Lipton, *What We Talk about When We Talk about Shareholder Primacy*, 69 Case W. Res. L. REV. 863 (2019). 本文已获得作者及原载刊物翻译授权。

** 美国杜兰大学法学院商法与创业学迈克尔·M. 弗莱什曼(Michael M. Fleishman)副教授。

*** 华东政法大学经济法学博士研究生,现任职于上海证券交易所。

**** 君合律师事务所上海分所律师。

引　言

2013年1月，激进投资者Potomac资本入股了一家名为PLX Technology（以下简称PLX）的公司，并通过一系列公开信敦促PLX Technology找到收购者。[1] 当董事会犹豫不决时，Potomac发起了一场代理权竞争，试图用自己提名的人选替换PLX董事会现任的3名成员。其中一名被提名者是Potomac的管理人员埃瑞克·辛格（Eric Singer）。[2] 在各代理人的竞选活动中，Potomac承诺能够快速找到收购者并实现出售，而PLX的现任董事会则概述了其长期改善公司经营的战略。[3] 最终，包括Potomac拥有的9.4%的股份在内的共计70%的PLX股份，投票支持了Potomac的计划。[4]

埃瑞克·辛格在进入PLX董事会后，立即接管了公司出售流程，并最终促成了Avago Technologies Wireless以每股6.50美元的价格对PLX进行收购的交易[5]。而PLX的异议股东就该项并购起诉了PLX董事会，指控其仅追求短期减价出售公司，却牺牲了长期财富最大化的利益，并认为董事会违反了其对PLX的信义义务。[6]

经过审理，特拉华州衡平法院副大法官莱斯特（Laster）认为，辛格作为PLX董事会成员违反了他对PLX股东的信义义务。[7] 他的结论是，辛格的利益诉求与其他股东的利益目标相悖。[8] 对此，莱斯特副

---

〔1〕 In re PLX Tech. Stockholders Litig., No. 9880 - VCL, 2018 WL 5018535, at *1 (Del. Ch. Oct. 16, 2018), aff'd, 2019 WL 2144476 (Del. May 16, 2019).

〔2〕 Id.

〔3〕 Id. at *12.

〔4〕 PLX Tech., Inc., Current Report (Form 8 - K) (Dec. 20, 2013), https://www.sec.gov/Archives/edgar/data/850579/000085057913000104/plxbody8k122013.htm [https://perma.cc/BF66 - ARPE].

〔5〕 In re PLX Tech., 2018 WL 5018535, at *23.

〔6〕 Id. at *12.

〔7〕 Id. at *56.

〔8〕 Id. at *44 ("Absent divergent interests, the Board's sale process in this case would fall within a range of reasonableness.").

大法官就具体裁判理由阐述如下:

一些投资者可能谋求并支持短期的投资战略,并以此作为其谋事的行动标准,以通过这些战略获得经济利益,从而创生出追求短期业绩、牺牲长期财富的不同利益目标。特别是,"激进对冲基金……是没有耐心的股东,他们谋求有价值的投资,并希望其在近期或中期实现投资收益。这些激进对冲基金向管理层提出如何实现价值的建议,并以发起竞争争夺代理权作为威胁公然挑战那些拒绝接受建议的人"。

这个案例中的记录使我相信,辛格及 Potomac 存在通过策划短期出售 PLX 来实现快速盈利的不同利益。〔9〕

莱斯特副大法官的这一观点似乎令人费解。因为仅仅在 8 个月前,PLX 的股东们通过投票使 Potomac 的提名者进入董事会,这明确表示他们拒绝了现任董事会的长期经营规划,而是更倾向于短期出售公司。即使不将 Potomac 自身拥有的表决权计算在内,截至 2013 年 12 月,PLX 的股东投票仍表明:绝大多数 PLX 股东表示,他们更倾向于认可以可能牺牲长期利益为代价来最大化短期收益的战略。然而,尽管有这些显而易见的背景情况,副大法官莱斯特依旧自信地断言,"作为利益共同体的股东们"的利益目标是追求更长期的战略。〔10〕

PLX 案例说明了公司法中一个长期存在(且未解决)的矛盾,即公司目标在多大程度上是由股东个人指令确定的,还是说公司的目标是由其所在州指定而非股东?这一难题就是我在本文中要解决的问题。

关于公司目标的辩论常常徒劳无功。毕竟,无论公司董事的职责是什么,通常只有在股东之间发生争议的情况下这些职责才能被依法履行;在股东没有争议的范围内,他们可以自由地选择他们自己的目标。因此,从这个意义上讲,只要股东的偏好是一致的,他们的选择就能够支配公司的行为。只要股东间的分歧存在(我们可以假设,这种情形在公众公司中永远存在),商业判断规则和派生诉讼的高门槛就

〔9〕 Id. at *41 42 [quoting William W. Bratton & Michael L. Wachter, The Case Against Shareholder Empowerment, 158 U. PA. L. REV. 653, 682 (2010)].

〔10〕 Id. at *41.

起到了防止法院(从而防止州政府)在除最极端情况外的任何情况下介入的作用。

尽管如此，关于董事职责本质的理论问题持续吸引热议是有原因的。首先，无论是在州一级还是在联邦一级，董事职责本质的理论问题为监管设计提供了信息，因此，在制定默认规则和强制规则方面都具有一定影响；其次，虽然尝试去理解公司目标对董事心理产生的影响难以量化，但这种影响应当认为仍然是真实存在的。[11]

更通常而言，有关公司目标是由股东自主选择还是由政府命令强加的讨论，对于确定公司在社会中的角色定位有着十分广泛的影响。如果将公司视作国家的工具，那么公司就应当如政府行为者一样服从于问责和控制机制；如果将公司视作一个完全的私人实体，那么，公司就应当被默认拥有相当广泛的自由。[12]

尽管这一讨论历经时久，但由于股东基础性质已然发生变化，该等讨论时至今日又重新被赋予了紧迫性。只要股东是顺从且沉默的，那么，他们的偏好就应被推定为是为了保持州对公司目标的权威性，同时将相应的州的选择归因于私人决定的方式。然而令人诧异的是，机构投资者让人们看到，股东实际偏好的结果常常与公司理论所预测的结果背道而驰。[13] 正如本文所讨论的，这一转变已经引发了新的一轮有关公司的自我反省，导致在州和联邦层面构建了不一致的法律制度，并促进了确定一系列“真正的”股东的再次尝试，而所谓“真正的”股东的私人偏好与政府试图推进的政策是完全对应的。

---

〔11〕 Stephen M. Bainbridge, Director Primacy: The Means and Ends of Corporate Governance, 97 Nw. U. L. REV. 547, 582 (2003); Lisa M. Fairfax, Easier Said than Done? A Corporate Law Theory for Actualizing Social Responsibility Rhetoric, 59 FLA. L. REV. 771, 810 (2007).

〔12〕 David Millon, Theories of the Corporation, 1990 DUKE L. J. 201, 203.

〔13〕 Joseph A. McCahery, Behind the Scenes: The Corporate Governance Preferences of Institutional Investors, J. Am. FIN. 2905, 2928 29 (Dec. 2016).

一、股东至上的不明确定义

公司法通常被定性为“私”法,这意味着它关注的是个人之间自愿关系的基本规则。[14] 许多现代公司理论建立在公司法“私”法论的理念之上,即公司代表了股东之间的一种(字面上的或象征意义上的)[15]契约,这样的一种契约确定了股东向企业提供资本并支持企业运营的条款和条件。公司“契约”包括了公司董事为股东谋求利益的义务内容(在法律允许的范围内);该项契约内容的理论基础是,作为剩余价值索取权人,如果没有前述董事义务的保证,股东将不愿意进行投资。[16] 这一有关公司目标的理论通常被称为“股东至上”理论,尽管关于法律是否要求股东至上的争论持续不断(甚至关乎于法律是否应该将股东福利置于公司目标中心的争论更多),但大多数评论者可能会同意,无论“股东至上”有什么形式或实际效果方面的缺点,其都应当被认为是准确地描述了当今的法律制度。[17]

那么,应当理解“股东至上”似乎是描述了这样一种制度:在这种制度中,股东们自己确定他们自己的利益目标,并自行决定他们投资的资本应该被导向的最终目标。但是,至少到目前为止[18],它还不是这

---

〔14〕 Thomas W. Joo, Contract, Property, and the Role of Metaphor in Corporations Law, 35 U. C. DAVIS L. REV. 779, 781, 807 (2002).

〔15〕 Id. at 794.

〔16〕 Henry Hansmann & Reinier Kraakman, The End of History for Corporate Law, 89 GEO. L. J. 439, 449 (2001); Bainbridge, supra note 11, at 600.

〔17〕 Hansmann & Kraakman, supra note 16, at 443.

〔18〕 See, e. g., Oliver Hart & Luigi Zingales, Companies Should Maximize Shareholder Welfare Not Market Value, 2 J. L. FIN. & AcCT. 247, 248(2017); Paul Weitzel & Zachariah J. Rodgers, Broad Shareholder Value and the Inevitable Role of Conscience, 12 N. Y. U. J. L. & Bus. 35, 43 44(2015); Adi Libson, Taking Shareholders' Social Preferences Seriously: Confronting a New Agency Problem, 9 UC IRVINE L. REV. 699, 701 (2019); Barnali Choudhury, Serving Two Masters: Incorporating Social Responsibility into the Corporate Paradigm, 11 U. PA. J. Bus. L. 631, 648 49 (2009).

样被描述的。在大多数关于公司目标的理论讨论中，股东至上被理解为公司董事担负使股东的长期财富最大化的信义义务，[19]但这样的理解却似乎并未充分考虑股东自己可能倾向于不同结果的可能性。

对于缺乏经验的观察者而言，也许法律强加给股东长期财富最大化的公司目标与"私"法或私人选择不同；法律所加诸的是一种来自州的指令，它对商业实体的行为进行管理并授予其许可证。然而，许多评论者通过简单的权宜之计来抵制前述理解，即假设长期财富最大化本身即代表了股东所选择的公司目标。[20] 尽管有些评论者也许承认这样的一种公司目标是可以由股东自己修正的，[21]但在公众公司中，人们通常假设股东是分散的、单纯的、被动的，甚至不具备表达他们偏好的能力。因此，这种情况下有关公司目标的默认的假设便起到了控制作用。[22]

但即使在"财富最大化"的公司法理论观点占据上风的时期，股东持股的性质仍然发生了变化。在 20 世纪 80 年代，尽管大多数企业股份的持有人都是自然人，即散户投资者，但机构投资者仍持有了超过 40% 的公众公司股票。[23] 而时至今日，美国 1000 家最大的公司中，机

---

〔19〕 Einer Elhauge, Sacrificing Corporate Profits in the Public Interest, 80 N. Y. U. L. REV. 733, 745 (2005).

〔20〕 FRANK H. EASTERBROOK&DANIELR. FISCHEL, THE ECONOMIC STRUCTURE OF CORPORATE LAW 70 (1991).

〔21〕 Id. at 36; Milton Friedman, A Friedman Doctrine the Social Responsibility of Business Is to Increase Its Profits, N. Y. TIMES, Sept. 13, 1970, at 17 ("在一个自由的企业、私有财产制中，公司高管是企业所有者的雇员。其对雇主负直接责任。该种责任为根据雇主的意愿经营业务，该意愿通常为在遵守社会基本规则的前提下尽可能赚取多的利润……").

〔22〕 William T. Allen, Ambiguity in Corporation Law, 22 DEL. J. CORP. L. 894, 896 97 (1997) ("大部分上市公司形式的效用源于一个事实，即股东是消极的……因此，可见公司法的合理目标在于保护无限期投入公司的资本的长期价值。") (省略强调); Jack B. Jacobs, Does the New Corporate Shareholder Profile Call for a New Corporate Law Paradigm?, 18 FORDHAM J. CORP. & FIN. L. 19, 21 (2012).

〔23〕 Jeffrey N. Gordon, The Rise of Independent Directors in the United States, 1950 2005: Of Shareholder Value and Stock Market Prices, 59 STAN. L. REV. 1465, 1521 22 (2007); Ronald J. Gilson & Jeffrey N. Gordon, The Agency Costs of Agency Capitalism: Activist Investors and Revaluation of Governance Rights, 113 COLUM. L. REV. 863, 874 (2013).

构投资者持有股份的数量高达其流通股的70% ~80%。[24] 而且,机构所有权越来越集中:最大的共同基金公司加在一起,持有了40%的美国上市公司的股票(该份额为投资者中的最大份额)以及标准普尔500指数中88%的成分股。[25] 尽管这些公司通过许多不同的基金持有股票,但其发起人通常都是依赖于一个集中的管理办公室来决定投票政策的。[26] 结果,股东的实际偏好是显而易见(在某些情况下,可见性是法律强制的[27])并且很难被忽视的。而前述实际情况更加明显地反映出,许多股东的偏好并没有延伸到公司目标系对长期财富最大化的追求的假设。

第一,许多股东可能以短期的方式经营。如果市场并非完全有效运作,并且因此无法对公司的长期潜力进行充分的评估,[28]那么,寻求即时回报的股东(或者是因为他们需要变现他们的投资,或者是因为他们作为代理人需要向他们的最终受益人证明其选择)可能就会选择去牺牲长期经营的策略。[29]

第二,一些股东除了对他们的投资收益的渴望,可能还受到道德原则的影响。这些股东投资是为了寻求回报,但是如果能够促进获取其他方面的价值,如保护环境以及尊重公司经营所在地的人权等,他们也

〔24〕 Amy Deen Westbrook & David A. Westbrook, Unicorns, Guardians, and the Concentration of the U. S. Equity Markets, 96 NEB. L. REV. 688, 729 30 (2018) (解释了机构投资者累计持有美国最大的1000家公司73%的股权).

〔25〕 Jan Fichtner et al., Hidden Power of the Big Three? Passive Index Funds, Re - concentration of Corporate Ownership, and New Financial Risk, 19 Bus. & POL. 298, 313 (2017).

〔26〕 Ann M. Lipton, Family Loyalty: Mutual Fund Voting and Fiduciary Obligation, 19 TRANSACTIONS 175, 187 (2017).

〔27〕 Disclosure of Proxy Voting Policies and Proxy Voting Records by Registered Management Investing Companies, Paperwork Reduction Act Release Nos. 33 - 8188, 34 - 47304, IC - 25922, 17 C. F. R. 239, 249, 270, 274 (Apr. 14, 2003) [hereinafter Disclosure of Proxy Voting].

〔28〕 Usha Rodrigues, Corporate Governance in an Age of Separation of Ownership from Ownership, 95 MINN. L. REV. 1822, 1847 (2011).

〔29〕 Id. at 1823; Iman Anabtawi, Some Skepticism About Increasing Shareholder Power, 53 UCLA L. REV. 561, 579 (2006).

愿意放弃最大可能的回报。[30]

第三，股东可能有不同的税务考虑，并且可能会发现一些减少公司财富却能最大化他们个人税后财富的方案，反之亦然。[31]

第四，股东可能有其他的投资（包括他们的工作、持有其他公司的股票以及在公司的债务方面），因此，如果减少其他方面的收益，他们可能宁愿放弃公司最大化回报的目标。有一类例证很明显，即同时拥有目标公司和收购公司股票的股东可能最终会偏重选择其中的一家。[32] 对冲基金可能使用衍生金融工具去除他们所持股票的经济利益，因为某种情形下甚至当股票价值下降的时候，他们反而会得到更多的利益；[33] 劳动基金则可能更喜欢高工资和强大的工会而不是公司股票价值的增加。[34] 前述几则只是若干有限的例子，此外还有无数其他的原因可以解释股东自身的优先选择可能与单个公司的长期财富最大

[30] Cynthia A. Williams, The Securities and Exchange Commission and Corporate Social Transparency, 112 HARV. L. REV. 1197, 1288 (1999); see Max M. Schanzenbach & Robert H. Sitkoff, The Law and Economicsof Environmental, Social, and Governance Investing by a Fiduciary 36 (Harvard John M. Olin Ctr. For Law, Econ., and Bus., Discussion Paper No. 971, 2018), https://papers. ssrn. com/sol3/papers. cfm? abstract id – 244665 [https://perma. cc/LX3F – XUUU]; Elhauge, supra note 19, at 784.

[31] Omri Marian, Is All Corporate Tax Planning Good for Shareholders?, 52 U. C. DAVIS L. REV. 905, 930 31 (2019).

[32] See Ann M. Lipton, Shareholder Divorce Court, 44 J. CORP. L. 297, 311 13 (2019).

[33] Henry T. C. Hu & Bernard Black, The New Vote Buying: Empty Voting and Hidden (Morphable) Ownership, 79 S. CAL. L. REV. 811, 815 (2006); Shaun Martin & Frank Partnoy, Encumbered Shares, 2005 U. ILL L. REV. 775, 779 (2005).

[34] Rodrigues, supra note 28, at 1835. 不足为奇，劳动基金经常使用他们的股东权力推动工人友好型的公司政策。See Michael Katz, NYC Comptroller Calls on CBS, Alphabet to End 'Inequitable Practices', CHIEF INV. OFFICER (Dec. 19, 2018), https://www. ai – cio. com/news/nyc – comptroller – calls – cbs – alphabet – end – inequitable – practices/ [https://perma. cc/JY4V – KJ27]; PJ Himelfarb & Howard Dicker, Institutional Investors and Advisors Pursue Expanded CEO Pay Ratio Disclosure, GOVERNANCE & SEC. WATCH (Dec. 21, 2018), https://governance. weil. com/latest – thinking/institutional – investors – and – advisors – pursue – expanded – ceo – pay – ratio – disclosure/ [https://perma. cc/7SPC – ZXTP]; Emily Chasan & John Gittelsohn, California Pension Trustees Call for Disclosures of #MeToo Costs,

化的目标相左。〔35〕

因此,最近几年,财富最大化和股东选择之间的差异越来越明显。所以,如果我们接受公司目标股东至上的概念,我们就必须解决股东至上的确切含义的问题。

二、法律现状

(一)特拉华州法律

尽管各州对股东至上的态度各不相同,但是特拉华州无疑在公司法制定方面居于"市场领导地位";因此,特拉华州的立法情况可以作为较有意义的分析重点。事实证明,有大量的文献致力于去争论特拉华州法律究竟是强制贯行股东至上,还是相反地允许公众公司的董事为了他们自己的利益而提升其他股东的利益。〔36〕但是,假设特拉华州赞同股东至上,那么,可以认为一直以来在特拉华州相关立法中对股东至上含义的表达都是摇摆不定的。

BLOOMBERG (Jan. 14, 2019, 10:21 AM), https://www. bloomberg. com/news/articles/2019 - 01 - 14/california - pension - trustees - call - for - disclosures - of - metoo - costs; Comptroller Stringer, NYC Funds Call on Portfolio Companies to Immediately End Exploitative Labor Practices, N. Y. C. COMPTROLLER (Dec. 14, 2018), https://comptroller. nyc. gov/newsroom/comptroller - stringer - nyc - funds - call - on - portfolio - companies - to - immediately - end - exploitative - labor - practices [https://perma. cc/YVR7 - PELR]; see also DAVID H. WEBBER, THE RISE OF THE WORKING - CLASS SHAREHOLDER: LABOR'S LAST BEST WEAPON 91 97, 161 62 (2018). 当雇员在公司治理中享有更大的发声权时,他们在帮助管理层免受市场制裁的同时可能得到更多的薪酬,这意味着两类群体间存在隐藏的博弈。See, e. g. , Ronald Masulis et al. , Employee - Manager Alliances and Shareholder Returns from Acquisitions, J. FINANCIAL & QUANTITATIVE ANALYSIS (forthcoming), https://papers. ssrn. com/sol3/papers. cfm? abstractid - 2895745[https://perma. cc/2R3U - 23AV].

〔35〕 See generally Anabtawi, supra note 29, at 577 93 (describing five common tensions that arise between shareholders); Grant M. Hayden & Matthew T. Bodie, One Share, One Vote and the False Promise of Shareholder Homogeneity, 30 CARDOZO L. REV. 445, 477 98 (2008).

〔36〕 Leo E. Jr. Strine, The Dangers of Denial: The Need for a Clear - Eyed Understanding of the Power and Accountability Structure Established by the Delaware General Corporation Law, 50 WAKE FOREST L. REV. 761, 767 74 (2015).

当然，在类似的案件中，特拉华州根本不需要具体说明董事义务的性质。这是因为，在没有证据表明董事存在自我交易或重大过失的情形下，法院通常会遵从董事的商业决定，这种尊重被称为商业判断规则。[37] 这种尊重使法院没有必要明确董事义务的确切边界；如果有股东质疑，一旦董事可能涉及的最明显的不当行为被排除，那么，法院就可以简单地拒绝进一步询问并驳回股东针对董事提出的诉讼请求。

同时，如果一个决定被认为可能扭曲董事的动机（通常是涉及潜在合并或控制权变更的决定），那么，法院就会对董事的行为进行更加深入的审查；[38] 因此，正是在这种情况下，特拉华州的法院对董事义务的描述更为全面。当如此执行时，特拉华州法院会认为董事是基于股东的长期财富最大化的信义义务而行动的。[39] 而在履行这些义务的过程中，董事不需要接受直接来自股东的指示；相反，"董事可以采取其认为对股东有利的善意行为，即使他们知道股东并不同意他们的行为"。[40] 特拉华州的法官在他们的个人著作和法庭外的演讲中也表达了类似的观点。[41] 而这些信息表明，公司长期财富最大化的目标就是由州政府强制规定的。

---

[37] Lipton, supra note 32, at 301 02.

[38] J. Travis Laster, The Effect of Stockholder Approval on Enhanced Scrutiny, 40 WM. MITCHELL L. REV. 1443, 1446 50 (2014).

[39] TW Services, Inc. v. SWT Acquisition Corp., Nos. 10427, 10298, 1989 WL 20290, at *7 (Del. Ch. Mar. 2, 1989); eBay Domestic Holdings, Inc. v. Newmark, 16 A. 3d 1, 34 (Del. Ch. 2010); Virtus Capital L. P. v. Eastman Chem. Co., No. 9808 – VCL, 2015 WL 580553, at *16 n. 5 (Del. Ch. Feb. 11, 2015); see generally J. B. Heaton, The Long Term in Corporate Law, 72 Bus. LAW. 353, 353 57 (2017) (describing Delaware case law).

[40] In re Lear Corp. S'holder Litig., 967 A. 2d 640, 655 (Del. Ch. 2008); see also Robert S. Saunders, Why Majority Voting in Director Elections Is a Bad Idea, 1 VA. L. & Bus. REV. 107, 118 (2006) ["董事不仅仅是被允许，而是他们的信义义务要求他们在诚信经营商业判断规则与股东意愿相反的情况下去选择忽略股东的明确意愿。"（引文从略）].

[41] Stine, supra note 36, at 778; Allen, supra note 22, at 896 97; Myron T. Steele, Continuity and Change in Delaware Corporate Law Jurisprudence, 20 FORDHAM J. CORP. & FIN. L. 352, 360 (2015) ("[E]ngaged ... 股东增加了积极价值判断，作为对董事职权的检验、责任纠正的催化，只要他们的努力聚焦在提升绩效而非提升政府或个人利益。")（重点补充）.

然而,最近的判例法表明,特拉华州的法院可能逐渐倾向于另一种观点,即应当给予股东(尤其是在当今公众公司中占主导地位的机构股东)在选择他们自己的公司目标方面一定程度的自主权。在这方面的判例中,Corwin v. KKR Financial Holdings(以下简称 Corwin 案)应当是最重要的一则案例。[42] 在该案中,特拉华州最高法院打破了一系列先例,该等先例允许法院通过审查并购交易来确保董事为目标公司获得尽可能好的价格,[43] 而与前述先例不同,该法院认为只要充分知情的股东批准了该项交易,法院就不会干扰股东的判断,即认为该交易是"符合股东的最大利益"的交易。[44] 此外,在控股股东收购的情况下,法院也采纳了类似的规则,也即在该等情形中,无利益关系的股东在知情的情况下完成了投票并与独立董事进行了谈判,那么,就不再有任何对该项交易进行司法审查的需要了。[45]

这一转变显然是基于认可机构股东具备理解利害关系并对公司命运作出自主选择的特别能力;而在 Corwin 案之前的许多案例中,特拉华州法院对这一点的认识已经是非常明确的了。[46] 正如特拉华州最高法院前首席法官迈伦·斯蒂尔(Myron Steele)所说,"当一家公司拥有75%的机构股东基础时,那么你似乎并不是他们的监护人。他们完全有能力作出他们自己的决定……"[47]

Corwin 案和它之后的案例表明了相关法律制度在允许股东指导公司目标方面迈出的重要一步。即使公司董事没有通过谈判达成财富最大化的交易,对于交易内容知情的股东也被允许可以去接受这一交易,并且免除时任董事的任何过错。实际上,股东是有很好的理由这样去做的。例如,主导当今投资的大规模多样化基金经常在一笔交易中拥有不

---

〔42〕 125 A. 3d 304 (Del. 2015).

〔43〕 Iman Anabtawi, The Twilight of Enhanced Scrutiny in Delaware M&A Jurisprudence, 43 DEL. J. CORP. L. 161, 169 76 (2019).

〔44〕 Corwin, 125 A. 3d at 306, 314. 特拉华州最高法院也将该规则拓展至通过要约收购完成的并购中。See In re Volcano Corp. Stockholder Litig., 143 A. 3d 727, 743 47 (Del. Ch. 2016), aff'd, 156 A. 3d 697 (Del. 2017).

〔45〕 Kahn v. M & F Worldwide Corp., 88 A. 3d 635, 644 45, 653 54 (Del. 2014).

〔46〕 Lipton, supra note 32, at 317 19.

〔47〕 Steele, supra note 41, at 362.

同的利益目标，并认识到低于最大化的目标股价可能对于他们的收购方或持有目标债务而言反而更优。[48] 而董事们也了解这一情况；因此，他们可以容许股东的偏好对于他们谈判初衷可能产生的影响，并放心地了解到股东的投票亦将免除他们可能涉及财富最大化的任何责任。[49]

因此，从实际效果来看，这些决定表明，相较财富最大化的抽象责任，股东所表达的偏好应该对于公司的目标而言具有更大的影响力。

（二）联邦法律

理论上，除了像银行业这样的少数特殊领域，[50] 联邦政府在公司监管中没有任何作用，因此也不能去定义公司的目标。这就是说，联邦政府是通过其对联邦证券交易和全国性证券交易所的监管逐步更多地将自己渗透进公司治理之中的。[51] 通过对公司行为的直接控制和在特定方向上推动公司的间接信息披露要求的结合，[52] 这些制度既可以推动财富最大化规则，也可以推动要求服从于股东意志的规则。并且，与特拉华州相同，联邦似乎也经常同时推动这两项规则。

联邦政府对公司目标支配的最明显的证据可以在联邦证券法的"重要性"概念中找到。如果在作出投资决定或进行公司投票时，"一个理性的股东有很大的可能性会认为它很重要"，那么该信息就是重要的。[53] 重要性被描述为证券披露制度的"基石"，[54] 因为它是"在面向

[48] Lipton, supra note 32, at 311 13.

[49] See id. at 313; Anabtawi, supra note 43, at 169 72.

[50] Paul E. Lund, Federally Chartered Corporations and Federal Jurisdiction, 36 FLA. ST. U. L. REV. 317, 320 21 (2009).

[51] Roberta Romano, The Sarbanes – Oxley Act and the Making of Quack Corporate Governance, 114 YALE L. J. 1521, 1527 (2005); MARC 1. STEINBERG, THE FEDERALIZATION OF CORPORATE GOVERNANCE 6 (2018).

[52] Donald C. Langevoort & Robert B. Thompson, "Publicness" in Contemporary Securities Regulation After the JOBS Act, 101 GEO. L. J. 337, 358 60 (2013); Hillary A. Sale, Disclosure's Purpose, 107 GEO. L. J. 1045, 1049 63 (2019).

[53] Basic Inc. v. Levinson, 485 U. S. 224, 231 (1988) [quoting TSC Industries, Inc. v. Northway, Inc., 426 U. S. 438, 449 (1976)].

[54] A. A. SOMMER, JR. ET AL., ADVISORY COMM. ON CORP. DISCLOSURE, REPORT OF THE ADVISORY COMMITTEE ON CORPORATE DISCLOSURE TO THE SECURITIES AND EXCHANGE COMMISSION 320 (1977).

投资者的披露文件中包含和排除信息的原则”,[55] 而虚假性(以及由此产生的联邦证券欺诈责任)则是通过未能适当披露来进行衡量的。[56]

从表面上看,重要性标准表明股东本身可以支配公司的目标,因为决定信息是否适合披露的是股东的利益,而不是其他的标准。但是在实践中,实际情况并非如此简单。

首先,美国证券交易委员会(Securities and Exchange Commission, SEC)经常就重要性的定义作出自己的解释,并常常会缩小其含义范围,即仅侧重于包括具有财务重要性的事项。例如,为了应对要求公司披露其社会表现相关信息的压力,SEC 在 1975 年声明,所披露要求必须“主要针对”与赢得“满意回报”相关的信息。[57] 几年后,SEC 的工作人员再次强调,关于公司社会表现的披露信息只有在增加了公司的财务或经营风险时才需要披露。[58] 从结果来看,SEC 有关信息披露的要求常常表明其系基于财务视角对信息重要性作出判断。[59]

---

〔55〕 Id.

〔56〕 See, e. g. , 15 U. S. C. § 77k(a) (2018); 17 C. F. R. § 240. 10b-5(b) (2018).

〔57〕 Notice of Commission Conclusions and Rulemaking Proposals, Securities Act Release Nos. 5627, 11733, 8 SEC Docket 38, 49 (Oct. 14, 1975). 此外,该法案和相关的立法历史也表明,国会的主要期望在于 SEC 的信息披露权威性将被用以要求应当传播可能具有经济重要性的信息。……国会最基础的决定是,在投资关注的范围内,投资者最主要的利益是经济性的。Id. at 43, 49.

〔58〕 STAFF OF Div. OF CORP. FIN. , U. S. SEC. & EXCH. COMM'N, 96TH CONG. , REPORT ON CORPORATE ACCOUNTABILITY: A RE-EXAMINATION OF RULES RELATING TO SHAREHOLDER COMMUNICATIONS, SHAREHOLDER PARTICIPATION IN THE CORPORATE ELECTORAL PROCESS AND CORPORATE GOVERNANCE GENERALLY 247 48, 287 88 (Comm. Print 1980) [hereinafter SEC STAFF REPORT ON CORPORATE ACCOUNTABILITY].

〔59〕 See, e. g. , 17 C. F. R. § 229. 303 cmt. 3 (2018) (聚焦于“重要的事件和不确定性……可能导致财务信息被列报,而该财务信息并非必然表明未来的运营结果或未来的财务状况”。); Commission Guidance Regarding Disclosure Related to Climate Change, 75 Fed. Reg. 6290, 6294 (Feb. 8, 2010) (“关于管理层讨论与分析的披露应当聚焦于重要信息,并剔除无益于理解注册公司财务状况、流动性、资本来源、财务状况和经营结果变化的非重要信息。”); see also Mary Jo White, Chairwoman, Sec. & Exch. Comm'n, Keynote Address at the International Corporate Governance Network Annual Conference: Focusing the Lens of Disclosure to Set the Path Forward on Board Diversity, Non-GAAP, and Sustainability (June 27, 2016) (“在持续性事项对于公司的财务状况或经营结果具有重要性的情况下,上述信息应当被披露。”).

其次，重要性标准的执行（通常是在声称重要信息被遗漏或错误陈述的情况下）通常取决于其财务重要性。之所以如此，部分原因是法院已经建立了大量的判例法来定义重要性的概念，而该等通过判例建立的概念均倾向于排除仅仅与公司所作的道德层面的承诺相关的事项；[60]另一部分原因则是提起私人欺诈诉讼的投资者必须证明虚假陈述导致了其财务损失。[61] 基于前述，这又一次倾向于将财务相关的信息提升到高于促进其他价值的信息之上。因此，这些标准表明，联邦证券法的设计仅仅是为了满足投资者在相关公司中的财务利益；虽然投资者有权考虑其他的利益，但是证券法不会促进或保护这些其他类型的选择。[62]

联邦证券法明确将财富最大化作为公司目标还存在通过另外一项机制体现的情形。金融危机爆发后，国会通过了《多德 - 弗兰克华尔街改革和消费者保护法案》（以下简称《多德 - 弗兰克法案》）。[63] 除了对证券法的其他几项修订，《多德 - 弗兰克法案》还要求公司披露支付给公司高管的报酬占股东总回报的比重。[64] 虽然 SEC 尚未据此制定进一步落实法案这一要求的具体规则，但该项要求的存在表明，国会认为应

---

〔60〕 Ann M. Lipton, Reviving Reliance, 86 FORDHAM L. REV. 91, 101, 112 16 (2017).

〔61〕 15 U. S. C. § 78u - 4(b)(4) (2012). 一些诉讼类型给被告施加了证明其行为未导致财务损失的责任，但并未规定在缺乏由被告行为导致的经济损失的情形下恢复原状的责任。See, e. g., 15 U. S. C. § § 77k(b), (e) (2012).

〔62〕 Similarly, though investors may be concerned about the performance of an entire portfolio of investments rather than the performance of a single company, Lipton, supra note 32, at 309 14, the federal securities laws generally will not allow investors to recover for damage to one company due to misstatements concerning another. See Ontario Pub. Serv. Emps. Union Pension Trust Fund v. Nortel Networks Corp., 369 F. 3d 27 (2d Cir. 2004); but see Semerenko v. Cendant, 223 F. 3d 165 (3rd Cir. 2000). See generally Urska Velikonja, The Cost of Securities Fraud, 54 Wm. & MARY L. REV. 1887, 1891 92 (2013) （描述了 Worldcom 的欺诈行为是如何影响其他公司的表现的）.

〔63〕 Dodd - Frank Wall Street Reform and Consumer Protection Act of 2010, 12 U. S. C. § 5301 (2012).

〔64〕 15 U. S. C. § 78n - 1(a)(1) (2012).

该鼓励管理人员将为股东创造回报置于其他公司目标之上。[65]

事实上,出于证券法目的的财务报告结构本身就已经饱受批评,因为它既鼓励了将财富最大化作为公司目标,也鼓励了短期的财富最大化目标。SEC 要求公众公司每季度发布一次财务报告;[66] 有人认为,这一事实鼓励投资者关注短期表现,而忽视长期价值。[67] 投资者本可以自由地确定其他事项的优先次序,但是联邦法律强制规定的季度报告的重要性则引导了投资者关注的焦点,并将管理层的注意力也重新引导到短期表现上。[68]

尽管如此,联邦法律释放的信号仍旧是模棱两可的,此点亦可从《多德 - 弗兰克法案》中规定的披露要求窥见。在要求披露与股东回报相关的报酬占比情况的同时,《多德 - 弗兰克法案》还要求公司披露首席执行官和员工中位数的收入比例,这一措施的目的是引导人们关注收入不平等的问题。[69] 与《多德 - 弗兰克法案》中要求顾问股东对薪酬组合投票的“薪酬决定权”条款相结合,[70] 这似乎表明国会正在鼓励股东在投票时应考虑公司的社会绩效。SEC 法规还要求公司披露董事会在选择董事候选人时对多样性考虑的程度,[71] 而这再次表明,联邦法律鼓励股

---

〔65〕 Francine McKenna, A Decade After the Crisis, the SEC Still Hasn't Passed Executive Compensation Rules, MKT. WATCH (Sept. 14, 2018, 3:37 PM), https://www.marketwatch.com/story/a - decade - after - the - crisis - the - sec - still - leaves - executive - compensation - rules - unwritten - 2018 - 09 - 10 [https://perma.cc/XR9G - 9D7F]; see also John Filar Atwood, Jackson Calls on Commission to Complete Dodd - Frank Rulemaking, WOLTERS KLUWER SEC. REG. DAILY (Nov. 12, 2018), http://www.dailyreportingsuite.com/securities/news/SRD20181112 [https://perma.cc/UEJ5 - CZD4] [“SEC 主席罗伯特·杰克逊(Robert Jackson)要求 SEC 明确关于追回政策、薪酬与绩效、雇员与董事尽可能对冲的规则。”].

〔66〕 17 C.F.R. § 240.13a 13.

〔67〕 See James J. Park, Do the Securities Laws Promote Short - termism?, 10 U.C. IRVINE L. REV. (forthcoming 2020).

〔68〕 See id.; see also Jeff Schwartz, De Facto Shareholder Primacy (作者存档的工作草案)(主张 SEC 的披露要求使特定股东得以操纵管理层意愿并实现短期财富最大化).

〔69〕 Steven A. Bank & George S. Georgiev, Securities Disclosure as Soundbite: The Case of CEO Pay Ratios, 60 B.C.L. REV. 1123, 1140 41 (2019); Langevoort & Thompson, supra note 52, at 378.

〔70〕 15 U.S.C. § 78n - 1 (2012).

〔71〕 17 C.F.R. § 229.407(b)(3)(vi) (2018).

东在投票时考虑公司绩效而不是财富最大化。

联邦法律也在稳步增加公司内部股东的权力。尽管股东的权力并不精准地反映公司的目标，[72]但它至少暗示了一种允许股东选择公司目标的意图。除了《多德－弗兰克法案》中的“薪酬决定权”条款外，《多德－弗兰克法案》和更早的2002年《萨班斯－奥克斯利法案》都要求在关键的董事会委员会中使用独立董事，[73]而这大概是因为希望这些董事能够更好地响应股东提出的要求。此外，法律制度有关代理投票规则的一系列变化使股东之间的沟通和协调更加容易，从而也使股东更容易向管理层提出挑战。[74]

最后，《证券交易法》第14a－8条允许股东提出决议事项（通常不具有约束力），并将其包含在公司代理投票中供所有股东投票表决。前述规则赋予了股东更多的权力：近年来，该规则被用于要求对公司治理进行改革。例如，取消分级董事会，分离董事长和首席执行官的角色，以及采用多数投票要求等，所有这些都使董事会更加难以要求与股东完全隔离。[75]《证券交易法》第14a－8条修正案允许股东对公司章程提出修改的议案，从而允许股东将他们自己的董事候选人纳入公司代理投票，并且许多公司（屈从于股东的压力）其实已经按此执行了。[76]

然而，该项规则也被解释为将财富最大化的目标重新融入了公司形式，并且具有讽刺意味的是，其实际是通过社会和环境提案实现了这一点。这些提案自1942年该规则制定以来就已经提出，[77]要求公司审查或改变一些被认为会造成社会或伦理问题的行为，如销售半自动武

[72] Some argue, for example, that a limited expansion of shareholder power will enable them to enhance their wealth. See, e. g., Lucian Arye Bebchuk, The Case for Increasing Shareholder Power, 118 Harv. L. Rev. 833, 835 (2005).

[73] 15 U.S.C. § § 78j－1, 3 (2012).

[74] See generally John C. Coffee, Jr. & Darius Palia, The Wolf at the Door: The Impact of Hedge Fund Activism on Corporate Governance, 41 J. CORP. L. 545 (2016).

[75] Id. at 571.

[76] See Press Release, Sec. & Exch. Comm'n, Facilitating Shareholder Director Nominations, Release Nos. 33－9259; 34－65343 (Sept. 15, 2011).

[77] JOEL SELIGMAN, THE TRANSFORMATION OF WALL STREET 270 (2003).

器、[78]基于性取向的歧视,[79]或者使用相对于男性而言不利于女性的薪酬做法。[80]

与社会提案相关的两个问题以及围绕这些提案的使用的规范,都与选择"财富最大化"有关。首先,该规则禁止涉及占公司收入、资产或销售额5%以下的事项的提案。[81] 然而,该规则有一个例外:如果提案与企业"其他方面有重大关联",则该提案是被允许提出的。[82] 多年来,SEC对社会提案的解释都是"其他方面有重大关联"的问题,即使它们只涉及公司运营的次要方面。[83] 然而,最近SEC修改了其指南,明确以与发行人的业务"其他方面有重大关联"为由进行抗辩的提案,必须具有重大运营影响的潜力;而仅仅涉及伦理问题这一事实是不够的。[84] 因此,指南的修改表明,SEC对证券法的解释开始倾向于财务问题优先于股东可能提出的其他问题。

此外,该规则禁止提出任何管理层没有能力执行,或者执行其内容会导致管理层违反法律的提案。[85] 这似乎是为了迎合管理层出于非财富最大化的原因而采取行动应属违法的观点,毕竟股东的提案(即使是那些明显基于伦理考虑的提案)实际上也可能需要一些财务合理性的掩护。例如,倡导公司社会责任的组织As You Sow最近发起了一项提案,要求星巴克报告其在开发环保型咖啡杯方面的进展。[86] 对此,该组织的理由是,如果不能改善杯子的可回收性,可能会导致"星巴克被具有环

---

〔78〕 Trinity Wall Street v. Wal – Mart Stores, Inc., 792 F. 3d 323, 329 30 (3d Cir. 2015).

〔79〕 New York City Emps.' Ret. Sys. v. Sec. & Exch. Comm'n, 45 F. 3d 7, 9 10 (2d Cir. 1995).

〔80〕 Citigroup, Inc., SEC No – Action Letter, 2015 WL 9460205, app. A (Feb. 2, 2016).

〔81〕 17 C. F. R. § 240. 14a – 8(i)(5) (2018).

〔82〕 Id.

〔83〕 SEC Staff Legal Bulletin No. 141 (Nov. 1, 2017).

〔84〕 Id.

〔85〕 17 C. F. R. § § 240. 14a – 8(i)(2), (6) (2018).

〔86〕 Starbucks Corporation: Request for Report on Consumer Packaging, As You Sow (Sept. 29, 2018), https://www. asyousow. org/resolutions/2018/09/27/starbucks – corporation – request – for – report – on – consumer – packaging [https://perma. cc/JW36 – P4M9].

保意识的顾客群抵制",[87]但显而易见,As You Sow 的主要关注点可能不是星巴克的销售数据。

诚然,SEC 不太可能得出认为一项完全出于道德目的的提案违反规则 14a－8 的结论,[88]但提案的支持者(显然说服了 SEC 支持,或者至少是不愿意承担风险)则几乎从未这样做过,如此便导致了这样一种预期:即使股东存在倾向性,公司管理层仍被禁止偏离财富最大化。

总而言之,正如特拉华州的法律一样,联邦法律对股东至上的含义的表达也是摇摆不定的。

三、财富最大化:私人选择抑或公共选择?

(一)作为假设交易的长期财富最大化

支持财富最大化的人认为,所有股东投资都是为了赚取回报;在其他方面股东们的目标可能会有冲突,但在赚取回报这一点上则普遍保持一致。出于这一原因,董事即应该被赋予促进这一股东们共同利益的任务。[89] 在这一命题的讨论中,假设交易方法经常被使用;也即,假设投资者不能事先指定董事的确切义务,那么,如果得不到董事有责任促进其利益最大化的保证,投资者们就不会愿意将资本置于风险之中。[90] 并且如果没有得到董事作出的追求财富最大化的承诺,则股东不仅有可

[87] Id.

[88] 在 1980 年的雇员报告中,SEC 建议与其要求公司披露与经营无关的社会信息,不如由股东运用 14a－8 规则来指定其要求公司基于个案情况披露的信息类型。See SEC STAFF REPORT ON CORPORATE ACCOUNTABILITY, supra note 58, at 277 78 (1980).

[89] Roberta Romano, Metapolitics and Corporate Law Reform, 36 STAN. L. REV. 923, 961 (1984).

[90] Bainbridge, supra note 11, at 600; William T. Allen et al., The Great Takeover Debate: A Meditation on Bridging the Conceptual Divide, 69 U. CHI. L. REV. 1067, 1089 (2002).

能被那些能够执行更精确条款的公司利害关系人所利用[91],而且还有可能被持不同偏好的其他股东所利用。[92]

但假设交易终归是假设的。我们可以想象投资者可能偏好的其他更微妙的交易。例如,如果投资者认为追求公司财富会损害包括股东在内的其他公司利害关系人的利益,那么他们就可能不愿意支持财富最大化准则。投资者事先可能认识到,如果其持有的是多样化的投资组合,那么,他们会更希望组合中单个主体不会以损害投资者所持其他组合中投资的方式将成本外部化。[93] 投资者也可能事先认识到:作为劳动者,他们可能因为低工资和工作条件而受到伤害;作为居民,他们可能因为公司对环境的破坏而受到伤害;他们还可能认识到,公司很可能在政治方面发展强大,并因此能够通过干预立法进程从而保护其利害关系人。[94] 因此,他们可能更愿意为将股东至上用来限制管理层过度行为的安排而据理力争。

事实上,相对合理的假设是,投资者(他们中的大多数都是为退休而

---

[91] Choudhury, supra note 18, at 631, 637 (2009); William W. Bratton & Michael L. Wachter, Shareholders and Social Welfare, 36 SEATTLE U. L. REV. 489, 500 01 (2013); Hansmann & Kraakman, supra note 16, at 449.

[92] Hansmann & Kraakman, supra note 16, at 462; D. Gordon Smith, The Shareholder Primacy Norm, 23 J. CORP. L. 277, 279 (1998); Zohar Goshen & Richard Squire, Principal Costs: A New Theory for Corporate Law and Governance, 117 COLUM. L. REV. 767, 791, 802 (2017).

[93] Jarrad Harford et al., Institutional Cross - Holdings and Their Effect on Acquisition Decisions, 99 J. FIN. ECON. 27, 37 (2011); Madison Condon, Externalities and the Common Owner, WASH. L. REV. (forthcoming), https://papers.ssrn.com/sol3/papers.cfm? abstractid=3378783 [https://perma.cc/V2HL-NC2E]; Jim Hawley & Jon Lukomnik, The Long and Short of It, 41 SEATTLE U. L. REV. 449, 450 (2018).

[94] 那些赞同公司应当为其股东利益经营的人普遍认为,与其通过影响公司目标本身,雇员和其他公司利害关系人可以通过外部规则、合约以及其他社会约束更高效地保护自己。See Larry E. Ribstein, Accountability and Responsibility in Corporate Governance, 81 NOTRE DAME L. REV. 1431, 1432 34 (2006).

储蓄的普通工人，无论直接或者间接[95]）将会认识到政治制度在保护非股东公司利害关系人方面的局限性，并且更愿意让管理层与这些公司利害关系人分享一些公司盈余，至少在一定程度上如此。[96] 如果我们假设少数派投资者因担心过度“分享”公司盈余，而不会愿意在这样的制度设计下进行投资，那么我们还可以假设，如果投资者相信他们的资本会赋予管理人员更多的权力从而以非股东的身份伤害他们，那么这些惧怕公司贪夺强取的投资者也将不会愿意进行投资。

正如假设交易方法的鼓吹者所建议的那样，我们还可以看看商业行为者所达成的实际交易，来检视我们的直觉是否正确。[97] 最近几年，劳动基金越来越积极地坚持他们投资组合中的公司应当重视保护工人们的利益。例如，他们拒绝投资于主张取消福利退休计划、试图用非工会劳工取代工会的基金，他们还推动在公司破产的情况下为工人提供更大的保护。[98] 无论这些私人股本公司的其他客户或他们自己的管理人员（其自身在基金中有财务利益）的偏好如何，实践中有私人股本公司实际满足了这些要求，而这一事实表明在讨价还价具备可能性的情况下，股权投资者可以（也确实）为股东财富最大化以外的事项竭力争取，并

---

〔95〕 Leo E. Strine, Jr., Who Bleeds When the Wolves Bite?: A Flesh - and - Blood Perspective on Hedge Fund Activism and Our Strange Corporate Governance System, 126 YALE L. J. 1870, 1872 (2017)(“典型的美国股票市场个人投资者以工资收入作为主要的财富来源……”).

〔96〕 Weitzel & Rodgers, supra note 18, at 49; Elhauge, supra note 19, at 783 85; cf. Ben Maiden, Retail Investors Eye ESG Factors, Survey Finds, CORPORATE SECRETARY (Apr. 26, 2019), https://www.corporateecretary.com/articles/esg/31589/retail - investors - eye - esg - factors - survey - finds [https://perma.cc/CZW8 - A38E]（散户关注公司的社会绩效）.

〔97〕 EASTERBROOK & FISCHEL, supra note 20, at 34.

〔98〕 WEBBER, supra note 34, at 79 110, 160 62, 190 91; see Michael Corkery, Pensions Get Bolder in Challenging Private Equity on Investments' Human Cost, N. Y. TIMES (Oct. 8, 2018), https://www.nytimes.com/018/10/08/business/toys - r - us - workers - public - pensions - private - equity.html[https://perma.cc/2Q5P - P3VQ]; see also Mark Vandevelde, KKR and Bain to Pay $20m to Former Toys R Us Employees, FIN. TIMES (Nov. 20, 2018), https://www.ft.com/content/3d6ba4dc - ec6d - 11e8 - 8180 - 9cf212677a57 [https://perma.cc/6NCA - DMRU]（州养老基金给私人股本公司施压，要求向下岗工人进行支付）.

且可能寻求保护非股权利害关系人。[99]

因此,问题的关键在于,我们的确可以设想各种各样的假设交易,但却根本不清楚传统的财富最大化标准是不是其中最为合理的交易。[100]

(二)作为政府规划的长期财富最大化

长期财富最大化标准的捍卫者有时也会跳过假设交易的理论,直接转向植根于政府政策的论点:公司应该以最大化长期财富为目标,因为这样做是有益于社会的。例如,有人认为,高股价是公司作为能够为社会提供净增价值贡献者的明显证据,并且仅凭这一点,董事就有理由长期专注于这一目标。[101] 还有人认为,如果仅注重短期目标则可能导致过度激进和冒险的后果,并将伴有对社会经济的系统性冲击。[102] 如果一家公司长期存续经营,那么它将更有可能从事更多的履行社会责任的行为,并为工人提供更好的工作条件,也能够最大限度地减少对环境的危害。[103] 因此,从前述方面来看,"长期股东财富最大化"的公司目标可能又转向成为另外一种说法,即公司应该为他们的利害关系人而非股东经营,但同时要保持股东至上的表象。[104] 事实上,有一种较早提出的观点,认为投资者能够通过剥削劳工和从消费者群体中获得的任何短期利益都将在随后不可避免的企业破产清算中被一笔勾销,因此其假设投资

〔99〕 为表公平,股东可能对有期限的私人股本基金而非无期限的公司讨价还价,因为他们意识到基金行为的短期性是其对管理层不当行为的限制。See Jarrod Shobe, Misaligned Interests in Private Equity, 2016 B. Y. U. L. REV. 1435, 1440.

〔100〕 Daniel J. H. Greenwood, Fictional Shareholders: For Whom Are Corporate Managers Trustees, Revisited, 69 S. CAL. L. REV. 1021, 1103 04 (1996)(主张基于财富最大化本质的管理职责重构,以更好地体现社会价值); Hayden & Bodie, supra note 35, at 449(挑战基于股东异质性现实以及财富最大化弱点的股东至上理论).

〔101〕 Hester M. Peirce, My Beef with Stakeholders: Remarks at the 17th Annual SEC Conference, Center for Corporate Reporting and Governance, SEC. & EXCH. COMM'N (Sept. 21, 2018), https://www.sec.gov/news/speech/speech-peirce-092118 [https://perma.cc/ZZY2-4NPA].

〔102〕 Rodrigues, supra note 28, at 1848.

〔103〕 Id. at 1826; see Emeka Duruigbo, Tackling Shareholder Short-Termism and Managerial Myopia, 100 Ky. L. J. 531, 574 76 (2011).

〔104〕 Heaton, supra note 39, at 364.

者和其他公司利益相关人之间不存在冲突。[105]

公司应该为某种政府所选定的目标而开展经营活动的想法本身其实并不违法；相反，从商业公司诞生之初，公司创始人和特许州之间的这种隐性交易就已经以这样或那样的方式确定下来了。[106] 尽管有人质疑允许州取代私人行为者的选择是否明智，[107] 但很少有人会怀疑这样做究竟是不是在州的权力范围内。

这一问题的难点在于，州试图通过归因于私人行为者来掩盖其政府选择。而作为私人选定的目标，长期财富最大化是不需要更多理由的；它代表了公民按照他们喜欢的方式安排事务的自由，并且对于市场意识形态的追随者来说，私人选定目标甚至可以被认为是公司项目中所有参与者的最佳选择。然而，政府强制为公司规定目标则是（或者应该是）值得商榷的。通过将政府强制规定的目标隐藏在股东选择的概念背后，给人们造成了一种试图使州的政策决定免受挑战的印象。

而上述理解正是那些一开始就反对股东至上理论的人的论点：如果股东至上仅仅代表了一种州的强制规定，即公司董事甚至将促进股东财富凌驾于股东反对之上，那么就应当有理由去选择不同的公司目标以促进成就不同的社会目标，如均等关注财富分配和财富创造的利益相关者中心的目标。[108]

因此，对于一个真正的私人秩序体系而言，可能不得不优先尊重股东关于公司目标的实际选择，即使这些选择可能存在与财富最大化目标相背离的情况。然而，有一种情况也应予以考虑，即在并非所有股东都予以同意的情况下，就应当有能够解决这些分歧的规则。在一些实体中，如有限责任公司，这些规则本身可能是由股东来选择的，但是在股份

---

[105] H. R. REP. No. 57 – 3375, at 4, 18 (1903); see generally Marjorie E. Kornhauser, Corporate Regulation and the Origins of the Corporate Income Tax, 66 IND. L. J. 53, 53 54 (1990) (讨论对进步时代过度资本化的反对意见).

[106] See Stefan J. Padfield, Rehabilitating Concession Theory, 66 OKLA. L. REV. 327, 331 34 (2014); WILLIAM Z. RIPLEY, MAIN STREET AND WALL STREET 8 10, 66 (1927).

[107] Hansmann & Kraakman, supra note 16, at 446 47.

[108] Greenwood, supra note 100, at 1023 26; Hayden & Bodie, supra note 35, at 505.

公司形式中,解决分歧的规则在很大程度上是由州制定的。[109] 而前述规则本身其实也提出了很多新的挑战。

四、实现公司目标

无论选择什么样的目标(长期财富最大化抑或股东至上),我们都必须确定怎样去设计用于实现这一目标的公司法律规则的最佳途径。此时也许我们会步入另一个困境:如果公司目标不是股东至上,那么就很难解释为什么股东可以投票选举公司董事或在公司治理中扮演某种角色。而如果公司目标是股东至上,那么可以认为股东是被赋予了这样一种任务:通过选任董事来实现法律制度所禁止董事追求的优先目标。[110]

最近 SEC 委员海斯特·皮尔斯(Hester Peirce)的评论对上述矛盾进行了阐释。她强烈主张将长期股东财富最大化作为唯一合法的公司目标,[111] 但她也承认,一些投资者可能更希望公司治理能够照顾到员工和当地社区等其他利益相关者的利益。许多投资基金通过承诺尝试实现前述价值偏好来迎合这部分投资者,并且正如皮尔斯委员所认可的,

---

〔109〕 关于公司法强制性规定边界以及是否可被修正的争论由来已久。See John C. Coffee, Jr. , No Exit?: Opting Out, the Contractual Theory of the Corporation, and the Special Case of Remedies, 53 BROOK. L. REV. 919, 939 40 (1988). 例如,州对不同公司类型设置了最低投票要求,并通过成文法和普通法施加了信义义务及信托违规清理机制。这些设置并非完全灵活,但至少可以被修正至事前状态;公司可以选择发行无表决权或超级表决权股票,这将给予部分股东在公司决策中更大的话语权。因此,股东可以选择为了共同的目标而成为一致行动人。Goshen & Squire, supra note 92, at 772; see Dorothy Shapiro Lund, Nonvoting Shares and Efficien Corporate Governance, 71 STAN. L. REV. 687, 716 (2019). 然而,该等结构被采用与否,并不能完全回答有投票权的股东可以追寻何种利益的问题。

〔110〕 这就是为什么有文献致力于研究股东被允许投票。See, e. g. , Stephen M. Bainbridge, The Case for Limited Shareholder Voting Rights, 53 UCLA L. REV. 601, 616 (2006).

〔111〕 Peirce, supra note 101 ("公司董事……对其股东负有公司价值最大化的信义义务。").

根据证券法的相关规定，这些基金有义务兑现它们对自己的投资者的承诺。[112] 因此，在皮尔斯委员看来，某些股东在法律上有义务尝试将公司行为基于长期财富最大化的目标来做一些完全不同的转变，然而，也正是这些股东所投资的公司本身却似乎同时在法律上被赋予了对股东们这些进行转变的努力置之不理的义务。正如她所说：

个人投资者当然可以自由地做出取舍，冒着降低回报的风险去追求他可能拥有的其他利益。某些基金追求既定的社会利益目标也并不是问题，并且这样的基金不在少数。假设这些投资基金已经将相关社会利益等目标作为投资战略的一部分进行了披露，那么它们不仅可以，同时也应当严格遵循它们在披露信息中为自己制定的环境、社会和公司治理（Environmental，Social and Governance，ESG）准则。这类基金的数量在最近几年激增，而寻求将 ESG 标准应用于经济利益的投资者也将发现有许多可供他们投资选择的选项。只要 ESG 投资者不强迫他们所投资的公司采取损害公司长期价值的措施经营，我对这些安排并无异议。[113]

在法律层面要求股东和董事存在利益冲突是一种不切实际的公司治理方法（有人会认为，如果法律制度要求公司董事必须追求股东的长期财富最大化，那么，任何倡导追求社会利益的基金都可能违反证券法并对基金的投资者产生误导）。

讽刺的是，许多长期财富最大化目标的倡导者同时也在支持减少股东权力的论调。[114] 然而，与其赤裸裸地揭露长期财富最大化目标本身的州强制性，他们也可以去主张股东虽然渴望将长期财富最大化作为最终目标，但其可能因无知或经验匮乏而无法对公司治理做出有意义的贡献，并通过这一点来证明其所主张的这一转变是正当的。[115] 但无论哪种路径，长期财富最大化的倡导者都必须努力解决 Corwin 案和其他类

---

〔112〕 Id.

〔113〕 Id.

〔114〕 Leo E. Strine, Jr., Toward a True Corporate Republic: A Traditionalist Response to Bebehuk's Solution for Improving Corporate America, 119 HARV. L. REV. 1759, 1764 66 (2006); see Rodrigues, supra note 28, at 1840 41; see also Bainbridge, supra note 11, at 557 58.

〔115〕 Bainbridge, supra note 11, at 557 58; Dorothy S. Lund, The Case Against Passive Shareholder Voting, 43 J. CORP. L. 493, 532 (2018).

似公司法中明显不一致的问题。

另外,如果股东至上是压倒一切的目的,那么我们可能希望授予股东更多的指导公司行为的权力。[116] 这并不一定是把股东们变成"小管理者";我们可以假设,无论公司目标是什么,公司的董事都有更多的技能和信息去实现公司目标。但是,股东可以被赋权从若干适当的公司目标中作出选择或以其他方式表明相关目标优先顺序,而董事作为管理和执行层,必须服从股东们选择或确定排序的目标。

这就进一步引出了下一个选择困境:避免剥削股东。当股东的权力被最小化时,董事剥削股东的风险是很高的;[117] 当股东被授予更多的权力时,股东剥削其他股东的风险也是很高的。[118] 无论相关机制是否完善,那些以自我扩张方式实施的董事违法行为都是可以被司法部门遏制的,但是法院在处理股东之间的分歧方面,除了回归到公司经营的单一目的是长期财富最大化这一要求,却似乎并没有明确的指南了。[119]

换言之,多数投票权偏好决定公司目标的规则其实并不难想象,但是多数投票权可能并不等同于多数股东。比如,单个控股股东可能持有多数投票权,并且试图通过改变公司的目标来将资产输送给该控股股东的其他投资。简单地说"多数人规则"将导致多数人占有少数人的财富,那么,随之而来的就可能是所有的市场功能失调和混乱。[120]

遵循 Corwin 案和其类似案件的逻辑,有一种可能性,是要求强大股东的自利行为应得到多数非利害关系股东的认可。然而,一旦我们明确承认不同地位的股东偏好优先级也不相同(其中许多人依赖于其他投资

---

〔116〕 Hart & Zingales, supra note 18, at 19 20(建议股东通过股东提案引导董事的行为);Libson, supra note 18(manuscript at 2).

〔117〕 Bebchuk, supra note 72, at 850.

〔118〕 Strine, supra note 114, at 1764 65; Rodrigues, supra note 28, at 1829; see also Goshen & Squire, supra note 92, at 770.

〔119〕 戈登·史密斯(Gordon Smith)认为股东至上标准的起源在于:解决股东之间冲突的需要是客观存在的,然而假设交易的方法则是在此之后发展而生的。See Smith, supra note 92, at 315 20.

〔120〕 See Hansmann & Kraakman, supra note 16, at 460.

或收入来源），那么，就没有机制来确定谁的投票是“不存在利害关系”的了。例如，劳动基金可能因为担心失去工作岗位而抵制企业合并；多元化投资者可能因为同时持有目标公司和收购方的股票而倾向于推动合并。而这些股东中的任何一个都可能被视为“利害关系方”，从而无法提供客观的意见。[121]

这正是特拉华州法院在将更多的权力授予 Corwin 案的股东后所面临的困境。[122] 在最近对特斯拉（Tesla）和太阳能公司（SolarCity）合并的挑战中，不满的特斯拉股东提起诉讼，诉称埃隆·马斯克（Elon Musk）与两家公司的牵连促使特斯拉为取得太阳能公司股份支付了过高的对价。[123] 当被告以特斯拉股东投票赞成为由主张并购交易不存在违反信义义务的情况并提出反驳时，原告也指出许多特斯拉股东同时也是太阳能公司的股东，因此，这些在两家公司均持有股份的股东将从支付的高额对价中获益。[124] 因此，他们主张特斯拉一方的投票并不是完全无利害关系的，并且也不能免除交易实施过程中董事们违反信义义务行为的违法性。[125] 法院在裁判中回避了这一问题，[126] 但这一问题的再次出现只需假以时日。现如今，特拉华州更多地依赖股东投票来决定公司如何运营，而如此一来，在调查股东投票的实际动机方面，特拉华州似乎是打开了潘多拉魔盒。

同样的问题也困扰着伊曼·安纳布塔维（Iman Anabtawi）和林恩·斯托特（Lynn Stout）的提案，即信义义务应该赋予公司中有影响力的、能够对特定公司行为施加控制的股东。[127] 但如此而为的难点在于，当股

---

〔121〕 See Lipton, supra note 32, at 325（讨论了以原则方式解决这些争议的不可能性）.

〔122〕 See id. at 321 25.

〔123〕 Second Amended Verified Class Action and Derivative Complaint at 4, In re Tesla Motors S'holder Litig., 2018 WL 1560293 (Del. Ch. Mar. 8, 2018) (No. 12711 - VCS) [hereinafter Tesla Class Action].

〔124〕 Id.; In re Tesla Motors S'holder Litig., No. 12711 - VCS, 2018 WL 1560293, at * 10 n. 183 (Del. Ch. Mar. 8, 2018).

〔125〕 Tesla Class Action, supra note 123, at 5.

〔126〕 In re Tesla Motors S'holder Litig., 2018 WL 1560293, at * 10 n. 183.

〔127〕 Iman Anabtawi & Lynn A. Stout, Fiduciary Duties for Activist Shareholders, 60 STAN. L. REV. 1255 (2008).

东偏好出现分歧时,这一股东信义义务的应然内涵就不那么明显了。[128] 此外,对特定公司行为行使控制权的股东可能也不在少数;除了典型的激进投资者,就连共同基金这类股东也常常对公司行为具有相当大的影响力,并可能与激进投资者合作或至少为其提供一些支持。[129] 因此,对激进投资者的关注,一方面区分出了所谓有影响力和有偏见的股东;另一方面则区分出了所谓无影响力和无偏见的股东,但这种区分方式可能无法准确反映出股东的基础性质。

虽有上述,也并不完全都是坏消息。在一些例子中,由股东自由引导公司目标也许能够催生达成为更多公司利害关系人争取受益交易的结果。以激进对冲基金为例,这些实体通过收购目标公司的重要但少数的股权并说服其他股东支持他们的振兴发展公司的计划来赚取收益;从这方面来看,这些基金更像是信息和治理的中介,他们是拥有实施特定公司干预行为的资源和动机的,但是其他持多样化目标主张的股东就无法做到这一点了。[130] 与此同时,许多激进投资者发现,它们所依赖的共

---

[128] 此外,安纳布塔维和斯托特提出,无利害关系股东可以被一名信义股东要求去批准任一自利方案。See Anabtawi & Stout, supra note 127, at 1302. 这和特斯拉案面临相同的问题:如果所有股东都拥有被法院认可的个人利益,就没有办法识别谁是"无利害关系"股东。相应地,如果股东所持有股份的经济利益已经过筹划对冲,则股东应当失去完整的投票权利。See, e. g. , Lawrence Summers, Ending Quartley Reports Will Not Stop Corporate Short – Termism, FIN. TIMES. (Sept. 3, 2018), https://www. ft. com/content/893fa038 – af51 – 11e8 – 87e0 – d84e0d934341 [https://perma. cc/5258 – A42Z]; Martin & Partnoy, supra note 33, at 793 94. 但筹划对冲并没有明确的边界。See Frank Partnoy, U. S. Hedge Fund Activism, in RESEARCH HANDBOOK ON SHAREHOLDER POWER 99, 106 (Jennifer Hill & Randall Thomas eds. , 2015). 这提出了一个问题,存在部分筹划对冲时,我们是否可以排除投票权?通过类似公司进行筹划对冲呢? See, e. g. , Henry T. C. Hu & Bernard Black, Empty Voting and Hidden(Morphable) Ownership: Taxonomy, Implications, and Reforms, 61 Bus. LAW. 1011, 1034 (2006); see also Hu & Black, supra note 33, at 889 (将规则相关的"技术困难"描述为"可怕的").

[129] Sarah Krouse et al. , Meet the New Corporate Power Brokers: Passive Investors, WALL ST. J. (Oct. 25, 2016, 10:41 AM), https://www. wsj. com/articles/the – new – corporate – power – brokers – passive – investors – 1477320101 [https://perma. cc/3SKC – 5HT4]; Gilson & Gordon, supra note 23, at 896.

[130] Gilson & Gordon, supra note 23, at 896.

同基金和养老基金似乎对某些类型的公司治理改革饶有兴趣，并对那些可能损害债权人和员工等非股东公司利害关系人的金融工程技术行业投资标的持抵制态度。基于前述，这两类基金已经开始制定折中方案。例如，一家对冲基金正在与养老基金 CalSTRS 合作，专注于将与公司行为相关的某些外部负面影响降到最低，[131] 而其他对冲基金则主动撤回对投资目标企业的金融干预并开始寻求更多的治理改革。[132] 新的股东权力制度，加上集中和制度化的股东的基础性质，为持不同目标诉求的股东形成联合体提供了可能。

然而，这并不是说我们已经达到了股东权利制度的理想境界；彼此互投赞成票可能是达成折中方案的一项基础，但却也可能导致那些被认为不够重要、不足以为之主张据理力争的股东的利益被湮没在相互支持、彼此同意的赞成投票中，[133] 并可能因此导致对现实世界经济活动的严重扭曲。[134] 也就是说，在一个机构投资者持有市场上 70% ~80% 的公司股权并且往往由这些机构投资者代表积攒退休储蓄的普通工人的

---

〔131〕 Anne Sheehan, Letter from JANA Partners & CalSTRS to Apple, Inc., HARV. L. SCH. F. CORP. GOVERNANCE & FIN. REG. (Jan. 19, 2018), https://corpgov.law.harvard.edu/2018/01/19/joint - sh - areholder - letter - to - apple - inc/ [https://perma.cc/BFA4 - BCEF].

〔132〕 Ian Appel et al., Standing on the Shoulders of Giants: The Effect of Passive Investors on Activism 3 4, REV. OF FIN. STUD. (forthcoming), https://ssrn.com/abstract - 2693145 (为了实现公司拥有大量消极投资者的目标，激进人士带来了更多的治理变革和更少的政策变化，如增加支出); Cara Lombardo, Elliot Management Goes on Charm Offensive, WALL ST. J. (Oct. 8, 2018, 5:30 AM), https://www.wsj.com/articles/elliott - management - goes - on - charim - offensive - 1538991001 [https://perma.cc/8YZV - GM38]; Matt Levine, Don't Steal the Bribe Money, BLOOMBERG (Nov. 2, 2018, 11:09 AM), https://www.bloomberg.com/opinion/articles/2018 - 11 - 02/don - t - steal - the - bribe - money (描述了一支较竞争对手采用更多合作策略、更少对抗策略的对冲基金).

〔133〕 Anabtawi, supra note 29, at 595.

〔134〕 See Jeffrey N. Gordon, Shareholder Initiative: A Social Choice and Game Theoretic Approach to Corporate Law, 60 U. CIN. L. REV. 347, 377 (1991) (解释了经济如何因为投票机制而被扭曲).

世界中(其他新增投资则是为了推进社会或环境改善[135]),股东之间讨价还价、相互据理力争的制度体系,可能在事实上能够产生一些看似合理的结果。

五、回归的假设交易理论

也许是因为股东存在不同偏好的现实太过复杂而难以管理,而公开允许州强加公司目标的紧张局面又让(表面上)以私人命令为前提的制度难以承受,一些人试图通过专门关注散户投资者而不是他们投资的机构载体来打破这种复杂的局面。因为散户投资者的偏好一如既往地难以评估(并且,出于上文给出的原因,假设交易是不确定的)。于是,我们不得不面对这些偏好究竟是什么的不同描述。但是,所有人都有一个共同的最终目标,那就是在维持私人命令假象的同时实现州的控制和统一。[136]

例如,许多散户投资者通过受《雇员退休收入保障法》(The Employee Retirement Income Security Act,ERISA)[137]监管的养老金计划进行投资,因此,每一届新的总统行政部门都会对 ERISA 计划受托人对其受益人的信义义务作出新的解释。布什和特朗普政府都颁布了指导意见,建议 ERISA 受托人应最大限度地减少对公司治理的参与,并避免将公司

---

[135] Silvia Merler, The Rise of "Ethical" Investing, BRUEGEL (Oct. 29, 2018), http://bruegel.org/2018/10/the-rise-of-ethical-investing/ [https://perma.cc/75Z2-JFDQ].

[136] See Greenwood, supra note 100, at 1066 (将通过投资工具接触市场的散户投资者描述为"机构投资者的虚构股东").

[137] Anita Krug, The Other Securities Regulator: A Case Study in Regulatory Damage, 92 TUL. L. REV. 339 (2017).

活动可能对劳工或环境造成的影响等“社会”目标纳入考量。[138] 相反，奥巴马政府采取了更加宽松的态度，在这一问题上给予 ERISA 计划受托管理者们更大的自由裁量权。[139]

评论者们也提出了同样的观点。根据上文所述的另一种假设交易方法，许多人利用普通民众的直觉，甚至是民意调查，得出散户投资者希望公司的行为符合某种社会责任标准的结论；因此，认为公司本身以及投资载体都应该为促进这些利益而行动。[140] 其他人则转向了相反的方向：为了限制股东参与公司治理，他们主张散户投资者“只是想赚取尽可能高的经风险调整后的财务回报”，正因如此，当共同基金在追求社会利

[138] 29 C. F. R. pt. 2509 (2016)［“负责任的受托人应仅考虑与计划投资的经济价值相关的因素。如果负责任的受托人合理地确定投票成本(包括必要时确定如何投票的研究成本)可能超过投票的预期经济效益……受托人有义务避免去投票.”］; U. S. DEP'T OF LABOR, EMP. BENEFITS SEC. ADMIN., FIELD ASSISTANCE BULL. No. 2018 - 01, INTERPRETIVE BULLETINS 2016 - 01 AND 2015 - 01 (Apr. 23, 2018), https://www. dol. gov/agencies/ebsa/employers - and - advisers/guidance/field - assistance - bulletins/2018 - 01 [https://perma. cc/ QU9G - 5RU3] (“受托人在做出决策时，不得过于轻易地将 ESG 因素视为与所讨论的特定投资选择具有经济相关性……个人计划投资者与上市公司董事会或管理层进行直接谈判时通常会产生的巨额费用，而他们却将此归咎于‘该计划是不合适的’，‘该计划只是众多投资者之一’……或‘经常产生重大计划费用’等。例如，为股东决议的宣传、新闻或邮寄活动提供资金，召开特别股东大会，或发起或积极赞助与此类公司有关的环境或社会问题的代理人之争。”); see also id. at n. 6 (“在决定是否以及在多大程度上将特定基金作为指定的投资选择时，受托人通常必须只考虑与计划参与者和受益人在其退休收入中的利益相关的因素。除非仅基于其经济价值判断所选择的投资与其他投资选项效益相等或更优先，否则指定投资选择方案的决定可能不会受到非经济因素的影响。”). 在最近的一项行政命令中，特朗普总统指示劳工部为 ERISA 的代理投票计划制定新的指导意见，显然是为了确保关注财富最大化。Exec. Order No. 13868, 84 Fed. Reg. 15495 (Apr. 10, 2019). 该命令在其公告中显得异常直接，即“公司对股东负有信义义务，即努力实现股东回报最大化，以符合公司的长期增长”。Id.

[139] 29 C. F. R. pt. 2509 (2016) (暗示布什的指导意见可能被“误解”为需要对 ESG 因素进行具体的成本效益分析，而事实上，受托人可能“认识到，尽管很难量化，但长期财务利益可能来自投票选择代理人时深思熟虑的股东的参与……或以其他方式行使的股东权利”；承认人们对社会因素和股东参与的好处越来越感兴趣).

[140] Scott Hirst, Social Responsibility Resolutions, 43 J. CORP. L. 217, 230 31 (2018) (依赖于普遍投票数据); Elhauge, supra note 19, at 792 93; Weitzel & Rodgers, supra note 18, at 81 86.

益或试图在指导公司行为方面扮演重要角色时,就会违反它们对其受益人应负的信义义务。[141] 现任 SEC 主席杰伊·克莱顿(Jay Clayton)显然同情后一类人:在最近的一次演讲中,他表示担心受托代表投资人行使投票权的共同基金可能无法充分代表"主流投资者"。[142] 表达这一观点的同时,他也提出了一个问题:"(共同基金的)投票决定是否让这些股东的基金价值最大化了?"[143]

特拉华州法官也采取了类似的做法。前首席大法官维齐(Veasey)将机构投资者和真正的"潜在投资者"区分开来,他认为前者是在意短期利益的,而后者则是在意长期前景的,这种区分主要用以证明最小化股东权力能够避免公司经营中过度(短视)冒险的合理性。[144] 现任首席大法官斯特林(Strine)也持同样观点,[145] 他建议机构股东应当承认并同步考虑其散户受益人的(推定的)利益,不仅包括公司的长期财富最大化利益,也包括能够确保经济产生工作条件安全的稳定工作,以及同时

---

[141] George David Banks & Bernard Sharfman, Standing Up for the Retail Investor, HARV. L. SCH. F. CORP. Gov. FIN. REG. (June 10, 2018)(原文强调). 这些情绪是由企业游说团体 Main Street Investors 的代表表达的。See Andrew Ross Sorkin, What's Behind a Pitch for the Little - Guy Investor? Big Money Interests, N. Y. TIMES (July 24, 2018), https://www. nytimes. com/2018/07/24/business/dealbook/main - street - investors - coalition. html [https://perma. cc/JA9C - VJKT]; see also Phil Gramm & Mike Solon, Keep Politics out of the Boardroom, WALL ST. J. (July 18, 2018, 6:28 PM), https://www. wsj. com/articles/keep - politics - out - of - the - boardroom - 1531952912 [https://perma. cc/E8GP - NAJR].

[142] Jay Clayton, Chairman, Sec. Exch. Comm'n, Remarks at the Practicing Law Institute 49th Annual Institute on Securities Regulation: Governance and Transparency at the Commission and in Our Markets (Nov. 8, 2017), https://www. sec. gov/news/speech/speech - clayton - 2017 - 11 - 08 [https://perma. cc/G5J9 - 7ACE].

[143] Id. 在这方面,克莱顿主席支持共同基金监管结构。在要求共同基金披露其代理投票行为时,SEC 解释称,这样做将使散户投资者能够"确定……他们现有的基金经理是否充分实现了价值最大化"。See Disclosure of Proxy Voting, supra note 27.

[144] E. Norman Veasey, The Stockholder Franchise Is Not a Myth: A Response to Professor Bebchuk, 93 VA. L. REV. 811, 815 16 (2007).

[145] Strine, supra note 114, at 1764.

能够保护和维护环境。[146]

因此，随着股东在公司形式中获得更大的权力，新的监管制度也在尝试通过借助“让机构股东的行为与其受益人的（想象的）偏好更加一致”之名，来更多地对机构股东予以关注。[147] 通过关注并控制股东，单一的公司目标可以再次被写入法律，而同时再次将对于不同偏好可能性的关注进行搁置也似乎不会有多大问题。[148] 如此看来，纷争止于争论伊始，如果将沉默的散户股东作为一张空白的画布，那么是可以在这张画布上投射出理想的、可管理的公司目标的。

结　论

副大法官莱斯特（Laster）对 PLX 的裁决可以被视为永无止境的公

---

〔146〕 Leo E. Strine, Jr., Securing Our Nation's Economic Future: A Sensible, Nonpartisan Agenda to Increase Long-Term Investment and Job Creation in the United States, 71 Bus. LAW. 1081, 1082, 1094 95 (2016); Leo E. Strine, Fiduciary Blind Spot: The Failure of Institutional Investors to Prevent the Illegitimate Use of Working Americans' Savings for Corporate Political Spending 45 49 (Univ. Pa. Law Sch. Inst. Law & Econ., Research Paper No. 19-03, Dec. 20, 2018), https://papers.ssrn.com/sol3/papers.cfm?abstract id-3304611 [https://perma.cc/42HF-HSUA].

〔147〕 首席大法官斯特林就这一点详细介绍了具体的政策建议。See Leo E. Strine, Jr., One Fundamental Corporate Governance Question We Face: Can Corporations Be Managed for the Long Term Unless Their Powerful Electorates Also Act and Think Long Term?, 66 Bus. LAW. 1 (2010). 当然，首席大法官斯特林的直觉可能是错误的。例如，尽管首席大法官斯特林认为散户投资者更希望“大型烟草”和各种对环境不友好的行业被他们的机构投资工具吸纳，参见 Strine, Fiduciary Blind Spot, supra note 146 at 45 49，但他并没有考虑到许多散户投资者可能受雇于这些行业。Id.

〔148〕 此外，SEC 目前正在考虑是否对代理顾问（指导机构如何投票的实体）的活动施加更大的限制。See Gabriel T. Rubin, Companies Call for Oversight of Firms That Advise Shareholders, WALL ST. J., Mar. 19, 2019, https://www.wsj.com/articles/companies-target-firms-that-advise-shareholders-11552987800 [https://perma.cc/MQB9-J26X]. 代理顾问使机构更容易、更具成本效益地参与公司治理。See Andrew F. Tuch, Why Do Proxy Advisors Wield So Much Influence? Insights from U.S.-U.K. Comparative Analysis, B.U.L. REV. (forthcoming), https://papers.ssrn.com/sol3/cf dev/AbsByAuth.cfm?per id-366342 [https://perma.cc/H6VN-5T7B].

司法辩证法的自然延伸。如果没有令人满意的机制来解决股东之间不可避免的分歧,那么就会存在将统一的目标强加给股东的持续倾向。而当机构投资者现实生活中的偏好因过于突兀而无法完全被忽视时,那么,它们可以通过诉诸其所代表的投资者的所谓偏好而弱化这种突兀性。因此,我们可以想象,使 Potomac 资本及其管理人员辛格利益分道扬镳的 PLX "股东"其实并不是具有明确意愿的投票股东,而是站在他们背后的、沉默的、可塑的"真正"股东。

散户投资者的假设偏好可能会使公司治理的争论恢复到更熟悉的基础上,但这也可能只是暂时的解决路径。部分原因是,只要机构本身是多样化的,那么至少就会有一种观点认为,即使关注基金层面的财富最大化,也并不当然等同于关注公司层面的财富最大化。[149] 但更通常而言,这也是因为散户股东可能并不会长期保持沉默。一些评论者认为,可以利用新的技术手段来放大散户投资者的声音,典型的例如通过允许他们将一组投票指令或一般偏好预先编辑并上传到一个电子平台中,该平台可以自动投出他们的代理投票。[150] 此外,这些平台还可以允许散户投资者指导共同基金或类似投资实体持有的股份的投票。[151] 一家新创业公司 Say 甚至开始汇总散户投资者的问题,这样便使他们能够

---

〔149〕 Condon, supra note 93; Hawley & Lukomnik, supra note 93, at 450.

〔150〕 Jill E. Fisch, Standing Voting Instructions: Empowering the Excluded Retail Investor, 102 MINN. L. REV. 11, 37 (2017); Kobi Kastiel & Yaron Nili, In Search of the "Absent" Shareholders: A New Solution to Retail Investors' Apathy, 41 DEL. J. CORP. L. 55, 99 (2016).

〔151〕 Jennifer S. Taub, Able but Not Willing: The Failure of Mutual Fund Advisers to Advocate for Shareholders' Rights, 34 J. CORP. L. 843, 855 (2009); George S. Geis, Traceable Shares and Corporate Law, 113 Nw. U. L. REV. 227, 270 n. 243 (2018); John C. Coffee, Jr., Brave New World?: The Impact(s) of the Internet on Modern Securities Regulation, 52 Bus. LAW. 1195, 1197 (1997); see also Sean J. Griffith, Opt In Stewardship: Toward a Default Rule for Mutual Fund Voting, TEX. L. REV. (即将发表)(建议散户投资者可以预先登记他们对各种目标的偏好,以及各种目标投资在共同基金中所占比例的偏好); Caleb N. Griffin, We Three Kings: Disintermediating Voting at the Index Fund Giants, MARYLAND L. REV. (即将发表), https://papers. ssrn. com/sol3/papers. cfm? abstract id - 3365222 [https://perma. cc/BG4B - 26LW].

在收益电话会议上直接向公司管理层提出这些问题。[152]

如果这些想法和观点终成现实,那么公司法律制度将有可能要去面对更多不甚和谐的声音。对于是否会有新类型的潜在投资者出现来代表股权持有人的"真正"偏好,或是说立于私人指令伪装幕后的国家控制意志最终是否会被揭开其伪饰,都还有待于继续观察。

(编辑:严　琦　姜沅伯)

[152] Andrea Vittorio, Tesla's Once "Boring" Earnings QUA Opens up to Small Holders, BLOOMBERG L. (Jan. 30, 2019, 7:11 PM), https://news. bloomberglaw. com/corporate - law/teslas - once - boring - earnings - q - a - opens - up - to - small - holders - 1 [https://perma. cc/BYN7 - 742K]; see also Andrea Vittorio, Shareholder Apps Aim to Replace Companies' Paper Ballots, BLOOMBERG L. (Apr. 29, 2019, 4:31 AM), https://news. bloomberglaw. com/corporate - law/shareholder - apps - aim - to - replace - companies - paper - ballots [https://perma. cc/9E4X - UK9V] (来自为中小股东投票提供便利的应用程序的报道).

《证券法苑》(2024)
第四十一卷,第 248 ~320 页

董事会合规*

[美]约翰·阿莫**　布兰登·加勒特***
杰弗里·戈登****　敏基英*****著
鲁斯齐******译

摘要:关于董事会信义义务的判例法和检方的指导意见都表明,董事会应在监督合规活动方面继

---

* John Armour, Brandon Garrett, Jeffrey Gordon & Geeyoung Min, *Board Compliance*, 104 MINN. L. REV. 1191 (2020). 本文已获得原文作者的翻译授权。

** 牛津大学法律和金融教授,英国科学院院士。

*** 杜克大学法学院法学教授。

**** 哥伦比亚大学法学院法学教授。

***** 密歇根州立大学法学院助理教授。

我们感谢加利福尼亚大学欧文分校法学院首届合规网络会议、阿姆斯特丹大学比较法经济学论坛年会、杜克大学法学院公司合规圆桌会议、佐治亚大学法学院全国商法学者会议、牛津社会法研究中心研讨会、密歇根法学院第13 届实证法学年会、纽约大学法学院第 29 届美国法律与经济学会年会、法律与社会学会 2019 年年会、加州大学欧文分校法学院跨太平洋商法对话,以及多伦多大学法学院加拿大法律与经济学学会年会。我们感谢詹妮弗·阿伦、米里亚姆·贝尔、萨姆·布尔、克里斯蒂·福特、卡尔·哈恩、肖恩·格里菲斯、杰弗里·米勒和加布里埃尔·劳特伯格对我们之前的研究报告草稿提出的宝贵意见,我们感谢保罗·布赖茨基、本杰明·克莱默、塞缪尔·纳德勒、哈里森－纽曼、安娜·拉斐尔、凯莉·托马斯在研究过程中提供的出色的帮助。

****** 上海对外经贸大学国际组织学院(贸易谈判学院)专任教师。

续发挥作用。我们发现,实际上很少有董事会真正成立合规委员会。许多董事会在合规方面仍存在更多积极参与的空间。我们对促进或鼓励董事会合规的方式提出了建议:重新考虑制定有关董事会规模和独立性的规范,增强监管机构对董事的问责能力,以及加强州法律有关监督方面的信义义务的要求。

关键词:公司法　合规　公司治理　合规委员会

引　言

公司董事会是否关注合规性问题?显然,他们应该关注,因为忽视合规性可能导致潜在的灾难性后果。以最近发生的富国银行(Wells Fargo)合规性失败为例,该大型银行率先推出了"交叉销售"金融产品给客户的策略。[1] 事实证明,这种策略的盈利效应显著,因此,该银行试图通过向分行员工设置强大的财务激励措施来最大化推广银行金融产品的销售。[2] 不幸的是,这些激励措施引发了银行员工的大规模欺诈行为,导致客户发现其名下被收取了未经同意的产品费用。[3] 在富国银行丑闻曝光后,监管机构发现了该公司合规计划中的众多漏洞,这些漏洞允许违规行为得以不受检查地进行。[4] 最终,该银行支付了约5.75亿美元的罚款与和解费用,并解雇了超过5000名员工;其首席执

〔1〕 Consolidated Amended Verified Stockholder Derivative Complaint ¶ 1, In re Wells Fargo & Co. S'holder Derivative Litig., 282 F. Supp. 3d 1074 (N. D. Cal. Oct. 4, 2017) (No. 16 - 05541) [以下为富国银行诉状] (指控被告"欺诈客户,企图推广'交叉销售',即向潜在或现有客户出售富国银行的互补性银行产品").

〔2〕 Proposed Order to Cease & Desist at 2, In re Wells Fargo & Co., No. 18 - 007 - B - HC (Bd. of Governors of the Fed. Reserve Sys., 2018) [hereinafter Wells Fargo Proposed Order] ("富国银行推行的商业战略强调销货规模和增长,但没有确保高级管理层建立和维持与公司规模和复杂性相适应的适当风险管理框架,这导致了合规实践欠缺。").

〔3〕 Wells Fargo Complaint, supra note 1, ¶ ¶ 1 - 2.

〔4〕 Wells Fargo Proposed Order, supra note 2, at 2.

行官在国会听证会后辞职。[5] 作为回应,董事会委托外部机构对该公司合规失败的原因进行调查。[6] 然而,联邦监管机构对该董事会的回应非常不满。2018 年年初,联邦储备委员会采取了不寻常的步骤,限制了该银行的发展,并有 4 名董事会成员离职;该委员会还向前任首席董事发了一封信,描述了他的"许多普遍存在和严重的合规和行为问题"。[7]

这种监管干预和董事会重组是前所未有的,但是类似的大规模失败近年来在一些最大的公司中屡见不鲜,从安然公司(Enron)和世界通信公司(WorldCom)到英国石油(BP)、汇丰银行(HSBC)、通用汽车(General Motors)、大众汽车(Volkswagen)和富国银行,这些公司向美国执法机构支付了数十亿美元,并对公司治理进行了改革。[8] 这些声名狼藉的公司合规失败事例中,公司董事会是否在合规方面发挥了实质性的监督作用?令人惊讶的是,关于董事会在合规方面的作用的文

[5] Chris Arnold, Wells Fargo Fires 5000 Employees Over Fake Accounts, NPR (Sept. 9, 2016), https://www.npr.org/2016/09/09/493228759/wells-fargo-fires-5-000-employees-over-fake-accounts [https://perma.cc/H7X6-BD79]; Emily Glazer, Wells Fargo to Pay States About $575 Million to Settle Customer Harm Claims, WALL ST. J. (Dec. 28, 2018), https://www.wsj.com/articles/wells-fargo-to-pay-states-about-575-million-to-settle-customer-harm-claims-11546016757. 随后的审查暴露了其他合规问题。("2016 年 9 月以来,该银行已为和解和罚款支付了超过 40 亿美元,其中大部分花费来自处理销售丑闻曝光后的问题。")

[6] INDEP. DIRS. OF BD. OF WELLS FARGO & CO., SALES PRACTICES INVESTIGATION REPORT (Apr. 10, 2017), https://www08.wellsfargomedia.com/assets/pdf/about/investor-relations/presentations/2017/board-report.pdf [https://perma.cc/UUQ5-8YMZ].

[7] John Heltman, Fed Drops Hammer on Wells Fargo as Four Board Members Ousted, AM. BANKER (Feb. 2, 2018), https://www.americanbanker.com/news/fed-drops-hammer-on-wells-fargo-as-four-board-members-fired [https://perma.cc/E5V6-4TZC]; see Wells Fargo Proposed Order. 见前注[2]。

[8] See BRANDON L. GARRETT, TOO BIG TO JAIL: HOW PROSECUTORS COMPROMISE WITH CORPORATIONS 292-93 (2014)(详细介绍了 2001~2012 年最高的 20 家公司罚款).

献很少。[9] 本文首次从实证角度探讨这个问题,利用公开文件和公司诉讼数据。基于这些发现,并结合合规章程、新闻报道以及我们与合规委员会和独立董事成员的谈话中获得的额外信息,我们提出了董事会仍然不愿意更积极地监督合规的原因。[10]

在第一部分,我们介绍了合规,以及董事会在监督合规方面的作用。合规计划是一种内部执行计划,公司通过这些项目对员工进行培训、监督和纪律约束,使其遵守相关法律法规。[11] 在过去的25年里,美国当局为公司实施这些项目提供了明确的激励措施。组织量刑指南为已实施"有效"合规计划的被定罪公司提供了惩罚减免。[12] 当出现不当行为时,公司的合规努力也被考虑在内,这也是决定是否对公司提起诉讼的因素之一。[13] 检察官表示,在决定是否对一家公司提出刑事指控时,他们会考虑公司合规计划的有效性,以及随后的补救合规措施,司法部(DOJ)已经就这方面提供了详细的合规指导。[14] 一系列监

---

〔9〕 See Jeffrey N. Gordon, Governance Failures of the Enron Board and the New Information Order of Sarbanes – Oxley, 35 CONN. L. REV. 1125, 1134 (2003)(描述了几种严重依赖董事会主动监督的商业模式).有关董事会要求对合规故障进行调查的其他例子,请参见 ANTON B. VALUKAS, REPORT TO BOARD OF DIRECTORS OF GENERAL MOTORS COMPANY (May 29, 2014), https://www.aieg.com/wp – content/uploads/2014/08/Valukas – report – on – gm – redacted2.pdf[https://perma.cc/F2TQ – RG3R]。

〔10〕 见本文第三部分。

〔11〕 See Veronica Root, The Compliance Process, 94 IND. L. J. 203, 205 – 09 (2019)(以二十一世纪福克斯和福克斯新闻性骚扰合规项目为例,说明合规项目的各种责任).

〔12〕 U. S. SENTENCING GUIDELINES MANUAL § §8C2.5 – 2.6 (U. S. SENTENCING COMM'N 2016).

〔13〕 U. S. DEP'T OF JUSTICE, CRIMINAL DIV., FRAUD SECTION, EVALUATION OF CORPORATE COMPLIANCE PROGRAMS (2014) [hereinafter EVALUATION OF CORPORATE COMPLIANCE PROGRAMS 2014], https://www.justice.gov/criminal – fraud/page/file/937501/download [https://perma.cc/QJA8 – SEEF] (last updated Apr. 2019); U. S. DEP'T OF JUSTICE, CRIMINAL DIVISION, FRAUD SECTION, EVALUATION OF CORPORATE COMPLIANCE PROGRAMS (2017)[以下是2017年公司合规项目评估](与作者共同存档); see also U. S. DEP'T OF JUSTICE, U. S. ATTORNEYS' MANUAL § 9 – 28.000 (2018) [hereinafter U. S. ATTORNEYS' MANUAL], https://www.justice.gov/archives/usam/archives/usam – 9 – 28000 – principles – federal – prosecution – business – organizations#9 – 28.800 [https://perma.cc/Z42K – JF4T].

〔14〕 同前注〔13〕。

管机构都使用奖励和惩罚相结合的方式来鼓励合规。[15] 普遍的做法是,即使员工从事不当行为,只要公司建立了有意义的合规计划,公司就会得到从宽处理。

董事会对公司的监督负有正式责任,[16] 董事对公司负有忠诚的信义义务。[17] 虽然这些责任传统上并不明确包括合规,[18] 但在20世纪90年代中期,这种情况发生了变化,当时艾伦法官在Caremark案中发

---

〔15〕 See 31 C. F. R. § § 501.601 - 606 (2018)(详细报告了要求组织遵守外国资产控制办公室的相关规定);Contractor Business Ethics Compliance Program and Disclosure Requirements,73 Fed. Reg. 67,064,67,091 - 67,092 (Nov. 12,2008); Incentives for Self - Policing: Discovery,Disclosure,Correction and Prevention of Violations,65 Fed. Reg. 19,618 (Apr. 11,2000)(讨论了美国环境保护局的政策,目的是通过规定举报违规行为来防止对人类健康和环境的危害);Press Release, Commodity Futures Trading Commission, Identifying Cooperation Factors That May Reduce a Litigant's Sanctions (Aug. 11,2004);Report of Investigation Pursuant to Section 21(a) of the Securities Exchange Act of 1934 and Commission Statement on the Relationship of Cooperation to Agency Enforcement Decisions,Exchange Act Release No. 44,969 (Oct. 23,2001)(在说明美国证券交易委员会自由裁量权的因素中,询问:"公司是否采取并确保执行了新的、更有效的内部控制和程序,以防止不当行为再次发生?");IRS, GOVERNANCE AND RELATED TOPICS—501(c)(3) ORGANIZATIONS (2008), https://www.irs.gov/pub/irs - tege/governance_practices.pdf [https://perma.cc/LM6M - WYCM] ("组织的管理机构承担制定道德标准的最终责任,并确保他们渗透到组织和通知其实践。").

〔16〕 See,e.g.,DEL. CODE ANN. tit. 8, § 141(a) (2019)["根据本章组建的每个公司的业务和事务应由董事会管理或在董事会指导下管理……"(斜体着重部分由作者标明)].

〔17〕 Stone v. Ritter, 911 A. 2d 362, 370 (Del. 2006); see also Mills Acquisition Co. v. Macmillan,Inc.,559 A. 2d 1261,1280 (Del. 1989)("董事对公司及其股东负有谨慎和忠诚的信义义务。");Polk v. Good,507 A. 2d 531,536 (Del. 1986)("在履行其职责时,董事对公司及其股东负有忠诚和谨慎的基本信义义务。").

〔18〕 此前特拉华州的案例法曾建议,董事"有权依赖其下属的诚实和正直,直到发生某些事情,使他们怀疑有什么地方出了问题",即"危险信号"。Graham v. Allis - Chalmers Mfg. Co.,188 A. 2d 125,130 (Del. 1963).

表了他的著名观点。[19] 艾伦法官指出，董事会现在需要确保其公司拥有"信息和报告系统……这些系统的设计合理，能够及时向高级管理层和董事会提供准确的信息，足以使管理层和董事会在各自的职权范围内就公司的合法性和业务表现作出明智的判断"。[20]

如果这样的监督系统出现问题，即出现所谓的"红旗信号"，则董事会应该采取措施进行调查并采取补救措施。[21] 然而，"监督职责"的所有方面——既要确保某种监督制度的存在，又要在发现问题时采取行动——都受到商业判断规则的约束。[22] 这意味着只有在疏忽失职到足以质疑董事会是否诚信的情况下才会触发责任。[23] 其理由是，相较于法院，董事会更了解如何推进公司的内部合规活动。[24]

正如我们所看到的，无论是信义义务的判例法还是来自检察官和监管机构的指导意见，都表明董事会应该在监督合规活动方面继续发

---

〔19〕 In re Caremark Int' l Inc. Derivative Litig. , 698 A. 2d 959 (Del. Ch. 1996). See generally Jennifer Arlen, The Story of Allis - Chalmers, Caremark, and Stone: Directors' Evolving Duty To Monitor, in CORPORATE LAW STORIES 323 (J. Mark Ramseyer ed. ,2009)(讨论了特拉华州法律关于董事监督合规责任的演变，包括 Caremark 和其他主要案例); Donald C. Langevoort, Caremark and Compliance: A Twenty - Year Lookback, 90 TEMPLE L. REV. 727 (2018)(回顾了 Caremark 案以来的发展); Hillary A. Sale, Monitoring Caremark' s Good Faith, 32 DEL. J. CORP. L. 719 (2007)(详述 Caremark 裁决的历史).

〔20〕 Caremark, 698 a. 2d A. 970.

〔21〕 See Graham, 188 A. 2d at 130(董事有权依赖下属的诚实和正直，直到发生某些事情，让他们怀疑有什么地方不对劲。); Okla. Firefighters Pension & Ret. Sys. v. Corbat, No. 12151, 2017 WL 6452240, at ＊7 - 10 (Del. Ch. Dec. 18, 2017); Melbourne Mun. Firefighters' Pension Tr. Fund v. Jacobs, No. 10872, 2016 WL 4076369, at ＊8 - 11 (Del. Ch. Aug. 1, 2016); In re Massey Energy Co. Derivative & Class Action Litig. , No. 5430, 2011 WL 2176479, at ＊21 (Del. Ch. May 31, 2011)("如果一家特拉华州公司的受托人不喜欢一部适用的法律……直到它被修改，他们必须善意行事，以确保该公司努力遵守其法律义务。"); cf. Wells Fargo Proposed Order, supra note 2(概述了对董事会改善其合规努力的期望).

〔22〕 See Caremark, 698 A. 2d at 970 (其中指出，虽然了解公司合规运营的义务可能由董事会承担，但具体监测手段的确定留给公司自行判断).

〔23〕 特拉华州最高法院后来认为，由于监督不到位而导致拥有属性的责任，是"完全没有实施任何报告或信息控制"。Stone v. Ritter, 911 A. 2d 362, 370 (Del. 2006).

〔24〕 正如艾伦法官在 Caremark 案中所说，"显然，决定一个信息系统是否适合这样的详细程度，属于商业判断的问题"。Caremark, 698 A. 2d at 970.

挥作用。司法部的指导意见甚至建议,应该设立一个从合规官员到独立董事的直接报告渠道,以避免由此可能产生的与首席执行官有关的冲突。[25] 然而,几乎没有相关的指导意见规定公司应该以何种具体方式履行其合规监督职能。

将董事会对合规的监督规范化的一种方法是,董事会将合规纳入其审计委员会的职权范围。根据 2002 年《萨班斯 - 奥克斯利法案》,所有上市公司都必须有一个审计委员会,完全由独立董事组成,其工作是管理公司与审计师的关系,监督公司的内部财务控制。[26] 考虑到董事会在内部财务控制方面的强制监督职能,董事会可能认为让审计委员会去监督公司合规是其功能的自然延伸。然而,与仅仅涉及财务报告有关的问题不同,适用法律方面引发的问题可能更加广泛,这意味着可能需要更多的能力和不同的专业知识。得出这一结论的公司可能在审计委员会之外设立一个独立的合规委员会,负责监督财务报告以外的合规事项。

富国银行的案例提醒我们,所谓的"合规计划"并不总是有意义的,相应的董事会"监督"也是如此。在大型公司丑闻爆发后,许多人问,为什么首席执行官和经理等负责人,没能发现和防止不当行为。[27] 对于公司董事会也应该提出这样的问题。遵守监管规则和刑事法规可能会极大地影响公司的绩效,其风险可能与产品设计、市场营销或战略规划的风险一样高。然而,我们对公司合规活动的性质、范围和有效性,以及董事会如何追求其监督角色的了解还很有限。

公司并不需要报告其合规活动的详细情况,也很少有公司自愿披

---

〔25〕 See EVALUATION OF CORPORATE COMPLIANCE PROGRAMS 2019, supra note 13, at 10 (检察官衡量合规项目有效执行的一个方法是,"那些负责合规的人是否有……直接接触董事会的途径").

〔26〕 Sarbanes - Oxley Act of 2002, Pub. L. No. 107 - 204, § 301, 116 Stat. 746 [codified at 15 U. S. C. § 78j - 1 (2012)].

〔27〕 See, e. g., STAFF OF S. PERMANENT SUBCOMM. ON INVESTIGATIONS, 112TH CONG., WALL STREET AND THE FINANCIAL CRISIS: ANATOMY OF A FINANCIAL COLLAPSE 183 - 87 (2011) (例如,描述在华盛顿互助银行中管理实践的弱点已经达到了首席执行官和董事会层面。).

露与合规有关的信息。[28] 与此同时,从业者的调查一致表明合规在公司生活中的影响力正在增强,包括在董事会层面。[29] 这导致一些评论员得出结论,即公司治理已经经历了"革命",董事会在内部公司事务的监督角色已经被合规所取代。[30] 然而,其他人则持怀疑态度,认为公司法中的信义义务不足以激励董事会参与合规。[31] 可能的是,常见的执行管理层和董事薪酬模式可能会创造出低投入长期合规活动的激励。[32] 此外,一些人指出,公司为避免被起诉而与当局签订的暂缓起诉协议(DPA)中详细规定了合规问题。[33] 这些协议通常规定了加强

〔28〕 Sean J. Griffith, Corporate Governance in an Era of Compliance, 57 WM. & MARY L. REV. 2075, 2100 (2016).

〔29〕 See, e. g., PWC, PWC STATE OF COMPLIANCE STUDY 2016, at 3 (2016), https://www.pwc.se/sv/pdf-reports/state-of-compliance-study-2016.pdf[https://perma.cc/737K-PH4L](详细说明董事会成员参与合规努力的增加趋势).

〔30〕 See Stavros Gadinis & Amelia Miazad, The Hidden Power of Compliance, 103 MINN. L. REV. 2135, 2146 (2019)("美国公司治理经历了一场静悄悄的革命。它的许多基本功能……已被合规所取代。").

〔31〕 See Mercer Bullard, Caremark's Irrelevance, 10 BERKELEY BUS. L. J. 15, 27, 50-51 (2013)(认为股价下跌和个人刑事责任等因素对公司行为者的影响比 Caremark 案中的私人责任风险更大); Langevoort, supra note 19, at 739-41(建议董事会成员的合规激励可能与他们在公司违法行为已经发生的情况下对公司财务健康的责任相冲突); John Armour et al., Taking Compliance Seriously, 37 YALE J. REG. 1, 45-47 (2020); cf. W. Robert Thomas, The Ability and Responsibility of Corporate Law to Improve Criminal Fines, 78 OHIO ST. L. J. 601, 647-50 (2017)(建议公司设置追回条款将更好地激励员工将合规努力作为优先事项).

〔32〕 See Armour et al., supra note 31, at 31-38.

〔33〕 See Jennifer Arlen, Removing Prosecutors from the Boardroom: Limiting Prosecutorial Discretion to Impose Structural Reforms, in PROSECUTORS IN THE BOARDROOM: USING CRIMINAL LAW TO REGULATE CORPORATE CONDUCT 62, 76-81 (Anthony S. Barkow & Rachel E. Barkow eds., 2011)(描述了暂缓起诉协议的双重目的,即发现和制裁错误,以及干预未被定罪公司的事务,以确保合规); Jennifer Arlen & Marcel Kahan, Corporate Governance Regulation through Nonprosecution, 84 U. CHI. L. REV. 323, 355-58 (2017)(在讨论司法工具对公司合规的影响时,将暂缓起诉协议作为"审前转移协议"。); James R. Copeland, The Shadow Regulatory State: The Rise of Deferred Prosecution Agreements, 14 CIV. JUST. REP., May 2012, at 1; Brandon L. Garrett, Structural Reform Prosecution, 93 VA. L. REV. 853, 854-61 (2007)(描述了暂缓起诉协议的使用作为"促进制度改革的驱动力"。).

合规计划的措施,有时也提到了董事会的监督职责。[34] 如果董事会已经认真对待这些问题,那么检方是否有必要要求公司做得更多?这些相互冲突的观点以及缺乏清晰的证据,使人难以辨别像富国银行及其同类是否只是"坏苹果",还是反映了上市公司董事会在合规方面缺乏更系统的参与。这是一个不可靠的政策基础。

在第二部分,我们呈现了实证结果,并结合先前的文献进行了讨论。我们利用公司在公开文件中披露的董事会结构细节,进行了据我们所知第一个关于董事会在合规方面角色的量化研究。我们利用来自BoardEx的董事层面数据和来自杜克大学和弗吉尼亚大学公司诉讼登记处的联邦组织诉讼数据,探索第一部分中提出的假设。[35] 我们发现,与从业者调查中报告的统计数据相反,董事会层级的合规委员会在美国上市公司中仍然相当罕见。尽管随着时间的推移,采用这种委员会的公司比例显著上升,但只有不到5%的美国上市公司建立了单独的合规委员会。[36] 换句话说,绝大多数上市公司董事会没有独立的合规监督职能。

这一发现似乎与从业者文献断言的合规"革命"完全不同,这是令人不安的。但我们应该有多大的担忧?这是否意味着董事会没有认真对待合规事宜?一个直接的问题是,成立一个专门的合规委员会(正是我们实证研究的)是否有实质性的作用,而不仅仅是将合规事宜添加到审计委员会的工作清单上,或者只是一个形式主义的装饰。为了阐明这一点,我们查阅了合规委员会和审计委员会的章程。这些章程表明两者之间有重要的区别:合规委员会被期望比典型的审计委员会更加专注于合规政策和人员的监督。此外,与从业者的访谈表明,董事

---

〔34〕 See Rachel E. Barkow, The New Policing of Business Crime, 37 SEATTLE U. L. REV. 435, 457 – 60 (2014)(提供了使用暂缓起诉协议来强制增加合规活动的数据);Garrett, Structural Reform Prosecution, supra note 33, at 886 – 902(讨论使用暂缓起诉协议实现公司治理变革,并提供1993~2013年越来越多地使用暂缓起诉协议的数据).

〔35〕 Jon Ashley & Brandon L. Garrett, Corporate Prosecution Registry, DUKE U. L. & UVA L. LEGAL DATA LAB, http://lib. law. virginia. edu/Garrett/corporate – prosecution – registry/index. html [https://perma. cc/7U29 – 3EGU].

〔36〕 见本文第二部分的讨论。

会成员认为成立合规委员会是一件重要的事情。[37] 董事会在时间上面临严格的限制,因此增加一个委员会确实存在机会成本:为这个委员会配备人员所花费的时间必须在其他地方放弃。成立一个新的委员会似乎并不是一件轻松的事情。

有鉴于此,了解为什么合规委员会很少被设立非常重要。我们使用我们的数据来探究董事会为什么(不)成立合规委员会。我们提出了4个主要发现。第一,被起诉的公司更有可能成立合规委员会。然而,这并不是因为检方告诉它们要这么做。2001年以来[38],上市公司签署的374份暂缓起诉协议和认罪协议的综合数据集中,仅有5份协议(不到2%)实际要求成立某种形式的合规委员会。相反,这种联系似乎是间接的。检察官在这些协议中经常要求增强公司的合规活动;这导致对合规监督的需求急剧增加,董事会通过设立委员会合理地满足这一需求。

第二,我们发现使公司更有可能遭受起诉的因素之间只有微弱的联系——比如,处于严格监管的行业,或者被起诉的比例很高。这表明,即使对于某些类型的公司来说,合规非常重要,公司也没有对其足够重视,并证明成立一个专门的委员会是必要的。这些结果表明,董事会在公司遭受起诉之后更加重视合规。这是否意味着董事会在合规监督方面的水平令人担忧?我们的其他结果引起了公众进一步的关注。

第三,我们发现董事会在合规监督方面的外部经验会产生影响。如果公司的董事会成员同时也是已经设立了合规委员会的公司的董事会成员,那么公司更有可能自己建立一个合规委员会。这个发现表明经验十分重要,这与创新扩散理论的主流观点一致。此外,这表明,这些董事在董事会合规方面的经验总体上是积极的,因为这增加了他们所服务的其他董事会采用的可能性。那么,为什么合规委员会没有被更广泛地采用呢?

第四,我们发现设有合规委员会的公司往往规模更大,并找到了它们拥有更大董事会的暗示性证据。这强化了合规监督会给公司带来实

〔37〕 这是基于我们在项目开始时对标准普尔500公司的合规专业人士进行的保密访谈。
〔38〕 Ashley & Garrett,见前注〔35〕。

际成本的观点:更大的公司有更强的合规开支能力;更大的董事会可以更容易地管理使用董事会的资源。[39] 这可能意味着除非将其作为审计委员会的附加职责,董事会通常缺乏进行合规监督的能力。

综上所述,这些结果既耐人寻味又令人不安。尽管我们的数据不允许对调查结果进行任何因果解释,但它们与理论上的主张一致,即合规往往被董事会忽视,而不是被监督。此外,它们在公司治理中引发了有关最佳董事会规模的问题。从公司股东的角度来看,小型董事会可能是最佳选择,但从社会或多元化股东的角度来看,特别是考虑到合规性问题时,小型董事会可能并非最佳选择。[40] 小型董事会缺乏足够的资源进行合规监督,并且它还创造了一个基准,即建立合规委员会意味着董事会认为公司存在超过平均水平的合规问题,这可能对股价产生负面影响。避免发出这种信号的愿望可能成为董事会不成立合规委员会的原因,即使这样的委员会是必要的。

在第三部分中,我们考虑了促进或鼓励董事会合规的方法:重新考虑董事会规模和独立性的规范,加强董事对监管机构的问责,以及加强州法上与监督有关的信义义务。我们强调,我们的实证结果只是第一步。尽管是重要的一步,但我们的结论是初步的。我们希望大家都能够参与其中,解决所提出的难题,吸引大家关注其对政策的重要性。

总之,在第一部分中,我们介绍了我们的研究问题。我们回顾了合规计划的理论基础,更具体地说,是董事会的监督职责。在第二部分中,我们呈现了实证结果,并试图通过之前的文献加以解释。第三部分中,我们讨论了这些发现对公司治理、执法和政策的影响。

---

〔39〕 我们还得出了一个补充性的发现,即设有专门的合规委员会的公司往往设有较小的审计委员会。对于这些公司,审计委员会的能力较小,因此不太能够适应将合规事项添加到其职权范围中。

〔40〕 See, e. g., Eugene F. Fama, Agency Problems and the Theory of the Firm, 88 J. POL. ECON. 288, 293 – 94 (1980)(为采用小型董事会和独立董事提供了代理理论).

一、董事会与公司合规

在这一部分中,我们描述了美国公司中以合规为重点的活动的增加,以及为什么会假设相当大比例的上市公司会通过专门委员会来进行董事会级别的合规监督。我们首先介绍了合规计划及其原理,介绍了一系列监管机构为加强合规功能而提供的激励措施,包括通过定义"有效合规"进行激励。[41] 其次,我们描述了来自杜克大学和维基尼亚大学公司起诉登记处的数据,涉及对公司的刑事起诉,这些起诉通常旨在加强合规性,但只在极少数情况下需要董事会层级的合规委员会。最后,我们描述了董事会与合规性之间的关系,包括其信义关系,更具体地说,这一关系是通过创建合规委员会来实现的。

(一)合规项目及其原理

公司的结构旨在激励经理人为投资者创造回报。在公司活动可能产生负面外部效应的领域,通常对公司施加法律义务,包括民事或刑事处罚,以确保投资者的回报与社会福利相一致。[42] 例如,环境义务旨在确保工业污染的成本由污染者内部化,而不是转嫁到整个社会。类似地,工作场所和产品安全规定设定了公司的最低标准,以防止其工作环境或产品对工人或消费者造成的伤害。[43] 而禁止贿赂和腐败的法律,如 1977 年《反海外腐败法》,则旨在防止公司破坏公共机构的正常运行。[44]

---

〔41〕 见本文第一(二)2 部分。

〔42〕 See, e. g., Clean Air Act, 42 U. S. C. § 1252 (2012); Clean Water Act, 33 U. S. C. § 7401 (2012).

〔43〕 See, e. g., 29 U. S. C. § 651(b)(3) (2012)(授权劳工部长制定适用于影响州际商业的公司的强制性职业安全和健康标准).

〔44〕 Foreign Corrupt Practices Act of 1977, 15 U. S. C. § § 78dd - 1 to - 3 (2012).

然而,为了使公司内部化其活动的社会成本,必须进行执法。[45] 如果执法的概率很低,那么就需要引入非常高的惩罚,以便将不遵守规定行为的预期成本设置为所禁止行为的社会成本。在公司不当行为的背景下,高额处罚并不罕见。例如,英国石油公司在 2010 年墨西哥湾漏油事故后支付了 620 亿美元的罚款和清理费用。[46] 富国银行也收到了美联储的命令,冻结其增长直至合规失误得到纠正。富国银行已向美国国家银行监管局、美国消费者金融保护局、美国证券交易委员会、美国司法部和各州政府支付了超过 5.75 亿美元的罚款与和解金。[47] 此外,如果一家公司依赖于监管许可,那么取消该许可的处罚可以有效地迫使其退出业务。

然而,对公司施加极高的罚款具有实际的事后成本:人们可能会失去工作岗位,公司可能被迫破产。[48] 执法者并不希望毁掉一家公司,尤其是这样做有附带后果。许多员工在不法行为中没有任何责任,而投资者遭受了经济损失。[49] 因此,公司合规计划应运而生。其基本理念是,公司对其员工的品德和行为比监管机构更了解,公司可以用比公共当局更有效的方式监测不当行为,因此将监管委托给公司执行是有效的。

"合规"是公司为执行这种委托而在内部建立的机构的名称。这种机构可以减少不当行为的发生率,减少对造成社会浪费的公司进行惩罚的必要性。[50] 然而,设立一个合规计划本身可能对公司的预期处

[45] 如果公司的行为损害了与其签订合同的人——客户、投资者、员工等——那么违反规则将招致市场制裁,损害公司声誉。因此,强制执行的问题最为严重,因为公司的行动对与其没有订立合同的人造成了伤害。

[46] Ed Crooks, BP Draws Line Under Gulf Spill Costs, FIN. TIMES (July 14, 2016), https://www.ft.com/content/ff2d8bcc-49e9-11e6-8d68-72e9211e86ab [https://perma.cc/J9WX-KZYF].

[47] Wells Fargo Proposed Order, supra note 2; Glazer, supra note 5.

[48] See, e.g., GARRETT, supra note 8, at 42(描述了联邦检察官对摧毁安达信负有责任的观点).

[49] See id. at 252[描述当时的司法部长埃里克·霍尔德(Eric Holder)的言论,他说起诉一家金融公司可能对美国和世界经济产生负面影响].

[50] See Jennifer Arlen, The Potentially Perverse Effects of Corporate Crim - inal Liability, 23 J. LEGAL STUDS. 833, 846 (1994)(表明加强公司执法将减少公司犯罪).

罚产生模棱两可的影响。虽然合规计划可能降低不当行为的发生率，但也可能增加不当行为的发现率。[51] 如果对预期惩罚的影响是模棱两可的，管理人员可能很难证明合规方案的支出是合理的。[52]

1. 监管合规

为了产生采纳合规计划的额外激励，公司被提供明确的惩罚减免，用于减轻因违规行为而可能受到的处罚，如果公司此前已实施了有效的合规计划。[53] 这些激励措施通常以联邦量刑指南下的量刑减免的形式提供[54]，联邦量刑指南是决定是否起诉一家公司时要考虑的一个因素[55]，也是各政府机构评估是否将被定罪的公司排除在采购机会之外的指导。[56]

对于一些与特定行业和活动相关的监管义务，需要遵守合规和内部控制的具体要求。其中包括反洗钱、内幕交易和金融机构结构分离检查等金融机构的要求[57]，对所有公司涉及行贿的检查要求[58]，对

〔51〕 See id. at 836（得出结论：增加执法支出将增加发现的可能性）.

〔52〕 同上（讨论在执行支出下产生的相互冲突的激励）。

〔53〕 See U. S. SENTENCING GUIDELINES MANUAL, supra note 12, § 8C2. 5(f)（如果该组织有一个有效的合规程序，则减去罪责分数）. 1991 年，随着《组织量刑指南》的通过，以及早些时候在某些监管环境中普遍采用了这种做法。

〔54〕 同上。

〔55〕 See U. S. ATTORNEYS' MANUAL, supra note 13（讨论起诉人在评估合规计划时应考虑的因素）; EVALUATION OF CORPORATE COMPLIANCE PROGRAMS 2019, supra note 13（同上）; EVALUATION OF CORPORATE COMPLIANCE PROGRAMS 2017, supra note 13（同上）.

〔56〕 See FAR 9. 406 – 1(a), 407 – 1(a)(2) (2018)（列举官员应考虑的因素）. 减轻制裁符合最优执法的一般理论：由于公司自身的"合规"活动增加了被发现的可能性，对不合规行为的制裁应该降低以避免过度威慑并导致下一个时期公司的合规努力被削弱。

〔57〕 See Investment Advisers Act of 1940 § 206, 15 U. S. C. § 80b – 6 (2012)（规定防止人员内幕交易的保障措施）; Foreign Bank Secrecy Act of 1970, 31 U. S. C. § 5318 (h) (2012)（规定反洗钱程序）; 12 C. F. R. § 21. 21 (2019)（规定监督合规程序）; 12 C. F. R. § 44. 20(a), (c) (2019)（规定银行合规程序的要求和强化要求）; 12 C. F. R. § 44 app. B (2019)（规定强化的合规计划最低标准）.

〔58〕 See Foreign Corrupt Practices Act of 1977, 15 U. S. C. § 78dd – 1 to – 3 (2012)（规定对禁止的外国贸易行为的监管）.

上市公司财务信息制作的内部控制要求[59],以及为临床实验室提供一套示范合规计划指南[60]。因此,有时合规是法律法规所要求的。然而,我们不知道在哪些情况下,合规计划的规定特别包含了采用董事会级别的合规委员会。

2. 有效的合规项目

从理论上讲,一个有效的合规方案应该是将不当行为的成本与避免和发现此类不当行为的成本之和最小化。[61] 在实践中,公司可以并且被鼓励使用各种技术来评估合规工作的有效性,从内部审计和数据分析,到员工调查和外部评估。对于如何实现遵守合规,几乎没有达成一致意见。[62]

在一些行业调查中,大量公司会产生乌比冈湖效应,认为自己的合规程度"远高于同行的平均水平"。[63] 尽管专业顾问提供了很多设计合规计划的建议,但对于这些合规计划实际上都包含什么以及如何评

---

[59] Sarbanes - Oxley Act of 2002, Pub. L. No. 107 - 204, § 404, 116 Stat. 789 [codified at 15 U. S. C. § 7262 (2012)](规范内部控制的管理评估); Management's Report on Internal Control over Financial Reporting and Certification of Disclosure in Exchange Act Periodic Reports, Ex - change Act Release Nos. 33 - 8,238, 34 - 47,986(2003 年 8 月 14 日生效), https://www. sec. gov/rules/final/33 - 8238. htm [https://perma. cc/JU8C - AUJ2](同上).

[60] See Publication of the OIG Model Compliance Plan for Clinical Laboratories, 62 Fed. Reg. 9435 (1997).

[61] Geoffrey P. Miller, An Economic Analysis of Effective Compliance Programs, in RESEARCH HANDBOOK ON CORPORATE CRIME AND FINANCIAL MIS - DEALING 247 (Jennifer Arlen ed., 2018)(探索有效合规项目的经济意义).

[62] See, e. g., Donald C. Langevoort, Cultures of Compliance, 54 AM. CRIM. L. REV. 933, 933 (2017) (Jennifer Arlen 编辑, 2018) (介绍了不同的观点). Tom R. Tyler, Reducing Corporate Criminality: The Role of Values, 51 AM. CRIM. L. REV. 267, 291 (2014)(呼吁"通过对有效措施的中立和独立审查,尝试制定基于经验的政策和做法").

[63] See, e. g., PWC, 2018 STATE OF COMPLIANCE STUDY 7, https://www. pwc. com/sk/en/assets/PDFs/2018 - state - of - compliance. pdf [https://perma. cc/4MZJ - ZPZV](报告说,85%的受访公司对其合规水平的评价高于同行的平均水平).

估其质量,我们了解的信息还很有限。[64] 当行业参与者谈到"有效的合规方案"时,他们可能指的是符合当局期望的方案。虽然当局认为满足这些要求是"有效的",但这并不一定意味着这些要求实际上是有效的。也就是说,这并不一定意味着它们实际上能够最小化违规成本和避免及监测违规成本之和。[65]

鉴于以上困难,以及公司合规活动主要是由减免监管制裁所激励,我们在这里重点讨论官方指南所设想的有效合规方案的结构。虽然《组织量刑指南》包含了一套详细的合规计划要求,以便获得量刑减免,但近年来实际上很少得到直接应用。例如,在2009年到2012年的财政年度中,美国量刑委员会报告称,没有公司因具有有效的合规计划而获得量刑减免。[66] 相反,似乎向公司提供减免的主要途径已经转变为通过使用暂缓起诉协议来奖励有效合规。[67] 签订暂缓起诉协议后,公司不会正式被起诉,也不会按照《组织量刑指南》被判决。[68]

那么,合规计划是如何在检方的起诉决定中被衡量的呢?过去,美国司法部关于合规的公开声明相当含糊。以这段声明为例:

"司法部对公司合规项目没有公式化的要求。任何检察官都应该

---

〔64〕 See Langevoort, supra note 62, at 933 (质疑合规计划). 一项从2001年到2012年对联邦暂缓起诉协议的研究发现,只有不到1/4(22%,即255份协议中的55份)的暂缓起诉协议实际上要求公司评估其合规计划的有效性。See GARRETT, supra note 8, at 75 (介绍了研究结果).

〔65〕 对当前方法的批评,参见 Todd Haugh, The Criminalization of Compliance, 92 NOTRE DAME L. REV. 1215 (2017) (通过刑法视角处理来达成合规问题); Miriam Hechler Baer, Governing Corporate Compliance, 50 B. C. L. REV. 949 (2009) (提出改变当前模式的新制度); Daniel C. Richman, Corporate Headhunting, 8 HARV. L. & POL' Y REV. 265, 277 (2014) (表明暂缓起诉协议的做法只有几十年的历史,因此现在评估长期影响可能为时过早)。

〔66〕 U. S. SENTENCING COMM' N SOURCEBOOK, TABLE 54: ORGANIZATIONS SENTENCED UNDER CHAPTER EIGHT: CULPABILITY FACTORS (2009 - 2012), https://www.ussc.gov/research/sourcebook/archive [https://perma.cc/VR2F-4N23].

〔67〕 在美国,DPA作为检察官处理大型公共公司被告的首选技术的兴起已有大量文献记载。See, e. g., GARRETT, supra note 8, at 82(显示DPA交易的图表).

〔68〕 See U. S. ATTORNEYS' MANUAL, supra note 13, § 9 - 28.200 ("在某些情况下,通过公诉以外的手段解决公司刑事案件可能是适当的……例如,DPA在拒绝起诉和为一家公司定罪之间占据着重要的中间地带。").

问的基本问题是:‘公司的合规程序设计得好吗?该计划是否得到认真和善意的实施?公司的合规项目是否有效?’”[69]

司法部指南随后指出,检察官应该尝试评估该计划是否只是一个“纸上计划”,并且应该考虑“公司是否提供了足够的员工来审计、记录、分析和利用公司合规努力的结果”。[70]

此外,更多关于“有效”合规的信息可能会在个别公司达成的和解协议的条款中找到,这些条款通常是公开的。随着时间的推移,暂缓起诉协议中披露的合规举措可以成为激励董事会参与合规的额外来源(除了量刑指南、法规和监管规则),这在更微观的层面上揭示出检察官认为重要的内容。过去15年来,联邦检察官在寻求对目标公司进行合规变革方面处于领导地位;司法部采纳了首批以合规为重点的执法指南中的部分内容;检察官推动采用公司监督员来监督合规情况,并经常声明公司起诉的核心目标不仅是惩罚公司犯罪,也包括改造公司。

在奥巴马执政末期,司法部聘请了一位合规顾问专家,他发布了指南,以加强对公司合规的审查。虽然该专家在特朗普执政早期离职,但该指南仍然有效,尽管司法部表示,应更加有选择性地使用独立监管者监督合规性。[71] 司法部的刑事欺诈部在2017年发布了这份指南[72],2019年4月更新了版本[73]。该指南列出了“常见问题”和“样本主题”的清单,但没有任何明确的规定。该指南强调检察官必须在每个案件中作出“个性化的决定”。[74]

---

〔69〕 Id. § 9 - 28.800.

〔70〕 Id.

〔71〕 Assistant Attorney General Brian A. Benczkowski, Dep't of Justice, Remarks at N. Y. U. School of Law Program on Corporate Compliance and Enforce - ment Conference on Achieving Effective Compliance (Oct. 12, 2018), https://www.justice.gov/opa/speech/assistant-attorney-general-brian-benczkowski-delivers-remarks-nyu-school-law-program [https://perma.cc/5BZJ-CXV5].

〔72〕 EVALUATION OF CORPORATE COMPLIANCE PROGRAMS 2017, supra note 13.

〔73〕 EVALUATION OF CORPORATE COMPLIANCE PROGRAMS 2019, supra note 13.

〔74〕 Id. at 1 - 2.

3.公司内部的合规职能

传统上,合规职能由公司的总法律顾问承担,但如今,许多公司将某些类型的合规职能与总法律顾问的职能区分开来。[75] 学术界、业界对于将合规职能与总法律顾问职能分开的优势没有达成共识。[76] 分离合规职能的一个论据是,将合规职能置于管理层之外,与首席执行官和总法律顾问分开,并向公司的董事会报告,可以确保独立和外部视角。[77] 另一个论据是,培养有效的合规文化可能需要关注的不仅是法律问题,而且包含培养员工的道德行为。[78] 在规模较小的非上市公司,资源限制可能会迫使两个职能集中在同一个办公室中和同一个人身上。对于大型上市公司而言,哪种结构更可取还存在争议。[79]

显然,无论是选择哪种部门或哪种报告渠道,合规职能都应该得到足够的资源投入——在这方面,公司规模和涉及合规风险的性质将是决定性因素。[80] 合规职能的"资源配置"应该被理解为不仅包括雇用合规人员和培训员工的直接成本,还包括将合规计划整合到公司业务结构中的间接成本。如果要整合得当,就需要仔细评估公司商业模式

---

〔75〕 See,e. g. ,Michele DeStefano,Creating a Culture of Compliance:Why Departmentalization May Not Be the Answer,10 HASTINGS BUS. L. J. 71,101 (2014)(表明合规专业人士不一定是法律专业人士).

〔76〕 See Tanina Rostain,General Counsel in the Age of Compliance: Preliminary Findings and New Research Questions,21 GEO. J. LEGAL ETHICS 465,469 (2008)(提出关于"内部法律顾问在实施和监督公司内部合规机制中的作用"的问题).

〔77〕 Cf. id. at 471 (表明公司律师由于进入内部而损害了他们的独立性).

〔78〕 See,e. g. ,CHRISTOPHER HODGES & RUTH STEINHOLTZ,ETHICAL BUSINESS PRACTICE AND REGULATION: A BEHAVIOURAL AND VALUES - BASED APPROACH TO COMPLIANCE AND ENFORCEMENT 214 - 36 (2017) (提出一种遵循道德标准的合规方法).

〔79〕 See Michael W. Peregrine,Seeking Clarity at the Crossroads of Legal and Compliance, CORP. COUNS. (Sept. 18,2014),https://s3 - us - east - 2 . amazonaws. com/mwe. media/wp - content/uploads/2019/04/05161327/cc091814 . pdf [https://perma. cc/G9TH - E5YT](讨论了该辩论). Compare DeStefano,supra note 75,at 155("将合规从法律中分离出来,以免除法律总顾问对合规的监督,可能不一定符合公众的最大利益。"),with Rostain,supra note 76,at 490(表明"总法律顾问可能处在一个良好的位置,可以在其公司发挥重要守门作用").

〔80〕 首席合规官(CCO)的经验和资格可能会受到审查。事后审查可仔细审查合规部门是否曾要求增加资源,以及从管理层得到的答复。

的各个方面所产生的激励,尤其是为员工设定的绩效目标。[81] 寻求提高绩效的经理往往会为员工制定绩效目标,重点关注销售、成本或任务完成等指标,因为这些指标易于衡量并与公司的业绩存在明显联系。然而,专注于这些指标而忽略其他方面的考虑,可能会在其他更难以衡量和/或与公司业绩不太直接相关的绩效方面引发失败,如安全措施或合规方面。[82] 虽然大多数员工天生就会关注这些问题,但强大的财务激励可以挤压其内在的对道德或安全问题的关注。[83] 充分考虑这些变量的合规影响可能需要进行重大修改,这会削弱激励方案的绩效影响。因此,有效的合规可能涉及大量的间接成本,至少在短期内是如此。

在本文第一(一)部分,我们已经看到监管机构和检察官会激励公司建立内部合规计划。检察官给出了有效合规计划的指导,但公司全面实施这些要求可能成本高昂。尽管公司大力宣扬其合规计划的优点,但我们对它们实际减少不当行为的效果了解甚少。

(二)董事会对合规情况的监督

随着合规的发展,公司董事会也被期望参与到合规计划的监督中。这种期望有两个不同的来源。首先,在第一(一)部分中讨论了起诉和量刑指南,其中与董事会作用有关的部分,我们在第一(二)1 部分中进行了讨论。其次,是董事在公司法信义义务方面的发展,我们在第一(二)2 部分中进行了讨论。然后,我们在第一(二)3 部分中讨论董事会对合规的监督可能需要调解高级管理人员和公司合规职能之间的冲突。

---

〔81〕 EVALUATION OF CORPORATE COMPLIANCE PROGRAMS 2019, supra 13, at 13 [“公司是否考虑过其激励和奖励措施对合规的影响? 公司如何激励合规和道德行为? 有没有因为合规和道德考虑而采取行动的具体例子(例如,拒绝晋升或奖励)? 谁决定包括奖金在内的薪酬,以及合规人员的纪律和晋升?”].

〔82〕 See Jennifer Arlen & Reinier Kraakman, Controlling Corporate Misconduct: An Analysis of Corporate Liability Regimes, 72 N. Y. U. L. Rev. 687, 702 – 04 (1997) (noting the significance of employee compensation and promotion policies for efficacy of compliance programs).

〔83〕 See Sverre Grepperud & Pal Andreas Pedersen, Crowding Effects and Work Ethics, 20 LABOUR 125 (2006)(分析金钱奖励对内在动机的影响).

1. 检控人员对董事会的期望

如第一(一)2 部分所述,起诉和量刑决定的宽大处理一直是公司合规计划的主要推动力。相关的指南特别对董事会在监督合规计划中的作用提出了期望。首先对组织量刑指南进行考量,这些指南不仅会影响检方起诉的决策,也会影响司法判决。[84] 2010 年,该指南被修订,以强调董事会的责任。第 8b2.1(b)(2)(a)条现在要求董事会"熟悉合规和道德计划的内容和运作,并对合规和道德计划的实施和有效性行使合理的监督职责"。[85]

指南进一步指出,合规官员应该有直接向董事会或专门委员会报告的义务。[86] 如果对合规和道德规范项目负有经营责任的个人"有直接向管理机构或其适当分支机构(如审计委员会)报告的义务",并且该计划发现并报告了不当行为,公司可以得以减轻处罚。[87] 合规人员"应该获得充足的资源、适当的权力与管理机构或其适当的分支机构(例如,董事会下属的某个专门委员会)直接接触"。[88] 因此,该指南鼓励董事会参与合规事务。

关于检方的指导意见,美国司法部发布的《公司合规计划评估》在"监督"一章强调了董事会的作用。[89] 它问道:"董事会有哪些合规方面的专业知识?"[90]然后问道:"董事会和/或外部审计师是否举行过执行或非公开会议,以履行合规和控制职能? 董事会和高级管理层在行使监督不当行为的职权时审查了哪些类型的信息?"[91]接下来,在

[84] See U. S. SENTENCING GUIDELINES MANUAL, supra note 12, ch. 8.

[85] Id. § 8B2.1(b)(2)(A). Although the Guidelines refer specifically to a "governing authority", this is taken to mean the board, if the company has one. Id. § 8B2.1 cmt. 1 ["'管理机构'指(原文)(a)董事会;或(b)如果该组织没有董事会,则指该组织的最高管理机构。"].

[86] Id. § 8B2.1(b)(2)(C)("组织内的特定个人应被授予合规和道德规范计划的日常运营责任。负有经营责任的个人应定期向高层人员报告,并酌情向管理当局或管理机构的适当分支机构报告合规和道德规范计划的有效性。").

[87] Id. § 8C2.5(f)(3)(C)(i)-(iii).

[88] Id. § 8B2.1(b)(2)(C).

[89] EVALUATION OF CORPORATE COMPLIANCE PROGRAMS 2017, supra note 13.

[90] Id.

[91] Id.

该文件的“自主权”一节中,司法部的评估文件继续问道:“合规和相关控制职能是否有直接向董事会中的任何人汇报的渠道?他们多久会与董事会会面?高级管理层成员是否出席这些会议?”[92]

2. 合规与董事的信义义务

根据州组织法,董事有义务进行某种程度的合规监督。[93] 最狭义的定义是,当董事注意到存在或可能存在不当行为时,就有义务采取行动;这种实际知情情况就触发了调查和采取适当后续步骤的义务。[94] 所要求的必要调查和随后的行动将取决于董事们掌握的不当行为证据的程度和潜在不当行为后果的严重性。[95] 值得注意的是,这种事后责任的程度取决于提供给董事会的信息的质量。[96] 董事会在多大程度上有积极义务确保有关合规情况的信息向上流动?

1996 年特拉华州衡平法院对 In re Caremark International Inc. Derivative Litigation 案发表著名意见以来[97],董事们也被期望首先确保实施某种监督系统。正如艾伦法官解释的那样,“我认为,这会是一个错误的结论:公司董事会仅仅对公司情况进行合理的了解就满足了履职要求,却不需要确保公司内部存在合理设计的信息和报告系统。这一系统应让高级管理层和董事会本身能够及时获得准确的信息,足以使管理层和董事会在各自的职权范围内,就公司是否遵守法律及其

〔92〕 Id. at 3.

〔93〕 See, e. g., Reiter v. Fairbank, C. A. No. 11693 – CB, 2016 WL 6081823, at ＊1 (Del. Ch. Oct. 18, 2016).

〔94〕 See In re Wells Fargo & Co. S'holder Derivative Litig., 282 F. Supp. 3d1074, 1107 (N. D. Cal. 2017) [引用 Stone v. Ritter, 911 A. 2d 362, 370 (Del. 2006)]; Graham v. Allis – Chalmers Mfg. Co., 188 A. 2d 125, 130 (Del. 1963); Okla. Firefighters Pension & Ret. Sys. v. Corbat, C. A. No. 12151 – VCG, 2017 WL 6452240, at ＊1 (Del. Ch. Dec. 18, 2017); Melbourne Mun. Firefighters' Pension Tr. Fund v. Jacobs, C. A. No. 10872 – VCMR, 2016 WL 4076369, at ＊7 (Del. Ch. Aug. 1, 2016) (citing Stone, 911 A. 2d at 370); In re Massey Energy Co. Derivative & Class Action Litig., C. A. No. 5430 – VCS, 2011 WL 2176479, at ＊22 n. 157 (Del. Ch. May 31, 2011) (引用 Stone, 911 A. 2d at 370).

〔95〕 See, e. g., U. S. SENTENCING GUIDELINES MANUAL, supra note 12, § 8C2. 5(f).

〔96〕 See cases cited supra note 94.

〔97〕 698 A. 2d 959 (Del. Ch. 1996).

业务表现作出知情的判断”。[98]

然而，这项职责仅仅是善意的一种体现，未能履行该职责将需要“董事会持续或系统性地未能行使监督职责，例如完全没有尝试确保合理的信息和报告系统存在”。[99] 或者，正如特拉华州最高法院在 Stone v. Ritter 案中所说，“（1）董事们完全没有实施任何报告或信息系统或控制；或者（2）在实施了这样的系统或控制之后，故意拒绝或疏于监测或监督其运作，从而使他们自己无法得知需要关注的风险或问题”。[100]

因此，特拉华州的判例法与通过司法部指南和执法所传达的大部分指导一样不具体也不明确。合规问题和董事会监督合规的完全失效将产生严重后果。但是，什么构成有效或完善的合规，或者说是监督，并未被明确说明。[101]

3. 董事会在调解合规冲突中的作用

除了执法机构对合规的优先考虑，董事会本身也存在对合规职能的利益冲突。特别是，经理所优先考虑的短期财务问题可能与有效合规的目标存在冲突。通常，高级管理人员的薪酬与公司股价密切相关，以鼓励其对股东价值的关注。[102] 这可能会在建立合规计划以及运行该计划的方式上产生冲突。[103] 假设对违规的惩罚已经设定得足以激励股东内部化社会成本，这种冲突就成为公司治理问题。也就是说，管

〔98〕 Id. at 970.

〔99〕 Id. at 971.

〔100〕 Stone v. Ritter, 911 A. 2d 362, 370 (Del. 2006).

〔101〕 See Armour et al., supra note 31, at 45 – 47. 最近的案例表明，在公司受到适用于其业务基本特征的综合监管方案约束的情况下，出现了董事会一级合规监督的肯定性责任，例如，Marchand v. Barnhill, 212 A. 3d 805 (Del. 2019)（关于核心产品的食品安全监管），或者公司受到为解决先前的监管失败而签署的特定合规法令的约束，例如，In re Facebook, Inc. Sec. 220 Litig., Consolidated C. A. No. 2018 – 0661 – JRS, 2019 WL 2320842, at ∗2 (Del. Ch. May 31, 2019)（在董事会未能监督和解协议的遵守情况下，“特拉华法院传统上更倾向于在 Caremark 范式中看待股东指控董事会未能监督公司履行积极法律或积极监管要求，而不是指控董事会未能总体上监督公司避免业务风险的指控”。）。

〔102〕 See, e. g., Steven N. Kaplan, CEO Pay and Corporate Governance in the U. S.: Perceptions, Facts, and Challenges, 25 J. APPLIED CORP. FIN. 8, 15 (2013).

〔103〕 See Arlen & Kahan, supra note 33, at 354 – 57; Armour et al., supra note 31, at 20 – 31.

理者可能未能采取行动,以最大限度地减少预期的处罚来符合股东的利益。

要了解这些成本是如何产生的,需要注意:尽管建立一个合规计划可以减少公司的预期处罚,但这样做会向投资者发出一个复合信号。这表明:(1)公司认真对待合规(这对投资者来说是件好事);(2)公司认为认真对待合规是恰当的。第二个因素可能会对股票价格产生负面影响。[104] 在其他条件相同的情况下,公司是否认为合规投资是适当的,是执行可能性的函数。[105] 因此,公开合规计划的公司发出的信号是,它预计吸引执法的可能性相对较高。[106] 虽然公司认真对待合规这一事实对投资者来说是好消息,但这只能减少而不是消除预期处罚。[107] 所以,信号的净效应很可能是负面的。因此,寻求股票价格最大化的管理人员可能不愿意披露公司合规活动的细节。[108] 与这一主张一致的是,公司不自愿披露关于其合规活动的任何有意义的信息。[109]

运营合规计划时也可能会出现冲突。如果发现不当行为,一些经理可能会认为执法机构对其的处罚可能性很低,于是试图掩盖这种不当行为,以避免对股票价格产生负面影响。[110] 首席合规官可能会发现自己被首席执行官忽视甚至被解雇,以避免此类情况的曝光。对这种待遇的恐惧会削弱合规计划的有效性,因此,司法部的指导现在提出,合规团队应享有管理自主权,并通过直接向董事会汇报渠道来实现。[111]

---

〔104〕 See Armour et al. , supra note 31, at 4.

〔105〕 See, e. g. , id. at 13 – 14.

〔106〕 Id. at 29 – 30.

〔107〕 一个有效的合规计划的存在可以将公司的罚款减少 60% ~ 80%。See U. S. SENTENCING GUIDELINES MANUAL, supra note 12, § § 8C2. 5(f), 8C2. 6.

〔108〕 See id. ; Armour et al. , supra note 31, at 5.

〔109〕 Griffith, supra note 28, at 2138 – 39. 我们自己对 EDGAR 文件的搜索没有发现任何有关公司合规活动的有意义的信息。

〔110〕 See Armour et al. , supra note 31, at 12 n. 50.

〔111〕 EVALUATION OF CORPORATE COMPLIANCE PROGRAMS 2019, supra note13, at 11("合规和相关控制职能是否直接向董事会和/或审计委员会的任何成员报告? 他们多久见一次董事?").

董事会越来越被视为解决这些冲突的方法。[112] 美国司法部关于有效合规的备忘录和其他指导意见规定，对合规项目进行内部监督和监控的责任应由董事会承担，通常是通过独立董事组成的委员会——要么是通过审计委员会，要么是设立一个单独的合规委员会——来实现。[113] 董事会应了解其公司合规职能的目标和运作，这应得到定期报告和清晰信息流的支持。[114] 此外，越来越多的人认为，从合规部门到董事会的直接报告渠道，不仅是培养合规项目内部自主性的一种手段，而且是一种公开向上传递信息的手段。[115] 司法部的指导意见将此类沟通视为监督和自主权的相关因素。[116]

董事会在处理公司合规职能与其他高级管理人员之间的冲突方面的作用，超出了公司治理的传统范畴。[117] 大多数人认为，董事会的作用是为了股东的利益监督公司高级管理人员，以期减少代理成本。[118] 为了达到这个目的，董事们必须独立于管理人员，以防止利益冲突。[119]

---

〔112〕 See, e. g. , Martin Lipton et al. , Risk Management and the Board of Directors, HARV. L. SCH. F. ON CORP. GOVERNANCE & FIN. REG. (Mar. 20, 2018), https://corpgov.law.harvard.edu/2018/03/20/risk-management-and-the-board-of-directors-5/ [https://perma.cc/DS5R-CGUR] (描述董事会的监督角色).

〔113〕 EVALUATION OF CORPORATE COMPLIANCE PROGRAMS 2017, supra note 13, at 2(“监督——董事会拥有哪些合规方面的专业知识？董事会和/或外部审计师是否举行过执行或非公开会议，履行合规和控制职能？董事会和高级管理层在对发生不当行为的地区进行监督时审查了哪些类型的信息？”); see also ETHICS & COMPLIANCE INITIATIVE, PRINCIPLES AND PRACTICES OF HIGHQUALITY ETHICS & COMPLIANCE PROGRAMS: REPORT OF ECI'S BLUE RIBBON PANEL 19 (2016) (“道德与合规结构确保独立性并定期进入董事会和/或审计委员会。”).

〔114〕 See, e. g. , EVALUATION OF CORPORATE COMPLIANCE PROGRAMS 2017, supra note 13, at 2-3.

〔115〕 EVALUATION OF CORPORATE COMPLIANCE PROGRAMS 2019, supra note 13, at 10.

〔116〕 Id. at 4 (“设计良好的合规计划的另一个标志是量身定制的培训和沟通。”).

〔117〕 Griffith, supra note 28, at 2081.

〔118〕 See, e. g. , FRANK H. EASTERBROOK & DANIEL R. FISCHEL, THE ECONOMIC STRUCTURE OF CORPORATE LAW 91-93 (1991); John Armour et al. , The Basic Governance Structure: The Interests of Shareholders as a Class, in THE ANATOMY OF CORPORATE LAW 41, 50 (3d ed. 2017).

〔119〕 See, e. g. , Armour et al. , supra note 118, at 62-67.

在监督合规方面,董事会正在监督高管的资源配置和公司合规方案的实施,以及合规需求和战略目标追求之间冲突的管理。[120] 由于合规的财务影响,按照监管指南的最佳实践解决此类冲突最终是符合股东利益的。

(三)董事会结构和合规监督

无论是美国司法部的指导意见还是公司法,都没有具体规定董事会应进行合规监督的具体过程。[121] 但监督过程的选择可能很重要。在第一(三)1 部分中,我们介绍了董事会处理合规监督的两种不同方式:第一,将合规监督纳入现有审计委员会的职权范围;第二,建立一个独立的合规委员会。在第一(三)2 部分中,我们认为这两种选择并不仅仅是表面问题,而是可能影响合规监督的强度和公司的成本。在第一(三)3 部分中,我们通过证据支持了这一观点,通过分析审计委员会和合规委员会的章程如何分配合规监督任务。在第一(三)4 部分中,我们对已经建立合规委员会的董事会进行案例研究。

1. 合规监督和专门委员会

由于上市公司必须设立一个负责内部财务控制的审计委员会,[122] 许多公司便将合规监督纳入审计委员会的职权范围。审计和合规监督职能都涉及对高级管理人员实施的控制系统进行审查——分别是财务控制或合规计划,并在与高级管理人员行为和控制系统或合规方面出现的任何冲突首次发生时担任仲裁者的角色。[123]

审计委员会的核心职责基本上是监督公司与其审计师的关系。[124] 这使审计委员会成为《萨班斯 - 奥克斯利法案》制度中监督内部财务控制的一个重要组成部分。除了确保审计师选择的公正可信和处理审

---

〔120〕 See, e. g. , id.

〔121〕 See, e. g. , EVALUATION OF CORPORATE COMPLIANCE PROGRAMS 2019, supra note 13; cases cited supra note 101.

〔122〕 与上市公司审计委员会有关的标准,1933 年证券法第 33 - 8220 号公告(2003 年 4 月 9 日)。

〔123〕 See Lawrence A. Cunningham, The Appeal and Limits of Internal Controls to Fight Fraud, Terrorism, Other Ills, 29 J. CORP. L. 267, 273 - 74 (2004).

〔124〕 Sarbanes - Oxley Act of 2002, Pub. L. No. 107 - 204, § 2, 116 Stat. 745, 747 [codified at 15 U. S. C. § 7220 (2012)].

计师对公司财务信息的定期审查这些核心职能，审计委员会还负责管理当管理层涉及其中或不愿采取行动时的内部违规行为披露或员工举报所产生的潜在冲突。为了确保他们在履行这一职责时的独立性，2002 年的《萨班斯 - 奥克斯利法案》要求美国上市公司应当设立全部由独立董事组成的审计委员会。[125]

不难看出，审计委员会的职能可能有助于成为董事会进行合规监督的渠道。审计委员会和合规委员会均涉及监督高管实施控制系统——分别是财务控制或合规计划，同时在任何与高管行为及控制系统或合规相关的冲突中充当首要仲裁者的角色。[126] 基于这个原因，许多公司只要求它们的审计委员会承担监督公司一般合规计划的职责，以及核心的、更具体的财务控制的监督职责。[127]

另外，一些公司建立了独立的合规委员会，同样由独立董事组成。[128] 当合规委员会的工作人员不同于审计委员会时，扩展了可参与空间，允许选择具有不同专业知识的人员，并促进在决策方面适当的价值观差异。当然，这种分工也会导致潜在的互补性损失，因为无法同时对财务和非财务合规进行联合监督，所以成员之间至少需要有一定的重叠。另一种方法是将审计委员会重新命名为“审计与合规委员会”，以反映在专业知识和角色方面的差异。这样做可以保留互补性。[129]

2. 董事会时间作为一种稀缺资源

我们已经看到，一些董事会通过将合规监督纳入审计委员会的职责范围来处理合规监督问题，而另一些董事会则选择建立一个单独的合规委员会来处理合规问题。董事会通过审计委员会或者设立新的合规委员会来进行合规监督，两者有何区别？持怀疑态度的人可能认为

---

[125] Id. § 301.

[126] See Cunningham, supra note 123, at 273 – 74.

[127] See id. at 301 – 06(描述某些公司内部审计控制的实施情况).

[128] 例如，见本文第一(三)3 部分。

[129] See Deloitte, Boards: Understand the Rules for Ethics and Compliance Oversight, WALL STREET J.: RISK & COMPLIANCE J. (May 2, 2018), https://deloitte.wsj.com/riskandcompliance/2018/05/02/boards-understand-the-rules-for-ethics-and-compliance-oversight/ [https://perma.cc/TY7Q-DEPF](同时指出，“纽约证券交易所上市公司被要求由审计委员会进行监督法律和监管合规”).

这只是一种表面上的演变。然而,我们有充分的理由认为,无论是从监督的强度来看,还是从公司的成本来看,这种差异都是实质性的。

与我们交谈的合规官员和独立董事强调,设立一个新的合规委员会会带来切实的时间成本。除了董事会成员的其他职责,这会产生另一系列会议、需要审查的文件、需要撰写的评估报告。独立董事的时间是一种稀缺资源。大多数上市公司限制其董事会规模,与实证研究报告的结果一致,即较大的董事会效率较低。[130] 与此同时,要被归类为"独立董事",董事必须与公司没有雇佣关系,这意味着他们必须是兼职人员。[131] 这也意味着分配给合规委员会成员的时间必须从董事会职能的其他方面削减。机会成本可能非常高。这些业界专业人士建议,公司通常只会根据强烈的外部冲击(比如,备受瞩目的丑闻或执法行动)重塑董事会结构,并设立合规委员会。否则,公司将更倾向于通过现有的内部治理结构关注合规性。

3. 专门委员会章程中关于合规监督强度的证据

从委员会章程上看,设立合规委员会似乎比将合规监管纳入审计委员会的职权范围更有可能积极推进合规性监管。合规委员会章程更有可能包含关于合规监督过程的具体可交付成果,这反映了合规委员会对合规事项更密切的关注。例如,合规委员会通常被赋予定期审查内部行为准则和公司合规计划运行情况的任务。[132] 相比之下,一个典

---

〔130〕 Joann S. Lublin, Small Boards Get Bigger Returns, WALL STREET J. (Aug. 26, 2014), https://www.wsj.com/articles/smaller-boards-get-bigger-returns-1409078628 [https://perma.cc/Q63U-LHUC].

〔131〕 See Sarbanes-Oxley Act of 2002, Pub. L. No. 107-204, § 2, 116 Stat. 745, 751 [codified at 15 U.S.C. § 7220 (2012)].

〔132〕 See, e.g., CIGNA, COMPLIANCE COMMITTEE CHARTER (2019); GOLDMAN SACHS BDC, INC., COMPLIANCE COMMITTEE CHARTER (2013) GOODYEAR TIRE& RUBBER CO., COMMITTEE ON CORPORATE RESPONSIBILITY AND COMPLIANCE CHARTER (2017); PG& E CORP., COMPLIANCE AND PUBLIC POLICY COMMITTEE CHARTER 2 (2019); QUEST DIAGNOSTICS INC., QUALITY, SAFETY & COMPLIANCE COMMITTEE CHARTER (2018); SW. AIRLINES CO., SAFETY AND COMPLIANCE OVERSIGHT COMMITTEE CHARTER (2019) (on file with authors)(与作者共同存档).

型的审计委员会则被期待主要履行财务事项相关的监督职能。[133] 这意味着,与审计委员会相比,合规委员会很可能会建立一个更清晰、更严密控制的报告渠道,将公司的合规情况报告给董事会。[134] 合规委员会和审计委员会通常有权力在必要时聘请法律和其他外部专家协助委员会。某些合规委员会还有权力启动和进行内部合规性调查,[135] 尽管这并非普遍做法。[136]

为我们讨论董事会如何将合规监督责任分配给专门委员会提供背景信息,本部分结束时,我们将讨论 3 个公司的案例研究,这些公司选择设立独立的合规委员会。

4. 案例研究

在反思合规委员会的作用时,考虑一些合规委员会发挥积极作用的案例,有助于理解该委员会的实际运作及其成立的原因。在每个案例中,我们都会参考证券交易委员会的文件和新闻报道,以了解委员会的作用和成立背景,以下介绍 3 个公司的案例。

借贷俱乐部公司(Lending Club)案。与本文开始提到的被动参与合规的富国银行董事会相比,P2P 借贷平台借贷俱乐部公司的董事会可能处于合规参与程度光谱的另一端。2016 年,在一次内部审查之后,2200 万美元的贷款销售引起了借贷俱乐部公司董事会的注意。[137] 董事会的反应"迅速而果断",包括促使公司创始人兼首席执行官迅速

[133] See, e. g., MERCK, AUDIT COMMITTEE CHARTER ¶ ¶ 6 – 7, 11 (2019), https://www.merck.com/about/leadership/board – of – directors/Charter% 20 – % 20Audit % 20Committee% 20 – % 20May% 202019.pdf [https://perma.cc/8DVQ – CFRR].

[134] CIGNA, supra note 132, at 2; GOLDMAN SACHS BDC, INC., supra note 132, at 3; GOODYEAR TIRE & RUBBER CO., supra note 132, at 2; PG& E CORP., supra note 132, at 4; QUEST DIAGNOSTICS INC., supra note 132, at 3; cf. SW. AIRLINES CO., supra note 132, at 2 (指出专门委员会可与外部法律顾问协商).

[135] CIGNA, supra note 132, at 2; QUEST DIAGNOSTICS, INC., supra note 132, at 2.

[136] See, e. g., GOLDMAN SACHS BDC, INC., supra note 132; GOODYEAR TIRE & RUBBER CO., supra note 132; PG&E CORP., supra note 132 (未提及调查); SW. AIRLINES CO., supra note 132, at 2 ("进行调查并非委员会的责任……").

[137] Peter Rudegeair, LendingClub CEO Fired Over Faulty Loans, WALL STREET J., May 9, 2016.

辞职。[138] 随后,董事会成立了一个由独立董事组成的新委员会,委托外部顾问进行调查。[139] 这项调查还发现了其他问题,为此,董事会迅速决定向投资者赔偿大约 100 万美元的损失,并要求“终止或辞去参与相关贷款销售的…… 高级管理人员”。[140] 因此,借贷俱乐部公司董事会通过设立一个专门负责调查的新委员会来处理调查,采取了积极的、实质性的行动来应对合规问题。该公司“在其董事会发起的审查后迅速自我报告了其高级管理人员的不当行为”,这是美国司法部和证券交易委员会随后决定不起诉该公司的一个相关因素。[141] 然而,这种董事会对合规的亲自参与并没有导致成立一个持续性的合规委员会。

美国国际集团(AIG)案。在密集的监管调查期间采用合规委员会的一个例子是美国国际集团 ,该公司最终向监管机构支付了 16 亿美元,并在此之前创建了一个新的合规委员会。[142] 在 21 世纪中期,美国国际集团因使用再保险来创造收入,从而操纵财务报表而面临起诉。[143]

在达成不起诉协议之前,该公司设立了两个专门委员会,专注于合规和监管。[144] 其中一个委员会实际上在解决执行问题方面发挥了作

---

〔138〕 LendingClub Corp. ,Current Report (Form 8 – K) (May 6,2016).

〔139〕 Id. at 5.

〔140〕 Id. ;LendingClub,Corp. ,Current Report (Form 8 – K) (June 22,2016);美国证券交易委员会指控借贷俱乐部公司资产管理公司及其前高管误导投资者并违反信义义务,Sec. & Exch. Comm' n,Press Release 2018 – 223 (Sept. 28,2018) [hereinafter SEC Press Release], https://www. sec. gov/news/press – release/2018 – 223 [https://perma. cc/6EKZ – 76CV].

〔141〕 SEC Press Release,supra note 140.

〔142〕 Daniel Hays, AIG Pays $1. 64 Billion To Settle Fraud Charges with State, Federal Regulators,PROP. CASUALTY 360 (Feb. 12,2006),https://www. propertycasualty360. com/2006/02/12/aig – pays – 1 – 64 – billion – to – settle – fraud – charges – with – state – federal – regulators/? slreturn = 20190826184258 [https:// perma. cc/5K68 – JAHC].

〔143〕 See Non – Prosecution Agreement, U. S. Dep' t of Justice & AIG Financial Products Corp. (Nov. 30,2004),http://lib. law. virginia. edu/Garrett/corporate – prosecution – registry/agreements/aig – fp. pdf [https://perma. cc/6TJJ – WZ97].

〔144〕 AIG Restructures Its Executive Governance,Adds 2 Outside Directors to Board,INS. J. (Apr. 21, 2005), https://www. insurancejournal. com/news/ national/2005/04/21/54166. htm [https://perma. cc/EXQ7 – DQ6D].

用。新成立的监管、合规和法律委员会由已退休的纽约市副警察局长史蒂芬·L. 哈默曼(Stephen L. Hammerman)领导,其"协助美国国际集团高管与纽约州检察长艾略特·斯皮策(Eliot Spitzer)协商可能的和解并准备全球合规计划"。[145] 创建新的委员会可能是为了增加董事会成员,以协助美国国际集团进行此类谈判。

拉斯维加斯金沙公司(Las Vegas Sands)案。我们的第三个案例研究说明了应检察官的要求设立合规委员会的情况。2013 年,拉斯维加斯金沙公司与美国司法部就违反《银行保密法》达成了一项不起诉协议,根据协议条款,该公司必须成立一个合规委员会。[146] 《拉斯维加斯金沙公司合规委员会章程》规定,该委员会的 3 名董事均为独立董事。[147] 该委员会每年至少召开 4 次会议,但负有类似的监督责任(尽管具体侧重于遵守博彩法、反腐败和洗钱法)。[148] 当拉斯维加斯金沙集团再次因违反《反海外腐败法》而被起诉时,其在 2017 年通过另一份不起诉协议解决了此事,这份协议认可该公司成立了一个董事会级别的合规委员会(它"成立了一个新的合规委员会")。[149]

在一些案例中,合规委员会是在公司内部高度关注合规问题的时期成立的,但在借贷俱乐部公司这一案例中,并没有成立这样的委员会。在成立了合规委员会的案例中,这个委员会没有在调查结束后被解散。这些证据表明,选择通过一个独立的委员会监督合规问题对董

---

[145] Joann S. Lublin, Compliance Panels Slowly Take Hold, WALL STREET J. (Jan. 9, 2006), https://www.wsj.com/articles/SB113676266099241116 [https://perma.cc/3WHU-AUW9].

[146] See Non-Prosecution Agreement, U. S. Attorney's Office & Las Vegas Sands Corp. (Aug. 26, 2013), https://lib.law.virginia.edu/Garrett/corporate-prosecution-registry/agreements/Las-Vegas-Sands-Corp-NPA.pdf[http://perma.cc/L4Y3-HJXJ].

[147] Compliance Committee Charter, Las Vegas Sands Corp. (July 23, 2019), https://s21.q4cdn.com/635845646/files/doc_downloads/committee-charters/2019/Compliance-Committee-Charter-Final-July-23-2019.pdf [http://perma.cc/7PHC-V74H].

[148] 同上。

[149] See Non-Prosecution Agreement, U. S. Dep't of Justice, Fraud Section, Criminal Division & Las Vegas Sands Corp. (Jan. 17, 2017), https://www.justice.gov/opa/press-release/file/929836/download [https://perma.cc/FK2M-SUBP].

事会而言不仅是形式上的问题,而且是一项具有实际成本并可能对监督强度产生影响的事情。

在第一(一)部分,我们概述了监管机构和检方如何以及为什么鼓励公司建立内部合规计划。我们在第一(二)部分中看到,检方意见和公司法信义义务现在都设想了董事会在监督这种内部合规项目方面发挥的作用,这可能需要调解高级管理人员与这种项目之间的冲突。在第一(三)部分中,我们考虑了董事会履行合规监督职能的具体方式,将采用独立的合规委员会与将合规监督加入审计委员会职责范围进行了比较。两者之间的选择既不受检方意见的指导,也不受信义义务的支配。虽然建立合规委员会似乎可能带来更严格的合规监督,但董事会建立和聘用工作人员的成本也可能更高。在第二部分中,我们介绍了关于上市公司采用合规委员会程度以及最有可能采用合规委员会的公司属性的实证结果。

二、董事会合规的实证分析

在本部分中,我们提出新的实证数据和分析,旨在帮助理解董事会如何应对合规监管的挑战。尽管近年来强调了董事会在公司合规中的作用,但我们惊讶地发现绝大多数(近94%)的美国上市公司没有在董事会层面设立合规委员会。也就是说,拥有此类委员会的上市公司数量正在缓慢增加,而且我们发现,在某些监管严格的行业,采用这种委员会的比例更高。此外,合规委员会更有可能出现在有起诉历史的公司,以及有曾在其他合规委员会任职过的独立董事的公司。在下文第(一)部分,我们总结了之前有关公司合规活动的文献,然后描述了我们的数据来源,并概述了这些数据,包括按照时间顺序详细说明我们的研究结果。在下文第(二)部分,我们考察了证券交易委员会或起诉协议中对合规委员会的要求程度。在下文第(三)部分我们探讨了公司可能会成立合规委员会的原因,并呈现了自愿设立合规委员会的案例。在下文第(四)部分,我们展示了哪些类型的公司董事会设立了合规委员会。

(一)关于董事会合规的新数据

1. 文献综述

关于公司合规活动的学术实证文献普遍缺乏。识别公司是否进行合规投资的主要困难是,公司通常不披露其合规计划的细节。[150] 公司不进行披露的原因具体如下:第一,证券法没有强制要求披露合规支出。[151] 第二,经理和董事也没有动机自愿披露这一信息。[152] 这是因为,披露合规投资可能被视为一个信号,表明本公司可能出现不当行为的风险足以使公司的合规投资是值得的,而且这种风险达到了公司有义务向其股东披露的程度。[153] 即使是最有效的合规计划也不能完全扭转被起诉带来的成本,因为股价可能会下跌。由于经理和董事的薪酬主要以股票支付,他们可能更愿意避免这种情况。[154]

然而,公司被要求披露是否存在一个合规委员会。[155] 这种"公司治理"信息是与股东选举董事的年度代理征集相关的强制性披露的一部分。[156] 2002 年《萨班斯 - 奥克斯利法案》通过以来,上市公司被要

---

〔150〕 Griffith, supra note 28.

〔151〕 同上。

〔152〕 在证券监管中强制披露的一个众所周知的理由是,在纯粹自愿的披露制度下,管理者可能披露得不够充分。给出的最普遍的理由是,管理人员不愿意与竞争对手分享作为竞争优势来源的信息。See Merritt B. Fox, Retaining Mandatory Securities Disclosure: Why Issuer Choice Is Not Investor Empowerment, 85 VA. L. REV. 1335 (1999). 我们在这里所指出的与合规投资有关的激励问题,比普遍的理由更为具体,而且可能更为严重。

〔153〕 See Armour et al., supra note 31.

〔154〕 同前注〔22〕。

〔155〕 事实上,我们在下面的论述中认为,采用合规委员会所传达的信号——这是一项昂贵的合规投资,并受到强制披露的约束——是低采纳率的一个重要解释因素。

〔156〕 See 17 C. F. R. § 229. 407 (2019) (containing Item 407 of Regulation S - K referenced by Schedule 14A); id. § 240. 14a - 101 (2000)[详见表格 14A 及第 7 项(董事及高级管理人员)]. 该条例要求披露董事出席董事会会议和委员会会议的情况,这当然要求查明所有专门委员会。

求披露其审计、薪酬和提名委员会的章程。[157] 这导致公司必须披露每个董事会委员会章程。可能为了避免在对3个委员会章程的解释上出现任何可能具有误导性的遗漏,因此公司不选择设立合规委员会。基于此,我们可以编制一份董事会合规委员会及其章程的数据集。[158]

尽管如此,董事会合规委员会本身的研究却很少。以往唯一关于董事会合规的实证文献来自从业者调查,通常由大型会计师事务所进行。例如,被广泛引用的普华永道(PwC)的年度合规状况报告[159] 在2016年指出:"20% 的公司拥有独立的董事会,独立的合规/道德委员会。"[160] 然而,当关注社会统计调查方法时,这些数字的代表性是值得怀疑的。普华永道表示,这项调查是针对"全球八百多名高管"进行的,其中大多数是非上市公司和上市公司的合规专业人士。[161] 该报告是基于受访者自愿受访的调查,因此有人担心,在已经非常注重合规的公司工作的受访者,提交调查回复的比例过高。在本文中,我们试图评估这些调查,以及最近关于执法对合规实践影响的文献,来验证关于公司通常在董事会层面成立合规委员会这一说法的正确性。对于市值最

---

〔157〕 2000年以来,美国证券交易委员会规则要求在公司的委托书中披露审计委员会章程(原本是三年一次的义务)。See id. § 240.14a - 101, Item 7(e)(3). 这在2003年的财务报表中变为年度义务。See 17 C.F.R. § 229.401(i)(2) (2003). 纽约证券交易所上市公司手册于2003年修订,要求所有纽约证券交易所上市公司拥有并披露审计、薪酬和提名委员会章程。See Self - Regulatory Organizations; Notice of Filing of Proposed Rule Change and Amendment Relating to Corporate Governance, Release No. 34 - 47672, SEC Docket No. SR - NYSE - 2002 - 33 (Apr. 11, 2003). 自2004年年初以来,美国证券交易委员会规则也要求在代理声明中披露提名委员会章程。See 17 C.F.R. § 240.14a - 101, Item 7(d)(2)(ii)(A) (2004). 2006年,这些规则被合并为SEC法规407。See 71 Fed. Reg. 53,254 (Sept. 8, 2006) (to be codified at 17 C.F.R. § 229.407).

〔158〕 在大多数情况下,公司专门委员会的信息都在公司网站的"投资者关系"标签下。

〔159〕 Robert C. Bird & Stephen Kim Park, Turning Corporate Compliance into Competitive Advantage, 19 U. PA. J. BUS. L. 285 (2017); Griffith, supra note 28.

〔160〕 PWC, STATE OF COMPLIANCE STUDY 2016: LAYING A STRATEGIC FOUN - DATION FOR STRONG COMPLIANCE AND RISK MANAGEMENT 3 (2016), https:// www. pwc. se/sv/pdf - reports/state - of - compliance - study - 2016. pdf [https://perma . cc/FVC8 - XGVQ].

〔161〕 Id. , Foreword.

大的公司，另一家主要会计师事务所安永（EY）最近的一篇文章报告称，标准普尔500指数中16%的公司根据2018年提交的公司代理声明设立了合规委员会。[162] 经过仔细审查，本报告选取了所有可能承担任何合规职能的委员会，而不是专门称为“合规委员会”的委员会。我们采用了更严格（但仍然相当宽泛）的定义，我们发现标准普尔500公司中有合规委员会的公司比例在2004~2017年从5.3%增加到6.8%，这是一个相当低的比例。[163]

另一部分文献考虑了刑事诉讼对董事会结构的影响。一些学者指出，公司在与检方达成暂缓起诉协议时，协商所涉及的范围很广。除了巨额罚款，暂缓起诉协议还经常要求公司加强现有的内部合规计划、配合调查、任命独立的公司监督员，在某些情况下，还要求改变公司治理结构。[164] 特别值得注意的是卡尔（Kaal）和拉辛（Lacine）（2014年），其评估了1993~2013年所有可公开获得的暂缓起诉协议（N = 271）中与公司治理相关的条款。该报告指出，这些暂缓起诉协议中有8%（22个）的条款要求公司对其现有的董事会结构进行改变，“通常是创建新的专门委员会”。[165] 这表明，暂缓起诉协议有时可能会触发公司设立合规委员会。然而，其中对上市公司进行此类诉讼的数量较少，这意味这种司法和解方式无法解释采用合规委员会的程度。[166]

2. 数据来源与样本描述

我们的实证研究使用了四个主要的数据来源：（1）BoardEx：一个详细记录了董事会成员和结构的数据库，用以确定公司是否成立

---

[162] EY CTR FOR BRD MATTERS, A FRESH LOOK AT BOARD COMMITTEES (2018), https://www.ey.com/Publication/vwLUAssets/ey-cbm-a-fresh-look-at-board-committees/$FILE/ey-cbm-a-fresh-look-at-board-committees.pdf [https://perma.cc/5R8G/RMUU]. 该报告基于2018年5月15日提交的418份代理人声明。

[163] 见表3。

[164] See generally Arlen & Kahan, supra note 33（考察DPA规定的改革和讨论适当的应用）; Garrett, Structural Reform Prosecution, supra note 33（讨论DPA规定的内部改革的背景和示例）.

[165] Kaal & Lacine, supra note 34, at 95-96.

[166] See GARRETT, supra note 8, at 267（描述了2001~2012年273家上市公司被起诉）.

了合规委员会,以及何时成立的;[167] (2)杜克 - 弗吉尼亚大学公司起诉注册表:一个关于公司起诉的数据库,包括认罪协议、审判定罪和所有从 1990 年以来与司法部达成的暂缓起诉协议,用以探讨公司涉诉与设立合规委员会之间的关系;[168] (3) CRSP - Compustat:一个被广泛使用的财务数据集,其中包括公司绩效和公司规模等详细财务属性;[169] (4) SEC EDGAR:该数据库包括上市公司的披露文件和代理声明书,用以综合参考公司情况。[170] 通过合并这四个主要数据来源,我们编制了一个数据库,以研究事后执法与事前治理变化之间的相互作用。我们的数据库由 2004 ~ 2017 年的 6372 家独立的美国上市公司构成,共计 51620 个公司年度。表 1 列出了变量名称、变量描述和数据来源的详细信息。表 2 呈现了每个变量的汇总统计数据。

表 1　变量描述

变量名称	变量描述	数据来源
合规委员会	虚拟变量:公司是否有董事会级别的合规委员会(包括独立的合规委员会、合规与风险委员会、或审计与合规委员会)	BoardEx

〔167〕 Data, BOARDEX, http://corp. BOARDEX. com/Data/[https://perma. cc/7MRK - N59D]. BoardEx 拥有从 1999 年开始的数据,但 2004 年之前上市公司的数据并不完整,主要原因是公司没有受到监管压力来披露委员会信息。2003 年,美国证券交易委员会通过了有关专门委员会(例如,审计、薪酬和提名董事会委员会)的主要证券交易规则。See, e. g. , Order Approving NYSE Proposed Rule Change Relating to Corporate Governance, Release No. 34 - 50625, SEC Docket No. SR - NYSE - 2004 - 41 (Nov. 3, 2004), https://www. sec. gov/rules/sro/nyse/34 - 50625. pdf [https://perma. cc/4THH - 4GST]; SEC Marketplace Rules, NASDAQ Rule § 4350(d), SEC, https://www. sec. gov/rules/other/nasdaqllcf1a4_5/.

〔168〕 公司起诉登记表是由作者之一阿什(Ashley)和加勒特(Garrett)共同创建的,见前注〔35〕。

〔169〕 CRSP - Compustat Merged, CTR. FOR RES. IN SECURITY PRICES, Http://www. crsp. com/products/research - products/crspcompustat - merge - database [https://perma. cc/75Z8 - DR9P].

〔170〕 See Edgar Company Search, SEC, https://www. sec. gov/edgar/ searchedgar/companysearch. html [https://perma. cc/X4K5 - 3XEF].

续表

变量名称	变量描述	数据来源
司法部执法	虚拟变量:过去 3 年间的司法部执法	杜克 - 弗吉尼亚大学公司起诉登记表
司法部曝光	同一行业在过去 3 年中被起诉的比率(采用 Frama - French 48 型行业分类法)	杜克 - 弗吉尼亚大学公司起诉登记表、BoardEx
连锁合规委员会	虚拟变量:是否有任何董事同时在另一家公司的董事会中担任与合规委员会有关的职务	BoardEx
董事平均年龄	董事会成员的平均年龄	BoardEx
男性董事成员	董事会成员中男性的比例	BoardEx
董事会规模	董事会成员的总数	BoardEx
审计委员会成员占比	审计委员会成员占全体董事会成员的比例	BoardEx
非执行董事占比	非执行董事占全体董事会成员的比例	BoardEx
特拉华州公司	虚拟变量:是否为特拉华州公司	SEC EDGAR
公司规模	公司账面价值对总资产的自然对数	CRSP - Compustat Merged - Fundamental Annual
RoA($t-1$)	上年度资产回报率	CRSP - Compustat Merged - Fundamental Annual
Tobin's Q($t-1$)	上年度公司市值与账面价值的比率	CRSP - Compustat Merged - Fundamental Annual

表 2　统计数据

变量名称	样本数量/个	平均值	标准差	中位数	最小值	最大值
合规委员会	50945	0.04	0.19	0	0	1
司法部执法	50945	0.01	0.10	0	0	1

续表

变量名称	样本数量/个	平均值	标准差	中位数	最小值	最大值
司法部曝光	50945	0.002	0.004	0.001	0	0.04
连锁合规委员会	50945	0.18	0.39	0	0	1
董事平均年龄	50945	61.33	5.17	61.6	33.5	82.17
男性董事成员	50945	0.90	0.10	0.90	0.20	1.00
董事会规模	50945	8.94	2.72	9	2	26
审计委员会成员占比	50945	0.48	0.13	0.44	0.171	1.00
非执行董事占比	50945	0.83	0.10	0.86	0.20	1.00
特拉华州公司	50945	0.57	0.49	1	0	1
公司规模	50945	6.52	2.10	6.53	1.70	12.33
RoA($t-1$)	48360	-0.03	0.22	0.03	-1.57	0.32
Tobin's Q($t-1$)	48385	1.95	1.47	1.42	0.47	10.85

3. 时间趋势和行业分布

图 1 显示了 2004 ~ 2017 年设立合规委员会的美国上市公司的数量(左轴)和比例。在此,我们将合规委员会定义为包括独立的合规委员会、风险与合规委员会或由审计委员会改名而来的审计与合规委员会。尽管这一趋势缓慢而持续地上升,但总体水平仍然较低,到 2017 年,只有 4.85%(图 1 显示 5%,原文如此。——译者注)的上市公司采用了这样的委员会。[171]

[171] 2004 年,Sutron 公司没有审计委员会。SUTRON CORP.,2004 DEFINITIVE PROXY STATEMENT(2005),https://www.sec.gov/Archives/edgar/data/728331/000072833105000038/proxy05.txt [https://perma.cc/8L39-B4M9](“董事会没有审计委员会或提名委员会。”).

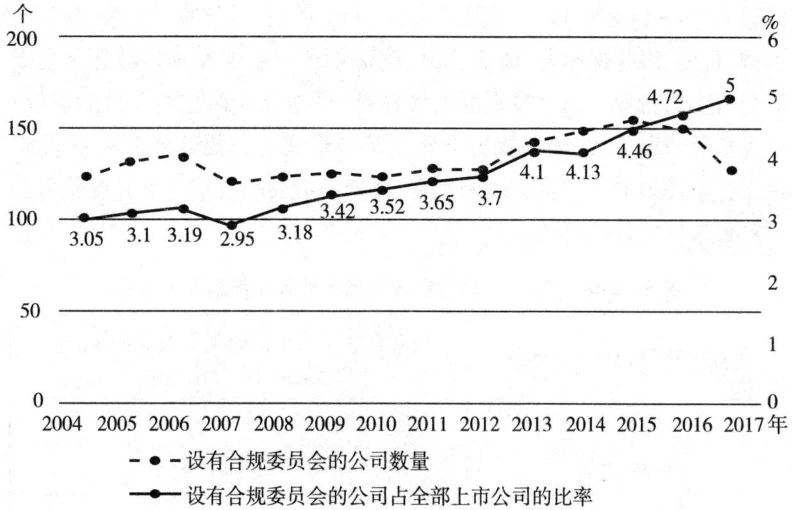

图1 2004~2017年合规委员会采用的时间趋势

注：我们的样本公司包括了BoardEx中所有的美国上市公司，但不包括投资基金和信托公司。虚线表示在董事会一级设有合规委员会的上市公司总数。实线表示在董事会一级设有合规委员会的上市公司的百分比。“合规委员会”是指在专门委员会的正式名称中使用了“合规”一词的任何专门委员会。

我们的研究结果与普华永道调查报告的结果形成鲜明对比，普华永道调查研究显示，到2016年，有20%的公司已经建立了合规委员会。[172] 我们的数据表明，公司使用合规委员会的频率远低于普华永道的研究结果。原因可能是普华永道的调查对象为其客户，这会导致选择偏差：拥有合规官的公司可能会报告自身还进行了其他合规活动。安永最近的一篇文章称，2018年16%的标准普尔500指数公司设有合规委员会。[173]

表3显示了设立合规委员会的公司的行业分布情况。行业分类是

〔172〕 See supra notes 160 - 61 and accompanying text.

〔173〕 See EY CENTER FOR BOARD MATTERS, supra note 162. The report is based on the 418 proxy statements filed as of May 15, 2018.

根据 Fama - French 48 型行业分类法(FFI48)来划分的。[174] 如表 3 所示,银行业、医疗保健业、药业、医疗设备业和商业服务业是设立合规委员会最多的行业。一个最直观的解释是,这些行业都受到严格的监管;在大多数情况下,法律法规要求建立某种形式的合规计划。[175] 被要求建立合规计划的公司更有可能发现,在董事会层面建立一个合规委员会来监督该计划是值得的。

表 3　2004 ~ 2017 年采用合规委员会的公司的前 5 个行业

行业名称(FFI48 分类法)	拥有合规委员会的每类公司占全体公司数量的百分比/%
银行业	28.00
医疗保健业	12.46
药业	12.14
医疗设备业	8.62
商业服务业	7.67

在表 4 中,我们比较了不同行业在 2004 ~ 2017 年面临美国司法部执法行动和采用合规委员会的公司比例。我们并未发现明显的关系。在药业、公用事业和医疗设备业中,合规委员会采用率相对较高,同时,高起诉率也出现在这些行业中。然而,银行业和医疗保健业被起诉的比例较低,但采用合规委员会的比例较高。此外,虽然航空业是我们样本中被起诉比例最高的行业,但该行业没有任何公司采用合规委员会。

[174] Eugene Fama & Kenneth French, Industry Cost of Equity, 43 J. FIN. ECON. 153(1997). See generally THE WHARTON SCH., UNIV. OF PENN., PROCE - DURES USING FAMA AND FRENCH 48 INDUSTRY CLASSIFICATIONS(1993), https://wrds - www.wharton.upenn.edu/pages/support/research - wrds/research - guides/procedures - using - fama - and - french - 48 - industry - classification/ [https://perma.cc/Q6PH - BSGU](展示了 Fama - French 48 型行业分类法).使用从 EDGAR 收集的每个公司的四位标准工业分类码,创建了 Fama - French 48 型行业分类法。

[175] 此类法规的例子,见前注[157]。

表4　2004~2017年按行业分列的司法部执行的可能性和合规委员会采用的频率

产业类别（FFI48分类法）	未被起诉的公司/个	被起诉的公司/个	所有公司/个	起诉率/%	合规委员会使用率/%
航空业	21	3	24	12.5	0
食品业	66	8	74	10.81	2.70
造船业、铁路业	12	1	13	7.69	0
公用事业	127	10	137	7.30	2.19
汽车与卡车业	67	5	72	6.94	0
石油与天然气业	190	14	204	6.86	1.47
煤炭业	14	1	15	6.67	0
农业	17	1	18	5.56	0
化工业	106	6	112	5.36	0
医疗设备业	208	10	218	4.59	1.83
其他	47	2	49	4.08	2.04
药业	499	19	518	3.67	2.90
批发业	161	6	167	3.59	0.6
交通业	108	4	112	3.57	2.68
保险业	166	6	172	3.49	2.33
印刷与出版业	56	2	58	3.45	0
服装业	58	2	60	3.33	0
建筑业	61	2	63	3.17	4.76
电气设备业	61	2	63	3.17	0
商业用品业	35	1	36	2.78	0
机械业	149	4	153	2.61	1.96
测量与控制业	119	3	122	2.46	2.46
计算机业	199	5	204	2.45	1.47
零售业	274	6	280	2.14	1.43

续表

产业类别(FFI48 分类法)	未被起诉的公司/个	被起诉的公司/个	所有公司/个	起诉率/%	合规委员会使用率/%
银行业	753	16	769	2.08	5.98
医疗保健行业	114	2	116	1.72	28.44
餐饮酒店行业	115	2	117	1.71	2.56
钢铁行业	64	1	65	1.54	0
建筑材料业	70	1	71	1.41	1.40
个人服务业	71	1	72	1.39	0
商业服务业	805	7	812	0.86	1.97
电子设备业	365	2	367	0.55	1.36
酒业	18	0	18	0	0
糖果、苏打水业	5	0	18	0	0
通讯业	175	0	175	0	0
消费品业	64	0	64	0	0
军工业	12	0	12	0	0
娱乐业	72	0	72	0	2.78
制成品业	16	0	16	0	0
非金属及工业金属采矿业	30	0	30	0	3.33
贵金属业	10	0	10	0	0
房地产业	55	0	55	0	0
休闲活动	34	0	34	0	2.94
橡胶塑料制品业	37	0	37	0	0
集装箱业	10	0	10	0	0
纺织业	13	0	13	0	0
烟草制品业	8	0	8	0	0
贸易业	397	0	397	0	1.76

4. 合规委员会的类型和组成

图 2 展示了在 2004～2017 年三种不同命名方式(独立的"合规委员会","风险与合规委员会"且未设立独立的合规委员会,以及将审计委员会重命名为"审计与合规委员会"且未设立独立的合规委员会)的合规委员会采用情况的分类。如图 2 所示,独立的合规委员会这一形式,是迄今为止在董事会层面明确认可合规委员会的最常见方式。

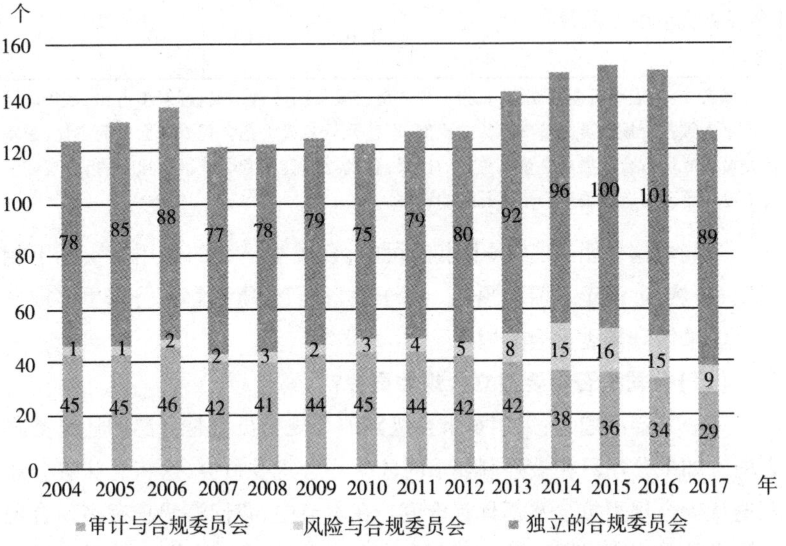

图 2　2004～2017 年合规委员会的类型

注：我们的样本公司包括了 BoardEx 中所有的美国上市公司,但不包括投资基金和信托公司。

表 5 显示了合规委员会的组成情况及相关数据。平均每个合规委员会有 3 名成员;在这些成员中,超过 85% 是独立董事。此外,约 30% 的合规委员会成员同时在其公司的审计委员会任职。相反,大约 10% 的合规委员会成员只在该委员会任职。平均而言,合规委员会成员在公司担任董事的时间为 7.6 年。

表5　2004~2017年美国上市公司合规委员会的特点

变量	样本数量/个	平均数	标准差	最小值	最大值
合规委员会的规模	1863	4.43	1.68	1	15
非执行董事占比	1863	0.85	0.21	0	1
审计委员会成员在合规委员会中的占比	1863	0.31	0.46	0	1
合规委员会中专职董事占比	1863	0.10	0.19	0	1

译者注:合规委员会的规模,是指合规委员会成员的总数;非执行董事占比,是指非执行董事人数占合规委员会董事总数的比例;审计委员会成员在合规委员会中的占比,是审计委员会成员占合规委员会董事总数的比率;合规委员会中专职董事占比,是指合规委员会中专职董事占合规委员会董事总数的比率。

这些数据表明,在美国上市公司中,合规委员会的采用率实际上相当低;显然,远低于之前的预期。基于此,我们希望了解使公司更多或更少可能采用合规委员会的因素。

(二)公司是否需要建立合规委员会?

一个关键问题是:采用董事会级别的合规委员会是自愿的还是被强制的。如果公司只在被强制要求时才采用合规委员会,这将意味着公司普遍认为合规委员会并不具有价值。在本节中,我们将调查有多少合规委员会的采用可以用这种方式解释。目前没有任何法规明确要求设立董事会级别的合规委员会,因此不设立合规委员会并不直接违反任何现行实质性的规定。[176] 虽然有要求合规的监管要求,但没有规定要求设立董事会级别的委员会。然而,有两个潜在的例外情况:合格法律遵循委员会和起诉协议。

1.合格法律遵循委员会(QLCC)

第一个可能强制设立合规委员会的途径是通过2003年美国证券交易委员会颁布的关于"合格法律遵循委员会"的相关规则,该规则的出

〔176〕　见前注〔60〕。

台一部分是由于安然公司事件后对公司合规的关注。[177] 虽然205号规则并没有强制要求设立董事会级别的合规委员会，但该规则允许将此类委员会作为公司律师发现重大不当行为时"向上报告"的替代机制。[178]《萨班斯-奥克斯利法案》要求律师向公司首席法律官和(或)首席执行官报告重大不当行为的证据，[179]如果这些人没有作出适当回应，则向审计委员会或整个董事会报告。[180] 作为这一要求的例外，美国证券交易委员会为律师提供了另一种报告机制。如果发行人设立合规法律遵循委员会，律师可以通过向合格法律遵循委员会报告此事来履行其报告义务。[181] 当该规则最初出台时，一些评论人士发现，那些律师发现报告渠道烦琐的公司将设立合格法律遵循委员会。[182]

因此，这可能成为一些公司认为有必要建立合规委员会的渠道。[183]

然而，美国证券交易委员会根据以上目的对合格法律遵循委员会的定义并不要求公司成立一个独立的委员会来实现以上目的。[184] 任何包括至少两名独立董事和一名审计委员会成员(包括审计委员会本身)的委员会都有资格被称为"合格法律遵循委员会"。[185] 如果一个上市公司仅出于遵守205号规则的目的而被激励设立合格法律遵循委员会，通常会发现将审计委员会作为"合格法律遵循委员会"，要比设立一个新的

---

[177] 17 C. F. R. § 205.3(b)(1)(2010); see also Jill Fisch & Caroline Gentile, The Qualified Legal Compliance Committee: Using the Attorney Conduct Rules to Restructure the Board of Directors, 53 DUKE L. J. 517, 523(2003).

[178] 17 C. F. R. § 205.3(b)(1).

[179] Id.; see also Sarbanes-Oxley Act of 2002, Pub. L. No. 107-204 § 307, 116 Stat. 745 [codified at 15 U. S. C. § 7245(2012)].

[180] 17 C. F. R. § 205.3(b)(3).

[181] Id. § 205.3(c)(1).

[182] Fisch & Gentile, supra note 177, at 547("这些律师在向合格法律遵循委员会报告时面临较少的工作、不确定性和责任风险。").

[183] See Robert Eli Rosen, Resistances to Reforming Corporate Governance: The Diffusion of QLCC's, 74 FORDHAM L. REV. 1251(2005)(explaining the need for compliance committees).

[184] 17 C. F. R. § 205.3(b)(1).

[185] Id. § 205.2(k)(1).

独立的合规委员会要简单得多。[186] 这表明,205 号规则不太可能成为设立合规委员会的重要推动力。

为了验证这一点,我们在数据中寻找公司建立独立的合格法律遵循委员会的案例,而不仅仅是简单地指定审计委员会来实现这一目的。我们发现,活跃的独立合格法律遵循委员会的数量一直非常少,并且在过去几年中有所下降。它的高峰期是 2004 年,当时这个概念首次推出,仅当年就有 20 家公司成立了独立的合格法律遵循委员会。这些公司占当时拥有独立合规承诺的公司总数(136 家)的 14%。在我们的研究期间,合格法律遵循委员会的数量稳步下降,到 2017 年,仅有 3 家上市公司(ArcBest Corp. ,Brunswick Corp. & Comerica Inc.)仍保留单独设立的合格法律遵循委员会,这不到单独设立合规委员会总数(157 家)的 2%。显然,在我们的数据集中,205 号规则并没有刺激大量合规委员会的形成。

2. 起诉协议

公司可能被要求采用合规委员会的第二种情况是,作为检察官在达成暂缓起诉协议或其他和解协议时的要求,就像我们在拉斯维加斯金沙集团的案例中看到的那样。[187] 但这种情况是否频繁发生?为了阐明这一点,我们审查了杜克大学和弗吉尼亚大学公司起诉登记册中 2001 年以来与上市公司签订的所有起诉协议的文本。[188] 2001 ~ 2018 年,登记处有 381 家上市公司被起诉。其中 13 家公司被免予起诉,1 家公司在审判中被宣告无罪,4 家公司在庭前被驳回,3 家公司被判定有罪;这些案件在此不予考虑。

在本研究中,我们重点关注登记表中被起诉的 374 家上市公司,其中包括签订暂缓起诉协议和不起诉协议的 192 家公司,以及签订认罪协议的 168 家公司。[189] 我们的数据集比卡尔和拉辛先前考虑的数据集要

---

[186] Fisch & Gentile, supra note 177, at 542; Donald C. Langevoort, The Human Nature of Corporate Boards: Law, Norms, and the Unintended Conse quences of Independence and Accountability, 89 GEO. L. J. 797, 823(2001).

[187] See supra Part I. C. 4; see also Kaal & Lacine, supra note 34, at 85 fig. 1(发现31% 的协议有影响董事会的要求,但只有8% 的协议要求设立新的董事会委员会).

[188] See Ashley & Garrett, supra note 35.

[189] 这些上市公司的案件在此我们不予考虑:其中 13 家公司获得不起诉决定,4 起被驳回,3 起在庭审中定罪,1 起在庭审中宣判无罪。

大得多,主要是因为我们包括了认罪协议和暂缓起诉协议。[190] 然而,我们的数据不包括也可能作为法院监督缓刑方式之一的合规承诺,因为特殊缓刑的条款并不总是在司法卷宗上公开。[191]

我们对所有涉及董事会的协议进行了编码,也就那些强制董事会承担积极义务的协议(而不是根本不提及董事会的协议或承认董事会合规努力的协议)。在这374起案件中,有45家上市公司的协议文本缺失;这些文本不可用或未被司法部门提供。在剩下的329个案例中,有115个(35%)包含了对董事会施加某些义务的条款。[192] 在这些案例中,只有5个协议(1.5%)要求成立董事会级别的合规委员会。[193] 检察官显

---

[190] Kaal & Lacine, supra note 34, at 84(描述了作者的数据集,回顾了1993~2013年达成的271个暂缓起诉协议).

[191] U. S. SENTENCING GUIDELINES MANUAL, supra note 12, § 8D1.4, Application n. 1.

[192] 这与卡尔和拉辛的发现一致,他们的样本中38%的暂缓起诉协议需要某种类型的"董事会变更"。Kaal & Lacine, supra note 34, at 95.

[193] 2004年的计算机协会协议要求公司建立一个合规委员会(或一个合并的审计和合规委员会),同时在董事会中增加两名独立董事,并创建一个新的审计部门,向新的专门委员会报告。See Deferred Prosecution Agreement, U. S. Dep't of Justice & Comput. Assocs. Int'l (2004), http://lib. law. virginia. edu/Garrett/corporate - prosecution - registry/detail - files/ 589. html [https://perma. cc/2F9T - 9F22]. 2008年联合国系统集团协定要求设立一个新的合规委员会。See Deferred Prosecution Agreement, U. S. Dep't of Justice & Unum Grp. Agreement (2008), http://lib. law. virginia. edu/Garrett/corporate - prosecution - registry/detail - files/738. html [https://perma. cc/ZWE3 - 36KV]. 2012年速汇金国际协议要求该银行创建"一个独立的董事会合规和道德委员会,直接监督首席合规官和合规计划",并负责确保该公司在各方面均符合协议的规定。Deferred Prosecution Agreement, U. S. Dep't of Justice & Moneygram Int'l (2012), http://lib. law. virginia. edu/Garrett/corporate - prosecution - registry/agreements/ MoneyGram. pdf [https://perma. cc/C855 - LCLB]. Non - Prosecution Agreement, U. S. Dep't of Justice & Las Vegas Sands Corp. (2013), http://lib. law. virginia. edu/Garrett/corporate - prosecution - registry/agreements/Las - Vegas - Sands - Corp - NPA. pdf [https://perma. cc/PW9S - SA88]. 2014年斯特莱克公司的协议要求成立一个新的合规委员会,董事会或指定的委员会"应当对斯特莱克公司的合规计划的有效性进行审查,因为它涉及医疗器械的营销、推广和销售"。U. S. Dep't of Justice & Stryker Corp., Plea Agreement (2014), http://lib. law. virginia. edu/Garrett/ corporate - prosecution - registry/detail - files/770. html [https://perma. cc/R7DS - 8BZV].

然没有把要求董事会成立合规委员会作为认罪协议的一部分。[194] 当然,其他一些案例也可能涉及与监管机构达成协议,而监管机构本身也对董事会施加了义务。然而,似乎很少有公司因为检察机关将合规委员会作为可达成暂缓起诉协议或认罪协议的因素,而成立合规委员会。

综合这些调查的结果,我们可以得出结论:绝大多数成立合规委员会的公司并非被迫这样做,而是自愿决定这样做。

(三)为什么公司会选择设立合规委员会?

这些观察结果将我们的注意力转向公司自愿采用合规委员会的案例。2004~2017年,不到5%的上市公司设立了合规委员会,这些公司是新型公司结构的尝试者。正如第一部分所述,采用合规委员会对公司董事会有实际成本,在增强监督能力方面也有实际意义。什么因素可能会使公司选择这样做?在本部分中,我们考虑三个方面:加强合规活动,董事会能力,以及学习成本。

1.加强合规活动

在其他条件相同的情况下,合规委员会对于那些能够增强公司内其他大型合规计划投资的公司来说最为有用。如果公司有广泛的合规计划,那么,合规委员会所能提供的合规监督强度将有助于提高该计划的有效性。在大多数情况下,合规投资的绝对水平和增加量都不容易衡量,原因正如我们在第二(一)1部分中所描述的那样,公司通常不披露其合规活动的范围,部分原因是担心向市场发出负面信号。[195] 然而,还是有很多能够识别到的信号表明可能与合规投资的增加有关,因此,设立合规委员会并不会带来负面信号。[196] 因此,公司可以自由地利用这些互补性。

一个相关的指标可能是执法事件,如起诉或暂缓起诉协议。当公司进入暂缓起诉协议时——这是一项高度引人注目的公开事件——公司

---

〔194〕 这一发现与卡尔和拉辛的定性结果相似(同前注〔34〕)(发现只有8%的公司在被起诉后成立了合规委员会)。

〔195〕 见本文第二(一)1部分。

〔196〕 See Elizabeth Daniels, Note, Getting DPA Review and Rejection Right, 16 CONN. PUB. INT. L. J. 101, 120(2016)("这个领域的所有暂缓起诉协议都需要持续合作,加强合规机制,以及在一定期间内遵守法律的行为……").

通常同意提高它们原有的合规活动水平。[197] 在达成协议之前，公司可能会投入大量资金进行内部调查并与当局合作。这种合规投资的增加也可能触发董事会介入，通过合规委员会进行更直接的监督，就像借贷俱乐部公司和美国国际集团的情况那样，即使检察官没有明确要求这样做。

这种猜测在我们的暂缓起诉协议和认罪协议数据集中得到了证实。虽然检察官很少要求设立合规委员会，[198] 但许多协议仍然设想扩大合规范围，以某种方式让董事会参与进来。在这些诉讼协议中，有 96 份（29%）的协议设立了直接向董事会报告的新职位。[199]。在某些情况下，还需要履行更多的职责，如合规官必须每季度向董事会报告。有些协议要求为特定的合规风险创建合规官，如在联合包裹服务协议中创建的在线药房合规官。[200] 另外，一些案例特别强调了更具偶然性的合规角色。例如，孟山都协议要求董事会聘请外部审计师，每五年至少评估一次其遵守《反海外腐败法》的情况。[201] 在其他情况下，会指定一名独立监察员，该监察员的报告通常会由董事会审查（即使公开发布的协议没有具体说明）。有些协议确实讨论了董事会和监察员的关系。例如，Exactech 公司的案例要求董事会主席、首席执行官、总裁、首席财务官、负责研发的执行副总裁、公司律师和首席合规官每季度与监察员会面。[202] 这样

---

[197] See, e. g., GARRETT, supra note 8, at 71 – 72.

[198] 见本文第二（二）2 部分。

[199] 例如，71 份和解协议，主要涉及《反海外腐败法》案件，包含以下内容，要求公司："将责任分配给一方或更多的公司高级管理人员负责执行和监督公司的反腐败合规政策。这些官员应有权直接向独立的监督机构、公司的董事会报告，并应享有足够的管理自主权。" See, e. g., Deferred Prosecution Agreement, U. S. Dep't of Justice & Zimmer Bi – omet (2017), http://lib. law. virginia. edu/Garrett/corporate – prosecution – registry/agreements/zimmer – biomet – 2017. pdf [https://perma. cc/KG76 – DXDE].

[200] Deferred Prosecution Agreement, U. S. Dep't of Justice & United Parcel Serv. (2013), http://lib. law. virginia. edu/Garrett/corporate – prosecution – registry/ agreements/UPS. pdf [https://perma. cc/B7KF – 9GVV].

[201] Deferred Prosecution Agreement, U. S. Dep't of Justice & Monsanto Co. (2005), http://lib. law. virginia. edu/Garrett/corporate – prosecution – registry/ agreements/monsanto. pdf [https://perma. cc/3MX9 – Y9XZ].

[202] Deferred Prosecution Agreement, U. S. Dep't of Justice & Exactech, Inc. (2010), http://lib. law. virginia. edu/Garrett/corporate – prosecution – registry/ agreements/exactech. pdf [https://perma. cc/5B7G – 4CC9].

的角色将在协议结束时结束。[203]

虽然每个协议都有所不同,但是暂缓起诉协议的一般趋势是对公司施加更高的合规责任,而且有1/3的案例显示直接期待董事会更积极参与。虽然这些协议没有直接要求董事会成立合规委员会,但是增加的合规投资和相关的监督期望也许会使这些公司更有可能建立合规委员会。暂缓起诉协议通常是公司加强合规的触发因素,这反过来也成为加强监督的原因。专门委员会监督使内部合规工作更有效;高度的内部合规为董事会提供了更多与合规相关的信息,使监督更加有效。

当然,被起诉的风险很难衡量,尤其是涉及公司内部的因素时。然而,我们似乎可以合理地预期,受监管行业的公司可能期望对其行为进行更严格的审查。[204] 另一个相关指标可能是近年来公司所在行业的起诉率。这可以传达有关检方的资源和执法优先次序的信息,而这些资源和执法优先次序会随着时间而变化。此外,特别是在《反海外腐败法》下受到起诉的风险方面,人们可能会认为,在腐败多发的法域开展业务的公司受到起诉的风险最高。[205]

2. 董事会能力

到目前为止,我们在本部分的讨论主要集中在公司建立合规委员会的好处上。然而,正如我们在第一部分中看到的,考虑到独立董事的时间稀缺,成本也可能是巨大的。因此,公司董事会的结构可能会影响其考虑建立一个新的合规委员会的意愿,而不是将合规工作交给现有的审计委员会。一个新的合规委员会将需要人员——主要是独立董事。我们从访谈研究[206]中了解到,独立董事与公司只有兼职关系,所以他们面

---

[203] 一些协议同样规定,董事会必须在协议期间审查合规性,而不会施加进一步的持续义务。See, e. g., Plea Agreement, United States v. AmerisourceBergen Specialty Grp., No. 1:17 – CR – 00507 – NG (E. D. N. Y. Sept. 27, 2017), http://lib. law. virginia. edu/Garrett/corporate – prosecution – registry/agreements/amerisourcebergen. pdf [https://perma. cc/Y6KQ – N976].

[204] 这样的公司可能有额外的理由投资于合规计划,因为其中的某些方面可能是相关法规所要求的。

[205] See generally Stefan Zeume, Bribes and Firm Value, 30 REV. FIN. STUDS. 1457 (研究内容为:英国类似《反海外腐败法》的立法通过后,其对在腐败多发国设有子公司的公司之影响).

[206] 见本文第三(一)2部分。

临非常严格的时间限制。因此,我们可以预期,董事会规模较大的公司,尤其是拥有更多独立董事的公司,更有可能建立合规委员会。从反面来看,审计委员会也具备合规监督工作的能力。那么公司的审计委员会越大,就越有能力将合规监督通过审计委员会而非设立新的合规委员会来实现。

3.学习成本

采用合规委员会模式(尽管目前少见,但在不断增加)与采用公司治理中其他类型的创新模式类似,即使新机制是有益的,对于面临工作时间约束的董事会来说,要了解这些好处的代价也是高昂的。[207] 这些学习成本阻碍了新机制的传播。因此,在其中一个或多个成员在其他环境中已具有先前经验的情况下,董事会可能更有可能采纳这种创新模式,如通过聘用担任过已采用该创新模式的公司的董事会成员。以往的研究表明,连锁董事(同时在一家以上公司董事会任职的董事)可以作为学习各种新公司治理实践的传递机制。[208] 主要包括毒丸策略采用[209],首席执

---

〔207〕 见本文第一(三)部分(解释了董事时间不足可能增加执行成本)。

〔208〕 See, e. g., Michal Barzuza & Quinn Curtis, Board Interlocks and Outside Directors' Protection, 46 J. LEGAL STUDS. 129(2017)(表明连锁董事会成员有助于外部董事的知识和议价能力,从而恢复董事的赔偿保护); John M. Bizjak et al., Option Backdating and Board Interlocks, 22 REV. FIN. STUDS. 4821, 4838(2009)(显示连锁董事会交叉任职是导致期权授予回溯传播的重要渠道); Gerald F. David, Agents Without Princi - ples? The Spread of the Poison Pill Through the Intracorporate Network, 36 AD - MIN. SCI. Q. 583(1991)(显示毒丸策略的采用随着连锁董事会成员的增加而增加。); Erik Devos et al., Are Interlocked Directors Effective Monitors?, 38 FIN. MGMT. 861(2009)(记录显示,连锁董事的存在与首席执行官离职对公司绩效的敏感性降低有关。); id. at 862(在这一研究领域中,更近期的一个流派认为,连锁董事和连锁董事会可能会损害董事会监督的有效性,特别是在CEO报酬设置方面。). Kevin F. Hallock, Reciprocally Interlocking Boards of Directors and Executive Compensation, 32 J. FIN. & QUANTITATIVE ANALYSIS 331, 338(1997)(表明那些首席执行官相互交叉任职于彼此董事会的公司支付其首席执行官更高的报酬,因为这些首席执行官可能有动机和机会提高彼此的薪酬。); Erik Lie, On the Timing of CEO Stock Option Awards, 51 MGMT. SCI. 802, 811(2005)(除非高管拥有信息优势,使他们能够制定关于未来市场走势的卓越预测,从而推动这些预测产生收益,否则结果表明官方授予日期必须是事后设定的。). Christine Shropshire, The Role of the Interlocking Director and Board Receptivity in the Diffusion of Practices, 35 ACAD. MGMT. REV. 246, 252 - 53(2010)(从理论上提出,"如果连锁董事在该公司的相关专门委员会任职,则知识转移的可能性增加"。).

〔209〕 See generally David, supra note 208(discussing the theories of the poison pill and its use by management teams).

行官薪酬[210],期权回溯[211]和赔偿保护[212]。应用到本文的语境中,意味着那些在另一家公司经历过合规委员会运作的董事,可能会成为同事了解这些机构的收益(或成本)的信息来源。

(四)哪些公司设立合规委员会?

在探讨公司选择设立合规委员会的原因之后,我们现在可以利用我们的数据来检验这些原因。在这一部分中,我们提出了多变量回归结果来检验这些假设。我们的研究结果表明,如果公司曾是被起诉的目标,以及/或者如果其董事会成员之一具有担任合规委员会董事的外部经验,那么公司更有可能采用合规委员会。然而,上市公司的合规委员会采用率仍然极低,不到5%。

1. 回归说明:主要关注的变量

我们首先确定,那些能够反映或至少代表我们在第二(三)部分中描述的、影响公司选择是否设立合规委员会的因素的变量。变量"司法部执法"旨在捕捉起诉的影响。这是一个虚拟(二进制)变量,如果公司在过去三年中受到美国司法部的执法行动,导致达成暂缓起诉协议、认罪协议或定罪,则取值为1。至于被起诉的风险或可能性,我们使用变量"司法部曝光",该指标根据杜克大学和弗吉尼亚大学的公司起诉登记数据,衡量了2004~2017年同行业公司的被起诉率。我们还使用行业虚拟变量,以探索在受监管的行业中的影响。

为了研究与董事会结构的关系,我们设计了变量"董事会规模",即董事会成员的总数;"非执行董事占比",即董事会中非执行董事的比例;以及"审计委员会成员占比",即在审计委员会任职的董事占整个董事会成员的比例。最后,我们设计了变量"连锁合规委员会",表示公司的任何董事会成员是否还在另一个设有合规委员会的公司的董

[210] See generally Hallock, supra note 208(解释首席执行官内部连锁的概念以及他们如何带来更高的薪酬).

[211] See Bizjak et al., supra note 208.

[212] See Barzuza & Curtis, supra note 208.

事会任职。[213] 这反映了部署合规委员会的外部经验。

表6报告了2004～2017年美国上市公司面板数据的logit回归结果。[214] 如果一家公司在特定年份采用合规委员会,合规委员会是一个虚拟(二元)变量,取值为1。为了说明这一点,“合规委员会”包括独立的合规委员会、风险和合规委员会以及审计和合规委员会。[215] 虽然我们在图2中看到大部分采用的模式都是独立的合规委员会。模型(1)显示了当包括所有感兴趣的变量时,每个变量与合规委员会采用之间的关系。模型(2)～(4)每个模型只包括三个主要变量(司法部执法、司法部曝光、连锁合规委员会)之一,以考虑在排除其他两个变量的情况下结果的稳健性。

表6 采用合规委员会的决定因素

自变量	因变量			
	(1) 合规委员会	(2) 合规委员会	(3) 合规委员会	(4) 合规委员会
司法部执法	0.839***	0.857***		
	(0.281)	(0.282)		
司法部曝光	3.434		9.099	
	(7.805)		(7.782)	
连锁合规委员会	0.463***			0.465***
	(0.130)			(0.129)
董事平均年龄	-0.00271	-0.00364	-0.00385	-0.00291
	(0.0138)	(0.0138)	(0.0138)	(0.0138)
男性董事成员	0.302	0.178	0.146	0.270

[213] 我们通过在每个样本年度确定数据中同时在两个或更多董事会任职的所有“连锁”董事来构建这个变量,其中至少一个董事会已经采用了合规委员会。我们将董事层面的数据转换为公司层面的虚拟变量连锁合规委员会,对于任何给定年度,如果一家公司至少有一名连锁董事同时在另一家采用了合规委员会的公司董事会任职,则赋予其值为1。

[214] 我们使用logit模型,因为在这种情况下因变量是二元的,系数反映了变量对于因变量的边际效应。

[215] 见本文第二(二)1部分。

续表

自变量	因变量			
	(1) 合规委员会	(2) 合规委员会	(3) 合规委员会	(4) 合规委员会
	(0.623)	(0.615)	(0.615)	(0.623)
董事会规模	0.0830***	0.0875***	0.0884***	0.0839***
	(0.0300)	(0.0295)	(0.0295)	(0.0300)
审计委员会成员占比	1.129**	1.127**	1.160**	1.162**
	(0.453)	(0.457)	(0.457)	(0.453)
非执行董事占比	1.174	1.338	1.357	1.193
	(0.905)	(0.907)	(0.909)	(0.907)
特拉华州公司	-0.0885	-0.0666	-0.0746	-0.0950
	(0.168)	(0.169)	(0.168)	(0.168)
公司规模	0.163***	0.194***	0.211***	0.179***
	(0.0492)	(0.413)	(0.416)	(0.413)
RoA($t-1$)	0.767*	0.715*	0.721*	0.774*
	(0.410)	(0.413)	(0.416)	(0.413)
Tobin's Q($t-1$)	0.0101	0.0146	0.0104	0.00562
	(0,0455)	(0.0451)	(0.0452)	(0.0457)
年度固定效应	Y	Y	Y	Y
行业固定效应	Y	Y	Y	Y
观测量伪决定 系数 R_2	41261 0.1291	41261 0.1252	41261 0.1232	41261 0.1271

注：特定年份公司设立合规委员会可能性的 logit 模型。合规委员会，是指独立的合规委员会、风险与合规委员会以及审计与合规委员会；司法部执法，是指一个虚拟变量，用于表明该公司在过去 3 年中是否成为暂缓起诉协议或认罪协议的对象；司法部曝光，是指同一行业在过去 3 年中被起诉的比率；连锁合规委员会，是一个虚拟变量，用于表明是否有任何董事同时在另一家公司的董事会中担任与合规委员会有关的职务；董事平均年龄，是指董事会成员的平均年龄；男性董事成员，是指董事会成员中男性的比例；董事会规模，是指董事会成员的总数；审计委员会成员占比，是审计委员会成员占全体董事会成员的比率；非执行董事占比，是指非执行董事人数占全体董事人数的比例；特拉华州公司，是指公司是否在特拉华州注册虚拟变量；公司规模，是公司总资产的自然对数；RoA ($t-1$)，是公司前一年的资产收益率；Tobin's Q ($t-1$)是公司前一年的市净率。RoA、Tobin's Q 和总资产的值(对应“公司规模”，是公司总资产的自然对数。——译者注)在两端都进行了 1% 的缩尾处理。所有模型都具有年份和行业固定效应(使用 Fama - French 48 型行业分类法)。括号中显示稳健标准误差(*** $p<0.01$, ** $p<0.05$, * $p<0.1$)。

2. 控制变量

在所有的模型中,我们涵盖了年份和行业固定效应。此外,我们还涵盖了一些可能影响公司采用合规委员会的控制变量。第一,公司规模,由总资产来衡量。与合规委员会建立相关的固定成本可能随着公司规模的增长而增加,因此,我们预期公司规模与合规委员会采纳呈正相关关系,事实上,所有回归模型中都是如此。第二,公司过去的业绩,由 RoA(资产回报率)和 Tobin's Q 来衡量[216],均为"滞后"一年的数据。[217] 在我们的回归分析中,两者均与合规委员会采用没有显著关系。我们还包括了一个虚拟变量,用于表示公司是否在特拉华州注册。因为先前的文献表明,由于特拉华州作为上市公司首选司法管辖区的卓越特殊地位,选择在那里注册的公司在很多方面都会与选择在其所在州注册的公司有所不同。[218] 然而,在合规委员会采纳方面,我们发现在特拉华州注册对其没有显著影响。

最后,我们还包括两个与董事会特征相关的变量:男性董事成员占比和董事平均年龄。这是因为性别多样性或董事平均年龄可能会影响对采用合规委员会的开放程度。但这两个变量的系数在统计上并不显著。

3. 结果讨论

我们现在转向我们感兴趣的主要结果。如表 6 中模型(1)和(2)所示,无论有或没有其他两个感兴趣的变量的影响,变量"司法部执法"都是正向的且极具统计学意义(显著水平为 99%)。这意味着,在过去三年中面临司法部执法的公司更有可能在董事会层面采用合规委员会。

---

[216] 这里的"Tobin's Q"是指公司的市场价值与其资产账面价值的比率,是衡量公司业绩的常用指标。有关这一度量的推导、常用方法及其局限性的讨论,参见 Robert Bartlett & Frank Partnoy, The Misuse of Tobin's Q, VAND. L. REV. (forthcoming 2019)。

[217] "滞后"一年的变量意味着当考虑 x 年的变量值时,包括的滞后变量的值是指 x - 1 年的值。

[218] See, e. g., John Armour et al., Is Delaware Losing Its Cases?, 9 J. EMPIR - ICAL LEGAL STUDS. 605, 607 (2012); Lucian Bebchuk & Alma Cohen, Firms' De - cisions Where to Incorporate, 46 J. L. & ECON. 383, 383 - 89 (2003); Kate Litvak, How Much Can We Learn by Regressing Corporate Characteristics Against the State of Incorporation?, J. L. FIN. & ACCT. (forthcoming 2019).

这表明在暂缓起诉协议和认罪协议[见第二(三)1 部分]中通常要求的增加合规计划投资与这些公司采用合规委员会有关。由于我们知道,暂缓起诉协议和认罪协议几乎从不明确要求创建合规委员会[219],这意味着这些公司建立合规委员会是为了增强公司整体的合规能力,以应对其他必要的合规投资需求。

那么,关于被起诉的风险呢? 虽然"司法部曝光"的系数具有我们所预期的表现(正向),但值得注意的是,它们都没有任何统计上的显著性。这意味着行业面临的起诉风险并不影响该行业的公司采用合规委员会的可能性。由于使用行业固定效应,我们还可以探讨监管行业中合规委员会的适用是否更普遍。如第二(三)1 部分所述,处于监管行业(如医疗保健、药业和石油与天然气等)中的公司可能面临更高的合规活动预期和审查。然而,除医疗保健业外[220],这三个行业虚拟变量(未报告)的系数都不显著。

我们还发现,连锁董事可能提供了关于合规委员会信息传播的机制。在表 6 中的模型(1)和(4)中,"连锁合规委员会"的系数是正向的,且极具统计学意义(显著水平为 99%),无论是否受到"司法部执法"和"司法部曝光"的影响。也就是说,具有关于合规委员会的外部经验的董事会更有可能采用合规委员会。这表明合规委员会采用中可能存在"学习效应":董事会从其成员的经验中学习合规委员会的运作方式。

关于董事会能力方面,变量"董事会规模"在所有回归模型中都有正系数,并在所有模型中的显著水平为 95%。这一结果支持一个观点,即董事会成员数量的增强会增加董事会设立合规委员会的能力,从而可能更容易实现合规委员会的设立。这与审计委员会的规模无关,我们通过"审计委员会成员占比"单独测试这一因素。"审计委员会成员占比"的系数在所有规格说明中都是正的,且显著水平为 95%。[221] 在未报告的测试中,我们发现设立合规委员会与董事会规模的增加无关。这表明,具有更强的董事会能力的公司更有可能设立合规委员会。

---

[219] See supra note 194 and accompanying text.

[220] 在所有模型中,医疗保健行业虚拟变量系数在 99% 的水平上都是正的和显著的。

[221] 后一个结果可能是由于在因变量中纳入了公司将其审计委员会重新命名为"审计和合规委员会"的情况,这种情况通常与较大的审计委员会有关。

最后,合规委员会设立中似乎存在强烈的公司规模效应。在所有模型中,公司规模的系数均为正向且极具统计学意义(显著水平为99%)。这意味着无论董事会规模如何,公司规模与设立合规委员会的关系显著。这并不仅仅是因为较大的公司拥有较大的董事会。更可能的情况是,较大的公司具有规模更大的合规工作,进而更有可能通过设立合规委员会来加强董事会的监督。

表7显示,当我们测量表6中使用的自变量与"独立"合规委员会(不包括与审计委员会或风险委员会相结合的合规委员会)的设立之间的关系时,"司法部执法""司法部曝光""连锁合规委员会""公司规模"的结果仍然非常相似。然而,"董事会规模"和"审计委员会成员占比"的结果则不显著。

表7 采用独立合规委员会的因素

自变量	因变量			
	(1) 合规委员会	(2) 合规委员会	(3) 合规委员会	(4) 合规委员会
司法部执法	1.010***	1.026***		
	(0.300)	(0.305)		
司法部曝光	4.870		12.85	
	(10.000)		(9.999)	
连锁合规委员会	0.561***			0.561***
	(0.147)			(0.145)
董事平均年龄	0.0112	0.00990	0.00937	0.0106
	(0.0176)	(0.0174)	(0.0174)	(0.0176)
男性董事成员	0.254	0.0849	0.0538	0.221
	(0.727)	(0.714)	(0.715)	(0.729)
董事会规模	0.0160	0.0248	0.0278	0.0190
	(0.0365)	(0.0359)	(0.357)	(0.0364)
审计委员会成员占比	0.282	0.286	0.338	0.332

续表

自变量	因变量			
	(1) 合规委员会	(2) 合规委员会	(3) 合规委员会	(4) 合规委员会
	(0.569)	(0.563)	(0.564)	(0.571)
非执行董事占比	0.938	1.199	1.215	0.957
	(1.098)	(1.094)	(1.097)	(1.102)
特拉华州公司	-0.0714	-0.0434	-0.0583	-0.0833
	(0.201)	(0.203)	(0.201)	(0.200)
公司规模	0.235***	0.270***	0.295***	0.259***
	(0.0578)	(0.0572)	(0.0559)	(0.0565)
RoA(*t*-1)	0.732	0.659	0.663	0.737
	(0.475)	(0.479)	(0.483)	(0.480)
Tobin's Q(*t*-1)	0.0147	0.0194	0.0133	0.00816
	(0.0505)	(0.0504)	(0.0506)	(0.0508)
年度固定效应	Y	Y	Y	Y
行业固定效应	Y	Y	Y	Y
观测量伪决定 系数 R_2	41261 0.1554	41261 0.1496	41261 0.1462	41261 0.1519

注:特定年份公司设立合规委员会可能性的 logit 模型。合规委员会,是指独立的合规委员会、风险与合规委员会以及审计与合规委员会;司法部执法,是指一个虚拟变量,用于表明该公司在过去 3 年中是否成为暂缓起诉协议或认罪协议的对象;司法部曝光,是指同一行业在过去 3 年中被起诉的比率;连锁合规委员会,是一个虚拟变量,用于表明是否有任何董事同时在另一家公司的董事会中担任与合规委员会有关的职务;董事平均年龄,是指董事会成员的平均年龄;男性董事成员,是指董事会成员中男性的比例;董事会规模,是指董事会成员的总数;审计委员会成员占比,是审计委员会成员占全体董事会成员的比率;非执行董事占比,是指非执行董事人数占全体董事人数的比例;特拉华州公司,是指公司是否在特拉华州注册的虚拟变量;公司规模,是公司总资产的自然对数;RoA(*t*-1),是公司前一年的资产收益率;Tobin's Q(*t*-1)是公司前一年的市净率。RoA、Tobin's Q 和总资产的值(对应"公司规模",是公司总资产的自然对数。——译者注)在两端都进行了 1% 的缩尾处理。所有模型都具有年份和行业固定效应(使用 Fama-French 48 型行业分类法)。括号中显示稳健标准误差(*** $p<0.01$, ** $p<0.05$, * $p<0.1$)。

我们的研究结果表明,如果公司曾为被起诉目标,并且其董事会成员中有人具有任职合规委员会的外部经验,那么公司更可能采用合规委员会。然而,令人惊讶的是,几乎没有证据表明,合规投资可能更有价值的公司(受监管行业或面临更多起诉活动的行业)更有可能采用合规委员会。更根本的是,上市公司采用合规委员会的整体水平仍然非常低,不到5%。这就引发了一个规范性问题:合规委员会的使用频率如此之低是否有实质性影响?如果有影响,政策制定者和董事会应该采取什么措施?我们将在第三部分讨论这些问题。

三、重新思考董事会的合规性

(一)为什么合规委员会不普及?

随着公司丑闻的曝光,许多人开始思考如何在公司内部建立责任制度。正如塞缪尔·布尔所述,存在一种责任缺口:在最大的公司中,首席执行官和高级管理人员可能没有意识到不当行为,但他们也可能维持了一个不合规的系统,在这个制度中,存在着从不当行为中获利的强烈动机。[222] 刑事起诉在针对更高级别官员方面并不有效,部分原因是往往很难证明他们知道不当行为;事实上,他们可能真的不知道。[223] 然而,公众一直呼吁追究责任,包括通过刑事定罪。[224] 这些定罪可能会导致严厉的惩罚和严重的社会后果,但定罪并不能防止未来的合规失败。

实现这些前瞻性目标的一种方法是要求公司制定更好的合规计划。然而,正如前文所述,目前关于什么样的合规计划是有效的,以及董事会

---

[222] See generally Samuel Buell, The Responsibility Gap in Corporate Crime, 12 CRIM. L. & PHIL. 471(2018)(discussing the concept of the responsibility gap).

[223] See Daniel C. Richman, Corporate Headhunting, 8 HARV. L. & POL' Y REV. 265, 268 – 71(2014).

[224] See Jean Eaglesham & Anupreeta Das, Wall Street Crime: 7 Years, 156 Cases and Few Convictions, WALL STREET J. (May 27, 2016), https://www. wsj. com/articles/wall – street – crime – 7 – years – 156 – cases – and – few – convictions – 1464217378 [https://perma. cc/Y2T6 – LY5F]; Jed S. Rakoff, The Financial Cri – sis: Why Have No High – Level Executives Been Prosecuted?, N. Y. REV. BOOKS (Jan. 9, 2014), https://www. theregreview. org/2014/01/13/rakoff – no – high – level – prosecutions/ [https://perma. cc/5RE2 – TPTC].

应该对合规提供什么样的监督,几乎没有达成共识。执法者,无论是监管机构还是检察官,都无法轻易地确保对合规改革的日常监督,尽管他们有时试图通过使用独立的公司监察员来做到这一点。[225] 相反,通常需要由董事会来确保实施合规改革。[226] 这就是为什么在董事会层级设立合规监督职能被理解为与董事会的监督作用相关,并被视为提高合规职能重要性和相对独立于管理层的一种方式。[227]

当然,各个公司的需求各不相同。公司治理研究的一个核心观点是,关于什么样的董事会结构最有效,这几乎没有普遍的真理,答案在很大程度上取决于各个公司的特征。[228] 与此相一致的是,我们发现公司层面的属性可以预测合规委员会结构的采用。我们在这里关注的不是公司层面的差异,而是合规委员会采用率的总体水平很低。在第一(三)部分中,我们认为合规委员会的设立不是董事会的"形式主义",而是具有实质性的成本和收益。我们的实证结果与这个假设框架是一致的:(1)公司在加大合规投资后更有可能采用合规委员会;(2)董事会因缺乏足够能力而无法配齐合规委员会的人员,从而使得其设立合规委员会的可能性降低。在这个背景下,我们现在考虑实证结果的另外两种可能性解释。

1. 公司是否投入足够的合规成本?

我们的结果表明,被起诉的公司更有可能采用合规委员会,[229] 合规委员会的采用与合规方面更大的潜在投资需求有关。我们从暂缓起诉协议和认罪协议的文本中了解到,合规委员会并不是因为检察官要求而设立的。[230] 相反,公司选择设立合规委员会是为了实现按照检察官要

[225] See Vikramaditya Khanna & Timothy L. Dickinson, The Corporate Monitor: The New Corporate Czar?, 105 MICH. L. REV. 1713, 1717 - 19 (2007).

[226] See Gadinis & Miazad, supra note 30.

[227] See Lipton et al., supra note 112(注意到一个强有力的"高层基调"在董事会合规上的重要性).

[228] See, e. g., Renée B. Adams et al., The Role of Boards of Directors in Corporate Governance: A Conceptual Framework and Survey, 48 J. ECON. LIT. 58 (2010).

[229] 见本文第二(三)1 部分,以及第二(四)3 部分。

[230] 见本文第二(二)部分。

求的加强合规计划,我们也可以从协议文本中了解到这一点。[231]

因此,合规委员会设立率整体较低的一个合理解释是,公司通常不会进行足够的合规投资,来证明其需要新设一个委员会来专门监督自己。当然,考虑到合规方面的支出通常不会披露,这只是推测。无论公司是否有合规问题,都要求我们确定一个理想的合规投资基准。

尽管人们对公司合规计划在减少潜在不当行为方面的效用知之甚少,但很明显,如果一个有效的合规计划得到实施,检察官和其他执法机构在减少事后对违规公司的处罚时,会将其考虑在内。[232] 所以,从公司的角度来看,合规计划值得投资,只是因为可以降低预期的执法成本。如果公司对这一激励作出回应,我们将预期在受监管的行业和面临更高起诉率的行业看到更广泛的合规计划。然而,我们几乎找不到任何支持这两种观点的证据。[233] 一个可能的解释是,如果要实现预期处罚风险的最小化,这些公司在合规方面的投资是不够的。

为什么公司会这样做呢? 如果不披露合规投资,投资者将很难考虑到合规计划对预期执法成本的影响。[234] 此外,如上所述,披露大量的合规投资不太可能具有吸引力,因为这将向投资者揭示合规所涉预期执行成本的程度。[235]

2. 董事会有足够的能力吗?

另一个与我们的研究结果一致的补充解释是,在大多数公司,对董事会成员时间能力的限制可能会限制他们参与合规监督。

实证结果中有两个方面与此相关。第一,董事会中有一名或多名成员曾任职于合规委员会的经验会增加公司采用合规委员会的可能性。这与存在学习成本有关,即董事会成员需要花费时间和资源学习了解新的发展趋势。因此,除非有经验的董事向他们传达这些信息,董事会可能不知道合规委员会的好处。这与我们的受访者强调的一个因素相吻

---

〔231〕 见本文第二(二)部分。

〔232〕 见本文第一(一)部分。

〔233〕 见本文第二(四)部分。

〔234〕 这次讨论借鉴了我们其他三人在其他地方提出的更全面的论点。See Armour et al., supra note 31.

〔235〕 Id. at 23 – 24.

合,即董事会成员的工作时长有限,他们需要高度专注于自己的本职工作。然而,这种经验的效果是非常正面的,这一事实表明,了解合规董事会的人会认为其是有价值的。反过来,这意味着董事会仅高度关注其传统职能,可能以丧失学习可能有益的创新治理结构的机会为代价。

第二,表6中的董事会规模和董事会参与审计委员会的比例,与采用合规委员会之间的联系。[236] 虽然这些相关性本身并没有表明任何特定的因果关系,但董事会成员的能力限制,我们认为它们具有启发性,因为董事会成员可能是合规委员会的候选人。[237] 众所周知,被广泛接受的"良好治理"规范规定,上市公司董事会至少半数应为独立董事。此外,上市公司需要建立一个由独立董事专门组成的审计委员会。[238] 为了保持独立,该董事不能成为公司的雇员。[239] 这意味着独立董事必须是兼职职位。董事会(和专门委员会)每年开几次会。在每次相关会议上,董事会成员将花一天左右的时间阅读材料,为会议做准备。但在这些时期之外,独立董事将不会参与公司事务。做得更多可能挑战他们作为非雇员的地位,从而挑战他们的独立性。

与此同时,一个颇具影响力的学派强调"小型董事会"的绩效优势。[240] 理论上,最佳的董事会规模取决于各种相关因素之间的权衡,如专业知识的范围(建议增加成员)和凝聚力(建议减少成员)。[241] 从业人员的文献主要集中在学术研究和从业人员调查的结果,报告了与10~12名成员的董事会相关的业绩效益。[242] 虽然这些结果是描述实践的平均值,在一些公司治理顾问的手中,它们很容易获得规范意义,成为限制未来实践的"经验法则"。

---

〔236〕 见本文第二(四)3部分。

〔237〕 See, e. g., N. Y. STOCK EXCH., INC., NYSE LISTED CO. MANUAL § 303A. 01 (2009)("上市公司必须有过半数独立董事。").

〔238〕 Sarbanes - Oxley Act of 2002, Pub. L. No. 107 - 204, § 301, 116 Stat. 745 (codified at 15 U. S. C. § 7201 (2012).

〔239〕 N. Y. STOCK EXCH., INC., supra note 237, § 303A. 02(b)(i)("董事不是独立的,如果……该董事是或在过去三年内一直是上市公司的雇员……").

〔240〕 见本文后注〔243〕及其附文

〔241〕 见本文后注〔243〕及其附文。

〔242〕 见本文后注〔243〕及其附文。

综合这些因素，董事会独立性、审计委员会要求以及对董事会规模的限制，可能累加成对董事会总时间预算非常严格的限制。这可能限制公司设立合规委员会的能力。[243]

（二）鼓励董事会合规？

我们的经验研究揭示出一个潜在的问题，即社会效益最优和私人效益最优的董事会规模和能力之间存在差距。我们观察到，董事会规模受到学术研究（已成为传统智慧）的严重影响，这些研究表明，较小的董事会与较高的股票价格有关。[244] 对于许多公司来说，从股东角度来看，设立合规委员会是成本高昂的，因为这会将有限的董事会注意力从业务绩效问题上转移开来，除非公司此前曾被列为违规公司，这正是我们观察到的模式。[245] 然而，在董事会层面加强合规监督可能会减少公司违法行为的发生。[246] 这是我们对合规委员会章程的研究所得出的启示，合

---

〔243〕 AUSTL. INST. OF CO. DIRS. ,NUMBER OF DIRECTORS—BOARD SIZE 2,http://aicd. companydirectors. com. au/ ~/media/cd2/resources/director – resources/ director – tools/pdf/05446 – 3 – 1 – mem – director – tools – gr – number – of – directors_a4 – web. ashx [https://perma. cc/ELQ2 – 9VYF]（提供了一个“经验法则”，建议大型澳大利亚上市公司应该有 8 ~ 12 名董事。）；See, e. g. , Stephen Bainbridge, Board Size: Is There an Optimum?, STEPHEN BAINBRIDGE' S J. L. , RELI – GION, POL. & CULTURE（May 8,2009）,https://www. professorbainbridge. com/ professorbainbridge com/2009/05/board – size – is – there – an – optimum. html [https:// perma. cc/22FC – 9GRJ]（在查阅学术文献后得出结论：Korn/Ferry 对公司董事进行的一项调查发现：“受访者表示，‘董事会的最佳规模是两名内部董事和八名外部董事。’这一观点对我来说，听起来很合适。”）；Nicholas J. Price, Best Practices: Board Size and Corporate Govern – ance, DILIGENT INSIGHTS（Sept. 25, 2017）, https://diligent. com/blog/ board – size – corporate – governance [https://perma. cc/BX3Z – ZB5V]（讨论之前的研究并指出“少即是多”）；Robert Reiss, The 10 Best Practices for an Effec – tive Board, FORBES（Nov. 25, 2015, 8: 47 AM）, https://www. forbes. com/sites/ robertreiss/2015/11/25/the – 10 – best – practices – for – an – effectiveboard/ # cb8f00f413b9 [https://perma. cc/6YX3 – 9RGC]［“一个中等规模的美国上市公司的最佳团队应该是 9 ~ 12 名董事会成员。”该论题的核心学术论文是 David Yermack, Higher Market Valuation of Compa – nies with a Smaller Board of Directors, 40 J. FIN. ECON. 185 passim（1996）（发现董事会规模与公司价值负相关）］.

〔244〕 见本文第三（一）2 部分。

〔245〕 见本文第二部分。

〔246〕 见本文第二部分。

规委员会为合规监督带来了更清晰的焦点和更多的资源。[247] 美国的刑事和行政执法制度不可能在社会效益上实现公司合规的最佳水平。简而言之,追求私人效益最优的董事会规模和结构很可能对董事会能力产生约束,从而导致合规董事会在社会效益上只能实现次优。

我们的实证研究表明,94% 的上市公司仍然没有合规委员会。[248] 迄今为止,监管当局尚未要求设立合规委员会,除了在5起公司刑事诉讼以及偶尔在其他民事执行领域有这样的要求外。[249] 总的来说,执行机构要求加强合规,但没有采取下一步的公司治理措施。[250] 在本节中,我们探讨了三种机制来弥合董事会合规监督的社会最优水平和私人最优水平之间的差距:第一,联邦监管的直接干预;第二,公司治理创新,增强董事会能力;第三,强化州公司法对合规监督不力的董事责任标准。[251]

1. 加强董事会合规的监管干预

监管机构可以在要求(或至少促进)董事会在履行合规责任方面发挥更大的指导性作用。我们已经描述了执法者并未普遍要求董事会创建合规委员会。[252] 同时,我们也描述了在执法行动中,当检察官更强烈地暗示董事会使用委员会结构来监督合规时,更多公司会愿意创建合规委员会。[253] 然而,检方主要向面临违规后果的公司发出信号,其次才是向其他观察执法结果的行业公司发出信号。[254] 事实上,采用合规委员会的情况与面临司法部执法(用行业诉讼率表示)之间缺乏联系,意味着这些次要信息并没有传递。对于执法人员来说,相比于向公众传递执法和制裁的信号,向公众传递合规最佳实践的正面信号更具挑战性。

一个更具指导性的监管体制会是什么样子?一种选择——当然是

---

[247] 见本文第二部分。

[248] 见本文第二(一)3部分。

[249] 美国货币监理署有时也要求创建董事会合规委员会。OCC Orders Bank to Refund Up to $14 Million,60 CONSUMER FIN. L. Q. REP. 223(2006).

[250] 见本文第一(二)3部分。

[251] 见本文第三(二)1部分。

[252] 见本文第 二(三)1部分。

[253] 见本文第二(四)部分。

[254] 见本文第二(四)部分。

矫枉过正——就是要求所有上市公司的董事会设立一个合规委员会。更具针对性的做法是要求对某些行业的公司设立合规委员会——在这些行业,联邦监管的重要性和密集程度引发了最严重的合规担忧。例如,涉及公共利益很显著的三个行业是:医疗保健行业,鉴于联邦经济支持通过了医疗保险和医疗补助;制药业,具有广泛的联邦标准制定和监测;金融服务,考虑到重要的消费者保护问题和系统稳定问题。[255] 进一步的措施是,监管机构不仅要求设立合规委员会,还要制定"最佳实践"标准。这将降低合规委员会仅是形式主义的风险。[256]

另一种监管方法将着眼于增强董事会的合规能力,无论是一般性的还是针对特定行业的。这种方法已在一些和解协议中采用,这些协议要求任命一名"董事会合规专家",该专家参与具有合规性质的所有董事会会议。[257] 这位专家是一位外部人员,拥有广泛的合规专业知识,可能在合规报告之前收到事先通知,如果不满意,他有机会坚持进行更深入的检查。[258] 另一种选择是,监管机构可以要求,作为其"资格"要求的一部分,即董事会中至少有一名董事,在公司所受的监管制度方面,他将被视为"合规专家"。[259] 类似的,美国《萨班斯 - 奥克斯利法案》和证券交易所的上市要求,已经在审计委员会成员的金融专业知识方面实现了类

[255] 同前注[16]。

[256] 例如,特尼特医疗保健公司在一起虚假索赔案中签署的《公司诚信协议》不仅要求首席合规官直接向董事会报告,而且要求董事会的合规委员会对合规计划的有效性进行审查。See Press Release, Office of Inspector General, OIG Executes Tenet Corporate Integrity Agreement Unprecedented Provisions Include Board of Directors Review (Sept. 28, 2006), https://oig.hhs.gov/fraud/docs/press/Tenet%20CIA%20press%20release.pdf [https://perma.cc/KW5E-EKAV].

[257] Corporate Integrity Agreement, Office of the Inspector General of the Department of Health and Human Services & Tuomey D/B/A Tuomey Healthcare System, at 1, 27 (2015)[以下是公司诚信协议]; see also Meghana Joshi, DOJ and OIG Increasing Focus on Personal Ex - ecutive and Board Accountability: In Light of Recent Changes, Compliance Of - ficers Should Incorporate a Number of Guidelines into Their Everyday Practice, 18 J. HEALTH CARE COMPLIANCE 23, 25 (2016).

[258] Corporate Integrity Agreement, supra note 257, at 7 - 8.

[259] Joshi, supra note 257, at 25.

似的目标。[260]

为董事会提供更大灵活性的一种方法是,主要监管机构要求董事会就其合规监督提供认证。一些监管机构已经采用了这种方法来解决不合规公司的执法行动。[261] 例如,在医疗保健领域,卫生和人类服务部的检察长办公室在2015年向公司董事会发布了关于医疗保健合规的指导方针,强调"每个董事会都负责确保其组织遵守相关的联邦、州和地方法律"。[262] 有一种看法认为,董事会"倾向于只处理全局性问题,并将合规等事项视为技术性的'日常'问题,这属于训练有素的工作人员的职责范围"。[263] 为此,一些监管机构加强了对董事责任的关注。[264] 他们强调了董事会在确保持续风险评估和审计以及与合规小组成员定期举行"执行会议"方面的作用。[265]

董事会可能已经注意到了这一点。[266] 在医疗保健领域的协议中经常包括"由董事会每个成员签署的决议,总结其对遵守联邦医疗保健计划要求和本企业诚信协议义务的审查和监督"。[267] 这些协议包括合规性的认证,即董事会已经进行了"合理的调查",包括"合规性审查",并

---

[260] Sarbanes – Oxley Act of 2002, Pub. L. No. 107 – 204, § 407, 116 Stat. 746[codified at 15 U. S. C. § 7201(2012)]; see also N. Y STOCK EXCH., INC., supra note 237, § 303A. 06 – 07; NASDAQ LISTING RULE § 5605(c)(2009).

[261] OFFICE OF INSPECTOR GEN. ET AL., PRACTICAL GUIDANCE FOR HEALTH CARE GOVERNING BOARDS ON COMPLIANCE OVERSIGHT 16(2015).

[262] 同上。

[263] Joseph T. Kelley III, Board Governance, Compliance, and Behavioral Health, HEALTH CARE L. ENFORCEMENT & COMPLIANCE, 2015 WL 9182494, at *1(2016).

[264] OFFICE OF THE INSPECTOR GEN. ET AL., THE HEALTH CARE DIRECTOR'S COMPLIANCE DUTIES: A CONTINUED FOCUS OF ATTENTION AND ENFORCEMENT(2011).

[265] Kelley, supra note 263, at *5 – 6.

[266] Deann M. Baker, Key Methods to Develop and Mature Your Compliance Program, 10 J. HEALTH CARE COMPLIANCE 37, 37(2008).

[267] Jeremy Sternberg, HHS – OIG Corporate Integrity Agreements Are Now Aiming at Corporate Directors and Executives, JDSUPRA(Oct. 31, 2013), http://www.jdsupra.com/legalnews/hhs – oig – corporate – integrity – agreements – a – 11456/ [https://perma.cc/4S9P – 6MZX]; see, e. g., Corporate Integrity Agreement Be – tween The Office of Inspector General of the Dept. of Health and Human Serv. & Hutchinson Regional Med. Ctr. (2013).

且基于此,董事会得出结论认为公司有一个"有效的合规"机制。[268] 因此,董事会的监督责任得到正式认可和加强,但没有具体说明监督的结构。这种认证可以强制要求适用于特定受监管行业的所有公司,或者所有上市公司,而不仅仅是那些被发现有违规行为的公司。

2. 通过公司治理创新拓展董事会能力

有三种可以明显识别的公司治理创新可以扩大董事会的能力。第一种可能是扩大董事会规模,着眼于增加合规委员会的采用。在合规委员会的情况下,增加董事会规模可以刺激良性循环:增加董事会能力降低了设立合规委员会的成本(因为这减少了董事会从关注核心商业事务中转移到关注合规事务的难度);降低成本,减少了设立合规委员会的负面信号;反过来,更多的合规委员会进一步减少了负面信号。这可能是资产管理公司和其他机构投资者的做法,他们希望追求(并被视为追求)"管治"模式。[269] 这类投资者通常持有充分分散化的资产组合。[270] 合规失败,也就是违反法律,通常会导致在投资组合其他地方感受到的负面外部性。[271] 人们不必相信所有监管都是最优的,也会认为合规失败一般会导致社会福利损失,而这是多元化股东希望避免的。

对于采用合规委员会的公司来说,进一步加强合规监督将通过在委员会章程中明确授权开展调查和酌情聘用外部专家来实现。例如,美国医院公司医疗保健委员会章程规定,委员会"可以保留委员会认为必要或适当的任何独立律师、专家或顾问(会计、财务或其他方面)"。[272] 该条还规定,"委员会可进行它认为为履行其职责所必要或适当的特别审

[268] Kathleen McDermott & Arianne Callender, Compliance Certifications and the Era of Accountability—A Forecast to Debate, 5 J. HEALTH & LIFE SCI. L. 158, 174 – 75 (2012).

[269] See, e. g., BLACKROCK, BLACKROCK INVESTMENT STEWARDSHIP: 2018 ANNUAL REPORT(2018).

[270] Armour et al., supra note 31, at 54.

[271] Id.

[272] HCA HEALTHCARE INC., AUDIT AND COMPLIANCE COMMITTEE CHARTER2 (2018), https://investor. hcahealthcare. com/sites/hcahealthcare. investorhq. businesswire. com/files/doc_library/file/HCA_ – _Audit_and_Compliance_ Committee_Charter_Jan_ 2018. pdf [https://perma. cc/L8CA – ZZWE].

查或调查”。[273]

第二种可能性是增加一名合规专家作为董事(如果扩大董事会,就更容易实现)[274]或自愿采用上述监管干预措施。这项建议是聘请一名合规专家,以观察员/监督员的身份与董事会一起听取合规相关事项的介绍。如果这名外部人员事先得到关于合规情况介绍的简报,并且如果他不满意,有机会坚持要求进行更深入的审查,那么他将能够发挥更大的作用。例如,总部设于英国的国际银行渣打银行于 2014 年成立董事会金融犯罪风险委员会,成员包括 5 名独立董事及 3 名具备打击金融罪行专门知识和经验的外聘顾问。[275]

第三种可能性是改变董事会模式,增加 1 名外部董事,专门负责公司的合规问题。这位董事将拥有充足的资源,来作为公司自身合规工作的独立监督者。所需的时间和专门知识将需要比目前董事会模式的典型兼职董事更高的报酬水平。这一建议与公司治理文献中一个众所周知的观点相呼应,即质疑兼职董事会的功效,并寻找一种新的董事类型。[276] 一个重要的问题是,更高的董事薪酬是否会损害董事的独立性,因为获得优厚待遇的董事可能会有避免与首席执行官对抗的特殊动机。独立的提名委员会在确定董事候选人和审查董事表现方面的作用日益

---

[273] Id. at 8.

[274] See Roy Snell, It's Time to Get Serious About Board Expertise, 13 J. HEALTH CARE COMPLIANCE 3 passim(2011).

[275] Press Release, Standard Chartered, Standard Chartered Forms BoardFinancial Crime Risk Committee(Dec. 10, 2014), https://www.sc.com/en/media/ press - release/standard - chartered - forms - board - financial - crime - risk - committee/ [https://perma.cc/7W3T - SK9R].

[276] See, e. g., Ronald J. Gilson & Reinier Kraakman, Reinventing the Outside Director: An Agenda for Institutional Investors, 43 STAN. L. REV. 863(1991). 最近,吉尔森和戈登教授提出了一种可选董事会模式,在这种模式下,公司可以选择增加“授权董事”,这些董事将与公司有更深入的接触,并将获得额外的资源和权限(以及薪酬)。他们关注的焦点一直是公司的战略和运营表现,但该模型可以集中在合规失败是主要业务风险的公司的合规监督上。Ronald J. Gilson & Jeffrey N. Gordon, Board 3.0—An Introduction, 74 BUS. LAW. 351(2019).

重要,应该可以在这方面提供一些保护。[277] 由于担任外部董事职务可能是有任期限制的,董事们很可能会希望在严格合规监督方面获得好声誉。

虽然现在似乎有一些方式可以提高董事会的能力以促进合规,但一个问题仍然存在,即董事会是否有足够的动机来这样做。这些激励显然受到公司法责任的影响,下面将详细介绍。

3. 在州公司法下强化董事责任标准

对于特拉华州而言,一个独特的方向是加强董事因合规监督失败而违反信义义务的问责。根据 Caremark 规则,董事会履行善意监督义务包括两个方面: 一是一般性(持续的)义务,即确保存在合规体系的义务;二是具体且有条件的义务,即对该合规体系随后可能出现的任何"红旗信号"作出善意回应的义务。[278] 只有在监督过于不力以至于令人怀疑董事会的善意时,才属于违法行为。[279]

董事会面临的实际问题是,信义义务要求董事在多大程度上采取与监督有关的行动。答案是,董事实际上的义务是最低程度的,至少在确保监督系统方面。在艾伦法官看来,只有"董事会持续或系统性地未能进行监督,比如完全未能确保合理的信息和报告系统的存在",才会违反 Caremark 规则下的义务。[280] 或者,正如特拉华州最高法院后来在 Stone v. Ritter 案[281]中所说,"董事们完全未能实施任何报告或信息系统或控制措施"。

这归结为一个持续的监控义务,其本质上是二元的:要么根本不做任何努力,要么做一些努力。在这种情况下,任何大于零的积极努力似乎都足以使董事履行其信义义务。以下是关于董事会层面失误的描述,

[277] See, e. g., N. Y. STOCK EXCH., INC., NYSE LISTED CO. MANUAL § 303A. 04 (2009)(要求提名/公司治理委员会完全由独立董事组成,并负责确定合格的个人成为董事会成员).

[278] In re Caremark Int'l Inc. Derivative Litig., 698 A. 2d 959, 971 (Del. Ch. 1996).

[279] Id.

[280] Id.

[281] Stone v. Ritter, 911 A. 2d 362, 370 (Del. 2006).

这些失误是提出赔偿所必需的[282]:公司缺乏审计委员会,或者公司成立的审计委员会只是偶尔开会,并且显然没有充分投入时间进行工作,或者审计委员会明显意识到存在严重的会计违规行为,但选择置之不理,甚至更糟的是,鼓励其继续存在。[283]

最近的 Horman v. Abney 案,联合包裹公司董事会在运输非法烟草产品方面涉嫌违反 Caremark 规则,就是一个典型的例子。[284] 原告承认董事会已经成立了审计委员会,其职责包括"监督公司遵守法律和监管要求",并且董事会"通过公司法律部门的报告得到了法律合规方面的最新信息"。这一事实对他们声称董事会未能实施任何报告或合规系统的主张是致命的。[285] 仅仅通过建立这些结构,董事会已经履行了他们在 Caremark 规则下的义务。[286]

当然,如果董事会确实意识到任何合规失败,即使他们没有积极跟进,也能很容易辩称他们的行为是出于善意。[287] 然而,这给了董事会成员一个理由,即他们更喜欢采取不太积极的方法来继续监控和监督,因为这会降低他们发现任何合规失败的可能性。因为繁忙的审计委员会比专门的合规委员会有更少时间听取合规报告,所以他们更不可能听到任何合规失败的消息。然而,特拉华州法院特别避免对报告系统的有效

[282] Guttman v. Huang, 823 A. 2d 492, 507 (Del. Ch. May 5, 2003); see also David B. Shaev Profit Sharing Account v. Citigroup, Inc., No. Civ. A. 1449 - N, 2006 WL 391931, at *1, *5 (Del. Ch. Sept. 27, 2006).

[283] Shaev Profit Sharing Account, 2006 WL 391931, at *5.

[284] Horman v. Abney, C. A. No. 12290 - VCS, 2017 WL 242571, at *1 (Del. Ch. Jan. 19, 2017).

[285] Id. at *8.

[286] Id.

[287] Gadinis & Miazad, supra note 30.

性进行判断。[288] 正如我们所见,这个问题是报告系统是否存在的问题,而不是报告系统质量好坏的问题。因此,从 Stone v. Ritter 案的角度来解读,Caremark 规则可能对董事会层面的合规监督产生不利影响。创建一个合规委员会,或者将更明确的合规职能交给另一个委员会,会产生董事们原本不会承担的责任和能力风险,从而可能阻碍董事会层面的合规监督活动。

由于 Caremark 规则设置了如此之低的门槛,有效地排除了司法对合规问题进行审查的可能性,无论是在董事会层面还是在其他层面。特拉华州衡平法院的历史作用之一是在广泛的背景下建立信义义务的实质内容,不仅通过责任确定,而且通过在具体案件的详细分析过程中发展"最佳实践"的想法。[289] 然而,根据 Caremark 规则主张董事会合规监督失败的案件的几乎都被驳回,已经切断了这种发展的道路。这留下了一个合规最佳实践的真空,而联邦检察官已经填补了这个空缺,并越来

---

[288] See,e. g. ,Horman,2017 WL 242571,at ∗8("诉状中,审计委员会的公司章程也提到,规定审计委员会监督的一般监督包括监督"公司遵守法律和监管要求……"因此,诉状本身揭示了原告没有就董事会"完全"未能采用或实施任何报告和合规制度的具体事实进行辩护);In re General Motors Co. Derivative Litig. ,C. A. No. 9627 - VCG,2015 WL 3958724,at ∗2(Del. Ch. June,26 2015)("诉状没有指控通用汽车完全缺乏任何报告制度;相反,原告声称报告系统应该传递某些信息,即具体的安全问题和外部律师关于潜在惩罚性损害的报告。换句话说,通用汽车有一个向董事会报告风险的系统,但在原告看来,这应该是一个更好的系统。"). In re Lear Corp. ,967 A. 2d 640,654(Del. Ch. 2008)(诉状清楚地表明,利尔公司董事会定期召开会议,并听取了几位有关专家的意见。因此,原告并没有提供足够详细的事实来支持这样的主张:利尔公司董事"有意识地、故意地无视他们的责任",从而违反了他们的忠诚义务。). Shaev Profit Sharing Account,2006 WL 391931,at ∗5("原告在口头陈述中承认,花旗集团拥有广泛的合规系统,他们没有理由相信这些系统在基本意义上不起作用。");Guttman v. Huang,823 A. 2d 492(Del. Ch. 2003).

[289] E. Norman Veasey & Christine T. Di Guglielmo, What Happened in Del - aware Corporate Law and Governance from 1992 - 2004?: A Retrospective on Some Key Developments,153 U. PA. L. REV. 1399,1404(2005)("特拉华州的法官在塑造公司治理的最佳实践方面发挥了重要作用。").

越要求公司升级其合规计划作为和解条件。[290] 实际上,“和解式监管”在监督董事会履行其职责方面似乎并不合适。[291]

加强监督责任至少会产生两个有益的后果。一方面,它将鼓励董事会更加认真地履行合规监督职责,并引发更多对委员会构成、强化董事会成员的权力以及基础合规投资等问题的积极探讨。另一方面,这将为特拉华州法院创造机会,再次开始为治理实践提供有意义的指导。虽然法官可能对自己在合规方面的专门知识缺乏信心,但他们的不参与已经使更加自信的检察官参与了公司治理监督。[292]

特拉华州最高法院在其最近对 Marchand v. Barnhill 案[293]的裁决中,似乎已经发出了在董事会参与合规方面更加强硬的信号。[294] 该案中,指控冰激凌制造商蓝铃(Blue Bell)公司董事会违反了 Caremark 规则下的义务,该公司暴发了李斯特菌病,最终导致三人死亡,公司蒙受了巨大损失。[295] 蓝铃公司有一项合规计划,原告未对其违反相关的食品和药物管理局的规定提出异议。[296] 相反,原告的主张是,该公司没有建立董事会层级的合规监督系统,以至于在公司的加工厂出现李斯特菌的危险信号之前,董事会并没有得到报告,直至为时已晚。[297] 因此,最高法院驳回了被告的诉讼请求。[298]

这个判决从我们的分析角度来看是令人鼓舞的,因为法院强调董事在 Caremark 规则下的义务是明确的和不可委托的:董事会需要关注公司的核心合规风险,并确保董事会对所建立的合规机制进行监督。“Caremark……确实要求董事会做出真诚的努力,建立一个合理的系统

---

[290] See Barkow, supra note 34(将 dpa 定性为商业犯罪“新警务”的一部分);Garrett, Structural Reform Prosecution, supra note 33(提供关于使用暂缓起诉协议来授权增加合规活动的数据);Kaal & Lacine, supra note 34, at 82 - 84, 92 - 99(2014)(分析关于使用暂缓起诉协议强制改变公司治理的数据).

[291] Arlen, supra note 33, at 76 - 81; Copeland, supra note 33, at 10.

[292] 一份扩大董事对合规监督失败责任的详细提案,参见 Armour et al.,同前注〔31〕。

[293] Marchand v. Barnhill, 212 A. 3d 805(Del. Ch. 2019).

[294] 该条款的早期版本被法院引用。Id. at 824 n. 115.

[295] Id. at 822.

[296] Id. at 823.

[297] Id. at 811.

[298] Id. at 817.

来监控和报告公司的核心合规风险。"[299]"为了履行忠诚义务,董事必须真诚地努力实施监督制度,并对其进行监督。"[300]因此,Marchand v. Barnhill 案似乎限制了 Stone v. Ritter 案在对董事会合规性监督的充分性方面,所采取的高度审慎的评估方法。现在,通过 Marchand v. Barnhill 案理解 Caremark 规则,似乎要求董事会合规监督职能与外部合规机制相匹配。

当然,对董事监督义务作出更严格的解释,绝不意味着公司应自动建立合规委员会。我们认为应当重点关注董事会的独立责任来确保合规性,本文中描述的证据并不支持将合规委员会作为州信义法的要求。相反,董事会合规取决于通过多样化的机制实现良好的管理合规。

结 论

本文通过实证研究发现,与现有文献相反,美国公开上市公司中建立合规委员会的数量远少于以前所了解的情况。我们发现,不到5%的公开公司设立了董事会级别的合规委员会。合规委员会模式不普及的原因是什么呢?

我们利用数据探究了董事会设立或不设立合规委员会的原因。我们提出了4个主要发现。首先,被起诉的公司更有可能设立合规委员会。但这不是因为检察官要求他们这样做。我们审查了2001年以来上市公司签订的暂缓起诉协议和认罪协议的数据集。在374个案例中,实际上仅有5个案例(不到2%)要求设立某种形式的合规委员会。相反,这种联系似乎是间接的。作为和解协议的一部分,检察官确实经常要求加强公司的合规活动,这大大增加了对合规监督的需求,理性的董事会通过成立合规委员会来满足这种需求。

其次,我们发现,合规委员会的设立与可能使公司面临潜在起诉的因素之间的联系非常微弱。例如,处于高度监管的行业中,或者在它们

---

[299] Id. at 824.

[300] Id. at 821.

的行业中被起诉的比例很高。这表明,即使是那些合规可能非常重要的公司,也没有足够认真地对待它,以证明成立一个专门委员会的合理性。这些结果表明,在公司被发现后,董事会会更加认真地对待合规问题。这是否意味着董事会的合规水平低得令人不安?我们的其他结果进一步引起了人们的关注。

再次,我们发现,董事会合规方面的外部经验会产生影响。如果一家公司的董事会成员曾任职于有合规委员会的公司,那么这家公司就更有可能设立委员会。关于外部经验特点的这一发现与创新扩散的主流文献观点一致。此外,研究还表明,这些董事会合规经验通常是有积极影响的,因为这些经验增加了这些董事任职的董事会采用合规委员会的可能性。那么,为什么合规委员会没有更广泛地被采用呢?

我们的第四个研究结果是,拥有合规委员会的董事会规模往往更大,独立董事也更多。这再次强化了一种观点,即合规监督是董事会的实质性工作:更大的董事会有更多的能力。董事会的能力往往受到外部限制:机构投资者、投票代理顾问等与公司没有雇佣关系的人,倾向于提倡主要由独立人士组成的小型董事会。这可能意味着,董事会往往缺乏进行合规监督的能力,除非在审计委员会之外承担补充监督职能。

这些结果既有趣又令人不安。虽然我们的数据无法对调查结果进行任何因果解释,但它们与理论主张一致,即合规职能往往被董事会忽视,而不是受到董事会的关注。这对公司法和公司诉讼具有重要意义,它们都试图促进董事会加强对合规的监督。

最后,我们的研究结论考虑了促进或鼓励董事会合规的方法:重新考虑董事会规模和独立性的规范,加强对监管机构对董事的问责,以及加强州法律有关监督方面的信义义务的要求。合规计划旨在防范一些最严重的和对社会有害的公司不当行为。公司董事会在监督合规计划方面的角色变得越来越重要,值得所有人的关注。

(编辑:张倩红　吴紫君)

【信息披露监管】

《证券法苑》(2024)
第四十一卷,第 321 ~345 页

股票非公开发行虚假陈述中的交易因果关系认定

汤　欣[*]　张鑫渝[**]

摘要:我国资本市场上的上市公司股票非公开发行虚假陈述不宜适用交易因果关系推定规则,而应回归一般侵权法规则认定交易因果关系。其原因在于非公开发行在“面对面协商”的价格确定机制下无法形成“有效市场”,并且机构投资者议价调查能力较强。认购非公开发行股票的一级市场原告投资者应对其形成直接信赖的事实、虚假陈述对其形成投资决策的原因力以及信赖的合理性承担证明责任,但在消极型虚假陈述中可以例外地推定交易因果关系成立。

关键词:非公开发行　证券虚假陈述　民事责任　交易因果关系　机构投资者

一、问题的提出

2022 年最高人民法院《关于审理证券市场虚

---

* 清华大学法学院教授、博士生导师,清华大学商法研究中心主任。

** 清华大学法学院博士研究生。

假陈述侵权民事赔偿案件的若干规定》(以下简称新《若干规定》)在发行市场上的适用范围存在争议,其中的突出问题便在于非公开发行[1]虚假陈述能否适用新《若干规定》中的交易因果关系推定这一对原告投资者极为有利的特别制度。对此,新《若干规定》尚未提供明确指引。与此相关,北京金融法院在乐视网案中从二级市场投资者所购证券与非公开发行虚假陈述没有关联、原告不是非公开发行的认购人、无法推定原告投资决定受到非公开发行信息披露影响等角度展开论述,并适度参考美国《1933 年证券法》第 11 节的"追踪"(tracing)理论,认定非公开发行欺诈与二级市场投资者决策之间不存在交易上的因果关系。[2] 这一观点具有相当启发意义,值得关注。然而,就原告为认购同次非公开发行股票的一级市场投资者而言,近期仍有司法判决结合"虚假陈述在先、交易在后"的事实推定了交易因果关系;[3] 相关有力解释也指出:"信息披露义务人在证券交易场所发行、交易证券过程中实施虚假陈述引发的侵权民事赔偿案件,都适用本规定。"[4]

交易因果关系是否被推定往往会直接决定发行人、保荐承销机构、证券服务机构等主体的虚假陈述民事责任承担。本文认为,非公开发行和公开发行、发行市场和交易市场在交易组织形式、市场有效性、投资者身份等方面存在本质不同,非公开发行如果要无差别地适用新《若干规定》中的交易因果关系规则,恐难以取得充分的证券法法理支撑。本文同时观察到,即使转向一般侵权赔偿规则下的事实因果判断,

---

[1] 非公开发行在实务中也被称为"定向发行""定增"。《证券法》及相关释义称其为"向特定对象发行"。本文统一以"非公开发行"代指该类发行。如无特别说明,本文所述的非公开发行均指股票的非公开发行。

[2] 北京金融法院:王某序等与乐视网信息技术股份有限公司等证券虚假陈述责任纠纷一审民事判决书,案号:(2021)京 74 民初 111 号,2023 年 9 月 21 日。

[3] 山东省青岛市中级人民法院:北京同德普惠投资管理中心与江某河等证券虚假陈述责任纠纷一审民事判决书,案号:(2019)鲁 02 民初 786 号,2020 年 10 月 10 日;山东省高级人民法院:北京同德普惠投资管理中心、江某河等证券虚假陈述责任纠纷二审民事判决书,案号:(2020)鲁民终 3132 号,2021 年 11 月 25 日;最高人民法院:刘某龙、江某河等证券虚假陈述责任纠纷再审民事裁定书,案号:(2022)最高法民申 99 号,2022 年 3 月 30 日。

[4] 林文学、付金联、周伦军:《〈关于审理证券市场虚假陈述侵权民事赔偿案件的若干规定〉的理解与适用》,载《人民司法》2022 年第 7 期。

现有司法裁判仍有参照适用证券法推定规则的倾向，一般侵权法规则和证券法规则下的因果判断缺乏必要的界分。

本文聚焦股票非公开发行过程中的虚假陈述与认购同次非公开发行股票的发行市场投资者之间的交易因果关系认定。在澄清非公开发行无法适用“欺诈市场理论”下的交易因果推定的同时，本文还将探索一般侵权法规则下非公开发行认购人应如何证明交易因果关系，特别是此种证明和新《若干规定》的推定规则有何不同。由于我国新、旧《若干规定》[5]中的交易因果关系规则借鉴自发达市场证券法制，本文也将参考美国法经验，为完善证券虚假陈述的民事法律适用提出建议。

二、非公开发行适用交易因果关系推定的主要理论分歧

我国股票非公开发行虚假陈述的法律适用可分为两个层次。其一是能否适用《证券法》第85条、第163条中以发行人严格责任、董事监事高级管理人员、保荐承销机构和证券服务机构等主体过错推定责任为核心的民事赔偿规则。其适用前提即《证券法》第85条所述公告的“信息披露资料存在虚假记载、误导性陈述或者重大遗漏”或者“未按照规定披露”。其二是能否适用新旧《若干规定》，尤其是新《若干规定》第11条、旧《若干规定》第18条的交易因果关系推定等有利于原告的特别规则。此处可参考美国法的“欺诈市场理论”。[6] 当下司法实践中，各地司法机关对非公开发行能否适用交易因果关系推定仍存

---

〔5〕“旧《若干规定》”指2003年最高人民法院《关于审理证券市场因虚假陈述引发的民事赔偿案件的若干规定》。

〔6〕文献方面，参见李国光主编，最高人民法院民事审判第二庭编著：《最高人民法院关于审理证券市场虚假陈述案件司法解释的理解与适用》，人民法院出版社2003年版，第258～260页；同前注〔4〕；郭锋等：《中华人民共和国证券法制度精义与条文评注》，中国法制出版社2020年版，第446～447页；耿利航：《欺诈市场理论反思》，载《法学研究》2020年第6期。案例方面，参见广东省高级人民法院：中车金证投资有限公司、江苏保千里视像科技集团股份有限公司证券虚假陈述责任纠纷二审民事判决书，案号：(2019)粤民终2080号，2020年12月15日，该案被最高人民法院评为“2020年全国十大商事案例”；同前注〔2〕。

在较大分歧。

首先,就《证券法》的适用而言,《证券法》第85条、第163条的文字表述并没有区分证券发行和交易,也未区分公开发行和非公开发行,非公开发行欺诈适用《证券法》民事责任条款不存在文义障碍。司法实践中,各司法机关基本都在非公开发行案件中引用了《证券法》第85条。例如,有典型判决指出:"非公开发行投资者因虚假陈述造成损失,属于证券虚假陈述责任纠纷,可以依据证券法的相关规定提起侵权之诉。"〔7〕不过依据《证券法》第85条的规定,该条规制的虚假陈述应具有公开性,在非公开发行中则应限于不实的"证券发行文件",即发行人公告的非公开发行预案,董事会、股东会决议,募集说明书和发行情况报告书。〔8〕发行人在与投资者面对面磋商时作出的不实陈述不具有公开性,无法适用《证券法》第85条。

其次,就新旧《若干规定》的适用而言,旧《若干规定》第2条第2款及第3条已明文规定可适用于本解释的发行市场为"向社会公开募集股份的发行市场",非公开发行无法适用。对此,已有司法案例在适用《证券法》的同时,基于旧《若干规定》第2条第2款并结合第3条、第18条的立法目的和"欺诈市场理论",认为特定投资者认购非公开发行股票属"面对面"交易,应依侵权法一般规定由投资者自行证明交易因果关系。〔9〕在旧《若干规定》第2条第2款的文义支持下,各地判

〔7〕同前注〔3〕,(2020)鲁民终3132号、(2022)最高法民申99号;同前注〔6〕,(2019)粤民终2080号。

〔8〕非公开发行中应予披露的文件可参见《上市公司证券发行注册管理办法》(以下简称《管理办法》)第41条、第42条、第50条;《公开发行证券的公司信息披露内容与格式准则第61号——上市公司向特定对象发行证券募集说明书和发行情况报告书》(以下简称《61号准则》)第3条、第4条。

〔9〕同前注〔6〕,(2019)粤民终2080号;广东省深圳市中级人民法院:中车金证投资有限公司与江苏保千里视像科技集团股份有限公司等证券虚假陈述责任纠纷一审民事判决书,案号:(2020)粤03民初3225号,2021年6月16日;吉林省高级人民法院:中信证券华南股份有限公司与安信证券股份有限公司、吉林粮食集团收储经销有限公司、吉林粮食集团有限公司证券虚假陈述责任纠纷二审民事判决书,案号:(2019)吉民终458号,2020年3月18日;安徽省安庆市中级人民法院:陈某、安徽白兔湖动力股份有限公司等证券虚假陈述责任纠纷二审民事判决书,案号:(2021)皖08民终2270号,2021年9月6日。

决在非公开发行不可适用旧《若干规定》,尤其是交易因果推定这一点上并无明显分歧。

新《若干规定》在删除了旧规第2~3条并将适用范围不加限定地规定为"在证券交易场所发行、交易证券过程的虚假陈述"后,非公开发行能否适用新《若干规定》尚缺乏明确的法律指引。对此,有学术观点支持将非公开发行纳入新《若干规定》的规制范围,认为:公开与非公开发行、证券发行与交易市场中的虚假陈述均构成"在证券交易场所实施虚假陈述",属于《证券法》第85条、第163条所述的侵权行为,故新《若干规定》应将其一体化规范。[10] 按照这一观点,《证券法》和新《若干规定》将实现同步适用,非公开发行虚假陈述的因果关系将从一般侵权规则下由原告承担证明责任升级为新《若干规定》下的交易和损失因果双重推定。司法实践中也有判决持此观点。例如,在亨达股份案中,审理法院认为新三板非公开发行与大宗协议转让明显有别,"属于场内交易",可推定交易因果关系,最高人民法院也对该判决推定因果的结论不持异议。[11] 但该判决不仅对非公开发行的性质理解有待探讨,更未针对旧《若干规定》第2条第2款并未涵盖非公开发行,以及"非公开发行不属于在证券交易场所发行""特定当事人间的证券交易不属于证券特别侵权""新三板非有效市场"等否定本案适用旧《若干规定》的关键性观点作出充分解释。此外,也有判决不区分投资者在发行和交易市场的购入行为,一律推定交易因果关系。[12]

本文主张,前述学说和司法观点值得商榷。相关论述曾指出《证券法》及新《若干规定》的特别侵权法规则系弥补投资者在交易恒定原则下无法撤销合同而有意设置,故也应将非公开发行涵盖在内。但这一方面混同了合同法和侵权法两类彼此独立、互不干涉的请求权,没有注

---

〔10〕 同前注〔4〕。

〔11〕 同前注〔3〕,(2020)鲁民终3132号、(2022)最高法民申99号。本案适用的司法解释为旧司法解释,但最高人民法院再审裁定时新司法解释已颁布生效,本案的裁定结论显然受到新规影响。

〔12〕 辽宁省大连市中级人民法院:姚某钟与时空客集团股份有限公司、东兴证券股份有限公司等证券虚假陈述责任纠纷一审民事判决书,案号:(2019)辽02民初1795号,2020年8月18日。

意到股份非公开发行的认购人在相关股票流通后,虽不能撤销合同但依然有权主张违约责任项下的损害赔偿,也可循一般侵权行为的规定获得赔偿,证券法并非从属于合同法的后备规则;另一方面,这一观点也未能充分体察到我国交易因果关系推定基于以股票公开交易市场为预设的"欺诈市场理论",未必仅因实现"打击证券发行、交易中虚假陈述行为的市场全覆盖"〔13〕的现实需要就与《证券法》同步适用。此外,非公开发行和公开发行在发行对象、发行条件、交易模式、信息披露、监管强度等方面存在较大差异。例如,非公开发行投资者以定价能力、风险判断和控制能力较强的机构投资者为主,其受到证券法特别规则倾向性保护的必要应当更低。〔14〕 如果将新《若干规定》第11条的适用范围扩张至非公开发行而不讨论市场有效性等各方面差异,即可能缺少充分论证。正因如此,也不乏司法判决拒绝推定非公开发行的交易因果关系,认为通过签订协议的方式购买非公开发行股票属于场外交易,和场内交易的行为方式和目的、对市场和投资人产生的影响、所造成的损失不同,不属于新《若干规定》的调整范围;依据欺诈市场理论、旨在保护不特定投资者合法权益而确立的因果关系推定原则对于"面对面"签订协议认购资产支持证券的原告并不适用。〔15〕

总体来看,在适用《证券法》的前提下,非公开发行能否适用交易因果推定的主要司法分歧在于对非公开发行的场内场外属性、交易因果推定是否应以欺诈市场理论为适用前提等问题理解不一,新《若干规定》第11条的适用范围仍需结合证券法法理作进一步澄清。

---

〔13〕《最高人民法院民二庭负责人就〈最高人民法院关于审理证券市场虚假陈述侵权民事赔偿案件的若干规定〉答记者问》,载最高人民法院,https://mp.weixin.qq.com/s/3FTsNpaBgfvs_P-BPLzDXg,2024年6月30日访问。

〔14〕参见郭锋:《新虚假陈述司法解释适用探讨》,载《法律适用》2023年第9期。

〔15〕参见《云南罗平锌电股份有限公司关于收到云南省高级人民法院〈民事裁定书〉暨诉讼进展的公告》,载巨潮网,http://www.cninfo.com.cn/new/disclosure/detail?orgId=9900002161&announcementId=1214826598&announcementTime=2022-10-19;上海金融法院:中国邮政储蓄银行股份有限公司与上海富诚海富通资产管理公司、昆山美吉特灯都管理有限公司等证券虚假陈述责任纠纷一审民事判决书,案号:(2020)沪74民初1801号,2023年4月14日。

三、比较法观察：美国私募发行交易因果关系的认定方法

依据美国《1933年证券法》[16]，私募证券因免于第5节的注册登记，不适用第11节公开发行欺诈的民事责任规则，也不适用第12(a)(1)节发行人未经注册自行违法发行的民事责任规则。就该法第12(a)(2)节，联邦最高法院在Gustafson案中以5∶4的微弱优势认定该节的适用范围限于公开发行销售中招股说明书和口头陈述的虚假陈述，不适用于私募发行。[17] 就该法第17(a)节，美国各巡回法院则较普遍地认为该节仅限于由美国证券交易委员会（Securities and Exchange Commission，SEC）起诉追究责任，无默示的民事诉权。[18] 综上，美国《1933年证券法》有关虚假陈述最为重要的责任条款都难以适用于私募发行欺诈的民事诉讼。[19] 而依据美国《1934年证券交易法》，其仅有第10(b)节和10b-5规则的一般性反欺诈条款（catch-all anti-fraud provision）可适用于私募发行。[20] 第18节则因限于发行人在SEC报备文件中造假，并且原告应自证信赖，满足"目睹测试"（eyeball test），故难以适用于无须向SEC报备的私募发行。[21] 由此，

---

〔16〕 美国《1933年证券法》第4(a)(2)节和SEC规章D第506条"安全港规则"规定，私募发行人有权向人数不限的获准投资者及不超过35名具有风险评估和承担能力的非获准投资者融资，不仅融资额度不受限制，也不排斥发行人以获准投资者为限进行公开劝诱，这与我国公司债券发行实务中的"小公募"有一定相似之处。See 17 CFR. 230. 506.

〔17〕 Gustafson v. Alloyd Corp.，513 U. S. 561(1995).

〔18〕 See James D. Cox et al.，*Securities Regulation Cases and Material* (Ninth Edition)，Wolters Kluwer，2020，pp. 520-521；Louis Loss，*Fundamentals of Securities Regulation* (Volume 2)，Wolters Kluwer，2018，pp. 1885-1888；In re Washington Public Power Supply System Securities Litigation，823 F. 2d 1349，1353-1358(1987).

〔19〕 同上，Louis Loss书，第1748页；Verity Winship，*Private Company Fraud*，54 UC Davis Law Review 663，681 and note 81(2020)。

〔20〕 参见汤欣：《美国证券法上针对虚假陈述的民事赔偿机制——兼论一般性反欺诈条款制度的确立》，载徐明等主编：《证券法苑》(第2卷)，法律出版社2010年版，第192~215页。

〔21〕 Ross v. A. H. Robins Co.，607 F. 2d 545，552-553(1979).

美国私募发行形成了适用《1934 年证券交易法》第 10(b)节，但不适用“欺诈市场理论”信赖推定规则[22]的“中间地带”。[23]

(一) Ute 案消极型虚假陈述中的直接信赖推定

美国《1934 年证券交易法》第 10(b)节项下的默示民事诉权以侵权规则为框架，其民事责任构成要件与《美国侵权法重述(第二次)》等规则基本一致，规定不明之处可参照侵权法的规定。[24] 在信赖要件的证明责任方面，虽然早期证券法判例认为原告原则上应证明“若无虚假陈述则不会进行投资”，[25]但在 Ute 案中，联邦最高法院考虑到面对面交易的原告若要证明信赖了被隐瞒的重大信息实属证明假想事实，过于困难，遂确立了原告只需证明重大遗漏和交易行为客观存在即可推定信赖的规则。[26] 这与《美国侵权法重述(第二次)》将隐瞒行为视为故意阻碍对方获得信息，可直接推定事实上因果关系的规则一致。[27]

不过，Ute 案推定仅限于消极型虚假陈述，在被告主动做出误导性和不实陈述的面对面交易中，投资者并不存在前述证明困难，仍需自行提出已阅读并信赖了被告的某份特定文件的具体事实，即“直接信赖”(direct reliance)，方能满足《联邦民事程序规则》对原告应提出有关欺诈客观要件的特定证据(particularity)的要求。若原告仅泛泛列举一系

---

[22] 我国交易因果关系要件在美国法虚假陈述案件中多称为信赖要件，属同一概念。参见前注[4]。Edward J. Kionka, *Torts in a Nutshell* (Sixth Edition), West Academic Publishing, 2015, p. 593.

[23] Marc I. Steinberg, *Understanding Securities Law* (Seventh Edition), Carolina Academic Press, 2018, pp. 54 – 55, 283 – 284；同前注[19]，Verity Winship 文，第 681 页、第 710 ~ 711 页。

[24] See Restatement of the Law, Torts 2d, Rule 525 – 552C; James A. Henderson Jr. et al., *The Torts Process* (Eighth Edition), Wolters Kluwer, 2012, pp. 861 – 863; Margaret V. Sachs, *Relevance of Tort Law Doctrines to Rule 10b – 5: Should Careless Plaintiffs Be Denied Recovery*, 71 Cornell Law Review 96, 137 (1985 – 86); *The Reliance Requirement in Private Actions under SEC Rule 10b – 5*, 88 Harvard Law Review 584, 584 – 585 (1975).

[25] List v. Fashion Park, Inc., 340 F. 2d 457 (1965).

[26] Affiliated Ute Citizens of Utah v. U. S., 406 U. S. 128 (1972).

[27] Restatement of the Law, Torts 2d, Rule 550, 551；程啸：《证券市场虚假陈述侵权损害赔偿责任》，人民法院出版社 2004 年版，第 177 ~ 178 页。

列披露文件但缺乏特定性，且未能举出阅读和信赖的具体证据，则不能被法院认定为存在事实上的信赖。[28] 除此之外，积极型虚假陈述中的原告还应当证明信赖的合理性(justifiable)。在发行人故意欺诈的情况下，虽然获准投资者(accredited investor)在尽职调查中的一般过失并不会排除其求偿权，但若主观过错达到与被告同等的"故意"(scienter)程度，则无权求偿，不过法院认为应当谨慎认定原告故意，不宜过度抬高原告的过错标准。[29] 在私募发行中，原告的合理信赖应以完整阅读发行说明书所载内容为前提。法院会依据原告的投资经验和专业知识、是否与发行人存在长期业务或个人关系、能否获取相关信息、发现欺诈的可能性、不实信息是否详细具体等因素综合判断原告信赖是否合理。若虚假陈述的风险显而易见，原告对此已知或应知，则至少应采取必要措施确认，不得对造假视而不见。[30] 相比在消极型虚假陈述中，原告则原则上免于信赖合理性的证明责任。[31]

总体来看，Ute 案的信赖推定并未超出一般侵权规则设置的证明责任分配，故不需要侵权法之外的法理与实证支撑即可适用于证券发行和交易市场、公募与私募发行中的消极型虚假陈述。

(二)Basic 案"欺诈市场理论"中的间接信赖推定

在 Basic 案中，联邦最高法院从市场有效性的角度确立了"欺诈市场理论"(fraud - on - the - market)，将信赖推定推广至积极型虚假陈述：虚假陈述在有效市场中借助价格变动间接传导至投资者，故信赖了价格公正性而买卖证券的投资者可被推定"间接信赖"(indirectly rely)

---

〔28〕 Finkel v. Docutel/Olivetti Corp. ,817 F. 2d 356(1987);Abell v. Potomac Ins. Co. ,858 F. 2d 1104(1988);In re Sahlen & Associates, Inc. Securities Litigation,773 F. Supp. 342 (1991);Federal Rules of Civil Procedure Rules 8,9(b),28 U. S. C. A.

〔29〕 同前注〔18〕,Louis Loss 书,第 2005 ~ 2007 页;Holdsworth v. Strong,545 F. 2d 687, 692 - 695(1976)。

〔30〕 Zobrist v. Coal - X, Inc. ,708 F. 2d 1511,1516(1983);Dupuy v. Dupuy,551 F. 2d 1005,1020(1977).

〔31〕 Steven A. Fishman, *Duty to Disclose under Rule 10b - 5 in Face - to - Face Transactions*,12 Journal of Corporation Law,251,305(1987).

了虚假陈述,无须再行举证阅读了不实信息披露并依此投资。[32] 除原告举证困难、满足原告共性问题在集团诉讼中具有优先性(predominance)的起诉要求、投资者信赖市场价格的高度可能性等因素,“欺诈市场理论”最为重要的依据在于“有效市场假说”的实证支持,进而形成了以市场有效性为待证基础事实,将个别投资者对披露文件的“直接信赖”转换为重大性概念下一般理性投资者对价格公正性的“间接信赖”的推定逻辑。

Basic 推定应限于“公开、发达且有效率的市场”,满足大量投资者参与、交易活跃、证券流动性强、信息获取便捷等特征,原则上以股票公开交易市场为范例。[33] 若严格按照有效市场假说的学理,有效市场应能“完全反映”全部公开信息,构成“半强式有效”(semi - strong):证券定价不仅要随信息披露即时浮动,更应符合证券的内在价值。[34] 不过美国判例法并未过分苛求市场的有效性。在 Basic 案中,联邦最高法院仅强调了价格和信息的高度关联,并未执着于市场是否会即刻、全面反映公开信息。[35] 在近期的 Halliburton Ⅱ案中,联邦最高法院更在一定程度上放松了对有效性的要求,只要虚假陈述能在合理时间内通常影响(generally affect)证券的市场价格,该市场就可认定为有效。[36] 观察美国各法院判例,可以发现有效市场也并不限于集中竞价的全国性证券交易所和做市商报价频繁、投资者指令交易的纳斯达克原场外板块等被法院“推定有效”的交易市场,原告可提出个股在所处场外市场的发行量、换手率,投资者、证券分析师、做市商数量的证据来论证市场

---

〔32〕 Basic Inc. v. Levinson, 485 U. S. 224, 225, 247 (1988); Blackie v. Barrack, 524 F. 2d 891, 906(1975); Halliburton Co. v. Erica P. John Fund, Inc., 573 U. S. 258, 268, 274, 278(2014).

〔33〕 Id. Basic, note 27; Cammer v. Bloom, 711 F. Supp. 1264, 1286 - 1287 (1989); West v. Prudential Sec., Inc., 282 F. 3d 935(2002).

〔34〕 See Eugene F. Fama, *Efficient Capital Markets: A Review of Theory and Empirical Work*, 25(2) The Journal of Finance, 383, 383, 413 - 414 (1970); Eugene F. Fama, *Efficient Capital Markets*: II, 46(5) The Journal of Finance, 1575, 1576 - 1577(1991); 同前注〔18〕, James D. Cox 书,第 89 ~ 90 页。

〔35〕 同前注〔32〕, Basic, note 28。

〔36〕 同前注〔32〕, Halliburton II, 272。

的有效性,仍有被法院支持的可能。[37]

然而,证券发行市场不论公募私募一般都不会被美国法院认定为"有效市场"。[38] 尤其在私募发行中,法院更不会支持欺诈市场理论的适用。例如,在安然(Enron)公司造假的相关案件中,裁判法院认为尽管安然公司的股票场内市场及债券场外交易市场有效,但在 SEC 144A 规则下向获准投资者发行证券的私募发行市场不具备信息有效性,因此不能适用欺诈市场理论下的信赖推定。[39] 在其他案件中,股票、合伙份额、债券的私募发行也均未被认定为有效市场。[40] 究其原因,便在于私募发行的相关信息仅面向特定获准投资者发布,经面对面协商确定认购意向和认购价格。认购人直接从发行人和承销商处购入证券,没有利用交易场所的公开信息披露和价格形成机制,故认购价格与市场价格并无必然关联,不符合有效市场的基本定义。[41] 尽管有实证研究认为美国债券发行市场有独立的专业投资者,往往比债券二级交易市场更加有效,股票首次公开发行也不乏一定的有效性,但以上论断均以公开发行为前提,不涉及私募发行。[42] 总之,"欺诈市场理论"下的信赖推定在美国私募发行中并无适用空间。

---

〔37〕 同前注〔33〕, Cammer, 1286 – 1287; Unger v. Amedisys Inc., 401 F. 3d 316, 323 (2005)。我国也有司法判决认为在新三板做市交易模式下,有多家做市商参与做市,案涉股票市场交易较为活跃,重大信息能够反映至股价中,可以推定交易因果关系成立。但该案发生于交易市场,不涉及非公开发行投资者。参见上海金融法院:李某佳与 A 公司等证券虚假陈述责任纠纷一审民事判决书,案号:(2021)沪74民初1368号,2023年6月30日。

〔38〕 美国法院认定公开发行不构成有效市场的判例可参见 In re MDC Holdings Sec. Litig., 754 F. Supp. 785 (1990); Stinson v. Van Valley Dev. Corp., 714 F. Supp. 132 (1989)。

〔39〕 In re Enron Corp. Securities, 529 F. Supp. 2d 644, 771 – 772 (2006); 17 CFR 230. 144A.

〔40〕 Sable v. Southmark/Envicon Capital Corp., 819 F. Supp. 324 (1993); Freeman v. Laventhol & Horwath, 915 F. 2d 193 (1990); 同前注〔28〕, In re Sahlen, 773 F. Supp. 342 (1991); Lubin v. Sybedon Corp., 688 F. Supp. 1425 (1988)。

〔41〕 同前注〔39〕〔40〕。

〔42〕 See Michael J. Kaufman & John M. Wunderlich, *Fraud Created the Market*, 63 Alabama Law Review, 275, 307 – 308 (2012); Robert G. Newkirk, *Sufficient Efficiency: Fraud on the Market in the Initial Public Offering Context*, 58 University of Chicago Law Review, 1393 (1991).

(三)私募发行无法适用尚存争议的"欺诈创造市场理论"

在 Basic 案认定投资者有权信赖市场价格前,早期欺诈市场判例仅宽泛提及投资者对"市场公正性"的信赖,但美国各地法院对可代表市场公正性的具体指标理解不一。除市场价格外,也有法院选取了"证券发行资质"等指标作为推定间接信赖的基础事实,形成了可适用于发行市场的"欺诈创造市场"(fraud - created - the - market)推定,但这一理论尚未被美国联邦最高法院承认,难以适用于私募发行。

"欺诈创造市场理论"起源于 Shores 案,该案发行人明知不具备发行条件却仍然在发行说明书中造假。第二巡回法院认为此类欺诈发行不仅成立 10b - 5 规则第 2 款项下的虚假陈述,更构成第 1 款和第 3 款所述的"故意使用欺诈手段损害投资者",因此不仅应着眼于虚假陈述行为,更应基于欺诈发行的虚假外观推定信赖:投资者有权信赖发行成功的证券符合发行条件、具有投资价值。只要原告证明发行人明知无发行资质却仍欺诈发行即可推定信赖。[43] 但该推定应限于发行人的资产状况根本无法发行(economically unmarketable)、证券毫无价值(patently worthless)的情况;若虚假陈述仅造成发行价格虚高虚低,则不能推定信赖。在 Shores 案的基础上,也有巡回法院发展出"法律上不可发行""监管公正性"等适用"欺诈创造市场"推定的不同事由,认为投资者有权信赖证券的"发行即合法合规"的外观以及 SEC 审核的"背书"效果。[44] 由此,"欺诈创造市场理论"将信赖推定的基础事实由价格拓展至证券发行外观和行政监管,将适用范围推广至发行市场。

然而,上述理论并非美国主流司法观点,争议颇大。虽然联邦最高法院对该理论未置可否,但考虑到 Shores 案之后包括 Basic 案在内的联邦最高法院判例仍然仅以市场价格作为公开市场信赖推定的基础事

---

〔43〕 Shores v. Sklar, 647 F. 2d 462, 468 - 471 (1981).

〔44〕 T. J. Raney & Sons, Inc. v. Ft. Cobb, Oklahoma Irrigation Fuel Authority, 717 F. 2d 1330, 1332 - 1333 (1983); Arthur Young & Co. v. United States Dist. Court, 549 F. 2d 686, 695 (1977).

实，联邦最高法院对“欺诈创造市场理论”恐难持欢迎态度。[45] 有反对判例指出，“欺诈创造市场”选取的“发行资格”“行政监管”等信赖事由相较于有效市场的证券价格，仅有政策导向却缺乏实证支持，无法论证投资者信赖的合理性；法院将10b－5规则三款差别化对待也缺乏法律依据；特别是该理论不符合美国注册制下证券发行并不以资产状况为前提、对发行人资质不作实质审核的实际状况；并且考虑到证券完全无法发行、毫无价值的情况不多，仅推定无发行资质案件中的投资者信赖而忽视其他发行欺诈实属厚此薄彼，在裁判时更难以区分。[46] 因此，尽管被联邦最高法院承认的“欺诈市场理论”出于保护投资者的需求已然降低了市场有效性的门槛，将其理论核心逐步从经济学理论转向投资者保护，而“欺诈创造市场理论”也同样响应了投资者保护的公共政策，或仍有一定合理性，但即便如此，至少在无须提交注册申请、无SEC监管前置介入、无资产状况法定要求的美国私募发行中，并不存在“证券的发行资质”“证券行政监管”等可被信赖的事由。[47] 因此，即使是“欺诈创造市场”推定也难以适用于私募发行。实际上，美国支持“欺诈创造市场”的典型判例更多集中于债券公开发行，股票私募发行的相关案例尚不多见。[48]

（四）小结

综上所述，美国私募发行处于虚假陈述民事责任法律适用的“中间地带”，虽然仍在《1934年证券交易法》第10（b）节的一般性反欺诈立法规定射程范围内，却不适用判例法为保护公开市场投资者创设的“欺诈市场理论”及其衍生的“欺诈创造市场理论”下的间接信赖推定

---

〔45〕 同前注〔42〕，Michael J. Kaufman & John M. Wunderlich 文，第287～288页。Stoneridge Inv. Partners, LLC v. Scientific－Atlanta, Inc.，552 U. S. 148, 159, 165－166（2008），“The § 10（b） private right should not be extended beyond its present boundaries”；Malack v. BDO Seidman, LLP, 617 F. 3d 743, 754－755（2010）.

〔46〕 Eckstein v. Balcor Film Investors, 8 F. 3d 1121, 1130－1131（1993）；Ross v. Bank South, N. A.，885 F. 2d 723, 738－745（1989）.

〔47〕 同前注〔40〕，Lubin, 1446。

〔48〕 同前注〔42〕，Michael J. Kaufman & John M. Wunderlich 文，第282～287页、第307～308页。Matt Silverman, *Fraud Created the Market: Presuming Reliance in Rule* 10（*b*）－5 *Primary Securities Market Fraud Litigation*, 79 Fordham Law Review, 1787, 1807－1814（2011）.

规则。私募发行虚假陈述的信赖判断仍应适用一般侵权法规则,但在消极型虚假陈述时可以推定投资者信赖。

四、我国非公开发行交易因果关系认定方法的构建

(一)非公开发行无法适用"欺诈市场理论"下的因果推定

与美国私募发行类似,我国上市公司的非公开发行无法构成"有效市场",不能适用"欺诈市场理论"下的交易因果推定规则。

具体到我国非公开发行的作业流程,在锁价发行中,发行对象及价格已事先确定;在发行对象尚未确定的竞价发行中,发行人自主选择机构询价,按照价格优先的原则确定发行对象。[49] 除发行价格不能低于规定下限之外,非公开发行定价的自由度较高。此类磋商定价的非公开发行市场显然不能和二级市场集中竞价交易在信息有效性上等量齐观。比较法上,获准投资者人数不设上限的美国私募发行尚不能被视为信息有效市场,作为对比,我国仅能面向不超过35名投资者的非公开发行也难有适用交易因果推定的空间。

由此观之,对前述赞成推定交易因果关系的司法观点的质疑之一在于其对非公开发行的定性。《证券法》第七章"证券交易场所"将包括新三板、区域性股权市场在内的所有交易场所统一规制,但该章条文多为证券交易场所的法律定位、法定职能义务和相关的管理性规定,并没有从集中拍卖竞价、做市商报价、面对面磋商等交易组织形式对多层次市场作进一步划分,未必能够和虚假陈述民事赔偿规则直接对接。此外,《证券法》的相关解释论对非公开发行较为狭窄的理解也容易使得部分司法机关陷入非公开发行和面向不特定对象的公开发行"同大于异"的误区。有观点认为上市公司不论是向不特定对象,还是向特定对象发行新股,都属于公开发行;[50] 另有有力解释认为上市公司已

〔49〕 参见《上海证券交易所上市公司证券发行与承销业务实施细则》(以下简称《实施细则》)第33条、第34条、第41条、第43条。

〔50〕 参见王瑞贺主编:《中华人民共和国证券法释义》,法律出版社2020年版,第30页。

具有公众属性,即使向少量特定对象发行股份,也应视为公开发行,可以不再保留上市公司非公开发行股票的概念。[51] 以上解释的目的着重在于《证券法》第12条项下确定中国证券监督管理委员会(以下简称证监会)对于上市公司非公开发行新股的监管权,并未根本否定证券发行可能同时存在公开发行与非公开发行的概念,[52] 且与非公开发行民事赔偿制度的因果关系认定并无直接关联。但毋庸讳言,受到以上广义"交易场所"概念和认为非公开发行具有公开性的观点的影响,新近司法裁判对非公开发行的定性已有"唯场所论"和"公开交易论"的倾向。

如果仅因非公开发行需经过交易场所审核,就直接认定非公开发行和公开发行、公开交易相同,均为"在交易场所"进行的"证券发行和交易活动",会进而导致司法机关裁判时不加区分地推定交易因果关系。[53] 此种司法裁判观点的问题在于未充分观察到交易场所在非公开发行中仅起到注册制下的审核职能,并未发挥集中竞价的本质属性。从《证券法》第96条规定和相关释义来看,证券交易场所由交易主机、大厅、参与者交易业务单元、报盘系统及相关通信系统构成,其核心功能在于"为证券集中交易提供场所和设施,组织和监督证券交易"。[54] 非公开发行没有利用交易场所的设施撮合交易,投资者虽投资了证券,但不属于"证券公开市场"上的投资者。实际上,即使是首次公开发行的价格也是由发行人、保荐机构线下询价或自主定价,[55] 不涉及价格随信息的即时调整。比较法上,美国法的"证券交易所"也指的是"撮合多方买卖交易指令的场所",指向二级交易市场。[56] 而从私募发行

---

〔51〕 参见程红合主编:《证券法修订要义》,人民出版社2020年版,第34页。

〔52〕 《证券法》第9条第3款已经明确肯认非公开发行的合法存在。

〔53〕 同前注〔3〕,(2020)鲁民终3132号,(2022)最高法民申99号;北京市高级人民法院:北京蓝天瑞德环保技术股份有限公司与吴某等证券虚假陈述责任纠纷二审民事裁定书,案号:(2022)京民辖终82号,2022年8月1日。

〔54〕 同前注〔50〕,第193~194页。

〔55〕 同前注〔8〕,《管理办法》第5条;同前注〔49〕,《实施细则》第11条、第12条。

〔56〕 15 USCS § 78c(a)(1);17 CFR 240.3b-16;郑春玉:《证券场外交易场所的法律界定》,载朱慈蕴主编,清华大学商法研究中心编:《商事法论集》(第28卷),法律出版社2016年版,第131~136页。

的性质来看,在美国《1933 年证券法》第 4(a)(2)节项下,仅凭认购投资者较多这一点也并不足以否定发行的私募性质。[57] 综上所述,我国证券发行难以具备信息有效性,更不应"唯场所论",将非公开发行错误地认定为"公开发行"或"场内交易"。

此外,除"欺诈市场理论"的法理之外,非公开发行相较于公开发行和公开交易市场仍有多方面不同。例如,从投资者的特点来看,参与非公开发行的合格投资者以专业能力和议价能力较强的投资机构居多,不仅可以自行调查发行人的投资价值,也可以要求发行人披露更加详尽或有针对性的信息,主动参与非公开发行的价格形成。机构投资者可以在调查后自主决定是否以双方议定的具体条件、价格、数量进行投资,这一投资方式和议价地位显然与只能被动接受市场价格的公众投资者存在本质差别。美国法上,若私募发行仅面向获准投资者,发行人无须履行法定的强制信息披露义务,具体披露内容可由投资者和发行人自主协商确定。[58] 从美国联邦最高法院典型判例来看,私募发行的本质特征即在于"投资者无须证券法强制信息披露规则的保护"。[59] 因此,在发行人和认购人谈判能力平衡的情况下,似乎并无必要给予认购人超出一般侵权法规则之外的特别优待。尤其是考虑到我国证券市场长期以来散户投资者占多数,新《若干规定》自旧规立法之初即强调对中小投资者,尤其是自然人投资者等证券市场"弱势一方"的倾斜性保护,交易因果关系的推定也因此以自然人投资者为主要适用对象。[60] 从新《若干规定》的这一政策性目标来看,非公开发行认购人不存在如同公开发行和交易市场的中小投资者所面临的信息不对称和举证困难。非有效市场叠加投资者特殊身份的双重因素进一步削弱了非公开发行适用交易因果关系推定规则的合理性。

综上所述,非公开发行虚假陈述虽能适用《证券法》第 85 条、第

---

〔57〕 SEC v. Ralston Purina Co. ,346 U. S. 119,124 - 125(1953).

〔58〕 See 17 CFR. 230. 506.

〔59〕 同前注〔57〕,第 124 ~ 125 页。

〔60〕 同前注〔6〕,李国光主编书,第 109 ~ 110 页;邢会强主编:《证券法学》,中国人民大学出版社 2020 年版,第 140 页。

163 条，但不宜适用新《若干规定》第 11 条的交易因果推定规则。[61] 本文建议，或可进一步修订新《若干规定》第 11 条，明确本条不适用于非公开发行，同时考虑到公开发行中发行人欺诈获利的违法性更重并且涉及公众投资者保护，可专门设置一新条文，推定公开发行市场投资者的交易因果关系，区分发行和交易市场两套规则；[62] 或者以"保护公开市场投资者"为由作目的性限缩解释，将非公开发行排除出新《若干规定》第 11 条的适用范围，回归旧《若干规定》第 2 条文义，但须注意该解释论下公开发行和交易市场的交易因果推定依据的法理基础仍有本质不同。

（二）一般侵权法规则下交易因果关系的认定与证明

在排除了新《若干规定》第 11 条的适用后，非公开发行交易因果关系判断的另一问题在于，即使适用一般侵权法规则判断交易因果关系的司法判决也仅要求原告提交投资可行性分析即可完成举证。[63] 少数案例甚至直接默认了交易因果关系，没有给被告预留抗辩空间，对原告的保护更甚于新《若干规定》第 11 条的推定规则。[64] 作为对比，在部分二级交易市场的虚假陈述案件中，原告机构投资者也同样需要自行证明已对股票价值进行了判断、遵循了投资决策程序才能被推定交易因果关系。[65] 由此可见，非公开发行的侵权法因果判断与新《若干规定》的交易因果推定之间缺乏足够的区分度，司法裁判仍有参照

---

〔61〕 对比美国《1934 年证券交易法》第 10(b) 节并未推定被告存在主观过错，非公开发行虚假陈述是否应适用《证券法》第 85 条、第 163 条的严格责任和过错推定责任，在立法论上仍待探讨。

〔62〕 美国法规定若原告在相关注册申报文件生效 12 个月之内购入证券，可豁免对信赖的举证；若原告在 12 个月后购入证券且发行人在此期间已发布"收益表"，原告虽应当证明信赖的存在，但无须证明真正阅读过不实文件。参见 15 U. S. C. A. § 77k (a)；同前注〔20〕，第 195 页。

〔63〕 同前注〔6〕，(2019) 粤民终 2080 号；同前注〔9〕，(2020) 粤 03 民初 3225 号。

〔64〕 同前注〔9〕，(2021) 皖 08 民终 2270 号。虽然本案法院以损害因果关系不成立驳回了原告诉讼请求，但在交易因果关系成立的结论上缺乏论证。

〔65〕 可供对比的公开交易案例：浙江省高级人民法院：上海雨浩投资咨询有限公司、浙江祥源文化股份有限公司证券虚假陈述责任纠纷二审民事判决书，案号：(2019) 浙民终 1414 号，2019 年 12 月 20 日；山东省济南市中级人民法院：郑某等与山东天业恒基股份有限公司等证券虚假陈述责任纠纷一审民事判决书，案号：(2020) 鲁 01 民初 2517 号，2020 年 12 月 7 日。

适用新《若干规定》推定规则的倾向。

交易因果关系,即投资者“合理信赖”的成立应以投资者客观上阅读了虚假陈述并据此投资,以及在交易时主观上不存在明知该虚假陈述的故意作为前提。本文认为,一般侵权法因果关系规则和新《若干规定》第11条最主要的不同即在于侵权法规则下,因积极型虚假陈述受有损害的非公开发行投资者原告仍应就其已阅读并信赖了虚假陈述的“直接信赖”事实、虚假陈述对本人投资决策的原因力承担证明责任;在主观层面,投资者还应自证对虚假陈述的信赖具有合理性,没有明知虚假陈述却仍然投资的故意。相比在公开交易市场案件中,前述主客观两层次的构成要件均被依法推定为对原告有利,证明责任被倒置至被告一方。而消极型非公开发行欺诈和公开市场虚假陈述中,被告可主张推翻信赖推定的抗辩事由也存在差别。配合不同的实体规则,案件可适用的诉讼程序是否会有所不同也有待进一步探讨。

1. 无法成立交易因果关系的特定情形

非公开发行中发行人应予披露的文件包括非公开发行预案,董事会、股东会决议,募集说明书和发行情况报告书。基于非公开发行的信息披露,要求发行预案应在董事会表决通过后随决议一并披露;募集说明书则一般在交易所审核通过后、证监会予以注册前公告正式的注册稿;发行情况报告书则在验资结束之后披露。[66] 锁价发行中,发行预案应载明认购对象,此时投资者已与发行人签订股份认购协议,故后续的信息披露不会影响其投资判断,无法成立交易因果关系。[67] 而在竞价发行中,投资者在发行预案和募集说明书公告后方才认购股票,仍有可能形成对发行预案、募集说明书的信赖。

具体而言,不但募集说明书中记载的发行概要、募投项目概况、募集资金使用的可行性分析等有关本次发行的新信息可能存在虚假陈述,而且其中援引先前信息披露中有关发行人业务模式、业务发展安排

〔66〕 同前注〔8〕。

〔67〕 锁价发行预案的披露内容、签订认购合同与信息披露的先后顺序可参见前注〔49〕,《实施细则》第33条、第35条;杨婷、王琦:《“参照”规则视角下的证券虚假陈述侵权适用范围之辨》,载《财经法学》2022年第4期。

等基本经营信息和部分财务数据也可能不实。[68] 这部分经营与财务数据虽然应和先前披露基本相同，但也经过了本次发行聘请的保荐、承销机构及证券服务机构（“证券中介机构”）的复核，由其签字并确认募集说明书不存在虚假陈述。[69] 募集说明书的真实性在一定程度上获得了中介机构的再次“背书”，后者为此可能收取了不菲的费用。因此，在先前已有披露的基础上，认购人有权对募集说明书中的发行人基本面信息形成独立的信赖，至少不能仅因财务和经营信息已被先前披露，就全然否定认购人在募集说明书虚假陈述影响下形成的交易因果关系，否则证券中介机构的复核义务也将难以彰显。[70] 不过考虑到先前披露中已有中介机构对发行人信息进行了核查验证，并且非公开发行过程中证券中介机构的勤勉尽责标准应更为宽松，存在一定合理信赖和自主判断的空间，[71] 如果募集说明书援引的经营财务信息不实，非公开发行中介机构的责任相较于初次虚假陈述中负有过错的中介机构应当更轻，司法机关在认定责任时应更加谨慎。

综上，锁价发行“先认购后披露”的流程使交易因果关系难以成立；竞价发行中投资者仍有信赖发行预案、募集说明书等文件的可能性，司法机关仍需通过一般侵权法规则进一步判断其交易因果关系。

2. 投资者对直接信赖事实的证明

基于“欺诈市场理论”，公开交易市场投资者已被推定间接信赖了有效市场的价格，所以无须提供证明已阅读不实信息并依此投资的证

---

〔68〕 募集说明书的披露内容可参见前注〔8〕《61号准则》第7～9条。

〔69〕 同前注〔8〕《管理办法》第6条、第7条、第45条、第46条。

〔70〕 乐视网一审案中，法院认为非公开发行过程并无新增的虚假陈述，仅重复了过去已被披露的虚假信息，在二级市场投资者被推定信赖了先前虚假陈述的情况下，不应形成对非公开发行文件的信赖。参见前注〔2〕（2021）京74民初111号。本文认为这一结论对二级市场投资者成立，原因在于非公开发行公告文件并非为与公众投资者准备，不应成为公众投资者可信赖的投资依据，并且该虚假陈述已通过先前披露被二级市场价格吸收，难以通过后续的重复披露对市场价格造成二次影响。但本次发行中的认购人正是非公开发行的招徕对象，应有权信赖非公开发行文件中的财务经营信息并以此作出投资决策，形成磋商后的发行认购价格。这与二级市场的投资者存在不同。

〔71〕 例如，《保荐人尽职调查工作准则》第3条授权保荐人在非公开发行中根据发行人的情况自行确定尽职调查范围。

据。由于新《若干规定》第 11 条在表述上并未有意区分机构投资者和自然人投资者,公开交易市场中的机构投资者也无义务自证“直接信赖”。[72] 但在非公开发行中,原告投资者应承担对直接信赖的证明责任,提出例如明确记载该不实事项的投资可行性报告、投资决策报告书等证据。

更重要的是,原告还应进一步论证虚假陈述有使其“因欺诈陷入错误并因错误做出意思表示”[73]的双重因果关系。特别考虑到参与非公开发行的主体多为机构投资者、发行人的控股股东和实际控制人,除单纯通过财务投资获利外,更有参与战略投资、对赌、并购重组甚至通过抽屉协议实现保底保收益等投资原因,发行人的虚假陈述并不必然会影响该类投资者的主观定价。此时,仅通过“重大性”这一虚假陈述行为的客观构成要件并不足以推断出投资者事实上的主观信赖。[74] 一方面,信息有效性的缺失使司法机关既不能凭价格波动来反推信息的重大性,也无法借助有效市场在重大性、价格和信赖之间建立起必要的关联;另一方面,非公开发行投资者的投资动机差异较大,司法机关难以选择一个客观标准来确定和原告同样情况的“理性投资者”将会如何决策,故分析虚假陈述是否影响了原告判断,还是要回到原告本人在主观上的投资决定。因此,原告投资者应当证明虚假陈述不仅对理性投资者具有抽象意义的“重大性”,更对该特定投资者具有个体意义上的“重大影响”。

具体而言,投资者的意思表示可细分为“是否投资”和“如何投资”两个层次,后者表现为投资者拟认购的价格、股份数量和对价支付方式等交易细节。虽然依据欺诈法理,虚假陈述不必是诱使投资者作出意思表示的唯一原因,不必达到影响交易基础的程度,也不适用“若无虚

---

〔72〕 美国 Basic 案也未区分机构投资者和普通投资者。但如后文所述,公开交易市场的机构投资者虽不必证明直接信赖,但在被告主张原告主观故意时,因投资决策报告由原告一方控制,机构投资者或仍需提出相关书证。

〔73〕 参见朱庆育:《民法总论》(第二版),北京大学出版社 2016 年版,第 280 ~ 281 页。

〔74〕 参见汤欣、张然然:《虚假陈述民事诉讼中宜对信息披露“重大性”作细分审查》,载蒋锋、卢文道主编:《证券法苑》(第 28 卷),法律出版社 2020 年版,第 254 页。

假陈述则不会投资"的"若无则非"(but for)因果关系检验,[75]但投资者应当证明虚假陈述能够使其对证券的主观定价、拟认购股份数等投资决策中的具体内容产生一定程度的错误认识。至少,该虚假陈述不应是投资者决策时根本不会关心的信息。

例如,机构投资者原告提交的投资可行性报告通常会涵盖发行人长期以来的各类指标,但其中部分微观数据并非决定公司宏观基本面的关键因素。在剔除该信息后,即使发行人财务经营指标或有不足之处,但也未必会改变投资者对公司基本面的评价和对股票的主观定价,此时即不宜认定因果关系。再如,就非公开发行前已披露的虚假信息,若对股价影响较小、距今时间较久远,或者已在认购协议中被更正,此类信息对投资者决策的原因力已被大大稀释。即使在投资可行性报告中有所记载,但也难以构成决策时的关注重点。以我国法院审理的中兵红箭案为例,法院认为虽然原告提交的投研报告记载了发行人 2014 ~ 2015 年的财务数据,但原告作为投资股票的专业机构实际看重的是对 2016 ~ 2018 年未来三年股价、每股业绩和市盈率的预测。尽管 2015 年的虚假陈述虚增了近 10% 的利润,但在发行人同时实施资产重组、军工板块大热的背景下,虚假陈述"并未对中兵红箭的基本面和业绩造成根本性影响,进而导致股价定位明显不合理",故法院认定虚假陈述并非原告作出投资决定的信赖基础。[76] 而在华晨债券案中,审理法院认为原告作为机构投资者应当依据发行人表现更好的最近一年财务数据判断其偿债能力,而非两年前虚增利润的审计报告;在发行人偿债风险已被广泛知悉的情况下,原告仍低价买入债券,"不再以理性投资人的标准将债券到期收益率和发行人偿债能力作为投资决策的核心考量因素",而是将"发行人摆脱经营困境或低价投资本金获得清偿"作为投资动机。因此,即使案涉虚假陈述具有重大性,交易因果关系也不

〔75〕 参见许德风:《欺诈的民法规制》,载《政法论坛》2020 年第 2 期。

〔76〕 湖南省高级人民法院:喀什中汇联银创业投资有限公司、中兵红箭股份有限公司证券虚假陈述责任纠纷二审民事判决书,案号:(2021)湘民终 867 号,2022 年 3 月 29 日。

能成立。[77] 虽然以上案件发生在二级交易市场,但举轻以明重,其判决思路对非公开发行的交易因果判断同样具有参考价值。司法机关应结合个案事实、投资者的交易动机来分析特定虚假信息是否会对投资判断造成实质影响,不宜仅因原告提交的投资可行性分析中有文字提及虚假陈述所涉事项就直接认定交易因果关系成立。

此外,就被告有权主张推翻因果推定的抗辩事由而言,对比美国面对面交易的 Ute 案和公开竞价交易的 Basic 案,可以发现在两类本质不同的信赖推定之下,被告虽可在涉及消极型虚假陈述的面对面交易中证明投资者从未阅读过信息披露以推翻"直接信赖"推定,[78] 但在欺诈市场推定下即使原告自认没有阅读信息披露文件,法院也不能以此否定投资者对价格的间接信赖。[79] 我国新《若干规定》也明确规定在欺诈市场推定下,被告只能转而证明原告先于虚假陈述投资这一推定必需的基础事实不成立,或证明原告明知虚假陈述却仍然投资,被推定的信赖事实客观上不存在。[80]

3. 投资者对信赖合理性的证明

投资者在自证已阅读信息披露并且虚假陈述对投资决策具有个体意义上的"重大影响"的基础上,还应进一步证明其信赖具有合理性,即不存在明知虚假陈述却仍然投资的主观故意。此处应当明确,信赖合理性的例外应限于投资者故意,应基于投资者本人的主观状态进行判断,不宜和机构投资者违反"审慎注意义务"时的一般过失混淆。[81] 我国侵权法规则主张在侵权人故意欺诈时,只有被欺诈一方的故意,甚至仅直接故意才可以排除其赔偿请求权,不宜适用过失相抵规则,故投

---

〔77〕 辽宁省沈阳市中级人民法院:杭州量瀛投资管理有限公司与华晨汽车集团控股有限公司等证券虚假陈述责任纠纷一审民事判决书,案号:(2022)辽 01 民初 521 号,2023 年 8 月 17 日。

〔78〕 同前注〔43〕,第 468 页。

〔79〕 Peil v. Speiser, 806 F. 2d 1154(1986), at 1163.

〔80〕 参见新《若干规定》第 12 条第 1 款第 1 项、第 2 项。

〔81〕 同前注〔24〕, James A. Henderson Jr. 书,第 888 页;同前注〔29〕, Holdsworth, 第 692 ~ 695 页;同前注〔31〕, Steven A. Fishman 文,第 307 ~ 311 页。

资者审查信息时的过失不会否定其合理信赖。[82] 美国侵权法规则同样持此态度,法院判例也认为仅在原告主观上达到与被告同等的故意程度时才能否定其合理信赖。[83] 特别考虑到机构投资者即使具有专业能力,也不负有发现虚假陈述的法定义务,故司法机关在审查投资可行性报告时,应对机构投资者的过失持宽容态度。正如有学者指出,"只要专业投资者能证明已经做了合理的、并非流于形式的调研,收集和分析了正常水平的投资决策信息",即可认定信赖合理性。[84] 总体来看,投资者对信息披露不实的单纯怀疑尚不足以论证其主观故意,仅在投资者的决策文件或交易行为表明其确知虚假事实却仍然投资,或已发现造假的明显迹象却有意不做审查时,才可被认定缺乏信赖合理性。

在证明责任方面,至少在积极性虚假陈述中,非公开发行投资者应当自证信赖合理性,承担向法院提交相关证据的主观证明责任和待证事实真伪不明时于己不利的客观证明责任。相比之下,公开交易市场投资者对市场价格的信赖本身即推定了信赖合理性,应由被告举证来推翻推定。[85] 不过,若被告抗辩已被推定合理信赖的机构投资者存在主观故意,因投资决策文件等书证由原告投资者一方控制,被告似仍有权要求原告提交投资决策文件。若机构投资者拒绝提交书证,或须承担存在故意的事实被认定为真实的不利后果。[86] 由此来看,无论是依据一般侵权法规则还是证券法因果推定规则,机构投资者最终都无法

---

〔82〕 参见新《若干规定》第12条第1款第2项;《民法典》第1174条;程啸:《侵权责任法教程》(第4版),中国人民大学出版社2020年版,第134页、第424页。在机构投资者未能审慎投资,对损失存在过失的场合,或可依过失相抵原则适度减轻严重违反注意义务、对虚假陈述存在重大过失的证券中介机构的赔偿责任,但不宜减轻主观故意的被告责任。参见北京金融法院:蓝石资产管理有限公司与兴业银行股份有限公司等证券虚假陈述责任纠纷一审民事判决书,案号:(2021)京74民初1号,2022年12月30日。

〔83〕 *Restatement of the Law*, Torts 2d, Rule 540, 541, 545A;同前注〔24〕,James A. Henderson Jr. 书,第887~890页;同前注〔30〕,Zobrist,1516及Dupuy,1020。

〔84〕 缪因知:《证券虚假陈述与投资者损失因果关系否定的司法路径》,载蔡建春、卢文道主编:《证券法苑》(第30卷),法律出版社2020年版,第93~94页。

〔85〕 同前注〔46〕,Ross,第739页。

〔86〕 参见《最高人民法院关于适用〈中华人民共和国民事诉讼法〉的解释》第112条。

避免向法院提交投资决策文件,这或导致机构投资者陷入“调查越多、举证越多、过错越多、赔偿越难”的逻辑悖论。但至少,如果被告没有主张机构投资者存在主观故意,机构投资者也已对重大性、投资时点等交易因果推定的基础事实完成了举证,司法机关不应再行依职权审查机构投资者是否尽到注意义务,也不宜要求其提出相关证据。这和非公开发行中的机构投资者应当自负对信赖合理性的证明责任相比仍有一定区别。

4. 可适用的诉讼程序或有不同

在程序法层面,不同的交易因果关系认定方法也可能会导致案件可适用的诉讼程序存在不同。“欺诈市场理论的真正威力不在于个别原告之交易因果关系推定,而是通过原告之共同信赖支持了群体诉讼的索赔聚合。”[87] 在美国法上,私募发行投资者无法通过交易因果推定满足原告共性问题具有优先性的集团诉讼前置要求。而我国特别代表人诉讼须有 50 名以上投资者委托投资者保护机构方能启动,也无法适用于不超过 35 人的非公开发行。不过,考虑到《证券法》第 95 条和最高人民法院《关于证券纠纷代表人诉讼若干问题的规定》并未明确限定特别代表人诉讼的适用范围,本可被划入广义“私募发行”且面向不特定合格投资者的我国公司债券“小公募”发行,能否在不适用交易因果关系推定的情形下成就特别代表人诉讼程序,其合理性尚待结合我国民事诉讼法法理作进一步探讨。[88]

五、结论

非公开发行虚假陈述民事责任在证券法律适用上应处于较为特殊的“中间地带”:虽然可以适用《证券法》第 85 条、第 163 条的相关规定,但不宜适用新《若干规定》第 11 条的交易因果关系推定规则。其

---

〔87〕 同前注〔6〕,耿利航文。

〔88〕 在首例适用起诉时人数不确定的普通代表人诉讼规则的五洋债案中,原告已达 487 人。参见浙江省高级人民法院:德邦证券股份有限公司、大信会计师事务所等证券虚假陈述责任纠纷二审民事判决书,(2021)浙民终 515 号,2021 年 9 月 22 日。

根本原因在于非公开发行通过面对面协商确定认购意向和认购价格，没有利用交易场所的公开信息披露和价格即时形成机制，不符合以信息有效市场为预设的“欺诈市场理论”。而非公开发行投资者以议价和调查能力较强的机构投资者居多，有能力自行展开调查、参与发行定价、要求发行人提供信息，更削弱了其适用这一倾向性保护公众投资者的规则的合理性。对此，司法机关宜准确理解非公开发行的“非公开”属性，可对新《若干规定》第11条作出必要的目的性限缩解释，将非公开发行剔除出本条的适用范围，实现我国虚假陈述法律适用的精细化发展。

非公开发行交易因果关系的认定应回归一般侵权法规则。锁价发行中的投资者难以形成对公告文件的信赖，竞价发行中的投资者虽仍有信赖的可能，但应提交投资分析报告等证据，对形成直接信赖的事实、虚假陈述对本人投资决策的原因力以及信赖的合理性承担证明责任。司法机关应结合个案事实和投资者动机分析特定虚假信息是否会对原告投资判断和主观定价产生实质影响。在消极型虚假陈述的非公开发行案件中，因投资者举证困难，可以推定交易因果关系成立，但这一推定的依据仍然是一般侵权法规则，与“欺诈市场理论”下的交易因果推定在法理依据上有本质不同，被告可主张推翻推定的抗辩事由也因而存在差异，对此应予特别指明。

（编辑：孙秀满　谢贵春）

《证券法苑》(2024)
第四十一卷,第346~368页

论证券虚假陈述责任纠纷调解前置制度的程序构建

胡文丰*

摘要:证券纠纷调解程序是证券纠纷诉源治理的重要抓手,能够在立案前有效"过滤"纠纷。现阶段,证券虚假陈述责任纠纷案件取消行政处罚前置后,大量案件诉诸法院,调解效能未能释放。建议推动调解前置程序法定化,通过授权在金融专门法院率先试点,建立证券虚假陈述纠纷调解前置程序,引入政府监管机关与专业机构共同参与调解,助力达成行政执法和解先行赔付方案。积极引导平行案件当事人在示范判决或代表人诉讼判决基础上开展调解,批量化解证券虚假陈述责任纠纷。

关键词:虚假陈述责任纠纷　调解前置　诉源治理

引　言

近年来,随着证券市场行政监管持续保持高压态势,证券民事诉讼数量激增,连续三年位列金融

---

* 上海金融法院申诉审查及审判监督庭三级法官助理。

商事收案数量前列，法院案件审理的“人案矛盾”突出。证券纠纷调解程序具有专业性强、权威度高、便捷高效、成本低廉等优势，但目前我国证券纠纷多元化解的辐射面和质效有待提高。最高人民法院、中国证券监督管理委员会(以下简称证监会)于2018年联合发布的《关于全面推进证券期货纠纷多元化解机制建设的意见》，明确对证券、期货、基金等适宜调解的纠纷探索建立调解前置程序。[1] 如何通过调解前置程序，公正、高效地处理好证券纠纷，对于提升证券纠纷审理效率、保护中小投资者权益以及维护资本市场的稳定均具有重要意义。

一、现象剖析：证券虚假陈述责任纠纷特点与审理现状

证券虚假陈述责任纠纷[2]是最主要、最具代表性的证券群体性纠纷，公开渠道可检索到的裁判文书已达6.8万余件，案件数量占证券纠纷总数的84.95%[3]。以证券虚假陈述案件为切入口，聚焦纠纷特征，能够分析该类案件审理程序中调解工作所面临的困境。

(一)纠纷特点：取消行政处罚背景下案件数量激增

2022年1月最高人民法院公布新修订的《关于审理证券市场虚假陈述侵权民事赔偿案件的若干规定》(以下简称《虚假陈述司法解释》)，在取消前置程序、重大性的认定、损失认定及责任主体等方面进行了调整。在此背景下，原告投资者索赔意愿明显提高，被告主体和案件类型逐渐多元化，行政处罚与民事诉讼关系更加复杂，法院案件审理

[1] 《关于全面推进证券期货纠纷多元化解机制建设的意见》第16条规定：“探索建立调解前置程序。有条件的人民法院对证券、期货、基金等适宜调解的纠纷，在征求当事人意愿的基础上，引导当事人在诉讼登记立案前由特邀调解组织或者特邀调解员先行调解。”

[2] 本文所称证券虚假陈述责任纠纷，是指证券市场虚假陈述侵权民事赔偿案件，案由为虚假陈述责任纠纷。为行文方便，以下简称证券虚假陈述案件。

[3] 笔者于2023年6月30日以“证券纠纷”为关键词在中国裁判文书网检索案例数据，发现该类案件共79540件，其中证券欺诈责任纠纷案件68925件，包括证券虚假陈述责任纠纷、内幕交易责任纠纷、操纵责任纠纷等。以证券虚假陈述案件为主，共计67571件，约占证券纠纷总数的84.95%。

面临巨大压力。

1. 原告投资者索赔意愿明显提高。首先,从原告数量来看,证券虚假陈述案件作为典型的证券群体性案件,原告多由中小投资者组成,数量庞大且常年保持高位。其次,诉讼成本大幅降低,律师风险代理机制使得投资者在前期无须付出经济及时间成本,基于示范判决机制、代表人诉讼的"搭便车"效应明显。最后,从索赔金额来看,以上海市为例,2015~2022 年受理的该类一审案件原告共涉及 21387 名投资者,起诉标的总额达人民币 63.02 亿元[4],索赔总金额被不断刷新(详见图1),也让市场充分认识到承担巨额民事责任的威慑力。

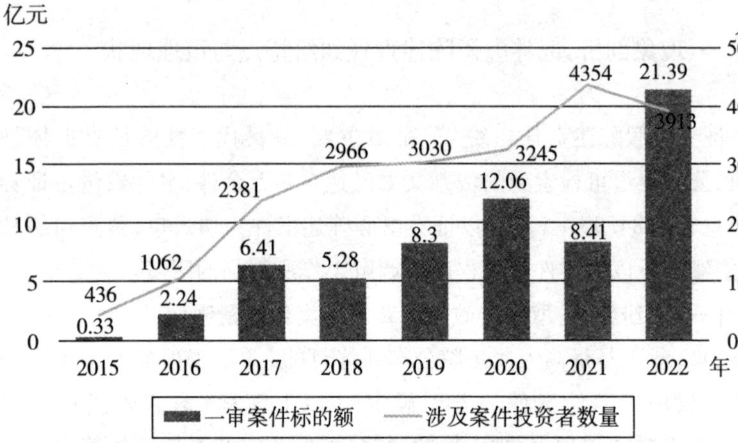

图1　2015~2022 年上海法院证券虚假陈述案件涉及投资者数量及一审案件标的额

2. 被告主体和案件类型逐渐多元化。从被告主体来看,投资者为获得更大获赔可能性,往往会将偿付能力较强的主体都列为被告。从同一虚假陈述行为所涉被告范围来看,投资者将证券公司、会计师事务所、律师事务所等中介机构、上市公司实控人及董监高等列为共同被告的占比达59.09%(详见图2)。从案件类型来看,虚假陈述案件的类型从以股票为主,逐渐扩展至其他证券类型。特别是随着债券违约事件

[4] 林晓镍主编:《金融类案诉讼争点与裁判指引:证券虚假陈述责任纠纷》,法律出版社 2023 年版,第 4 页。

频频发生，因发行人欺诈发行、信息披露违规所导致的债券虚假陈述纠纷也层出不穷。2020年12月，杭州市中级人民法院审理的五洋债债券欺诈发行一案作出一审判决，法院判令发行人及各中介机构承担连带民事责任，引发市场较大关注。

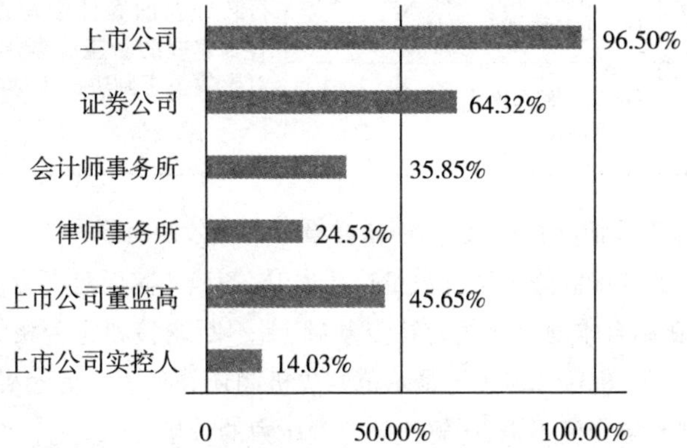

图2　同一虚假陈述行为所涉被告占比情况

3. 行政处罚与民事诉讼关系更加复杂。在我国证券市场，投资者受制于调查手段有限，对于上市公司及相关主体是否存在虚假陈述行为、虚假陈述行为的实施内容、责任主体与责任定性等与案件审理相关的事实，能够提交的证据还是以行政监管部门的调查结论为主，投资者仅凭一己之力难以全面调查案件事实。随着民事赔偿之诉的启动不再以行政处罚为前提，案件受理时已有行政处罚的比例大幅下降，个别法院受理案件时行政处罚的比例从96.4%下降至6.2%〔5〕。实践中也出现了二者的协同困境，无论是哪种形态都将面临前置程序取消后的新问题（详见表1）。

表1　民事赔偿之诉与行政处罚关系的不同形态

分类	具体形态	协同难题
形态一	行政处罚程序结束后投资者提起民事赔偿诉讼	是否必然导致民事责任

〔5〕　同前注〔4〕。

续表

分类	具体形态	协同难题
形态二	行政处罚进行中时，投资者提起民事赔偿诉讼，或者民事赔偿诉讼进行中启动行政处罚程序，此时构成程序的竞合	是否会触发行政处罚，以及后续行政处罚的案件中若查处投资者未掌握的新违法事实，是否会对生效民事判决产生影响
形态三	证券民事诉讼完结后启动行政处罚程序	

（二）审理情况：诉讼机制创新背景下调解效能有限

随着证券虚假陈述案件数量持续攀升，各地法院面对大量涌入的诉讼案件，在结合本地证券纠纷特点基础上，不断调整和完善相关证券诉讼机制（详见图3）。但无论是示范判决机制还是代表人诉讼机制，其与调解机制的耦合度不强，缓解法院审判压力的效果受限。

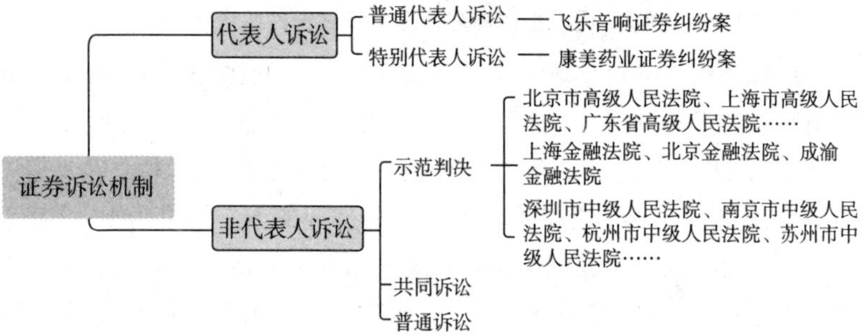

图3　我国证券诉讼机制的分类

1. 示范诉讼的示范效力尚未明确。随着证券虚假陈述案件纷沓而至，从2019年起，上海金融法院、深圳市中级人民法院、北京市高级人民法院等各地法院先后出台示范判决机制相关规定（详见表2）。通过选取具有代表性的示范案件先行审理、先行判决，从而妥善化解平行案件。遗憾的是，各地“示范诉讼”的相关规定没有上升为完整的法律规定，在法律层面尚“无法可依”。对于示范判决的效力，一般认为其他同类案件可以参照其裁判结果来处理。[6] 但相关规定均未明确"参照"效力的具体意义。在此背景下,如做好示范诉讼与专业调解的衔接工作,将示范判决所认定的共通事实、法律适用以及损失计算方法等应用于平行案件的调解程序中,将能够进一步发挥示范判决的示范作用,从而充分释放调解机制的效能。

表 2　部方地方法院示范判决机制指引内容摘要

序号	法院	相关文件	示范判决效力规定
1	上海金融法院	《关于证券纠纷示范判决机制的规定》(2022 年 1 月 11 日施行)	第 40 条　示范判决生效后,已为示范判决所认定的共通的事实,平行案件的当事人无需另行举证。 示范判决生效后,已为示范判决所认定的共通的法律适用标准,平行案件的原告主张直接适用的,本院可予支持;平行案件的被告主张直接适用,但原告对此有异议的,本院应予审查。 第 41 条　示范案件出现下列情形之一的,判决部分或全部不具有示范效力:(一)示范判决所认定的共通事实或法律适用标准被改判;(二)出现足以影响案件结果的新证据或其他情形
2	北京市高级人民法院	《关于依法公正高效处理群体性证券纠纷的意见(试行)》(2019 年 4 月 29 日试行)	第 13 条　示范判决生效后,已为示范判决所认定的共通的事实,无需平行案件的当事人另行举证。 第 14 条　示范判决生效后,已为示范判决所认定的共通的法律适用标准,平行案件中的投资人主张直接适用的,人民法院可予支持

〔6〕 最高人民法院《关于进一步推进案件繁简分流优化司法资源配置的若干意见》第 7 条规定:"探索实行示范诉讼方式。对于系列性或者群体性民事案件和行政案件,选取个别或少数案件先行示范诉讼,参照其裁判结果来处理其他同类案件,通过个案示范处理带动批量案件的高效解决。"

续表

序号	法院	相关文件	示范判决效力规定
3	深圳市中级人民法院	《关于依法化解群体性证券侵权民事纠纷的程序指引(试行)》(2020年4月20日施行)	第29条　示范判决生效后,已为示范判决所认定的共通的事实、法律适用标准、损失计算方法对平行案件具有既判力。非经法定程序更改,情形相同的平行案件应当适用

2. 代表人诉讼后续案件处理有待探索。近两年,特别代表人诉讼和普通代表人诉讼首案[7]先后落槌,投资者受政策激励开始积极参与到代表人诉讼中来。就特别代表人诉讼而言,有意愿通过特别代表人诉讼制度进行诉讼维权的投资者占比连续3年提高,达到了25.99%。[8] 但目前具有特别代表人资格的机构仅有2家,且其启动特别代表人诉讼需经一系列内部程序,并在不同阶段向证监会报告,加上单一主体资源有限,只能定位于少数案件,这使特别代表人诉讼在实践中非常罕见,解纷效能受到较大限制。就更具普适性的普通代表人诉讼而言,尽管代表人诉讼生效判决具有既判力[9],但对于后续案件处理时判决效力扩张的性质,理论界存在不同观点(详见表3),且至今尚未达成共识。无论是特别代表人诉讼还是普通代表人诉讼,都不可能涵盖全部投资者范围,投资者退出代表人诉讼程序后,如何做好代表人诉讼与调解程序的衔接有待实践进一步明确。

---

〔7〕 广东省广州市中级人民法院:顾某骏、黄某香等55326名投资者等证券虚假陈述责任纠纷民事一审民事判决书,案号:(2020)粤01民初2171号,2021年11月12日;上海金融法院:魏某等与上海飞乐音响股份有限公司证券虚假陈述责任纠纷民事一审案件民事裁定书,案号:(2020)沪74民初2402号,2020年8月28日。

〔8〕 参见中国证券投资者保护基金有限责任公司:《中国资本市场投资者保护状况蓝皮书　证券投资者保护制度评价报告(2021)》,载中国证券投资者保护基金有限责任公司官网,http://www.sipf.com.cn/images/zwz/dcpj/tbzkpj/2021/06/02/4052451714FED73C77122239C8DA7330.pdf。

〔9〕 《民事诉讼法》第57条第4款规定:"人民法院作出的判决、裁定,对参加登记的全体权利人发生效力。未参加登记的权利人在诉讼时效期间提起诉讼的,适用该判决、裁定。"

表3　代表人诉讼生效判决既判力扩张效力的不同观点

分类	具体观点	参考文献
观点一	代表人诉讼的效力扩张属于既判力主观范围的外部扩张,并将其放入诉讼担当理论框架中予以分析代表人诉讼判决	①汤维建:《中国式证券集团诉讼研究》,载《法学杂志》2020年第12期; ②肖建华:《论判决效力主观范围的扩张》,载《比较法研究》2002年第1期
观点二	对于在诉讼时效期间内提起诉讼的未登记的权利人所具有的效力为预决效力	江伟、肖建国:《关于代表人诉讼的几个问题》,载《法学家》1994年第3期
观点三	代表人诉讼判决效力扩张的方式符合反射效力的要件属于判决的程序性反射效	王福华:《民事判决反射效力研究》,载《当代法学》2022年第5期

3."总对总"诉调平台等当事人参与度不高。2021年,《关于建立"总对总"证券期货纠纷在线诉调对接机制的通知》发布,通过将最高人民法院的"人民法院调解平台"与证监会的"中国投资者网在线调解平台"系统进行对接,为证券期货纠纷当事人一站式、全流程的在线解纷服务。在此背景下,全国证券期货在线调解平台同步上线,38家证券期货调解组织近800名调解员入驻平台,实现了线上接收法院委派或委托调解、接收投资者调解申请、调解员选择、组织调解、调解协议线上申请司法确认等功能〔10〕(详见图4)。

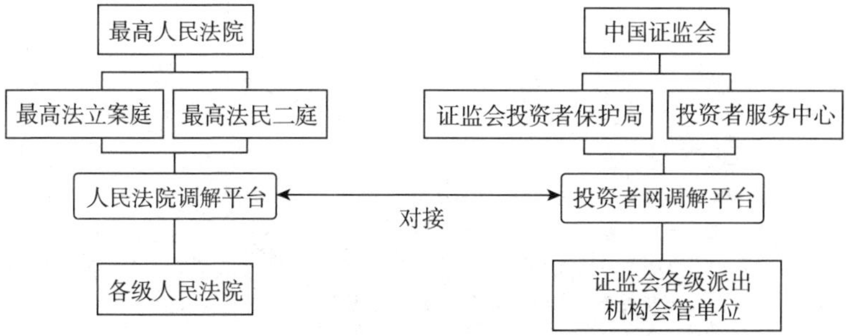

图4　"全国证券期货在线调解平台"调解机制架构

〔10〕 参见全国证券期货在线调解平台官网,https://tiaojie.investor.org.cn/,2023年6月30日访问。

遗憾的是,尽管《关于全面推进证券期货纠纷多元化解机制建设的意见》等文件已经明确要探索推进调解前置程序,对于证券虚假陈述案件适用“示范判决 + 委托调解 + 司法确认”等审判机制化解纠纷〔11〕,但相关规定都没有突破“调解自愿原则”的限制,诉讼立案前的调解工作仍需要在征求当事人意愿基础上开展。上述平台搭建一年以来,各证券期货调解组织通过“总对总”平台受理案件仅 441 件,远小于每年上万件证券、期货纠纷数量。〔12〕 对于平台的宣传、推广程度不够,当事人对平台的认知、了解程度不深,使证券虚假陈述案件的调解工作面临引导“线上调解”难、调解成效不明显等问题。

二、正当证成:证券虚假陈述案件调解前置的需求语境

党的二十大报告中提出“推进多层次多领域依法治理,提升社会治理法治化水平”“及时把矛盾纠纷化解在基层、化解在萌芽状态”。就证券纠纷而言,《关于全面推进证券期货纠纷多元化解机制建设的意见》明确,对证券、期货、基金等适宜调解的纠纷探索建立调解前置程序。〔13〕 2019 年修订的《证券法》和 2022 年生效的《期货和衍生品法》则进一步明确了普通投资者与证券公司、期货经营机构之间的纠纷适用“单方强制调解制度”。〔14〕 在这样的时代语境下,率先构建证券虚假陈述案件调解前置程序对于推动诉源治理、实现能动司法、加强金融审判都具有重要意义。

---

〔11〕 参见刘贵祥:《关于金融民商事审判工作中的理念、机制和法律适用问题》,载《法律适用》2023 年第 1 期。

〔12〕 参见《推进构建中国特色“总对总”在线多元解纷新格局工作座谈会致辞发言摘登(一)》,载《人民法院报》2022 年 8 月 27 日,第 2 版。

〔13〕 同前注〔1〕。

〔14〕 《证券法》第 94 条第 1 款规定:“普通投资者与证券公司发生证券业务纠纷,普通投资者提出调解请求的,证券公司不得拒绝。”《期货和衍生品法》第 56 条规定:“……普通交易者与期货经营机构发生期货业务纠纷并提出调解请求的,期货经营机构不得拒绝。”

（一）诉源治理维度：统一合力协同治理的重要举措

诉源治理是社会治理领域一项复杂而巨大的公共事业系统工程，同时也是社会治理领域一场广泛而深刻的革命〔15〕。这就要求人民法院主动融入党委、政府主导的诉源治理大格局，广泛发动各类调解主体的专业优势和行业资源，形成协同治理合力。

在证券市场领域，证券民事诉讼扮演了私人执法的角色〔16〕，具有市场监管、综合治理的功能，其通过实现投资者损害赔偿达到对不法行为行为人有效威慑的目的〔17〕。对此，诉源解纷机制要替代民事诉讼、实现投资者损害赔偿，需要发挥五大基本功能，分别是：查明事实；判断责任是否成立；确定损失范围；分配赔偿金；管理赔偿金。〔18〕不同部门在上述5个方面各有其优势：政府行政监管部门拥有最为专业、充分的调查能力，在虚假陈述事实查明方面具有天然优势。司法机关作为专门审判机关，对于责任是否成立，损失因果关系的认定等法律判断最具权威。中证中小投资者服务中心（以下简称投服中心）、中国证券投资者保护基金有限责任公司（以下简称投保基金）等专业组织开发了损失计算专业模型，能够承担核定投资者损失、测算责任主体总体赔付规模、确定赔付标准、制定专业调解方案等工作〔19〕。赔偿金的分配和管理目前主要由司法机关负责，但一案一执行给法院执行部门造成了极大的压力，也挤压了其他类型案件的执行力量。

证券虚假陈述案件的高效解决要求强化证券市场协同理念，以实现证券市场的综合治理。通过设置调解前置程序，开展诉源治理工作，能

---

〔15〕 参见汤维建：《【专家谈】多元化纠纷解决机制改革的时代意义及其要点》，载微信公众号"人民法院报"2016年6月30日，https://mp.weixin.qq.com/s/OtvCM32-zojB0RlLq9CfqQ。

〔16〕 参见朱锦清：《证券法学》（第5版），北京大学出版社2022年版，第234页。

〔17〕 参见汤欣、陈旺：《虚假陈述民事司法的实践——回顾与思考》，载郭文英、徐明主编：《投资者》第1辑，法律出版社2018年版。

〔18〕 See Christopher Hodges, *Collective Redress in Europe: The New Model*, Forthcoming in Civil Justice Quarterly, Vol. 7, 2010.

〔19〕 参见龙非：《证券虚假陈述案件中第三方机构的功能定位》，载郭文英主编：《投资者》第8辑，法律出版社2019年版。

够使行政监管机关在诉讼前介入解纷,通过发起行政和解[20]等形式,制定并执行统一的赔付方案,充分调动各方优势,最终促成政府行政监管、司法、专门机构形成合力,构建一个统一的解纷机制,从而真正实现诉源治理。

(二)能动司法维度:合理分配司法资源的重要尝试

"公正与效率"是司法的永恒主题,是能动司法的价值追求和内在要求。"非诉讼纠纷解决机制在处理社会矛盾纠纷方面的有效运行,减少了对当事人、全社会而言代价偏高的诉讼机制之使用,使审判资源得以集中在更为重要的纠纷上。"[21]调解前置程序的实质就是在立案之前进行强制调解,在诉讼前端过滤掉大部分纠纷,进一步调和社会纠纷无限性与司法资源有限性之间的矛盾,契合了社会转型时期纠纷分流的实际需要[22],是实现"公正与效率"的重要尝试。

1."调解前置"强制与否之争。事实上,对于调解前置程序能否科以当事人强制调解的义务,限制了当事人的程序选择权和诉权,曾引发学术界广泛讨论。部分学者认为,调解前置应遵循"自愿原则",即调解前置程序的启动不应具有强制约束力。一方面,根据立案登记制要求,如在法定登记立案前人为加入的另外一道程序,应当以尊重当事人自愿为前提。[23]如果强制适用调解前置程序,则可能会变成法院延迟立案的"蓄水池"。另一方面,在诉讼前要求当事人进行调解前置程序,可能会不当延长当事人权益获得救济的时间,增加当事人的诉讼风险。另一部分学者认为,调解前置程序应当具有强制性。法院的权能包括对审判资源进行合理配置,相对于当事人,法院基于案件类型对处理方式进行分

[20] 日前,科创板上市公司紫晶存储因上市前后财务造假被证监会重罚,其4家中介机构出资10亿元,成立先行赔付基金,主动向符合条件的投资者赔偿损失,赔付完成后将推动与监管机构进行证券行政执法和解,正是这项制度的最新实践。

[21] 参见[日]棚濑孝雄:《纠纷的解决与审判制度》,王亚新译,中国政法大学出版社1994年版,第19页。

[22] 参见洪冬英:《当代中国调解制度变迁研究》,上海人民出版社2011年版,第234页。

[23] 参见章志远:《行政诉讼程序繁简分流改革的法理解读》,载《中国法律评论》2021年第5期。

类具有显著的经验优势,应当尊重法院基于案件类型的程序判断权。[24]

2."接近正义"的理念阐释。根据"司法资源均衡配置理论",在司法资源有限的背景下,公平、公正地分配司法资源必须考虑个案的具体特征,以保证个案能够获得适当的法院审理时间和注意力的分配。[25]西方发达国家在20世纪70年代掀起的"接近正义"运动,通过反思司法与正义的关系,提出有限的司法资源必须公正分配,只有这样才能使公民有机会感受具体而符合实际的正义[26]。对于证券虚假陈述案件而言,大量的平行案件已有示范判决、代表人诉讼判决支撑,案件事实与示范案件基于同一事实,采用同一损失计算方法,完全不必重复诉诸审判,应当充分发挥能动司法理念,主动延伸审判职能,尝试以调解方式将矛盾化解在诉讼之前[27]。

"法律理念乃是正义的实现。正义要求所有的法律努力都应当指向这样一个目标,即实现在当时当地的条件下所可能实现的有关社会生活的最完美的和谐。"[28]调解前置程序为争议参与方提供了达成合意与协调的途径,帮助当事人避免因为错误选择而进入烦琐诉讼程序的可能性,是"接近正义"的另一种方式;对于法院而言,这既能够缓解法院的诉讼压力,也使法院更加专注于其他案件的审理,从而实现更大范围的"公正与效率"。

(三)金融审判维度:倾斜保护中小投资者的重要途径

实现民事审判能力现代化,就是要解决民事审判案件量大的问题。要做实诉源治理,主动融入国家治理、社会治理,充分发挥能动司法,坚持把诉调对接的"调"再向前延伸,促进实现"抓前端、治未病"[29]。中

---

〔24〕 参见梁凤云、陈默:《行政争议诉前调解的功能定位和制度设想》,载《中国应用法学》2022年第2期。

〔25〕 参见杨瑞:《论民事审级启动制约机制及其完善》,载《华中师范大学学报(人文社会科学版)》第2012年S1期。

〔26〕 参见[意]莫诺·卡佩莱蒂编:《福利国家与接近正义》,刘俊祥主译,法律出版社2000年版,第125页。

〔27〕 参见余爱冬:《把能动司法贯穿民事审判全过程的思考》,载《人民法院报》2023年5月19日,第3版。

〔28〕 邱联恭:《程序利益保护论》,三民书局股份有限公司2005年版,第5页。

〔29〕 《国家法官学院开学第一课——能动司法》,载中国法院网,https://www.chinacourt.org/article/detail/2023/05/id/7317324.shtml,2024年9月20日访问。

小投资者是金融市场的主要资金供给者,其权益保护事关投资信心。金融审判应当站稳人民立场,以保护金融消费者和中小投资者合法权益为己任,让人民群众能够公平享受金融服务,切实守护好人民群众的"钱袋子"。[30]

1.绝大多数中小投资者的调解需求。如何获得公平、经济、便捷的权利救济是中小投资者维权最为关注的要点。但囿于获取信息不平衡、个别代理律师负面引导等原因,当事人并不能保持诉讼理性,使调解前置程序面临虚置之风险。维权成本是中小投资者维权的重要考量因素。证券虚假陈述纠纷案件的原告投资者往往分布在全国各地,其参与异地诉讼维权成本较高,加之其在法律、金融专业化知识上的弱势,需要专业化的诉讼代理人协助其维权,一定程度上提高了维权难度。通过调解前置程序,开展远程调解、异地调解、集中调解等,强制上市公司等责任主体配合调解,能够充分调动投服中心、投保基金等机构参与事实调查和损失计算,对批量纠纷进行集约化调解,省去法律规定的举证、开庭等一系列法定程序的时效限制,有效降低中小投资者的维权成本,使投资者最快速得到合理的赔偿金额。[31]

2.上市公司、中介机构等的调解需求。如果能在调解阶段与投资者达成先行赔付方案,并寻求证券行政执法和解,使其免于行政处罚,能够最大限度挽回因证券违法行为对企业生产经营的影响,是保护企业商誉的重要方式。既使相关主体受到相应的惩戒,又促使其积极承担民事责任,实现有效震慑的目的。

综上,调解前置程序虽然暂时延缓了当事人的裁判请求权,但通过政府行政监管机关、专业调解组织等社会力量参与调解,推动达成证券行政执法和解,不仅大大缓解了司法审判压力,更在一定程度上实现了程序回调,让这些主体更大程度地承担起参与证券纠纷的诉源治理的责任[32],更有利于构建社会整体联动的共治格局。

---

〔30〕 同前注〔16〕,第234页。

〔31〕 参见范愉:《纠纷解决的理论与实践》,清华大学出版社2007年版,第337页。

〔32〕 参见范愉:《中小投资者保护与证券业纠纷解决机制的构建》,载郭文英、徐明主编:《投资者》第2辑,法律出版社2018年版。

三、实现路径:证券虚假陈述案件调解前置的程序建构

在“坚持把非诉讼纠纷解决机制挺在前面”的背景下,金融专门法院是金融专业化审判的先行者,更是金融司法政策改革的“试验田”。经全国人民代表大会常务委员会法制工作委员会授权,由最高人民法院确定在金融专门法院试点证券虚假陈述案件的调解前置工作,能够为全国各地法院摸索可复制、可借鉴的制度经验,最终推动证券群体性纠纷的多元化解。

(一)总体思路:证券虚假陈述案件调解前置“三步走”

最高人民法院曾在2022年7月对全国人民代表大会建议的答复中表示,深刻认同人民代表大会代表关于“在民事诉讼立法层面增加设立调解前置制度”的建议。从法院工作实际看,因缺乏立法方面支持,法院在引导当事人及其诉讼代理人选择诉前调解方面还面临诸多困难。最高人民法院将进一步加强与全国人民代表大会常务委员会法制工作委员会沟通,对允许授权开展试点的,做好支持配合,制定完善相关规范性文件,为下一步民事诉讼法的修改提供实践基础。[33] 可见,调解前置程序的构建分以下“三步走”:

第一步:推动调解前置程序法定化。

根据最高人民法院《关于加强和规范重大司法改革试点工作的意见》,最高人民法院选取部分法院进行试点工作,如需调整适用现行法律,需要由全国人民代表大会常务委员会法制工作委员会作出授权决定后方可组织实施,确保重点试点于法有据。因此,首先要推动调解程序法定化,通过全国人民代表大会常务委员会法制工作委员会授权,以获得调解前置程序的法律定位。

第二步:开展调解前置程序试点工作。

---

〔33〕 参见《对十三届全国人大五次会议第3418号建议的答复》,载全国人大代表全国政协委员沟通联络平台,http://gtpt.court.gov.cn/#/NewsDetail?type=03000000&id=f61f82446a7940ddb6bfaf531e30183e,2023年6月30日访问。

“依法试点是推进改革的重要方法”[34],通过先行试点,为基本法的修改积累实践素材,是推进改革的必经之路。现阶段,金融专门法院每年受理大量证券虚假陈述案件,对于相关案件的处理,具有丰富的审判和调解经验。选择上海金融法院、北京金融法院、成渝金融法院作为试点单位,具有很强的代表性。在金融专门法院率先试点证券虚假陈述案件的调解前置程序,能够为下一步政策落地提供宝贵的经验。方案的试点期限一般为1~2年。试点期限届满,经对试点情况和成效进行评估,可在形成试点经验的基础上逐步推行。

第三步:修改完善《民事诉讼法》。

党的十八大以来形成了“制定方案→立法授权→试点先行→中期报告→修改法律”的重要改革方法论[35]。我国《民事诉讼法》的“先行调解”制度为调解前置程序的设立预留了立法空间[36],故最终应在我国先行调解制度的基础上,在民事诉讼法层面确定调解前置的程序。

(二)底层逻辑:证券虚假陈述案件调解前置的基本框架

证券虚假陈述案件等证券群体纠纷具有不同于普通民商事纠纷的特点,对于解纷制度也提出了特别要求。据此思考调解前置程序的底层逻辑,明确证券虚假陈述案件调解前置的基本框架,对于后续优化证券虚假陈述案件调解前置程序的具体流程大有裨益。

1. 证券虚假陈述案件调解前置的启动方式。各个国家和地区关于调解前置启动方式的立法体例不尽相同,主要分为三种类型[37]:一是“法定型调解前置”,即立法直接规定适用调解前置的案件类型。二是“裁量型调解前置”,即立法授权法官依职权启动调解前置程序,由法官决定受诉案件是否需要、是否适宜交付调解。三是“混合型调解前置”,

---

〔34〕 何帆:《积厚成势:中国司法的制度逻辑》,中国民主法制出版社2023年版,第160页。

〔35〕 同前注〔34〕,第181页。

〔36〕 参见刘峥、金晓丹、马骁:《2018—2019年度司法体制综合配套改革专项调研课题观点综述》,载《人民司法》2020年第7期。

〔37〕 参见王福华:《论诉前强制调解》,载《上海交通大学(哲学社会科学版)》2010年第2期。

即前两者结合的类型（详见表4）。上述三种立法体例对调解前置程序解决特定类型纠纷的价值认知较为一致[38]，均明确了调解前置程序可以突破"自愿原则"，具有一定的强制性。部分地区还明确了不遵守强制"调解前置"命令将面临的强制措施等。

表4　各国（地区）关于调解前置程序启动方式的相关规定

类型	定义	具体操作
法定型调解前置（又称静态调解优先）	在法律中对调解前置程序的适用范围加以规定。大陆法系国家多倾向于将调解前置程序的案件类型规定于民事诉讼法等法律中	德国的诉前强制调解即属于法定型调解前置，德国《民事诉讼法施行法》第15a条明确，凡强制调解的案件都有法律规定对特定类型的合同争议在利用诉讼或仲裁解决之前当事人必须首先参与调解。参与调解是提起诉讼的先行条件。意大利、日本和我国台湾地区也采纳这种体例
裁量型调解前置（又称动态调解优先）	法官享有强制案件调解的裁量权。英美法系国家普遍将这样的权利视为法院案件管理的一项重要内容	澳大利亚的强制性调解即明显体现出这样的特点：法官拥有将案件提交调解的自由裁量权，可强制要求当事人先行调解，考虑的因素包括但不限于：纠纷的复杂性、诉讼费用及其负担情况、诉讼周期等
混合型调解前置	既规定调解前置适用的案件类型，也赋予法官以裁量权，形成了混合型调解模式	美国一些法规允许法院不经当事人同意而命令调解。当事人如不遵守强制命令则要受到制裁。同时一些州还赋予法院对特殊类型案件，如离婚、监护等家庭案件实行强制调解

结合前文分析和我国司法实践，证券虚假陈述案件调解前置程序的启动方式应采取以当事人自愿申请为主、法院依职权为辅的模式，避免

---

〔38〕 参见李昌超、詹亮：《家事诉前强制调解程序的理论证成与制度设计》，载《法治论坛》2018年第2期。

调解前置程序被虚置。对于主动请求调解的,经法院许可,依法按程序安排调解或征得双方合意委派给专业证券调解组织调解。对于双方或一方不情愿调解的,法院立案庭在收到案件起诉书的同时应当根据双方当事人情况作出预判。如争议确属证券虚假陈述案件,应通知并引导争议双方先行调解,经法院通知仍未申请调解时,法院应依权强制确定"提起诉讼为默认调解"。

此外,调解前置程序的强制性应有相应制裁措施来保障。[39] 对证券虚假陈述案件当事人不参加调解或虚假参与调解,占用调解资源的情况,应建立相关的强力制裁机制予以规制。对于没有正当理由拒绝参与调解的情况,法院可以裁定一定数额的罚款。对因上述情形导致调解失败而进入诉讼的案件,若拒绝调解方案的当事人并未获得比调解结果更为有利的判决结果,可要求当事人负担参与诉讼所发生的相关费用,以此克减当事人的滥诉行为。

2. 证券虚假陈述案件调解前置程序的适用范围。代表人诉讼作为法定的群体诉讼制度,本身具有优先适用的特殊地位,即符合最高人民法院《关于证券纠纷代表人诉讼若干问题的规定》所规定条件的,应当适用代表人诉讼。代表人诉讼一般选择胜诉预期较为明确的案件开展,具有一定的社会影响。尤其是特别代表人诉讼,其适用"默示加入"制度,惩罚性功能较强。根据投资者保护机构遴选案件的规则,一般选择重大、社会影响恶劣、具有示范意义且被告具有一定偿付能力的案件。开展代表人诉讼能够大大降低中小投资者维权成本,更好地维护其权益。因此,笔者主张以能否加入代表人诉讼为划分标准,明确调解前置程序适用案件的范围。

对于人民法院已经公告开展代表人诉讼的证券虚假陈述行为,原告投资者能够在立案审查阶段提交初步证据,确定其属于代表人诉讼的"权利人范围",且投资者立案时尚处在"权利登记公告"的加入时间范围内(详见图5),应积极引导原告投资者加入代表人诉讼,而不再适用调解前置程序。除此类案件外,其他证券虚假陈述案件均适用启动调解前置程序。

---

[39] 参见肖建国、黄忠顺:《诉前强制调解论纲》,载《法学论坛》2010年第6期。

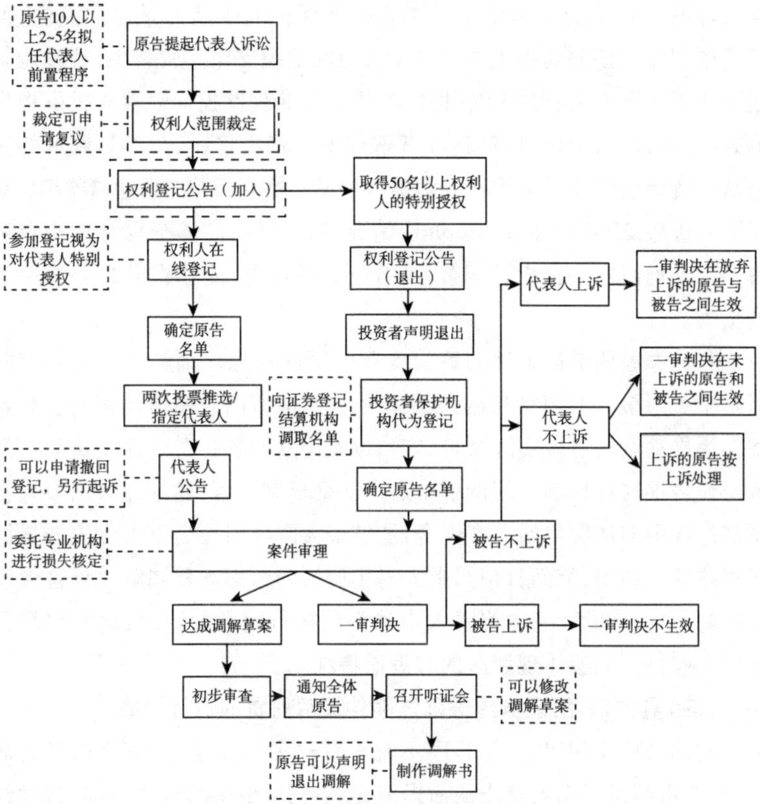

图 5　证券纠纷代表人诉讼程序流程

3. 证券虚假陈述案件调解前置程序的居中主体。调解前置程序能否推行与调解主体的受信任程度、资格、能力密切相关。根据《关于人民法院进一步深化多元化纠纷解决机制改革的意见》第 27 条的规定，调解前置程序应以特邀调解组织或特邀调解员为主体。对于证券虚假陈述案件而言，调解居中主体具有一定特殊性，应以专业调解机构等特邀调解组织为主，辅以法官指导开展调解工作。就专业调解机构等特邀调解组织而言，近年来，证券领域的专业调解机构成立与迅速发展，证券领域已基本确立了由行业协会调解、中小投服、投保基金等构成的证券纠纷多元化调解体系，上述机构先后以支持诉讼、发动特别人诉讼、参与纠纷调解和损失核定等形式开展高度专业化的维权工作，积极参与后续平行案件调解[40],成为帮助中小投资者权益保护的中坚力量,也为确立调解前置程序的调解居中主体提供了有力的组织支撑。调解中,特邀调解组织应对当事人关心的系统性风险、投资者非理性投资因素对投资损失的影响进行深入分析,推动达成调解和解。就法官而言,参与调解的法官从调解伊始即应了解委派调解案件的基本案情及当事人基本情况,对于同一虚假陈述行为的调解、诉讼情况较为了解,能够全局性地把握调解情况。辅以由法官指导调解,具有权威性优势,能够提升调解程序的公信力。

4. 证券虚假陈述案件调解前置程序制度保障。调解协议能否实际履行事关当事人的切身利益,更决定了调解能否高效便捷地实现权利救济。为推动调解协议实际履行,应当探索建立调解中财产保全机制与调解协议督促履行机制。就调解中财产保全机制而言,通过允许当事人在调解过程中向法院申请财产保全,能够最大限度引导当事人优先选择调解程序解决纠纷,继而打消当事人对于调解的顾虑。就调解协议督促履行机制而言,在赋予一方当事人申请强制执行权利的同时,调解组织积极督促履行更能够体现调解的非诉讼特性。

(三)具体路径:证券虚假陈述案件调解前置的运行模式

同诉讼程序相比,调解程序不宜设置过多约束条件,应遵循其灵活性,在尊重纠纷当事人意志的前提下,赋予调解更多的自由空间,帮助纠纷双方当事人更好达成调解服务。笔者结合证券虚假陈述案件的特征,在其基础上予以细化:

1. 调解程序的前期准备:预填《调解程序前置要素清单》

在前期准备阶段,特邀调解组织可以对案件进行类型化梳理,掌握当事人基本情况和案件基本案情,填写《调解程序前置要素清单》。开始调解前,应向法院了解同一虚假陈述行为案件的调解与审理情况,发现调解过程中可能会遇到的困境和阻碍,促进后续调解方案的尽快达成。

2. 调解程序的开展:以是否已作出生效判决的两个情形设计调解方案

针对同一虚假陈述行为的诉讼情况,应根据不同的调解情境予以类

---

〔40〕 同前注〔19〕。

型化区分，定制个性化调解方案，做好调解程序与示范判决机制、代表人诉讼的衔接。

情形一：同一虚假陈述行为人民法院尚未作出示范判决或代表人诉讼判决等生效判决

建议方案：在调解前置程序中，由人民法院推荐，当事人确认，可以选择投服中心、投保基金、证券业协会等特邀调解组织，参与事实调查和损失计算，促进纠纷高效化解。具有典型代表性的虚假陈述调解实践就是泽达易盛特别代表人诉讼和解案〔41〕。在该案审理过程中，上海金融法院发现涉案事实认定相对清晰，上市公司实控人、高管、中介机构及直接责任人员有一定偿付能力，且均有积极赔付意愿，遂组织各方开展调解，最终该案以调解方式结案，中证中小投资者服务中心有限责任公司代表7195名适格投资者获逾2.8亿元全额赔偿。

在此类情形下开展调解，其优势主要体现在以下两个方面：对于投资者而言，投服中心、投保基金等专业调解组织的损失计算模型扣除系统性风险因素的风险因子较少，与法院所采用的模型相比，投资者往往能够获得更多的赔偿，应在调解过程中予以充分释明，帮助投资者更好地接受调解方案。对于上市公司、中介机构等而言，通过专业调解组织参与调解，达成和解协议能够较大程度获得法院认可并进行司法确认。上市公司、中介机构出于保护声誉、追求解纷效率和保密性等考虑，能够接受专业调解组织提出的调解方案。此外，如中介机构等尚未因虚假陈述行为受到行政处罚，且有一定的赔付能力，投资者可以在调解阶段尝试与责任主体达成先行赔付方案，为中介机构等责任主体寻求证券行政执法和解奠定基础。

情形二：同一虚假陈述行为人民法院已经作出示范判决或代表人诉讼判决等生效判决

建议方案：如投资者的交易情况符合示范判决或代表人诉讼生效判决确定的“三日一价”标准，应采用“示范判决＋专业调解＋司法确认”

〔41〕 2023年12月26日，上海金融法院审理的投资者诉科创板上市公司泽达易盛（天津）科技股份有限公司及其实控人、高级管理人员、中介机构等12名被告证券虚假陈述责任纠纷案以调解方式审结，成为中国证券集体诉讼和解第一案。

和"代表人诉讼判决+专业调解+司法确认"全链条的纠纷多元化解机制,选择专业调解组织按照生效认定的赔付标准开展专业化调解。

在调解过程中,生效案件的承办法官应与调解员对案件调处标准、进程等环节经常性及时沟通协调,向调解员讲解法院生效判决对争议焦点问题的认定逻辑,充分释明争议事实中所涉的投资损失与虚假陈述行为的因果关系,虚假陈述行为的实施日、揭露日、基准日的认定,损失差额的计算方法等。

如投资者的交易情况不符合示范判决或代表人诉讼生效判决确定的"三日一价"标准,一方面,调解员应当在调解程序中着重关注投资者所主张的"三日一价"的理由,要求其提出初步证据予以证明;另一方面,调解员应充分释明示范判决或代表人诉讼判决所认定的虚假陈述行为的实施日、揭露日、基准日的依据与理由,引导当事人合理预期,最终促成调解。

3.调解程序的终结:以四个不同情形展开

(1)经过调解前置,当事人未达成和解协议的案件。

如调解期满,当事人未达成和解协议的案件,在双方均出具书面材料请求继续调解的情况下,应当继续调解。否则,应当进入诉讼程序。关于证券虚假陈述案件调解前置程序期限,为避免"久调不决",影响当事人的权利义务,应当规定程序期限为30日。

根据《关于全面推进证券期货纠纷多元化解机制建设的意见》的规定,调解程序终结时,当事人未达成调解协议的,调解员在征得各方当事人同意后,可以用书面形式记载调解过程中双方没有争议的事实,并由当事人签字确认。在诉讼程序中,除涉及国家利益、社会公共利益和他人合法权益的外,当事人无须对调解过程中确认的无争议事实举证。

(2)经过调解前置,当事人不再起诉的案件。

经过调解前置程序,申请人不再起诉的,应当具有书面、明确的意思表示,并附于调解信息档案中。通过要求当事人填写调解前置程序结案登记表等形式,明确其意思表示。如果经过调解没有达成和解协议,或者认为应另行提起其他诉讼的,应当尊重当事人的处分权。

(3)达成协议,当事人申请司法确认的案件。

无论是由法院依职权开展的调解工作,还是当事人自行向调解组织申请调解而达成的调解协议,申请人单方即可向法院要求司法确认。法院应及时审查调解协议进行,以裁定或出具调解书的方式进行确认,并在案件受理费方面予以减免。

法院在审查调解协议时,应注意:一是形式审查调解协议是否存在虚假调解、恶意调解的情况,避免出现重大且明显违法的情形。二是形式审查调解协议是否存在内容不明确、不具有可执行性的情况。三是对于同一虚假陈述行为,在调解过程中示范判决或代表人诉讼判决已生效,应对照审查其与判决思路基本相符。

(4)达成协议,当事人未申请司法确认的案件。

根据法律规定,当事人未能在规定期间内申请司法确认的,其申请司法确认的权利丧失,但是和解协议不因此消灭。“经调解组织主持调解达成的调解协议,具有民事合同性质”调解协议本质上是一种社会契约,未经司法确认前,其效力与一般的合同无异,均缺乏强制执行力,无法直接向人民法院申请强制执行。当事人就调解协议的履行或者调解协议的内容发生争议的,可以就调解协议问题向人民法院提起诉讼,人民法院按照合同纠纷进行审理。[42]

结 语

证券虚假陈述等证券群体性纠纷的诉源治理,不仅需要司法机关发挥能动司法、创新纠纷审判机制,更需要政府监管机关与投服中心等专业调解机构共同参与、形成合力,把矛盾纠纷化解在萌芽状态。本文建议在金融专门法院率先试点建立证券虚假陈述案件调解前置程序,在调解阶段引入政府行政监管部门、投服中心等专业调解机构查明事实、测算损失,助力达成行政执法和解的先行赔付方案;抑或由司法机关选择具有共同事实、证据或法律争点的案件作出示范判决,引导平行案件当

〔42〕《关于全面推进证券期货纠纷多元化解机制建设的意见》第11条规定:“调解协议的司法确认制度。经调解组织主持调解达成的调解协议,具有民事合同性质。经调解员和调解组织签字盖章后,当事人可以申请有管辖权的人民法院确认其效力。”

事人采用示范判决或代表人诉讼判决的基础进行调解,批量化解证券虚假陈述责任纠纷,以期构建出一套证券群体性纠纷的诉源治理的"中国方案"。

(编辑:朱锡俊　谢贵春)

《证券法苑》(2024)
第四十一卷,第369~407页

Wirecard财务造假丑闻与金融业系统性失灵*

[德]托马斯·M.J.默勒斯**著
张怀岭***　钟予祺****译

摘要: Wirecard财务造假丑闻凸显了德国金融行业的系统性失灵。现行法框架下,投资者获得损害赔偿可能性因破产、审计机构责任限额以及监管机构责任排除等原因受到限制。未来立法不仅应关注企业信息的有效性,而且还要解决"谁"应该对"哪些信息""如何"作出反应的问题,以便为资本市场参与者提供明确的指引。德国与欧盟在对市场参与者义务具体化的基础上,应强化其程序性实

---

* Thomas M. J. Möller, Der Bilanzskandal von Wirecard und das Versagen der Finanzbranche, in: Koch/Kubiciel/Wollenschläger/Wurmnest (Hrsg.), 50 Jahre Juristische Fakultät Augsburg, Tübingen: Mohr Siebeck, 2021, SS. 479 -811. 原文著作权由Mohr Siebeck Tübingen出版社所有。本文翻译与发表已获得作者及出版社授权。原文无摘要和关键词,为译者添加。"Wirecard"是德国一家金融科技公司,无官方中译。

** 德国奥格斯堡大学法学院民法、经济法、欧盟法、国际私法、比较法和法学方法论教席教授,欧盟"让·莫内"讲席教授,欧洲科学院院士。

*** 西南财经大学法学院副教授、德国洪堡大学法学博士。

**** 西南财经大学法学院硕士研究生。

施机制,赋予监管机构更强大的干预权,同时避免利益冲突。

关键词:财务造假　系统性失灵　中介机构责任　私人执行

一、Wirecard 破产作为"负面典型"与整个金融行业的失灵

"Wirecard ——德国的耻辱!"德国联邦金融监督管理局(BaFin,以下简称金融监管局)局长费利克斯·胡菲尔德(Felix Hufeld)曾这样描述说。[1] 作为第一家破产的德国股份指数 DAX 企业,该事件引发巨大影响。德国联邦议会设立专门调查委员会对该事件进行调查;涉及该案的第一起诉讼正在进行。[2] 未来数年,Wirecard 事件将持续作为立法部门、司法部门以及学术界关注的"议题"。本文将在第一部分论证为什么存在整个金融行业的失灵:尽管所有的市场参与主体都知晓对 Wirecard 公司财务虚假的质疑,但整个行业中没有一个主体对此采取行动。背后的原因不仅在于"行为金融学"(behavioral finance)的行为方式,而且也归因于德国和欧盟资本市场法的长久以来的缺陷。部分个体义务未能够实现充分的具体化。随后,笔者构建了一种规范体系,以此能够更好地对信息的有效性做出反应,并且比以往更加鲜明地表示市场参与主体针对不确定信息应当如何反应的义务(本文第二部分)。最后,本文探讨法律实施问题,包括正确的规制层级以及民法、刑法、公法之间跨部门的协同(本文第三部分)。

(一) Wirecard 的发展脉络(2015 年 4 月至 2020 年 6 月)

1. Wirecard 公司宣称的"成功史"

仅仅是对 Wirecard 丑闻细节的梳理就远远超出了一篇学术文章的

---

〔1〕 法兰克福金融峰会的表态,转载参见 Mußler/Peitsmeier/Schäfers, FAZ v. 23.6.2020, 15. Hufeld wurde inzwischen entlassen, s. https://www.fondsprofessionell.de/news/recht/headline/wegen-wirecard-skandal-bafin-chef-felix-hufeld-tritt-zurueck-204267/。

〔2〕 德国联邦议会详细的报告参见 BT-Drs. 19/30900, Becker, Das Polittheater, Wirtschaftswoche v. 24.7.2020, 30 ff。

范围。这需要广泛运用事实解释学(Sachverhaltshermeneutik),[3]因为案件涉及的市场参与者都基于各自内部视角来讲述事情的经过:[4]在此范围内仅简单提及 Wirecard 财务舞弊的核心要点。[5] Wirecard 股份公司是德国新经济领域中为数不多的成功企业之一。该公司成立于1999 年,是一家支付处理公司,住所地位于慕尼黑附近的阿什海姆。多年来,Wirecard 营业额和利润每年增长 30% 以上,并且这一增长率一年中常多次被提高。[6] 整个 Wirecard 康采恩由 50 多家子公司组成。该公司的成功主要得益于在新加坡、印度和其他亚洲国家运营的子公司。Wirecard 的客户包括 Visa、万事达卡(Mastercard)、贝宝(Paypal)以及奥东齐(Aldi)、宜家等零售连锁店。[7] 安永会计师事务所(以下简称安永)审计了 Wirecard 作为独资企业的年度财务报表以及该集团 2009 ~ 2018 年的财务报告,并都出具了无保留审计意见。

2. 数十年来有关财务造假的指控

然而,Wirecard 丑闻曝光前就显现过端倪:早在 2008 年,德国中小投资者保护协会(以下简称投资者保护协会)的一名董事会成员就曾指控 Wirecard 财务造假,并首次针对其发起过卖空攻击。当时,投资者保护协会中参与卖空的人被判操纵市场罪,因为他们在未说明存在利

[3] Zu dieser Arbeitstechnik s. Möllers, Juristische Methodenlehre, 4. Aufl. 2021, § 14 Rn. 11 ff.

[4] KMPG, Sonderbericht über die unabhängige Sonderuntersuchung, Wirecard AG v. 27. 4. 2020, https://www. wirecard. com/uploads/Bericht_Sonderpruefung_KPMG. pdf (abgerufen am 2. 2. 2021); BMF, Aufzeichnung für den Finanzausschuss des Deutschen Bundestags. Sachstandsbericht und Chronologie Wirecard v. 16. 7. 2020, 1 ff., https://www. bundesfinanzministerium. de/Content/DE/Standardartikel/Themen/Internationales_Finanzmarkt (abgerufen am 2,2. 2021).

[5] 其他全国性的期刊对该案事实作了进一步补充。

[6] 这一点在 2016 年度、2018 年度财务报表以及 2018 年和 2019 年的多个临时公告中表现得尤为抢眼。在一个五年计划中,Wirecard 希望在 2023 年之前将股票市值提高 5 倍。s. z. B. Investorenpräsentation Wirecard v. April 2018 und v. 7. August 2018, abrufbar unter www. wirecard. de (abgerufen am 2. 2. 2021).

[7] S. etwa Investorenpräsentation Wirecard v. 6. 11. 2019, 8.

益冲突的情形下押注股价的下跌。[8] 自2015年4月起,英国《金融时报》的两位记者丹·马科库姆(Dan McCrum)和保罗·墨菲(Paul Murphy)对Wirecard公司展开持续5年的追踪,在《金融时报》发表了超过16篇报道,并效仿热门电视剧《纸牌屋》(House of Cards)的名称开设"House of Wirecard"专栏,详尽地披露了Wirecard公司的亚洲子公司无法追踪的现金流和资产负债账目。[9] 在这些报道中,两位记者援引了Wirecard公司内部"吹哨人"提供的资料。[10] 德国全国性的报纸也紧随其后进行报道。[11] 与之截然不同的是,其他市场主体也对Wirecard不准确的财务会计报表提出警告,如(由匿名做空机构发布的)长达100页的"扎塔拉报告"(Zatarra – Report)[12];但是,这些警告的内容显著失实,并且这些分析报告缺少著作权声明而无法识别真正的作者,因此也是违法的。[13] 众多卖空者趁机在股价下跌时赚得高额利润。[14] 由于有关财务舞弊的传言没有能够得到平息,Wirecard公司在2018年首次委托新加坡的Rajah & Tann事务所对其财务会计报告进行审计。尽管该事务所在审计中发现了部分纰漏,但Wirecard公司认为这些纰漏对于年度报告并未产生重大影响。[15] 在《金融时报》不断地发现更多财务信息存在冲突、不一致的情况下,Wirecard公司迫于

---

〔8〕 See Möllers/Hailer, in: FS Schneider, 2011, 831 ff.; s. auch Hesse, Wette auf den Absturz, Der Spiegel v. 30. 4. 2016, Heft 18, 65 ff.; https://www.juve.de/nachrichten/verfahren/2012/01/marktmanipulation – prozess – in – sdk – affare – gestartet – erster – angeklagter – kundigt – gestandnis – an (abgerufen am 2. 2. 2021).

〔9〕 详细列举参见KMPG(同前注〔4〕), 11 ff。

〔10〕 Bartz/Hesse, FT Reporter on the Downfall of Wirecard Head, Spiegel International v. 5. 11. 2020.

〔11〕 Jauernig, Das steckt hinter dem Börsenstar Wirecard, Der Spiegel v. 5. 9. 2018, Heft 18, 65.

〔12〕 Zatarra Research & Investigations v. Februar 2016, 1, https://www.heibel – unplugged.de/wp – content/uploads/2020/06/Zatarra – research – Wirecard – PDF. pdf (abgerufen am 2. 2. 2021).

〔13〕 Als Verstoß gegen Art. 2 Abs. 1 der Delegierten VO (EU) 2016/958, Möllers, NZG 2018, 649 (652).

〔14〕 Hierzu Möllers, NZG 2018, 649 f.; Mülbert/Sajnovits, BKR 2019, 313 ff.; Schockenhoff, WM 2020, 1341 ff.; Poelzig, ZHR 184 (2020), 697 ff.

〔15〕 Wirecard, Ad – hoc – Mitteilung v. 26. 3. 2019.

投资者和公众的压力于 2019 年 10 月中旬委托毕马威事务所(以下简称毕马威)启动了一次"特别调查"[16]。毕马威于 2020 年 4 月 27 日公布调查报告,认定 Wirecard 公司的大量账目无法得到确认,原因是该公司没有或者无法提供原始的会计凭证。[17] 鉴于此,Wirecard 公司公布 2019 年年度财务报告的计划也不得不推迟。之后,安永于 2020 年 6 月 18 日拒绝针对 Wirecard 公司 2019 年财务会计报告出具无保留意见,并指明无法查证 Wirecard 公司在两个亚洲银行信托账户上的 19 亿欧元存款。[18] 2020 年 6 月 25 日,Wirecard 公司提交了公司破产申请并就此发布了临时公告。[19] Wirecard 公司股价在 2018 年曾达到近每股 200 欧元,直到 2020 年 6 月 8 日也就是安永拒绝出具无保留意见之前还能够保持每股 100 欧元的水平,但随后在短短数日内暴跌至 2 欧元以下。[20]

3. Wirecard、金融监管局和金融业界对财务造假指控的反应

这场财务丑闻中各个市场参与者都是如何采取行动呢?Wirecard 董事会主席马库斯·布朗(Markus Braun)博士多次购买自己公司股份,最终他持有公司超过 7% 的股份。Wirecard 股份公司也持续地否认所有关于其财务舞弊的指控,并以《金融时报》记者诽谤为由向检察机关进行刑事指控。[21] 布朗在其发布的众多推特中声称"一切都会好起来的",并称财务舞弊的指控"并不属实"。[22] Wirecard 公司于 2020 年 5

---

〔16〕《德国股份公司法》第 258 条及以下诸条对特别审计进行了规定,并且在部分情况下可以由股东通过诉讼程序来强制实施。Wirecard 委托毕马威进行特别审计,但是该审计无须符合《德国股份公司法》第 258 条的要求。参见 KPMG(同前注〔4〕),1。

〔17〕KMPG(同前注〔4〕),12 f.

〔18〕Wirecard, Ad – hoc – Mitteilung v. 18. 6. 2020, abrufbar unter www. wirecard. de; Peitsmeier, Kriminalfall Wirecard, FAZ v. 19. 6. 2020, 17.

〔19〕Wirecard, Ad – hoc – Mitteilung v. 25. 6. 2020.

〔20〕https://www. boerse. de/aktien/Wirecard – Aktie/DE0007472060 (abgerufen am 2. 2. 2021).

〔21〕N. N., Ermittlungen gegen "Financial Times" – Journalisten eingestellt, Zeit Online v. 4. 9. 2020.

〔22〕S. hierzu die Twitternachrichten v. 10. 1. 2020, 17. 1. 2020, 31. 1. 2020, 11. 2. 2020, 6. 3. 2020, 22. 3. 2020, 19. 4. 2020, 17. 5. 2020, 18. 6. 2020.

月和6月发布的临时公告中也坚持了这一说法。[23] 当安永在2020年6月拒绝为2020年年度财务报告出具审计意见的情况下,Wirecard公司以欺诈为由针对不明身份者提起刑事指控。[24]

慕尼黑检方对做空者进行了立案调查并推动了数个有罪判决。[25] 金融监管局一方面在2019年年初颁布了针对Wirecard公司股票的“做空禁令”,为期2个月。[26] 并且,针对《金融时报》记者马科库姆提起刑事诉讼(护犊倾向不言而喻)。[27] 另一方面,金融监管局寻求与多个外国政府部门展开合作,并于2019年2月委托德国会计师监督委员会对Wirecard公司2018年的年度财务报告进行审计。[28] 根据《德国商法典》第319a条的规定,联邦经济与出口管制局下设审计师监督机构。时至今日,该机构仍在调查相关审计人员是否存在失误。[29] 几乎整个金融界对Wirecard公司显示的过度狂热匪夷所思:2018年9月底,德意志交易所(Deutsche Börse)将Wirecard公司纳入法兰克福股票市场最高的DAX 30指数。与此同时,老牌金融机构德国商业银行(Commerzbank)则被排除出Dax指数。[30] 日本软银集团(Softbank Group)于2019年向Wirecard公司投资9亿欧元,两家公司同时达成了

---

〔23〕 例如,声称毕马威的特别审计不包含任何实质性的反对意见。See Wirecard, Ad - hoc - Mitteilungen v. 12.3.2020 und v. 22.4.2020.

〔24〕 Ott/Schmitt/Wischmeyer, Ein Dax - Konzern vermisst 1,9 Milliarden Euro, SZ v. 19.6.2020, 15; ZEIT ONLINE, Wirecard stellt Strafanzeige wegen Betrugsverdach, v. 18.6.2020.

〔25〕 在支付了五位数的保证金后,针对股市快报的发行人弗拉泽·佩林(Fraser Perring)的诉讼程序被撤销。See Poltz, Strafverfahren gegen Wirecard - Kritiker wird eingestellt, Reuters v. 11.5.2020.

〔26〕 BaFin, Wirecard AG: Allgemeinverfügung zum Verbot der Begründung und Vergrößerung von Netto - Leerverkaufspositionen, abrufbar unter https://www.bafin.de/SharedDocs/Veroeffentlichungen/DE/Meldung/2019/meldung_190218_Allg_Vfg_Wirecard_Verbot_Leerverkaufspositionen.html. Hierzu Voß, in: 25 Jahre FS WpHG, 2019, 715 (750 ff.); Splinter/Gansmeier, ZHR 184 (2020), 761 ff.

〔27〕 Ott/Schreiber/Willmroth, Der Schlingerkurs der Bafin, SZ v. 13.7.2020.

〔28〕 BMF(同前注〔4〕), 2, 6.

〔29〕 审计师监督机构自认为不负责会计账簿的错误事项,参见《德国商法典》第319a条第1款第1句以及 https://www.apasbafa.bund.de/SharedDocs/Kurzmeldungen/APAS/DE/20200918_stellungnahme.html (abgerufen am 2.2.2021)。

〔30〕 Wischmeyer, Solider Nachfolger gesucht, SZ v. 3.8.2020, 15.

战略合作。[31] 在德意志银行、德意志资产管理公司额度达 50 亿欧元的股权基金中，对 Wirecard 公司股份的投资占比也超过了 10%。[32] Wirecard 的股份曾是各种投资者社交平台广受欢迎的话题，2015 ~ 2019 年，对 Wirecard 股份推荐购买的意见也占据主导地位，而《金融时报》的相关报道被斥为假新闻。[33] 甚至直到 2020 年中期，证券分析师对 Wirecard 股票的估值预期超过 200 欧元。[34] 2019 年，信用评级机构穆迪(Moody's)在对 Wirecard 的评级过程中也发生疏忽(对其发行的债券评为投资级)。[35] 在操纵市场导致股价下跌之后，Wirecard 的股票直到 2020 年 9 月也一直是 DAX 中的一只低价股或"仙股"(penny - stock)。

马库斯·布朗目前被审前拘留，负责亚洲业务事务的扬·马萨列克(Jan Marsalek)仍在逃，慕尼黑检察院正在针对涉及的商业团伙欺诈、资产负债表造假和其他犯罪行为展开调查。[36] 2020 年 8 月 25 日，慕尼黑地方法院启动 Wirecard 公司的破产程序。[37] 债权人的索赔金

---

〔31〕 S. z. B. Wirecard, Ad - Hoc - Mitteilung v. 24. 4. 2019; Schnell, Beteiligung durch die Hintertür: Softbank ist nicht direkt bei Wirecard eingestiegen, Handelsblatt v. 15. 1. 2019.

〔32〕 Klemm, Wetten, dass Wirecard... FAZ v. 19. 1. 2002, 26; Kanning, Ein Schaden für den Finanzplatz, FAZ v. 20. 6. 2020, 29; Oberhuber, Die DWS und die magischen zehn Prozent, capital v. 10. 7. 2020.

〔33〕 Die Analystin der Commerzbank Heike Pauls, ähnlich Simon Bentlage von Hauck & Aufhäuser, s. Bergermann/Buschmann/Finkenzeller/Ter Haseborg/Zdrzalek, Wirtschaftswoche v. 26. 6. 2020, 26, 27.

〔34〕 德国商业银行分析师保罗(Pauls)在 5 月依然发布了 230 欧元的股价目标，巴德尔(Baader)发布了 240 欧元的股价目标(2020 年 4 月 26 日)，私人银行 Hauck & Aufhäuser 在 2020 年 4 月 23 日还发布了 270 欧元的股价目标。See https://www. boerse - online. de/analysen/wirecard sowie Kessler, Commerzbank: Wirecard - Verfechterin wird offenbar kaltgestellt, Der Aktionär v. 14. 1. 2021.

〔35〕 See ser, Wirecard: Das ist die Bewertung durch die Ratingagentur Moody's, Der Aktionär v. 30. 8. 2019.

〔36〕 Peitsmeier/Neuscheler, Drei Haftbefehle im Fall Wirecard, FAZ v. 23. 7. 2020, 15.

〔37〕 破产管理人是迈克尔·雅菲(Michael Jaffé)，参见 https://www. jaffe - rae. de/index. php/DE/site/listing_aktuelles/insolvenzverfahren - ueber - vermoegen - der - wirecard - ag - eroeffnet (abgerufen am 2. 2. 2021)。

额超过120亿欧元,[38]这一数字尚不包括遭受数十亿欧元损失之投资者的索赔请求权。第一本讲述Wirecard事件的书已经出版;[39]一部以探寻Wirecard丑闻原因为主题的影片正在计划之中。[40] 在此期间,德国金融监管局的职员和德国审计师监督机构的负责人也私下交易过Wirecard的股票。[41] 与此同时,丹·马科库姆也被授予了一项记者奖。[42]

(二)整个金融行业的系统性失灵

1. Wirecard内部控制缺陷与审计机构安永的失职

显而易见的是,Wirecard公司自身内部组织机构存在缺陷,即企业的"公司治理"机制是不完备的。这包括公司内部监督机构,如监事会、财务会计部门以及控制与合规部门。这在一定程度也可以理解,因为作为一家初创公司,Wirecard在成立时规模非常小。作为董事会主席的布朗是公司里最大的股东并对公司发挥关键性的作用。他曾是公司的"大脑"并推动公司大规模扩张。扬·马萨列克作为Wirecard董事会成员则负责亚洲商业版图的扩张。目前尚不清楚亚历山大·冯·克诺普(Alexander von Knopp)作为主管财务的董事究竟在多大程度上对公司的财务数据事实上进行了控制。公司法务部门中多是刚入行的年轻的从业人员,而不是经验丰富的律师。尽管克劳斯·雷宁(Klaus Rehning)担任监事会主席多年,但他并没有任何实际控制权。[43] 直到企业经营出现越来越多问题的后期,Wirecard才准备让具备必要专业知识的独立人士进入董事会和监事会;[44]但此时为时已晚。相信任何

〔38〕 S. Handelsblatt v. 18.11.2020.

〔39〕 Bergermann/Ter Haseborg, Die Wirecard Story, 2021.

〔40〕 Schaaf, Dieser Mann verfilmt den Wirecard – Skandal, FAZ. NET v. 8.8.2020.

〔41〕 Giersberg/Schäfers, Das hat mich befremdet, FAZ v. 12.12.2020, 20.

〔42〕 马科库姆丹被授予特别奖。See Schreiber, Der Journalist, die Aufsicht und das Kartenhaus, SZ v. 7,12.2020.

〔43〕 在2018年12月的一次采访中,他预测Wirecard将被收购,彼时股价迅速上涨了3%。See Ivanov/Reccius/Wolf, „Bald wird ein internationaler Konzern Wirecard kaufen", Handelsblatt online v. 27.12.2018.

〔44〕 直到2019年6月,托马斯·艾谢尔曼(Thomas Eichelmann)才当选为独立的监事会成员,随后监事会便启动了委托毕马威进行特别审计。See Mohr/Peitsmeier, Seine letzte Chance, FAZ v. 13.5.2020.

看过毕马威特别报告的人都会对安永迄今未获得的信息感到诧异：安永的审计人员多年来一直使用(伪造的)副本,从未亲自调查过Wirecard公司的亚洲子公司,并对吹哨人就财务造假的举报充耳不闻。[45]

2. 监管不力:德国金融监管局、欧洲证券与市场管理局以及德国会计师监督委员会等

种种迹象都表明,德国金融监管局作为监管部门片面地保护Wirecard公司免受做空者的攻击,并没有认真地对待《金融时报》的指控。德国联邦财政部的报告也表明,所谓的"两阶段"财务控制程序,仅在有限的条件下发挥作用,因为在德国金融监管局可以采取措施之前,首先是德国会计师监督委员会的介入。[46] 然而,该监督委员会中只有一人投身负责处理Wirecard案件,2019年2月15日接受该案的举报以来,并没有对案件的澄清做出任何实质性的贡献。[47] 如果德国金融监管局能够立即启动特别审计,那么Wirecard丑闻就会更早公之于众。[48] 欧洲证券与市场管理局也因此批评了金融监管局的不作为。[49]

3. 专家的疏忽:证券分析师、基金运营商、德意志交易所集团等

整个金融业界以及金融中介机构界的失灵程度令人咋舌,[50]其中包括金融投资顾问、资产管理人、基金经理、证券分析师和评级机构。

---

〔45〕 Storbeck, Whistleblower warned EY of Wirecard fraud four years before collapse, FT v. 30.9.2020.

〔46〕 S. Merkt, in: Baumbach/Hopt, HGB, 39. Aufl. 2020, § 342b Rn. 19; BMF(同前注〔4〕), 1, 2, 9 f. Vorher bereits Scholz, s. Erhard, Multiples „Organversagen" von Kontrollen und Aufsichten, Deutschlandfunk v. 10,7.2020.

〔47〕 Giersberg, Wirecard – Skandal: Die „Bilanzpolizei" sieht sich als Bauernopfer, FAZ v. 28.6.2020, abrufbar unter: https://www.faz.net/aktuell/wirtschaft/unternehmen/der – fall – wirecard – wird – die – wirtschaftspruefung – veraendern – 16836579.html.

〔48〕 详细论述参见本文第二(三)部分。

〔49〕 ESMA, Fast Track Peer Review on the Application of the Guidelines on the Enforcement of Financial information (ESMA 2014/1293) by BaFin and Frep in the Content of Wirecard v. 3.11.2020, www.esma.europa.eu (abrufbar am 2.2.2021), s. FAZ v. 4.11.2020, 17.

〔50〕 Ähnlich Voß, RDi 2020, 11, 12: „Systemversagen".

这些主体作为金融专家,处于上市公司和投资者之间,理应秉持不偏不倚的立场,向投资者提供关于上市公司的信息,进而帮助投资者作出购入或抛售的决策。同样,德意志交易所作为交易市场也属于市场参与者。本文开始所描述的投资者狂热也是可以理解的,因为上面所提到的金融中介机构虽然是专家,但最终还是依赖企业提供的信息。后者提供企业原始的信息,可谓一种企业信息垄断者。〔51〕 其他所有的市场参与者都依赖于企业提供的信息,只能作为所谓"次佳知情者"(second best informed)对这些信息进行加工。德意志资产管理公司负责人蒂姆·阿尔布雷希特(Tim Albrecht)公开承认自己在 Wirecard 事件中被误导了并作出了错误的判断。〔52〕 令人惊讶的是,这些中介机构并未自行进行调查,尽管德国联邦最高法院早在 1993 年就发展出一项"知晓你的产品"(know your product)义务,即对自己作出的建议进行法律性相应的调查义务。该问题需要进一步讨论。〔53〕

德意志交易所对涉及 Wirecard 公司的负面传言视若无睹。根据德意志交易所的规定,当时是否纳入 DAX 指数仅考虑公司的资本市场市值和交易量。〔54〕 这一标准使那些明显有亏损的公司依然有资格被纳入 DAX 指数。〔55〕 然而,DAX 指数作为德意志交易所含金量最高的指数,将 Wirecard 纳入其中导致其他以 DAX 指数为基础或标的的市场参与者也被迫购买 Wirecard 公司的股份。例如,反映 DAX 指数的交易型开放式指数基金(以下简称交易所交易基金)以及众多其他基金提供者。

(三)金融业不以为然的原因——行为金融学理论:盲目从众

关于 Wirecard 丑闻还有什么可说的呢?德国金融监管局辩解称:

〔51〕 Erstmals Möllers/Leisch, WM 2001, 1648 (1654).

〔52〕 参见前注〔33〕中的例证; er verzichtet freiwillig auf 10% seines Gehaltes, s. Kanning, „Haben die andere Informationen als wir?", FAZ v. 19. 6. 2020.

〔53〕 参见本文第二(四)部分。

〔54〕 德意志交易所的子公司 STOXX 负责这项工作。根据股票指数准则,如果一家公司按照营业额和市值在 DAX 指数中至少能够排到第 25 位,则可被新纳入 DAX 指数。See STOXX, Guide to Equity Indices of Deutsche Börse AG v. 26. 6. 2019, version 9. 2. 4.

〔55〕 Zum neuen DAX – Mitglied Delivero Hero, s. kritisch etwa Künnen/Kröner, Investoren fordern nach dem Wirecard – Skandal einen neuen Dax, Handelsblatt v. 16. 9. 2020.

这只是一桩令人遗憾的个案，因为犯罪迹象总是难以察觉。[56] 此外，由于德国的监管机构无法控制（Wirecard）海外子公司，该案也不能归责于监管机构。[57] 假如对 Wirecard 财务造假的指控在 2020 年夏天突然首次被曝光，人们也许会支持上述这两种说法。但事实并非如此：《金融时报》和其他市场参与者在长达 5 年时间里持续地、精准地将财务造假的指控具体化。但是，前述金融业各种主体并没有严肃地对待这些指控。实际上他们根本没有理会《金融时报》的报道，因为他们更加信任安永提供的审计报告。《金融时报》总是“那个坏家伙”（the bad guy）。[58]

行为金融学理论可以为市场参与者不以为然的态度提供解释。[59] 根据所谓的“羊群效应”（herding），从心理学上讲，遵循从众的本能比违背主流观点要容易。这对证券分析师来说尤为显著。[60] 此外，还有一种过度自信的偏见（overconfidence bias），对事态发展过于乐观，[61] 对于在软件巨头 SAP 之后又一家德国新经济（new economy）企业作为金融科技公司被纳入 DAX 指数感到兴奋。我们还可以观察到展现股

---

〔56〕 在此方向上，BMF（同前注〔4〕），1，3：“不存在百分之百免受犯罪行为的侵害的保障，即使在金融市场也是如此。”

〔57〕 So Mock, BB 2020, 1 (2).

〔58〕 同前注〔25〕。

〔59〕 Simon, QJE 69, 1955, 99; Miller, Psychology Review 63, 1956, 81; Simon, Models of Bounded Rationality, 1982; Oehler, ZBB 1992, 97; Shefrin, Beyond Greed and Fear: Understanding Behavioral Finance and the Psychology of Investing, 2000; Oehler, ÖBA 2000, 978; Hirshleifer, J. Fin. 56 (2001), 1533; Shiller, Journal of Economic Perspectives 17 (2003), 83; Kiehling, Börsenpsychologie und Behavioral Finance, 2001; Thaler, Advances in Behavioral Finance, 2005; Belsky/Gilovich, Das Lemming Prinzip, 2007, 11.

〔60〕 S. bereits Keynes, The General Theory of Employment Interest and Money, 1936, 158: „Worldy wisdom teaches that it is better for reputation to fail conventionally than to succeed unconventionally“; Löffler, Der Beitrag von Finanzanalysten zur Informationsverbreitung, 1998, 48 ff., 97 ff.; Kiehling, Börsenpsychologie und Behavioral Finance, 2001, 143 ff.; Fleischer, Gutachten zum 64. DJT, 2002, F 129; ders., in: FS Immenga, 2004, 575 (583 f.); Klöhn, Kapitalmarkt, Spekulation und Behavioral Finance, 2006, 125 f.

〔61〕 S. Kiehling, Börsenpsychologie und Behavioral Finance, 2001, 141 ff.; Klöhn, Kapitalmarkt, Spekulation und Behavioral Finance, 4. Aufl 2006, 118 ff.

市心理学的其他行为方式:多年来,资本市场的参与者忽视了《金融时报》的警告,或者对其提起诉讼。这被称为"选择性认知"(selective perception),[62]即刻意过滤、淡化和忽略消极的信息。此外,这些行为还可以从避免"认知不协调"(cognitive dissonance)[63]的愿望中获得解释,并进而受到锚定效应(achoring)的影响,即以金融中介机构这个"锚"作为行为导向。[64] 概言之,这一系列的行动可以被称为"集体的愚蠢"[65],因为风险被众人一笑置之。

二、市场参与者的责任缺失是立法者的失败

令人惊讶的是,对财务造假丑闻的参与者进行追责竟十分困难。

(一)破产企业赔偿责任的不足

根据公司法规定,可以向公司的董事会和监事会追偿。《德国股份公司法》(以下简称《股份公司法》)第 91 条第 2 款规定,董事会有义务在公司内部构建一个监督系统;监事会也必须对此进行监督。然而,《股份公司法》第 116 条和第 93 条第 2 款规定,只有公司自身有权向董事会和监事会提出损害赔偿请求,而遭受损害的投资者和债权人并没有此项请求权,因此,相应的损害赔偿请求权主张并不多。[66] 原因在于,(对于投资者或债权人而言)只承担诉讼的风险而不能主张自身利益的诉讼并没什么吸引力。在破产管理人提起诉讼的情况下,损害赔偿获得的资金将归入破产财产。尽管 Wirecard 未能遵守《德国公司治

[62] Anderson/Jacobson, JPSP 2 (1965), 531; Oehler, ZBB 1992, 97 (100), Kiehling, Börsenpsychologie und Behavioral Finance, 2001, 53.

[63] Festinger, A Theory of Cognitive Dissonance, 1957; Goldberg/von Nitzsch, Behavioral Finance, 4. Aufl. 2004, 118 ff.

[64] Zum Ankereffekt grundlegend Tversky/Kahneman, Science 185 (1974), 1124 (1128).

[65] Kiehling (同前注[59]), 68.

[66] S. aber BGH, Urt. v. 18.9.2018 – II ZR 152/17 – BGHZ 219, 356; LG München I, Urt. v. 10.12.2013 – 5 HK O 1387/10 – NZG 2014, 345 – Siemens/Neuberger; hierzu etwa Grigoleit/Grigoleit/Tomasic, AktG, 2. Aufl. 2020, § 93 Rn. 120 f. m. w. Nachw.

理准则》(以下简称《公司治理准则》)的多项规定;但这显然并没有影响市场对它的信赖,因为主流观点认为《公司治理准则》作为软法并不具广泛的约束力。[67] 只要该公司经营是成功的,资本市场会容忍其不遵守《公司治理准则》的行为。[68]

董事会主席布朗和 Wirecard 公司通过大量的虚假信息欺骗和误导资本市场。因此,根据资本市场法规定,原本不仅可以根据《德国证券交易法》(以下简称《证券交易法》)第 97 条和第 98 条的规定,对虚假和遗漏的临时声明主张损害赔偿,还应该可以基于众多"保护性法律"(Schutzgesetz)[69] 成功获得赔偿。然而,需要面对的现状是,公司业已破产,对其提起的损害赔偿请求权的范围仅限于破产财产。因此,投资者必须向破产管理人登记其债权。[70] 由于第三方行使优先受偿权,从 Wirecard 公司破产财产中获得清偿的比例很可能被限缩在 10% 以下。[71] 尽管依据《德国民法典》第 826 条的规定,理论上可以对董事会主席布朗、(负责亚洲业务的)马萨列克以及其他参与人提起故意以违反善良风俗的方式致他人损害之诉;但是,相关参与人的破产财产有多少也是有疑问的。

---

〔67〕 S. Lutter, ZGR 2000, 1 (18); von Werder, DB 2002, 801; Borges, ZGR 2003, 508 ff.; E. Vetter, DNotZ 2003, 748 (754); Kort, AG 2008, 137 (138); Linnerz, BB 2008, 581 (582); in diese Richtung auch Grigoleit/Grigoleit/Zellner, AktG, 2. Aufl. 2020, § 161 Rn. 4. A. A. Möllers, Juristische Methodenlehre, 4. Aufl. 2021, § 3 Rn. 63 ff. m. w. Nachw. 然而,根据《股份公司法》第 161 条的规定,以遵守《公司治理准则》的声明不正确为由而撤销股东会决议依然是可能的,BGHZ 182, 272 (Rn. 16)。

〔68〕 一些学者生动地称其为"遵守或执行"。See MacNeil/Li, Corp. Governance 14 (2006), 486 (492); Arcot/Bruno/Faure - Grimaud, Intern'l Rev. of L. & Econ. 30 (2010), 193 (199); Pietrancosta, in: FS Hopt, 2010, 1109 (1135).

〔69〕 Wie etwa § 400 AktG, s. hierzu Möllers/Leisch, in: KK - WpHG, 2. Aufl. 2014, § § 37 b, c Rn. 486 ff.

〔70〕 这也是 Tilp 律师事务所的建议,参见 https://tilp. de/faelle/der - fall - wirecard - ag/ (abgerufen am 2. 2. 2021)。

〔71〕 de la Motte, Wirecard Gläubiger fordern 12,5 Milliarden Euro - das müssen Anleger jetzt beachten, Handelsblatt v. 18. 11. 2020. Zu den Ansprüchen der vorrangigen Gläubiger in der Insolvenz s. oben. 同前注〔38〕。

（二）审计师的责任限制

《审计师职业条例》第43条第4款规定，审计员必须在其工作中秉持质疑性的基本态度（kritische Grundhaltung），以识别他们所审计的公司员工从事的违法或者欺诈行为。这种质疑性的基本态度也包括针对员工的问询。[72] 由于安永没有跟进吹哨人提供的信息，而根据当前的状况，安永显而易见没有能够称职地完成被委托的审计任务。即便就此而言，我们也不得不打消遭受损失投资者（获得受偿）的希望：按照《德国商法典》第323条第2款第2句的规定，如果审计师只存在过失行为，那么投资者损害赔偿请求权的上限是400万欧元。显而易见，这一限额对于投资者来说太低了。[73] 《德国商法典》第323条第1款第3句所规定的损害赔偿请求权也首先是针对合同当事人，即公司。尽管《德国商法典》第323条第1款并不构成《德国民法典》第823条第2款的"保护性法"，[74]但众多判例基于第三人利益保障的目的广泛地扩大了审计师的责任。[75] 在例外情况下，也可以考虑《德国民法典》第826条所规定的损害赔偿请求权。[76] 因此，针对安永的第一例损害赔偿诉讼已经提起。[77] 然而，审计师的不作为满足"故意以违背善良风俗的方式致他人损害"的构成要件要求非常高。[78] 能否证明其存在主观故意从而排除审计师的责任限额规定，在现阶段还是完全不确定的问题。

（三）德国金融监管局为公共利益采取的行动及国家责任的豁免

尽管德国联邦银行在Herstatt公司破产案中因监管不力而被判决

---

〔72〕《审计师职业条例》第43条第4款的文义表述是："审计师在整个审计过程中应当保持质疑的基本态度。这包括对员工的问询，注意可能表征存在错误陈述的情形，并对审查证据进行质疑性的评价。"

〔73〕Doralt, ZGR 2015, 266 (298 ff.); Merkt, in: Baumbach/Hopt, HGB, 39. Aufl. 2020, § 323 Rn. 9.

〔74〕H. M., s. etwa Bormann/Greulich, in: MünchKomm – HGB, 2013, § 323 Rn. 158 m. w. Nachw.

〔75〕关于对第三方具有保护功能之合同的教义学结构以及第三方的资格，参见Merkt（同前注〔46〕），§ 347 Rn. 21 f.; Möllers, JZ 2001, 909 ff.。

〔76〕BGH, NJW 2014, 383: Haftung eines Wirtschaftsprüfers wegen vorsätzlicher irreführender Äußerungen.

〔77〕例如，律师事务所Tilp和SdK。

〔78〕Im Rahmen einer unterlassenen Ad – hoc – Mitteilung s. Möllers, WM 2003, 2393 ff.

承担责任，[79]但是，该案以来，德国立法者逐渐排除了这样一种国家责任。根据《德国金融服务监管法》第 4 条第 4 款的规定，德国金融监管局仅基于公共利益保障而履行监管职责。这意味着，依据《德国民法典》第 839 条第 1 款第 1 项结合第 34 条第 1 款的规定而产生的一种"国家责任"原则上被排除，因为不存在一项基于第三人利益保护的义务。[80] 这样的责任排除也得到了欧洲法院的支持。[81] 然而，在欧洲法院的初步裁决程序基础上，德国联邦最高法院在判决中也认可在滥用职权的例外情况下仍然存在国家责任的可能性。[82]

Tilp 律师事务所如今主张德国金融监管局构成滥用职权，并认为德国金融监管局本不应该于 2019 年 2 月 19 日向公众披露存在违反财务会计规范的具体情形，因为这是委托财务报告执行小组对 Wirecard 公司进行审计的前提条件。[83] 然而，《德国商法典》第 342b 条第 2 款第 3 句明确规定，如果有具体证据或者线索表明存在违反财务会计规范的情形（第一种情形），或者应德国金融监管局的要求，可以启动调查程序。据此，即使没有前述具体证据或线索的情况下，德国金融监管局也可以自行启动审计。[84] 此外，以往的滥用职权案件要严重得多。[85] 在由中小投资者保护协会针对德国金融监管局提起的第二起诉讼中，主张《德国金融服务监管法》第 4 条第 4 款不符合欧盟第 2013/50《透明指令》的责任规范，后者也同样旨在保护中小投资者。[86]

---

〔79〕 BGHZ 74, 144 (149 ff.); BGHZ 75, 120 (122 ff.).

〔80〕 BGHZ 162, 49 – keine Staatshaftung wegen fehlerhafter Bankenaufsicht; OLG Frankfurt a. M., BeckRS 2020, 8916 – keine Haftung der BaFin.

〔81〕 EuGH, Urt. v. 12.10.2004 – Rs. C – 222/02 – Rn. 41 ff.

〔82〕 BGHZ 162, 49 (66) – keine Staatshaftung wegen fehlerhafter Bankenaufsicht. Vorher bereits BGH, Urt. v. 15. 5. 2003 – III ZR 42/02 – NVwZ – RR 2003, 714 – Amtshaftung wegen Amtsmissbrauchs.

〔83〕 S. Pressemitteilung der Kanzlei Tilp v. 24. 7. 2020, https://tilp. de/press/wirecard – bafin – skandal – tilp – hat – amtshaftungsklage – gegen – die – bafin – eingereicht – wegen – jahrelangem – amtsmissbrauch – im – fall – wirecard – antrag – auf – einleitung – eines – kapmug – musterverfahrens – vor – dem – o/ (abgerufen am 2. 2. 2021). Die Kanzlei Tilp hat am 23. 7. 2020 beim VG Frankfurt Klage gegen die BaFin eingereicht.

〔84〕 So wohl auch Merkt (同前注〔46〕), § 342b Rn. 3.

〔85〕 S. etwa Papier/Shirvani, in: MünchKomm – BGB, 8. Aufl. 2020, § 839 Rn. 328.

〔86〕 N. N., FAZ v. 4,11. 2020, 25.

下文也将对这个问题进行探讨。[87]

(四)金融中介机构(金融顾问、证券分析师以及德意志交易所)责任不足

金融中介机构的法律义务尚未厘清,因为相关立法往往不够具体。令人欣慰的是,德国联邦最高法院多年前在著名的"Bond 判决"(Bond – Entscheidung)中为投资顾问确立了一项法律义务,该义务恰恰在这里适用:在对产品进行推荐之前必须了解该产品(了解你的产品)。该法院的原话是:如果银行将外国有价证券纳入投资规划中,那么,该银行必须(包括基于外国的信息源)了解相关证券价值的信息并自己对其进行审查。潜在的投资者有权信赖为其提供咨询的银行基于专业知识对被纳入投资方案的有价证券自己评价为"良好"。[88] 即便在《欧盟金融工具市场第二指令》(以下简称《金融工具市场第二指令》)颁布后,这一判例法也得以延续。[89] 当然,一些学者质疑,即由于《金融工具市场第二指令》的监管法性质和所旨在实现的规范协调统一目的,成员国法院从根本上是否仍然有权设定上述义务。[90]

对其他金融中介机构(如证券分析师或评级机构)的损害赔偿请求权问题就更加不清晰了。证券分析师的义务界定仍然很模糊,原因在于德国金融监管局和法院至今都没有能够明确投资建议在何种情况下是有瑕疵的。(相关义务规范)缺少可归入或涵射的构成要件(subsumtionsfähige Tatbestände)和相应的司法判决。[91] 尽管证券分析师负有客观陈述(证券相关信息)的义务;然而,由于缺乏具体化,监管部门至今还没有严格地要求该义务的履行。[92] 正如下文将要论述的,

---

〔87〕 参见本文第三(二)部分。

〔88〕 BGHZ 123, 126 (129).

〔89〕 BGHZ 189, 13 (Rn. 20); BGHZ 191, 119 (Rn. 22, 47 a. E.).

〔90〕 反对观点诸如 Mülbert, WM 2007, 1156: „Das Ende von Bond durch die MiFID"; ders.; ZHR 172 (2008), 183; Nikolaus/d' Oleire, WM 2007, 2129 (2134); Herresthal, ZBB 2009, 348 (351 ff.); Sethe, in: FS Nobbe, 2009, 769 (786 f.),参见本文第二(三)部分。

〔91〕 Ausführlich hierzu Möllers, in: KK – WpHG, 2. Aufl. 2014, § 34b Rn. 118 ff. m. w. Nachw.

〔92〕 Nachweise bei Möllers, NZG 2018, 649 (651).

证券分析师隐瞒关于企业的负面传闻或者对其置之不理的，构成对其客观陈述义务的违反。[93] 当然，证券分析师与投资者之间通常不会缔结合同关系。[94] 在关于企业的传闻被以违反客观陈述义务的方式被忽视的情况下，则构成不作为。在这种情况下，构成《德国民法典》第826条意义上的"故意以违反善良风俗的方式致他人损害"需要满足的前提条件就格外高。类似地，几乎不存在针对评级机构的司法判决。[95]

三、证实传闻为无效信息的义务

（一）信息对市场的作用

证券交易所是效率最高的市场之一，因为它在交易时间内将供应和需求结合在一起，并进而形成股票的市值。这里进行交易的是企业的相关信息；交易的是对企业未来营业收益和盈利的预期。根据"有效市场假说"，证券交易所对所有相关信息进行定价。[96] 过去市场交易中着重强调获取迅捷全面的资讯。施加给市场参与者的诸多义务旨在将拥有的信息予以输出，从而禁止内部人利用其信息优势损害其他市场参与者的利益。同时，发布临时公告的义务是为了确保信息可以尽快地到达市场，从而使内部人失去信息优势。这些措施都是为了实现一个高效的交易市场。

1. 信息有效性的相关性

行为金融学理论进一步扩充了有效市场假说。[97] 在过去的数年间，立法者已经采取措施来试图阻止信息过载（information overload）。这

〔93〕 参见本文第二（四）部分。

〔94〕 Möllers, in：KK－WpHG, 2. Aufl. 2014, § 34b Rn. 290.

〔95〕 Zu dem australischen Fall Bathurst Regional Council v. Local Government Financial Services Pty Ltd.（No. 5）, 2012, FCA 1200；Möllers, in：KK－WpHG, 2. Aufl. 2014, § 17 Rn. 29 ff., 36 ff.

〔96〕 Fama, J. Fin. 25（1970）, 383（384 f.）；ders., J. Fin. 46（1991）, 1575（1576）；Fischel, Cornell L. Rev. 74（1989）, 907.

〔97〕 参见前注〔59〕和前注〔60〕Klöhn 文第90页及以下。

包括公布大量简明的摘要,以便中小投资者理解的形式对翔实披露报告进行补充。[98] 股份并非(事前可知质量的)“寻找商品”(Suchgüter),或者(事后可确认质量的)“经验商品”(Erfahrungsgüter),而是(难以确认质量的)“信任商品”(Vertrauensgüter)。[99] “交易的不是商品,而是‘希望和承诺’。”[100] 如前所述,Wirecard 的例子展示了市场是如何非理性、系统化地忽视负面消息,并相信所谓的好消息。在本文以下部分,笔者将构建一套体系,来论证金融中介机构未来应当如何应对传闻并核实信息的有效性。有效性(Validität)是指信息的内在价值性(Werthaltigkeit)和广泛认可性(Gültigkeit)。其目的是防止市场参与者隐藏特定信息,或者盲目相信特定信息。但问题是:当在证券交易中进行交易的是未来预期时,[101] 始终被不确定性伴随的预测和传闻不恰恰是(市场交易)“游戏规则”的一部分吗?毕竟人们总是在事后才能得出比起初入局更明智的决策。当公司和证券分析师在(应当)预测公司未来的发展走向时,是否不允许他们犯错呢?没有人拥有所谓预知未来的“水晶球”。孰是孰非——无论是安永还是《金融时报》,抑或财务会计报告究竟对与错,事实上,彼时投资者和金融中介机构都无法预料。此外,如果做空者的投机行为与 Zatarra 报告一样都被认定是违法的,难道就不需要进一步商榷吗?[102] 做空者是否能够通过有针对性的错误信息(利用止损规则制造成本或损害公司)来不合理地触发公司义务?这些都是有理有据的反对意见。因此,应当找到一种法律结构来避免产生行为金融学理论上的问题,譬如羊群行为、过度乐观、选择性认知或锚定行为。归根结底,这是关于市场参与者如何正确应对传

---

〔98〕 Möllers/Kernchen, ZGR 2009, 1 ff.; Fleischer/Schmolke/Zimmer, in: Fleischer/Zimmer (Hrsg.), Beitrag der Verhaltensökonomie (Behavioral Economics) zum Handels – und Wirtschaftsrecht, 2011, 9, 50 ff.; Stahl, Information Overload am Kapitalmart, 2013; S. etwa Art. 78 OGAW – RL 2009/65/EG; Art. 7 ProspektVO (EU) 2017/1129 v. 14.6.2017, ABl. Nr. L 168, 12.

〔99〕 Kalss, Anlegerinteressen, 2001, 164; Fleischer, Gutachten zum 64. DJT, 2002, F 23.

〔100〕 Taylor, in: Blair (Hrsg.), Blackstone's Guide to the Financial Services and Markets 2000, 2001, 17 (29):“金融合同的本质是包含了这样一个承诺:今天的金钱是用于交换(通常模糊的)一个未来的金钱承诺。”

〔101〕 Fleischer, Gutachten zum 64. DJT 2002, F 48.

〔102〕 同前注〔12〕。

闻。对此,以往立法规定应当进一步具体化,并对不同市场参与者进行区分,对积极的检索和信息义务与(消极的)披露禁止义务之间进行区分。

2. 足够精准的传闻

有趣的是,多年来一直存在对公司应当如何应对传闻的讨论。[103] 传闻是指针对特定情形具有一定传播广度的不确定信息。[104] 这些信息可以构成《欧盟市场滥用行为监管条例》(以下简称《市场滥用条例》)第 7 条第 2 款所规定"内幕信息"中的"情形"(Umstände)。根据该条例第 17 条第 4 款和第 5 款的规定,上市公司可以在例外情况下推迟履行披露内幕信息的义务;前提是推迟符合公共利益并且保密能够获得保障。但是,根据《市场滥用条例》第 17 条第 7 款第 2 项的文义表述,"足够精准的传闻"并不构成公司推迟临时公告义务的理由。因为这种情况下立法不可推翻地推定"保密性"无法再获得保障。在这一框架下,被激烈争论的问题是"是否"问题,即什么情况下产生临时公告义务?是相关传闻由于企业信息的泄露而具备精准的程度,[105] 还是相关

---

[103] Für einen Überblick s. Klöhn, Kapitalmarkt, Spekulation und Behavioral Finance, 2006, 237 ff.; ders., in: KK – WpHG, 2. Aufl. 2014, § 15 Rn. 238 ff.

[104] Klöhn, in: KK – WpHG, 2. Aufl. 2014, § 13 Rn. 53; Klöhn, in: Klöhn, Marktmissbrauchsverordnung, 2018, Art. 7 Rn. 57; vorher schon Klitzing, Ad – hoc – Publizität, 1999, 88: unverbürgte Nachrichten von unsicherer Zuverlässigkeit; Fleischer/Schmolke, AG 2007, 841 (842): Ungewissheit über seinen Wahrheitsgehalt. S. auch Hopt/Kumpan, in: Schimansky/Bunte/Lwowski (Hrsg.), Bankrechtshandbuch, 5. Aufl. 2017, §107 Rn. 50. Different views: Assmann, in: Assmann/Schneider/Mülbert, Wertpapierhandelsrecht, 7. Aufl. 2019, Art. 7 MAR Rn. 35.

[105] ESMA, Final Report – Draft technical standards on the MAR v. 28.9.2015, ESMA/2015/1455, 53, Rn. 242: "如果保密性不能够得到继续维持,包括存在足够精准的关于信息泄露的传闻,无论这种违反保密义务的行为是源自何处,发行人必须披露内部信息(第 17 条第 7 款)。" BaFin, Art., 17 MAR – Veröffentlichung von und Umfang mit Insiderinformationen (FAQs) v. 31.1.2019, 6, Rn. III.3; zustimmend Assmann, in: Assmann/Schneider/Mülbert, Wertpapierhandelsrecht, 7. Aufl. 2020, Art. 17 MAR Rn. 138. Ähnlich Seibt/Wollenschläger, AG 2014, 593 (600) mit der Vermutung, dass sich das Gerücht auf die Insiderinformation stützen muss; Klöhn, AG 2016, 423 (431); Veil/Brüggemeier, in: Meyer/Veil/Rönnau (Hrsg.), Handbuch zum Marktmissbrauchsrecht, 2018, § 10 Rn. 131; Pfüller, in: Fuchs, 2. Aufl. 2016, § 15 Rn. 148.

传闻具有较高的准确度和实质内容?[106]或者相关传闻包含了一项事实的核心抑或应当认真对待的核心内容?[107]在下文中,笔者将对作为检索调查义务组成部分的各个步骤进行探讨,不确定的情况下该义务时间上先于临时公告。这些义务均属于董事的法律义务,并(其不履行)可以构成《股份公司法》第93条意义上的(董事)“违反义务”。

(二)上市公司的调查义务和信息披露义务

1.扩大信息渠道,涵盖做空者、调查性报道和吹哨人的质疑

第一步要做的是扩大信息来源,并拓宽信息范围。在德国和欧洲层面上,对于如何应对做空者的问题仍然缺乏明确的规定。(关于企业的)负面的传言可能来自外部,正如近年来众多的卖空攻击,但也可能出自一些调查性新闻报道。Wirecard案就是能够说明这一问题的典型:来自外部的信息被置之不理,甚至被极力打击。在美国,作为监管机构的证券交易委员会已经明确认可了做空机构的积极作用。这些机构能够帮助负面的传闻更加快速地流向市场,从而降低市场上的信息不对称。[108] 这同样适用于吹哨人。揭露刑事犯罪行为的吹哨人并不

---

[106] Retsch, NZG 2016, 1201 (1205); ihm folgend Veil/Brüggemeier, in: Meyer/Veil/Rönnau (Hrsg.), Handbuch zum Marktmissbrauchsrecht, 2018, § 10 Rn. 131. Kritisch aber „präzise, wenn präzise…“. Polemisch Assmann, in: Assmann/Schneider/Mülbert, Wertpapierhandelsrecht, 7. Aufl. 2020, Art. 17 MAR Rn. 138(同前注[1])„Was soll das sein?“

[107] Hopt/Kumpan, in: Schimansky/Bunte/Lwowski (Hrsg.), Bankrechtshandbuch, 5. Aufl. 2017, § 107 Rn. 50; Buck - Heeb, in: Assmann/Schütze/Buck - Heeb (Hrsg.), Handbuch des Kapitalanlagerechts, 5. Aufl. 2020, § 8 Rn. 64.

[108] SEC Order Halting Short Selling in Financial Stock v. 19.9.2008, 2008 - 211 sowie SEC, Statement of Securities and Exchange Commission Concerning Short Selling and Issuer Stock Repurchases v. 1.10.2008, 2008 - 235:“欧盟委员会注意到,卖空行为基于各种原因在资本市场中发挥着重要作用,包括有助于有效的价格发现,减轻市场泡沫,增加市场流动性,推动融资,促进对冲和其他风险管理活动以及(重要的)限制推高股价的市场操纵。”s. auch Hazen, The Law of Securities Regulation, 2009, § 6.2.(8); Palombo, Brook. L. Rev. 75 (2010), 1447 (1458); Bonser, Fordham J. Corp & Fin L. 22 (2017), 328; s. Möllers, NZG 2018, 649 (650); Bayram/Meier, BKR 2018, 55 (56); Wentz, WM 2019, 196 (197); Commandeur, AG 2020, 575 Rn. 8.

是“叛徒”,尽管其违背了对雇主的忠实义务可能被解雇。[109] 相反,吹哨人力挺监督机构的工作,更像是一位应得到嘉奖的英雄。相较于德国以往的立法,欧盟法的规定更全面,因为它对吹哨人提供了切实的保护。具体规定详见欧盟第 2019/1937 号《吹哨人指令》。[110] 根据《吹哨人指令》第 7 条第 2 款和第 10 条的规定,吹哨人可以直接向政府部门求助。[111] 非常正确的是强调以下一点,即通过独立的成员国层面立法从根本上重塑吹哨人的法律地位。良好的公司治理需要建立内部举报机制,以便更好地调查和应对传闻。[112] 这是上市公司健全有效的合规部门的目的。同时,也必须设立起相应的监督举报部门。对此,对反垄断法的经验纵览可以更好地说明这一点。博弈论已充分表明,为了打破卡特尔垄断下(各方主体)的沉默,必须设置激励机制。[113] 宽恕规则是很常见的工具;同样,对吹哨人的奖励也屡见不鲜。[114] 如今,欧盟《市场滥用条例》第 32 条也规定了建立有效机制来举报违反该法行为的义务。[115] 然而,有太多的规则被规定为任意性条款,这又与实现公平竞争环境的目的相悖。[116] 在德国,立法者是否可以像《证券交易法》(SEA)第 21F 条规定的那样,以经济激励措施积极引导举报行为,目前

---

〔109〕 关于向雇主求助的义务,参见 § 17 Abs. 2 S. 1 ArbSchG; BAG, Urt. v. 15. 12. 2016 – 2 AZR 42/16 – NZA 2017, 702 (Rn. 15 ff.)。

〔110〕 Whistleblowing – RL (EU) 2019/1937 v. 6. 11. 2019, ABl. Nr. L 305, 17.

〔111〕 Garden/Hiéramente, BB 2019, 963 (964); Sonnenberg, BB 46 (2019), I; Schmolke, NZG 2020, 5 (9 ff.).

〔112〕 Art. 8 Abs. 1 Whistleblowing – RL (EU) 2019/1937 v. 6. 11. 2019, ABl. Nr. L 305, 17.

〔113〕 Holler/Illing/Napel, Einführung in die Spieltheorie, 8. Aufl. 2019; Möllers, Juristische Methodenlehre, 4. Aufl. 2021, § 5 Rn. 152 ff.

〔114〕 Zum Kronzeugen s. Mitteilung der Kommission über den Erlass und die Ermäßigung von Geldbußen in Kartellsachen, Abl. Nr. C 298 v. 8. 12. 2006, 17; umfangreich jetzt die Kronzeugen – RL (EU) 2019/1 v. 11. 12. 2018, ABl. Nr. L 11, 3. Auf natinonaler Ebene s. Bekanntmachung des BKartA Nr. 9/2006 v. 7. 3. 2006 über den Erlass und die Reduktion von Geldbußen in Kartellsachen – Bonusregelung –, abrufbar unter www. bundeskartellamt. de (abgerufen am 2. 2. 2021) und § 33e Abs. 1 GWB.

〔115〕 德国法还引入了《德国金融监管法》第 4d 条。

〔116〕 例如,《市场滥用条例》第 32 条第 4 款规定:“成员国可以引入。”

仍是未知数。[117] 归根究底,这需要对做空者和吹哨人进行全面的重新评价。要做到这点,就必须首先能获得这两类群体提供的传闻。

2. 对具有可信度传闻进行分析的义务

作为第二步,要求对市场上存在的传闻进行实质性的分析和研究,即要么予以认可,要么否定其真实性。那么,我们如何有效防止做空机构制造和散布毫无根据的"假消息"(fake news),并迫使公司承担本可以节约的成本呢?传闻越是可信,越是有根据,公司就必须付出更大的努力去确认或者否认其真实性。需要考量的表征或线索包括消息来源的声誉如何以及相关负面指控的实质性内容,即说理论证的深度。就内容而言,传闻除了要有一定的可信度,还必须建立在合理的,即可考究的基础之上。为此还需要参考从一个理性第三人的角度,是否会继续对传闻予以跟进核实。分析传闻的义务意味着上市公司需要对传闻进行调查,例如,以获取特别鉴定报告的形式获得关于传闻的另一种意见。特别鉴定报告可以通过以下方式发挥充分效果,即第三方能够快速确认传闻涉及数据的准确性(如新近的 Grenke 案那样)。[118] 具体而言,良好的公司治理和企业合规要求企业相关部门对负面指控进行调查。如果有必要,可以通过赋予监事会自身监督权来优化相应的监督工作。监事会和审计师都应当与公司员工当面交流,并有权对审计、合规和举报系统等内部监督部门进行调查。[119]

《金融时报》和德国的商业报刊都曾针对 Wirecard 财务报告造假进行过报道。记者马科库姆在《金融时报》的 16 篇报道中具体而有根据地证实了 Wirecard 公司财务报告的错误,[120] 从而产生了高度可信的

---

〔117〕 Pfeifle, Finanzielle Anreize für Whistleblower im Kapitalmarktrecht, 2016. Schmolke, ZGR 2019, 876 (918) und Dzida/Granetzny, NZG 2020, 1201 (1206) regen Prämien an, wenn der Arbeitnehmer zuerst das unternehmensinterne Hinweisgebersystem nutzt.

〔118〕 Zu KPMG, Warth & Klein Grant Thornton und Standard & Poor's s. Giersberg, Gutachten stützen Grenzke, FAZ v. 18.12.2020, 23.

〔119〕 S. hier zu den geplanten Änderungen in §§ 93, 100, 107 AktG-E im RefE (Gesetz zur Stärkung der Finanzmarktintegrität [Finanzmarktintegritätsstärkungsgesetz - FISG]); BGBl. Nr. 30, S. 1534; zustimmend Arbeitskreis der Bilanzrechtsprofessoren (AKBR), Stellungnahme zum FISG, III. 1.; abrufbar unter www.bmf.de (abgerufen am 2.2.2021).

〔120〕 同前注〔9〕。

财务造假表征或线索。Wirecard 公司不应忽视这一负面报道,并且必须实际调查这些指控。但是,像 Zatarra 研究报告那样,如果相关信息的内容有证据表明是伪造的并且研究报告作者也没有透露,那么企业应当作出相反的决策。[121] 也就是说,Wirecard 不必对此类报告采取应对措施。

3. 企业对有充分可信度之传闻承担应对义务的范围

如前所述,上市公司必须第一步要获知传闻的存在,进而第二步再分析和研究这些传闻,然后,作为第三步对有根据的传闻采取应对措施。足够准确的传闻导致临时公告义务的产生。那么,传闻何时才是足够精确的呢? 欧盟《市场滥用条例》立法理由第 15 项中作为示例提到了信息来源的可靠性这一表征。可想而知这是远远不够的。除了信息的来源之外,传闻本身还需要满足一定条件。内容上,相关传闻不仅要有一定程度的可信性,更要基于合理的,也就是符合惯常逻辑的考量。[122] 结果上,在对传闻进行澄清的过程中,这仅是一个对所有参与主体来说可期待和显而易见的行为。这些标准可以用来评估传闻(事件)发生的概率是否增加,或者相反,内幕消息(事件)的不确定性是否降低。[123] 与之相反,传闻如果不经具体步骤佐证,仅是单纯主观的判断,则是不精准的。[124] 作为结论,最终取决于传闻是如何说理论证并令人信服。因此,对传闻进行实质性的应对属于董事会的义务。这符合资本市场法的立法目的。此外,因为如此会降低投机活动,所以经济上更加有效率。其底层逻辑还是这一原则,即公司是本身信息的垄断者,[125] 对企业自身的信息拥有控制权。[126] 原则上,金融中介机构也依赖企业提供的信息。通过信息垄断,企业自身享有一种信息优势,而市场参与者则处于一种信息劣势地位。(传闻)涉及的企业应当通过真

〔121〕 同前注〔12〕。

〔122〕 参见本文第二(二)部分和前注〔107〕。

〔123〕 格伦德曼(Grundmann)所称的"声明所具有充分程度的客观可靠性"较为温和。See Grundmann, in: GK-HGB, Bankvertragsrecht, 5. Aufl. 2017, 6. Teil Rn. 344.

〔124〕 同上, Rn. 344。

〔125〕 同前注〔51〕。

〔126〕 类似观点见 Klöhn 文(同前注〔60〕), 243: 发行人仅需付诸较低的成本对传闻的可能性做出可靠声明。

实的消息来抵抗假消息。

数年来,Wirecard 董事会主席布朗频繁通过媒体采访、新闻声明、推特和临时公告等渠道来影响公司股价,而德国金融监管局并未加以阻止。[127] 他通过社交媒体发布的推文或者临时公告来传达"一切都会好起来的"的信息是法律不允许的。欧盟《市场滥用条例》第 17 条第 1 款第 2 项第 2 句禁止将某些公关措施作为临时性公告进行发布。原《德国有价证券交易法》第 15 条第 2 款第 1 句曾明确规定,禁止发布不含内幕信息、无关紧要的公关新闻。[128] 根据欧盟《市场滥用条例》第 17 条第 1 款第 2 项第 1 句的规定,信息的发布应当如此准备,从而让公众认为该信息是"准确和及时"的。从这一禁止性规定中,可以引申出针对不重要信息的一般性披露禁止义务,进而发展出"信息过量禁止"(information overkill)的义务。[129] 在 Wirecard 案中,布朗(通过社交媒体和临时公告)发布的信息是误导性和不准确的信息。

(三)监管机构调查冲突信息的义务

在 Wirecard 案中,德国金融监管局不得不背负"瞎了一只眼"的骂名,因其只将矛头对准做空者,却不去调查有关 Wirecard 财务造假的指控。未来有必要要求监管部门对具有合理性的传闻进行调查的义务。通过这种方式可以防止金融市场遭受损害。要做到这一点,监督机构也必须自己进行分析和探讨。如果监管机构不具备分析相关传闻所需的专业知识,则应当求助于专业力量。对此,委托专业人士制作一份特别鉴定报告是正确的方法。会计法上设置的两阶段程序在此显得过于迟缓。监管机构应在第一时间有权自行启动特别审计程序,或者将已经启动的特别审计划归自己主导。[130] 在 Grenke 案中,由于整个康采

---

〔127〕 同前注〔22〕。另外,在美国,当(特斯拉当时的首席执行官)马斯克(Musk)不准确地表示他计划私有化特斯拉时,美国证券交易委员会的反应非常高效。"法院批准了马斯克与美国证券交易委员会的和解协议"。See Automotive News Europe, 1. 5. 2019, 18:08, https://europe. autonews. com/automakers/judge – approves – musk – sec – settlement (abgerufen am 2. 2. 2021); Möllers, The International Lawyer 53 (2020), 91 (92 f.).

〔128〕 Pfüller (同前注〔105〕), § 15 Rn. 397 f.

〔129〕 So überzeugend Grundmann(同前注〔123〕), Rn. 520.

〔130〕 Loy/Steuer, KoR 2020, 413 (421 f.).

恩属于《德国金融机构法》(以下简称《金融机构法》)的适用范围,德国金融监管局得以依据《金融机构法》第44条第1款第2句的规定依职权委托特别鉴定意见。[131] 新颁布的《德国金融市场诚信强化法》力图将监督机构的这一特别审查权扩展适用到所有上市公司。[132] 在此背景下,监督机构有义务积极采取(积极)行动。这意味着,监管机构并不享有自由裁量权来决定对传闻置之不理。换句话说,不作为则构成违反法定义务。

(四)披露禁令作为阻止虚假信息的工具

1. 证券服务机构:"了解你的产品"义务与推荐禁令(《证券交易法》第63条)

与上文论述的法律义务不同,金融中介机构自身首先并不承担分析义务,因为他们可以自己决定将哪些企业作为分析对象。然而,在投资顾问积极推荐某种金融产品的情况下,就要另当别论了。根据《证券交易法》第63条第5款的规定,证券服务机构必须充分了解其提供或推荐的金融产品。[133] 与上述观点相反,即便在欧盟《金融工具市场第二指令》已经颁布的情况下,Bond 案判决中的民事规范依然适用。原因在于,欧盟法至今并未对民事责任问题进行统一规定。[134] 因此,

---

〔131〕 S. Kröner/Holtermann, Bafin zieht Bilanzprüfung von Leasingfirma Granle an sich, Handelsblatt v. 30.9.2020.

〔132〕 参见新修订后的《德国有价证券交易法》第107条第5款、第7款,第108条第1~3款,见《德国金融市场诚信强化法(政府草案稿)》第1页:"德国金融监管局需要具备对所有面向资本市场的企业进行审查的权力,包括对第三方的问询权、调查取证的可能性以及比以往更早地告知公众其对财务会计报告的审计方法与方法的权力。"Zustimmend AKBR, Stellungnahme zum FISG, I.1.(同前注〔119〕)

〔133〕 Rothenhöfer, in: Schwark/Zimmer, Kapitalmarktrechts – Kommentar, 5. Aufl. 2020, § 63 WpHG Rn. 17. KK – WpHG/Möllers, 2. Aufl. 2014, § 31 Rn. 99 ff.; Möllers/Puhle, JZ 2012, 592 ff.; Fuchs, in: Fuchs, WpHG, 2. Aufl. 2016, § 31 Rn. 275; Edelmann, in: Assmann/Schütze/Buck – Heeb (Hrsg.), Handbuch des Kapitalanlagerechts, 2020, § 3 Rn. 20 f.; Kern, in: Kümpel/Mülbert/Früh/Seyfried (Hrsg.), Bank – und Kapitalmarktrecht, 5. Aufl. 2019, Ziff. 17.52 ff.

〔134〕 OLG Düsseldorf, Urt. v. 16.12.2010 – I – 6 U 200/09 – WM 2011, 399 (400); Poelzig, ZGR 2015, 801 (814); Koller, in: Assmann/Schneider/Mülbert (同前注〔104〕), § 63 WpHG, Rn. 11; Rothenhöfer (同前注〔133〕), § 63 WpHG Rn. 13; Fuchs (同前注〔133〕), vor § 31 Rn. 84. 其他学者的不同观点,同前注〔90〕。

"了解你的产品"这一分析和研究义务依然被视为民事义务。值得认可的是,德国联邦最高法院在 Bond 案判决中强调,在投资咨询合同的框架下,如果咨询机构将未充分分析的风险转嫁给客户,那么其作为受托方未尽到合同要求的忠诚义务。如果投资顾问未能履行(对金融产品的)分析义务,那么产生一种推荐禁令:禁止其推荐该金融产品。[135] 这一规定也与美国法相类似,后者也认可一项类似的法律制度("了解你的证券")。[136] 在此制度的框架下也规定了推荐禁令。

2. 投资建议的可理解性

《市场滥用条例》施行以来,金融分析被界定为"投资建议",那么,对此法律适用状况又如何呢?[137] 投资建议涉及的是未来,而没有人能够预测未来。[138] 正因如此,90% 的投资建议在事前看来都具有合理性,即使事后表明之前的预测并未实现。从 2019 年起,投资建议必须在德国金融监管局管理的登记簿上进行记载;通过登记可以确认作出投资建议的主体,并在投资建议是匿名的情况下,由德国金融监管局向公众发布警示。[139] 此后,德国金融监管局已经首次针对一些投资建议发布警示。[140] 当然,这种形式审查只能作为将违法投资建议挡在市场外的第一步。此外,如果投资建议传播了明显不实的信息,或者在有疑问的情况下,没有指明存在的疑点,或者内容难以理解,那么该投资建

[135] BGHZ 123, 126 (131):"如果银行担忧基于从外国获取信息而产生的高额成本和获得瑕疵信息风险,那么必须避免做出(推荐购买的)投资建议,并相应地回答客户关于该债券的问题,以及向客户提示其无法评估外国发行人信用状况而可能引发的风险。银行不能将自身疏忽导致的后果转嫁给信赖其专业咨询建议的客户。"

[136] SEC v. Dain Rauscher, Inc., 254 F. 3d 852, 9th Cir. 2001: „A securities professional has an obligation to investigate the securities he or she offers to customers"; Hazen, The Law of Securities Regulation, 2017, § 14.25.

[137] Vgl. Art. 20 i. V. m. Art. 3 Abs. 1 Nr. 35 MAR Nr. 596/2014 und § 85 WpHG.

[138] „Prediction is very difficult, especially about the future."

[139] 参见《德国有价证券交易法》第 86 条第 1 款。

[140] 《德国有价证券交易法》第 86 条、第 6 条第 9 款。值得关注的是,这里涉及的原始性的成员国国内法。至于是否违反《市场滥用条例》的规定,参见 Veil, in: FS Bergmann, 2018, 765 (773 ff.); Fett, in: Schwark/Zimmer, Kapitalmarktsrechtskommentar, 5. Aufl. 2020, § 86 Rn. 1。

议的内容也是违法的。[141] 欧盟《第 2016/958 号委托条例》[142]第 3 条第 1 款第 c 项要求信息来源的可靠性,或在有疑问的情况下,表明信息来源的真实性。[143] 此外,根据该条例第 3 条第 3 款的规定,投资建议必须应监管机构的要求进行说理论证。客观上不正确的投资建议包括单方面的积极或者消极推荐并且隐藏彼此冲突的考量,从而关于企业信息的质疑无须被公开披露。

在 Wirecard 案中,《金融时报》的持续报道使人们对 Wirecard 的财务会计报告抑或安永出具的无保留意见产生了怀疑。作为最著名的国际商业报纸之一,《金融时报》的相关消息来源也佐证了这些传闻,并在长达数个月的时间里通过多篇新闻文章和附录文件进一步深化和具体化指控的内容。这与以匿名方式作出的投资建议截然不同。投资建议理应指出相关的疑点;倘若这些投资建议做到了这一点,就不可能在破产前不久依然宣称 230 ~ 270 欧元/股的目标。这种情况之所以能够发生,是由于投资分析师们在其投资建议中完全忽视了此前的传闻以及相关的特别鉴定意见。[144] 或者作为替代方式,投资分析师们本可以选择放弃提出投资建议或发表明确的抛售建议。值得关注的是,在 Wirecard 案中,至少有部分投资分析师在毕马威的鉴定意见报告做出之后大幅地减少了(对 Wirecard 股票的)投资建议。[145] 上述考量的基础是,金融中介机构因具备专业知识而享有(投资者的)高度信赖。[146]

---

〔141〕 Vertiefend Möllers, NZG 2018, 649 (652); vorher bereits Möllers, in: KK – WpHG, 2. Aufl. 2014, § 34b Rn. 135 – 194.

〔142〕 Delegierte VO (EU) 2016/958 v. 9. 3. 2016 zur objektiven Darstellung von Anlageempfehlungen, ABl. EU 2016 L 160/15.

〔143〕 Möllers, NZG 2018, 649 (651); zutreffend auch Fett (同前注〔140〕), § 85 WpHG, Rn. 46.

〔144〕 关于德国商业银行(Commerzbank)的投资建议,参见 Baader und Hauck & Aufhäuser, 同前注〔34〕。

〔145〕 例如,2020 年 5 月 4 日汇丰银行将目标股价从 210 欧元降至 105 欧元,2020 年 4 月 28 日,NordLB 银行将目标股价降至 102 欧元:"基本问题仍未解决。"

〔146〕 同前注〔88〕。Möllers, in: KK – WpHG, 2. Aufl. 2014, § 34b WpHG, Rn. 1 ff.

四、实施机制

(一)法律至关重要:法律作为信赖保障的工具

欧洲正在与美国和中国竞争。当今世界最大的20家公司中,大多数都来自美国或中国。[147] 尤其是信息技术、人工智能和自动驾驶等现代科技领域,欧洲正在拼命地追赶中美。形成这一差距的原因之一是欧洲的资本市场投资者向初创企业提供的风险资本太少了。[148] 对于参与股市的证券交易而言,维护投资者的信赖是非常重要的保障目标。[149] 市场交易主体必须有理由相信自己原则上得到平等对待,即没有部分市场参与者因内幕信息或操纵市场而获取经济利益,并导致其他市场参与者利益受损。若缺乏规范体系或其不能够得到有效实施,“狂野的西部做派”(wildwest - methoden)就会盛行,市场参与者会远离股票市场。法律发挥着双重作用:作为一种强制性规定,它强制性地要求(特定主体)采取某种积极行为或禁止某种行为。[150] 法律必须具有威慑力,以防止证券交易市场上的非法内幕交易和操纵市场行为。[151] 因此,法律实施对于建立信赖来说是不可或缺的——法律或者

〔147〕 Es finden sich nur zwei europäische Unternehmen (Nestlé und Roche Holding) darunter, FAZ v. 8.7.2020, 21.

〔148〕 Lamfalussy u. a., Lamfalussy Schlussbericht v. 15.2.2001, 15; abrufbar unter https://docplayer.org/12130686 - Schlussbericht - des - ausschusses - der - weisen - ueber - die - regulierung - der - europaeischen - wertpapiermaerkte.html (abgerufen am 2.2.2021).

〔149〕 例如,参照《市场滥用条例》第1条“增强投资者信心”。关于各种保护目的,参见Hopt, Der Kapitalanlegerschutz im Recht der Banken, 1975, 51 ff.; EuGH, Urt. v. 10.5.1995 - C - 384/93 - EU:C:1995:126 - Rn. 42 - Alpine; Fleischer, Gutachten zum 64. DJT, 2002, F 20; Möllers, AcP 208 (2008), 1 (8); Kalss/Oppitz/Zollner, Kapitalmarktrecht, 2. Aufl. 2015, § 1 Rn. 17。

〔150〕 关于法律对行为调整的作用,参见Austin, Lectures on Jurisprudence on the Philosophy of Positive Law, Vol. I, 1885, 90, 94; Möllers(同前注〔3〕), § 2 Rn. 7 ff.。

〔151〕 关于威慑作用,参见Mataja, Das Recht des Schadensersatzes vom Standpunkte der Nationalöknomie, 1888, 19 ff.; Möllers(同前注〔3〕), § 5 Rn. 142 ff.。

更加准确地说法律的实施至关重要。[152] 现在普遍达成的共识是，规范的有效实施与证券交易所的成功是密切相关的。[153]

美国和中国推行的相关规定无疑比欧洲更加严格。在美国，出现这一情况的原因是，(对证券不法行为的)民事惩罚是通过集团诉讼进行的，来自监管部门的巨大压力促成了诉讼当事人之间达成和解。[154] 在中国，国家对于经济活动拥有强大的影响力，能够相对容易地对企业进行干预。通过贯彻落实中国共产党的权力集中原则，国家的“有形之手”和市场的“无形之手”相结合，成为一种独特的体系。[155] 虽然美国的证券交易所仍然走在世界前列，但我们不能直接照搬美国的模式。在欧洲占主导地位的比例原则和无罪推定等刑法原则阻碍了继受惩罚性损害赔偿或者强制性的公法和解制度。[156] 欧洲对分权和法(权)有

---

〔152〕 BMF(同前注〔4〕), 1 (3):“同样至关重要的是，要切实有效地追究、惩罚违法主体及从违法行为中获利的企业。这是增强投资者信心、保障金融市场信誉以及稳固银行、保险公司和其他金融服务提供商工作岗位的必由之路。”

〔153〕 La Porta/Lopez - de - Silanes/Shleifer/Vishny, J. Fin. 52 (1997), 1131; dies., J. Pol. Econ. 106 (1998), 1113 (1140); dies., J. Fin. 55 (2000), 1 (5 ff.); Modigliani/Perotti, Int. Rev. Fin. 1 - 2 (2000), 81 ff.; Black, UCLA L. Rev. 48 (2001), 781 (834 ff.); La Porta/Lopez - de - Silanes/Shleifer, J. Fin. Econ. 61 (2006), 1; Jackson/Roe, J. Fin. Econ 93 (2009), 207; Coffee, J. Corp. L. J. 25 (1999), 1 (2); ders., U. Penn. L. Rev. 156 (2007), 229; Bhattacharya/Daouk, Rev. Fin. 13 (2009), 577 (578). Zur Diskussion in Deutschland, s. Möllers, AcP 208 (2008), 1 f., Klöhn, in: Schulze (Hrsg.), Compensation of Private Losses, 2011, 179 ff.; Poelzig, Normdurchsetzung durch Privatrecht, 2012, 361 ff.; dies., ZGR 2015, 801 (817 ff.); Wagner, in: FS Köndgen, 2016, 649 (673); Maume, ZHR 180 (2016), 358 (361 ff.).

〔154〕 Möllers/Pregler, ZHR 176 (2012), 144 (146, 151 ff.). Zu dem Vergleich der USA im Rahmen des VW - Diesel - skandals, s. etwa Schmitz, in: Gsell/Möllers (Hrsg.), Enforcing Consumer and Capital Markets Law. The Diesel Emissions Scandal, 2020, 339 ff.

〔155〕 Baron/Yin - Baron, Die Chinesen. Psychogramm einer Weltmacht, 7. Aufl. 2019, 265. Zum Prinzip der Gewaltenkonzentration, s. Pißler, RabelsZ 80 (2016), 373 (392 f.).

〔156〕 参见 Gsell/Möllers, in: Gsell/Möllers (Hrsg.), Enforcing Consumer and Capital Markets Law, 2020, 465, 467 f. 以及前注〔154〕。

不同的理解。[157] 由于欧洲缺乏类似的法律工具,或者这些工具明显较弱,欧洲的立法者必须寻找另外一种解决方案。否则的话,欧洲的股票市场很有可能更加落后于美国纽约、中国上海或香港的股票市场。这样的话,在环境保护、信息技术或人工智能领域的新发展所需的风险资本就会很少,就如同股票作为私人养老准备金的高收益资产类别中的情形一样。[158] 在此意义上,有意义的方式是对不同法律工具进行良好的结合来消除可能的劣势,通过这一方式来实现有效的行为调整功能。[159]

(二)公共实施机制的优化要求

1. 对监督机构的监督

众所周知,通过采取所谓"拉姆法卢西流程"(Lamfalussy – Verfahren)大幅度地扩张了欧盟金融服务立法的规模。通过对三个层面规范的融合与统一,欧盟立法者力图对所有具体问题进行澄清。[160] 在此意义上,"拉姆法卢西流程"有一个正确的核心内容:原则上,监督机构可以快速地作出决定。基于行政诉讼法所规定之"调查原则"的要求,监管部门必须依职权对事实进行调查和判定。由司法机关对特定问题予以

---

〔157〕 关于在德国拒绝引入惩罚性损害赔偿,参见 BGHZ 118, 312 – punitive damages. In Europa wurde punitive damages nicht in die Kartell – Schadensersatzklagen – RL 2014/104 v. 26.11.2914, ABl. Nr. L 349, 1 übernommen, s. Art. 3 Abs. 3 und ErwG 13 S. 3. Vergleichbares gilt für die RL (EU) 2020/1828 über Verbandsklagen zum Schutz der Kollek – tivinteressen der Verbraucher v. 25.11.2020, ABl. Nr. L 409, 1, s. ErwG 10 S. 2 und ErwG 42 S. 3。

〔158〕 Greenwood/Smith, J. Econ. Dynamics & Control 21 (1997), 145; Möllers, AcP 208 (2008), 1 (4, 7); Grundmann, in: GK – HGB, Bankvertragsrecht, 5. Aufl. 2017, 6. Teil Rn. 8 f.; zum Funktionenschutz s. Kümpel/Mülbert/Früh/Seyfried/Oulds, Bank – und Kapitalmarktrecht, 5. Aufl. 2019, Rn. 11.53 ff.; Buck – Heeb, Kapitalmarktrecht, 10. Aufl. 2020, Rn. 2. Instruktiv etwa Deutsches Aktieninstitut (DAI), Lebensstandard im Alter sichern – Rentenlücken mit Aktien schliessen, Dezember 2016.

〔159〕 Poelzig, ZGR 2015, 801 (821).

〔160〕 Assmann/Schneider, Wertpapierhandelsgesetz, WpHG, 4. Aufl. 2006, Vorwort; Mülbert, ZHR 176 (2012), 369 f.; Möllers, ZEuP 2018, 325 (330 ff.); ausführlich ders., in: FS 25 WpHG 2019, 19 (24 ff.), Veil, in: FS K. Schmidt, 2019, 571 (574).

澄清的缺点是,其程序对于股市来说太迟缓了。如果法院需要十年或更长的时间来认定一项行动是否合法,显然太迟了。此外,就私人主体而言,实践中往往存在他们根本不想起诉的风险。因无罪推定原则的要求,提起刑事诉讼必须具备完全证据(不存在合理怀疑)。这些都构成对监管机构进行监管的重要理由。为使监管机构的工作更加高效,应当符合以下4个方面的要求:在合规组织结构要求扩大的情况下,监管机构的权限也应当扩大。在过去的30年里,德国一直在致力于改善公司治理结构和合规结构。然而,公司法作为企业法在结构上面临限制。在不确定的情况下,(股东)查阅特别审计报告的知情权或监事会对董事会成员的损害赔偿请求权必须让位于企业利益(Unternehmensinteresse)。[161] 此外,还有一个难题,即损害赔偿请求权以及《公司治理准则》的规则仅在有限的范围内能够主张。[162] 德国金融监管局应当作为将来新引入之监督义务的实施主体:内容上,不仅是一项特别审计,而且还是对相应的合规结构的审查。[163] 此外,欧盟是否应对追究内幕交易和操纵市场的行为享有管辖权值得进一步探讨。(欧盟享有管辖权)的优势是,有可能在欧盟范围内创造公平竞争的环境和强有力的实施机制。譬如,一支欧盟层面的执法力量将负责应对做空机构的操纵市场行为。[164] 欧洲反垄断法在这里可以再次发挥样本的功能。

2. 避免利益冲突和责任豁免的取消

(作为改进措施的)第三项要求则是必须注重资本市场法一项重

〔161〕 Grigoleit/Rachlitz, in: Grigoleit, AktG, 2. Aufl. 2020, § 142 Rn. 24, 31.

〔162〕 Der Aufsichtsrat kann zwar wegen Unterlassen gem. §§ 116, 93 AktG verklagt werden, darf aber das Unternehmensinteresse mitberücksichtigen, etwa wenn er es unterlässt, Ansprüche gegen den Vorstand geltend zu machen, BGHZ 135, 244 (255 ff.).

〔163〕 同前注〔119〕。

〔164〕 Merkt, Gutachten zum 64. DJT, 2002, G 125; Hopt, NZG 2009, 1401 (1404); Möllers, NZG 2010, 285 (289); ders., NZG 2018, 649 (654); ders., in: FS 25 Jahre WpHG, 2019, 19 (33 ff.); jetzt auch AKBR, NZG 2002, 938 (945); Kraanken/Langenbucher, Working Paper: The Wirecard lessons: A reform proposal for the supervision of securities markets in Europe, SAFE Policy Letter No. 88, Juli 2020; Angeloni, Wirecard scandal raises need for common EU market rules, SAFE Policy Blog, 2.7.2020; hierzu auch Loy/Steuer, KOR 2020, 413 (422).

要调整工具,并将其拓宽至其他市场参与者,这一工具便是避免利益冲突规则。[165] 在对金融中介机构的规范中就已经发现了该工具的使用。但是,如果中介机构负有避免利益冲突的法律义务,那么,监管机构应当更加如此。因此,应当禁止监管机构工作人员交易其所监督企业的证券。[166] 这一项措施目前也确实得到落实。[167] 最后,作为第四项改进措施,监管部门享有的责任豁免特权难以令人信服,因为这一规则起到反作用。不负责的人工作就不勤勉尽心。他们必须对自己的重大疏忽负责。[168]

(三)民事司法控制

1. 事后控制和追究民事责任的必要性

欧盟层面通过"拉姆法卢西流程"达到的规范密度正在达到极限。这不禁让普鲁士国王腓特烈二世试图通过《普鲁士一般邦法》及其17000个条款规范所有生活关系。[169] 前述从资本市场法角度对传闻进行界分的尝试表明,欧洲证券与市场管理局和德国金融监管局也很难进行适当的具体化。[170] 相反,制定《欧洲资本市场法典》的时机是否已经成熟呢?[171]这是值得怀疑的。就此目的而言,立法技术上成本太

---

〔165〕 Vgl. ErwG 71, 74 und Art. 24 Abs. 1 MiFiD, ErwG 10, 16, 22, 27, 30 und Art. 1 S. 2; Art. 6, Anh. 1 RatingVO (EG) NR. 1060/2009, Art. 22 Abs. 1 UAbs. 3 Änderungs – RL 2014/56/EG über Abschlussprüfer. Als allgemeines Rechtsprinzip s. Möllers, in: FS Hopt, 2010, 2247 (2250).

〔166〕 同前注〔41〕。

〔167〕 See https://www.handelsblatt.com/finanzen/maerkte/boerse – inside/finanzaufsicht – bafin – mitarbeiter – duerfen – aktien – aus – der – finanzbranche – nicht – mehr – privat – handeln/26237298.html? ticket = ST – 2279461 – DRNIbAE9g3SbW4CUxjfM – ap3 (abgerufen am 2.2.2021).

〔168〕 Ebenso AKBR (同前注〔119〕), I. 6., abrufbbar unter www.bmf.de (abgerufen am 2.2.2021). 由此可见,重大过失是指,客观上对法律义务的严重违反,与之相联系的是主观上无论如何不能谅解过错的义务违反,其过错程度远远超过简单过失,参见 vgl. Schaub, in: Online – GK – BGB, Stand: 1.12.2020, § 276 BGB Rn. 92 m. w. Nachw。

〔169〕 Möllers, in: FS 25 Jahre WpHG, 2019, 19 (24).

〔170〕 详见前注〔106〕。

〔171〕 对于这样一部囊括了欧洲资本市场法律规定的法典,参见 Veil, in: FS K. Schmidt, Bd. II, 2019, 571 (573); ders., in: FS 25 WpHG, 2019, 87 (98)。

高,[172]法律的质量也过于低下。[173]

在有疑问的情况下,欧洲法院对资本市场法进一步具体化是有意义且必要的。这同样适用于针对非法的投资建议存在的法律漏洞,或者对“了解你的产品”义务的具体化。[174] 在诉讼程序方面,正如卡特尔法中的规定,有必要建立一个统一多层级诉讼机制。在德国,如果法律的救济途径因为联邦最高法院和联邦行政法院都具有管辖权而被分割开,那么是非常遗憾的。[175] 由此可见,欧盟诉讼法的规定更为先进,因为欧洲法院总是能够通过初步裁决程序作出裁判。此外,监管机构知晓一些不法行为,所以通过私人执行(private enforcement)可以更加有效。原因在于,潜在的“监督者”数量非常多。监狱监管机构人手总是不足,而采取私人执行不可或缺。[176] 此外,(证券法的)私人执行有一个重要的补充功能,即能够弥补立法机关和行政机关留下的漏洞。假若像 Wirecard 案一样,监管部门对于明显违法的行为视若无睹,不进行责任追究,民法上私人执行也可以弥补这一不足。在德国侵权法中,(民法)对公法规范的补充功能明确地得到认可,以便能够弥补责任漏洞。[177] 因此,有必要以合理的方式将民法私人执行机制与公法执行更好地结合起来。这一点也体现在欧盟反不正当竞争法中,[178]在反垄断法中也是如此。特别是,欧洲法院还敦促民事私人执行机制的全面实施。[179] 在德国,在资本市场信息不充分的情况下,基于《证券交易法》第 97 条和《德国民法典》第 826 条的规定而产生的赔偿请求权通常限于消极利益赔偿;原因在于,投资者为了退出必须证明,如果不是因为

[172] Möllers, in: FS 25 Jahre WpHG 2019, 19 (24 ff.).

[173] Simonis, AG 2016, 651 ff.; Sethe, in: FS 25 Jahre WpHG, 2019, 1171 (1183 f.).

[174] 参见本文第三(四)部分。

[175] Zu dieser Forderung bereits Möllers, NZG 2018, 649 (657).

[176] Jackson/Roe, J. Fin. Econ. 93 (2009), 207 (208); Wagner, in: FS Köndgen, 2016, 649 (673).

[177] BGHZ 139, 79 (83). Vorher schon BGH, NJW 1985, 620 (621); BGH, NJW 1984, 801 (802); BGH, NJW 1987, 372 (373) – m. w. Nachw.

[178] Möllers/Heinemann, The Enforcement of Competition Law in Europe, 2007, 363:在欧盟成员国中,采取纯民事执法的反不当竞争法是个特例。

[179] EuGH, Urt. v. 20.9.2001 – C – 453/99 – Rn. 29; EuGH, Urt. v. 13.7.2006 – C – 295/04 – Rn. 39 ff.

信息瑕疵,他本不会购买相应股份。[180] 最后,德国联邦最高法院原则上否定了资本市场法规范具有"保护性法"的属性,并进而否定了援引《德国民法典》第 823 条第 2 款主张损害赔偿的可行性。其否决理由是,引入相应的损害赔偿请求权是立法者(而非司法者)的任务。[181] 相应地,这为立法机关提出要求;这也是因为立法机关不仅可以针对个别问题点状地,而且可以广泛地对整个问题进行立法。

2. 欧盟民事责任法建议极其微弱的实现可能性

在欧盟资本市场法领域,未来需要进一步协调与融合,以便创建民事责任的构成要件。目前出现了两种相对极端的观点。一种观点是,多年来一直存在关于如何规定民事责任构成要件的建议。[182] 在此倾向上,部分学者在现行法(de lege lata)框架下针对特定构成要件已经肯定了一种《德国民法典》第 823 条第 2 款结合欧盟《市场滥用条例》第 15 条意义上的民事责任。[183] 然而,这些观点并未推动任何实践成果的发生。在欧盟法律中,关于民事责任的规则非常稀少。民事责任条款仅在以下法律文件中得到体现:欧盟《透明指令》(Transparenz - RL)、[184]

---

[180] BGHZ 160, 134 = NJW 2004, 2664 (2667); BGH, NJW 2001, 2450 (2453); ausführlich Möllers/Leisch, in: KK - WpHG, 2. Aufl. 2014, § § 37b, c Rn. 360 ff.

[181] Etwa BGHZ 186, 58 (68 f. Rn. 29) zu § 34a WpHG a. F.); BGHZ 175, 276 (281 Rn. 18) zu § 32 WpHG a. F.; BGHZ 192, 90 (98 f. Rn. 21) zu § 20a WpHG a. F. Hierzu Möllers/Leisch (同前注〔69〕), § § 37b, c Rn. 493 ff., 501 ff.

[182] Möllers/Leisch(同前注〔69〕), § § 37b, c Rn. 70 ff.; etwa Hopt/Voigt, in: Hopt/Voigt(Hrsg.), Prospekt - und Kapitalmarktinformationshaftung, 2005, 1 ff.; Hellgardt, Kapitalmarktdeliktsrecht, 2008, 221 ff.; Poelzig(同前注〔153〕); Franck, Marktordnung durch Haftung, 2016.

[183] S. etwa Hellgardt, AG 2012, 154 (163 ff.); ders., in: Assmann/Schneider/Mülbert (同前注〔104〕), § § 97, 98 WpHG Rn. 58; Seibt, ZHR 177 (2013), 388 (424 f.); Poelzig, ZGR 2015, 801 (808 ff.).

[184] Art. 7 TransparenzRL 2004/109/EG v. 15. 12. 2004, ABl. Nr. L 390, 38. Zur fehlenden Umsetzung kritisch Möllers, AcP 208 (2008), 1 (29 f.); Mülbert/Steup, NZG 2007, 761 (766); Brinckmann, in: Veil (Hrsg.), Europäisches Kapitalmarktrecht, 2. Aufl. 2014, § 18 Rn. 77; Hellgardt, in: FS 25 Jahre WpHG, 2019, 701 (706). A. A. aber Leenenbach, Kapitalmarktrecht, 2. Aufl. 2010, Rn. 11.530.

《财务报告指令》(Jahresabschluss – RL)、[185]《招股说明书条例》(Prospekt – VO)、[186]《信用评级条例》(Rating – VO)[187]以及《金融投资产品关键信息文件条例》(PRIIO – VO)。[188] 在很大程度上,这些规范文件仅对“是否”导致民事责任的问题进行了融合与统一,而其他方面仍适用成员国国内法。[189] 究其原因,欧盟认为成员国法之间对因果关系、损害和过失的认定差异巨大。[190] 由于立法传统的不同,规定详细前提条件的民事责任要件是难以实现的。[191] 与之相反,另一种观点则希望放弃任何欧盟法层面的融合与统一努力,将构建民事责任要件规范的任务留给成员国。[192] 如此,将导致成员国法律秩序之间的竞争。然而,将规范民事责任的权力赋予欧盟成员国,会阻碍所期待的公平竞争环境的实现。[193]

3. 欧盟民事责任规范进一步审慎融合的建议

可见,需要采取一个妥善的中间路线:在欧盟法层面,第一步是要讨论哪些市场参与主体可能成为潜在的责任主体。为此就必须对法律

---

〔185〕 Art. 50c ÄnderungsRL 2006/46/EG zur JahresabschlussRL 78/660/EG v. 14.6.2006, ABl. Nr: L 224, 1.

〔186〕 Art. 11 ProspektVO (EU) 2017/1129 (同前注〔98〕).

〔187〕 Vgl. Art. 35a Änderungs – RatingVO (EU) Nr. 462/2013 v. 21.5.2013, ABl. Nr. L 146, 1.

〔188〕 Vgl. Art. 11 PRIIPVO (EU) Nr. 1286/2014 v. 26.11.2014. ABl. Nr. L 352, 1.

〔189〕 S. etwa Art. 7 TransparenzRL (同前注〔184〕), Art. 50c ÄnderungsRL (同前注〔185〕), Art. 11 Abs. 1 ProspektVO (同前注〔98〕): „成员国应确保……“ Ausdrücklich auch Art. 11 Abs. 2, 3 PRIIPVO (同前注〔188〕) und Art. 35a Abs. 4 Änderungs – RatingVO (EU) Nr. 462/2013 (同前注〔187〕).

〔190〕 Art. 35a Abs. 4 S. 1 Änderungs – RatingVO (EU) Nr. 462/2013 (同前注〔187〕): “诸如‘损害’‘故意’‘重大过失’‘合理信赖’‘适当注意’‘效果’‘适当’‘合比例’等术语,在本条中被提及但没有准确定义,应根据适用的成员国法律,按照国际私法的相关规定进行解释和适用。”

〔191〕 So bereits Möllers/Leisch (同前注〔69〕), §§ 37b, c Rn. 82; Veil (同前注〔160〕), 571 (576).

〔192〕 So als kurzfristige Perspektive Wundenberg, ZGR 2015, 124 (154 ff.); Veil, in: FS K. Schmidt, 2019, 571 (576 f.).

〔193〕 关于国际私法的相关问题,参见 Lehmann, in: MünchKomm – BGB, Internationales Finanzrecht, 7. Aufl. 2018, Art. 519 ff., 547 ff.; Schäfer, ZGR 2020, 359 (362 ff.)。

义务进行具体化。笔者建议,在公司提供虚假信息的情况下,应当规定相应的民事责任规则。对其他市场参与主体来说,需要规范的主要是不作为的问题。譬如审计师,同时也包括明显疏忽大意未能履职的监管机构。在这些情况下如果限缩这些主体的责任范围,〔194〕那么会适得其反。如果成员国立法者没有做出相应的规定,那么,引入针对国家责任的请求权则必须依赖欧洲法院在特定情况下进行法律续造。〔195〕最后,如果其他金融中介机构没有履行分析义务或违反了前述披露禁令,也应承担民事责任。

作为建议措施的第二步,应当创设责任规范基础。对此,相应的规定应当明显超越欧盟《透明指令》第7条所规定的内容。〔196〕也许可以借鉴反垄断法的发展经验。在Courage案和Manfredi案判决之后,产生这样的疑问:是欧盟或者成员国层面的立法者,还是法院更加适宜对一系列具体问题进行规范,诸如因果关系、损害程度等。〔197〕事实上的抉择是,由欧盟立法者担任其规范制定者的角色。这一经验和结论也可以适用于上述探讨的问题:欧盟立法者具有民主的合法性,并且在立法程序中可以比法院更好地调动必要的专业知识。欧盟立法者可以同时系统性地回应大量问题,而法院只能在诸多判决中点状化地对个别问题进行澄清。〔198〕在结果上,也有可能对民事责任请求权的实体法考量进行具体化。对此完全拥有在资本市场法领域规定精准责任规范的经验,即《信用评级条例》第35a条。该条对举证责任问题表达

〔194〕 So aber auf europäischer Ebene die Empfehlung 2008/473/EG v. 5. 6. 2008, ABl. Nr. L 162, 39. Anders dagegen jetzt die Haftungserweiterung in den geplanten § 323 HGB – E, s. RefE FISG (同前注〔119〕); zustimmend AKBR, Stellungnahme zum FISG, II. 2.

〔195〕 关于成员国未转化指令的国家责任,参见 EuGH, Urt. v. 19. 11. 1991 – C – 6/90 u. a. – Rn. 32 ff.; ausführlich Möllers (同前注〔3〕), § 12 Rn. 123 ff.。

〔196〕 Zu dieser Forderung bereits Möllers/Leisch (同前注〔69〕), §§ 37b, c Rn. 84; Möllers, AcP 208 (2008), 1 (29 f.).

〔197〕 S. Wollenschläger/Wurmnest/Möllers, Private Enforcement of European Competition Law and State Aid Law, 2020.

〔198〕 相关论据参见 Möllers (同前注〔3〕), § 13 Rn. 91 ff.。

了立场。[199] 此外,以欧盟第 2014/104 号《卡特尔损害赔偿指令》第 17 条的规定为参照,引入一个兜底性条款(Auffangtatbestand)。根据该条,"成员国应当确保用于确定损害程度的举证责任及证据标准都不会导致损害赔偿请求权的行使实际上不能或过于困难"。并且,成员国应当确保,"本国法院依据国内法程序,在有证据表明原告已经遭受损害,但事实上不能或过于困难根据现有证据准确量化所遭受的损害数额时,其有权对损害金额进行估算"。[200]

(四)公共执行与私人执行相结合

在现代经济法的实施机制利用公法、民法以及刑法三个法律领域工具的背景下,未来应当确保三种类型的实施机制更好地相互协调和衔接。这不仅包含刑事领域一个执法部门的全国性集中管辖权,或者一种统一的诉讼审级程序,从而避免判决之间的相互冲突;而且包括对众多不同的具体问题的澄清。对此,竞争法已经展示了这一点:在监管部门已经采取行动的情况下,民事诉讼的时效中断,[201] 并且存在(原告的)信息索取请求权。令人欣慰的是,此类法律制度不仅存在于欧盟《卡特尔损害赔偿指令》中,而且在最近通过的欧盟第 2020/1828 号《团体诉讼指令》中也可以找到。[202] 如今,对于欧盟立法者而言,将这些理念移植到欧盟资本市场法中将会是一个大胆但也不难想象的跨越。

---

〔199〕 关于举证责任的问题参见 Wojcik, NJW 2013, 2385 (2387 ff.); Möllers/Niedorf, ECFR 2014, 333 (346); Kontogeorgou, DStR 2014, 1397 (1402 ff.); Veil/Teigelack, in: Veil (同前注〔184〕), § 27 Rn. 73; Kumpan/Grütze, in: Schwarz/Zimmer, Kapitalmarktrechts - Kommentar, 5. Aufl. 2020, § 29 WpHG Anh. Rn. 158 ff.。

〔200〕 Art. 17 Abs. 1 Kartell - Schadensersatzklagen - RL 2014/104 (同前注〔157〕); konstruktiv Veil, in: Gsell/Möllers (同前注〔156〕), Enforcing Consumer and Capital Markets Law, 405 (419 ff., 422).

〔201〕 Art. 10 Abs. 2 Kartell - Schadensersatzklagen - RL 2014/104 (同前注〔157〕); Art. 16 Verbandsklagen - RL (EU) 2020/1828 (同前注〔157〕).

〔202〕 Art. 5, 6 Kartell - Schadensersatzklagen - RL 2014/104 (同前注〔157〕); Art. 18 Verbandsklagen - RL (EU) 2020/1828 (同前注〔157〕). Hierzu Möllers/Pregler, ZHR 176 (2012), 144 (146, 151 ff.); Gsell/Möllers, in: Gsell/Möllers (同前注〔156〕), 465 (485 ff.).

五、结论及展望

Wirecard财务造假丑闻绝不是一个不可预见的偶发事件。恰恰相反,由于《金融时报》的警告,关于该公司财务舞弊的指控数年以来便为人所知。该公司的内部监督存在缺陷,包括审计、合规和作为公司治理组成部分的监事会不作为;同时,第三方的审计和通过德国金融监管局进行的国家监督也存在缺陷。基金经理、证券分析师、金融顾问或咨询机构等金融中介机构在Wirecard破产前不久仍然向投资者推荐该公司股票,意味着核心控制机制的缺失。Wirecard丑闻凸显了几乎整个金融行业的系统性失灵。

行为金融学理论(behavioral finance)生动地描述了人在资本市场上行为的非理性,诸如羊群效应、过度乐观和(德国又一家金融科技公司被纳入DAX指数的)兴奋感、选择性认知以及金融中介机构作为投资者引导的"锚定效应"。

在德国与欧盟现行法框架下,针对上述失误主张损害赔偿的可能性不大:针对Wirecard公司及其董事的损害赔偿请求权由于公司的破产而可能落空,而针对审计机构的损害赔偿请求权受限于400万欧元的责任限额,并且德国金融监管局因履职不当的国家责任被立法明确排除;此外,由于损害赔偿责任规范的构成要件过于模糊,追究金融中介机构责任的可能性也不大。

目前对Wirecard丑闻的反映主要是通过《德国金融市场诚信强化法》强化法律实施机制。由于在证券交易市场中需要对企业的信息进行评价,应当更加关注企业信息的有效性和正确性。Wirecard丑闻中非常突出的一点是,长达数年都无法确认其财务会计报告是否有误。因此,更加紧要的问题是追问"谁"应该对"哪些信息"作出反应以及"如何"作出反应。如何应对作为不确定信息的传闻,需要进一步具体化,以便为资本市场参与者提供明确的指引。作为企业分析义务的组成部分,在卖空者和吹哨人发布的传闻具有一定可信度的情况下,上市公司原则上应当觉察到这些传闻。随后,上市公司必须处理这些不确定的信息，并审查其准确性，如有必要也可以通过特别审查的方式进行确认；上市公司需要对传闻表明有根据的立场。企业是否履行上述义务，应当由监管机构来进行监督。

相反，企业以新闻稿、社交媒体推特或其他渠道发布的没有证据基础的信息是不满足上述条件的。金融中介机构须恪守“了解你的产品”义务，如果他们未能自行分析和调查，则禁止在没有根据的情况下基于不确定的信息做出（推荐购买的）投资建议。

如果德国和欧盟不想在（规则的）全球竞争中落后太远，德国和欧盟的立法者必须首先对市场参与者的义务进行具体化。随后需要考虑，如何保障这些义务较之以往更好地得到实施。无论是成员国的监管机构，还是欧盟层面的监管机构，都需要更强大的干预权力。这些监管部门应当能够对公司治理结构进行审查，或者能够依职权启动委托一项特别审查。反之，监管机构必须避免利益冲突，并且，在监督机构存在重大过失的情况下，也应当承担损害赔偿责任。

欧洲法层面规定一种民事责任可以发挥重要的补充功能。并且，将有助于在欧盟范围内创造公平竞争的环境。欧盟《信用评级指令》第35a条可以作为一个范本。公法与民法的合理衔接可以对诉讼时效中断、约束力和知情权问题进行规范。此类规范也可以在欧盟《卡特尔损害赔偿指令》和《团体诉讼指令》中找到。Wirecard 案非常清楚地表明，对上市公司的法律规范的发展是一项持续性工作。

（编辑：徐伟浩　姜沅伯）

征 稿 启 事

《证券法苑》是上海证券交易所主办、面向国内外公开连续出版的法学学术著作，并已被中国社会科学评价中心收录为中文社会科学引文索引数据库(CSSCI)来源出版物。《证券法苑》致力于繁荣资本市场法治研究，弘扬资本市场法治理念，推动资本市场法治建设，促进资本市场健康稳定发展。

《证券法苑》坚持学术性与实践性并重、现实性和前瞻性兼顾，紧紧围绕我国资本市场的改革发展，密切关注资本市场法治动态，集中研究资本市场立法、监管执法和司法等法治活动，深入剖析资本市场法律制度和法律关系，积极探讨资本市场法治建设中的重点、难点、热点问题。

《证券法苑》设置"理论前沿""专题研究""名家论坛""热点追踪""制度研究""市场监管""域外法制""法学随笔""案例评析"等栏目，每卷根据实际情况略有不同。

2017 年起，《证券法苑》计划每季度出版一卷，视稿件质量全年出版 3 ~4 卷，诚邀各界惠赐稿件。现就征稿相关事项说明如下：

一、征稿范围

《证券法苑》选题范围包括：证券法、公司法、金融法等的法理研究，资本市场法治发展动态研究，资本市场监管的法律研究，资本市场创新的法律研究，资本市场典型法律案例研究，境外资本市场法律制度研究等。特别是，在党中央、国务院要求加强监管、防范风险、推动资本市场高质量发展的背景下，欢迎就中国特色资本市场监管与制度问题开展深入探讨研究。

参考选题如下(可不受此限)：

1. 新《公司法》实施：新《公司法》修订通过后，上市公司控股股东、实际控制人等"关键少数"的规制路径，公司治理机构的职权与设置，非上市公众公司监管制度，股份发行与转让制度的改革方向，公司集团化趋势下的法律应对策略。

2. 发行上市全链条监管制度：注册制制度创新与实践评估，上市公司监管与退市、中介机构规范从业等制度的实践情况、法律问题与对策，注册制司法保障的法律问题探讨分析。

3. 信息披露制度：信息披露制度的完善方向，如何提高信息披露制度的针对性和有效性，如何界定和分配信息披露法律责任，自愿性信息披露制度的逻辑与完善建构。

4. 证券交易制度：多层次市场上市、交易、登记结算、转板制度体系完善，交易技术发展（另类交易、程序化交易、高频交易、暗池交易等）对传统证券交易制度的挑战与监管对策。如何通过交易制度设计与强化交易监管，助力投资者公平交易权益维护。

5. 证券监管执法机制：新形势下如何强化机构监管、行为监管、功能监管、穿透式监管、持续监管，近年来境外资本市场监管体系与制度的发展变化。从严打击证券违法行为过程中的法律适用与完善问题，如何实现监管执法“长牙带刺”、有棱有角。

6. 投资者保护制度：内幕交易、操纵市场行为民事赔偿责任制度构建，证券市场民事诉讼制度完善，证券市场多元化纠纷解决机制等投资者保护制度完善。强化全方位立体式追责，加强行政监管与民事赔偿、刑事追责的衔接机制。

7. 资本市场稳定发展法律制度：研究机构投资者等长期资金入市配套机制，场外衍生品对证券市场的影响评估与制度完善，证券市场风险监测、预防、化解与逆周期调节机制建设，以及证券市场稳定安全法律制度构建。

8. 资本市场制度型对外开放：红筹企业境内发行上市法律问题研究，证券法律冲突与域外法律适用，跨境监管协作机制构建。统筹开放与安全机制的法律问题研究。

二、投稿要求

1. 论文应当立论科学、论据充足、论证严密、层次清晰、语言流畅，尤其欢迎贴近市场脉搏、具有学术深度和实践应用价值的文章。稿件篇幅以一万字左右为宜，特别优秀稿件不受此限。

2. 投稿请发送至以下电子邮箱：zqfy@sse.com.cn（建议投稿后电

话确认）。所有投稿应符合国家著作权规定、公认学术规范和本书“编辑体例”要求（详见上海证券交易所官方网站 http://www.sse.com.cn/“关于”栏目或《证券法苑》图书）。

3. 本书实行匿名审稿制度，作者投稿时请一律将作者简介（姓名、出生年月、工作单位、学位、职称、研究成果等）、通信方式（地址、邮编、电话、电子信箱等）以及文章是否某种课题成果等内容，另页单独注明，正文中不要出现任何个人信息。

4.《证券法苑》编辑部保留对来稿进行文字性和技术性修改的权利。《证券法苑》所载文章，均不代表上海证券交易所观点，文责由作者自负。除作者特别说明外，其文章均为其个人观点，与其所在单位、职务无关。

5. 向《证券法苑》投稿即视为授权本书将稿件纳入《中国学术期刊网络出版总库》及中国知网（CNKI）系列数据库、“北大法宝”（北大法律信息网）数据库、万方数据库以及本书确定的其他学术资源数据库，本书支付给作者的稿酬已包含上述数据库著作权使用费。如有异议，请在来稿时注明，本书将做适当处理。

6. 凡投给本书的稿件，请勿一稿多投。自投稿之日起 3 个月未接到本书用稿通知的，作者可以自行处理。稿件编辑过程中如拟被他方采用的，请作者及时告知相关决定，以免重复出版。

7. 联系人：

赵老师　电话：021－68602391；

张老师　电话：021－68602397。

编辑体例

一、标题：宋体小三号字，居中。如有关于本篇文章的说明，注脚注，用上标星号（*）。

二、作者：宋体小四号字，居中，并用上标星号（*）作为介绍作者脚注的标志，在脚注中注明作者姓名、工作单位、职务、职称（为便于联系，另请作者向《证券法苑》联系邮箱提供通信地址、邮政编码、固定及移动电话、电子邮箱，本书对此予以保密）。如有两名作者，第二名作者用两枚上标星号（**），依此类推。

三、中文摘要、关键词：楷体 GB2312 小四号字，摘要 200 字以内、关键词 3~5 个。

四、英文标题、摘要、关键词："Times New Roman"字体，标题小三号字居中，摘要与关键词小四号字。

五、正文：宋体小四号字，首行缩进，行距 18 磅。区分标题和要点，标题层级依次为"一、……""（一）……""1. ……""（1）……"，要点层级依次为"1. ……""（1）……""①……"，一段之内的要点列举使用"（1）……"。一级标题采用四号宋体加粗；二级标题采用黑体小四号字不加粗；三级标题宋体小四号字，不加粗。引用具体法律文件应加书名号，如《证券法》《上市公司收购管理办法》。法条序号（第×条、第×款、第×项）、时间（世纪、年代、年月日等）、数量金额等用阿拉伯数字，但直接引用原文的从原文。

六、注释：采用脚注，全文连续注码，注码放标点之后，注码符号为"1、2、3、……"；非引用原文者，注释前加"参见"；引用资料非原始出处者，注明"转引自"；数个注释引自同一资料者，可合并同注某。宋体小五号字。

注释示例如下：

1. 著作类

（独著作品）史尚宽：《民法总论》，中国政法大学出版社 2000 年版，第19页、第22页。

（合著作品）崔建远、韩世远：《债权保障法律制度研究》，清华大学出版社2004年版，第10页。

（多人合著作品）蔡守秋等：《可持续发展与环境资源法制建设》，中国法制出版社2003年版，第214～216页。

（编辑作品）张文显主编：《法理学》，法律出版社2004年版，第65～67页。

2. 论文类

（期刊）俞荣根、刘霜：《立法助理制度述论》，载《法学杂志》2007年第2期。

（论文集）符望：《美国内幕交易法律制度最新发展与演变》，载蔡建春、苑多然、王红主编：《证券法苑》（第40卷），法律出版社2024年版。

（学位论文）刘晓华：《私法上的信赖保护原则研究》，山东大学2013年博士学位论文。

3. 译作类

［英］亚当·斯密：《国富论》，唐日松等译，华夏出版社2005年版，第224页。

4. 报纸类

李希慧等：《"轻轻重重"应成为一项长期的刑事政策》，载《检察日报》2005年5月26日，第1版。

5. 古籍类

《明太祖实录》卷二十六。

6. 辞书类

《牛津法律大辞典》，光明日报出版社1988年版，第68页。

7. 网络类

梁慧星：《关于中国物权法的起草》，载北大法律信息网，http://article.chinalawinfo.com/article/user/article_display.asp?ArticleID=29283，2009年8月8日访问。

8. 判决书类

上海市高级人民法院：上海大智慧股份有限公司与冯某雄证券虚假陈述责任纠纷二审民事判决书，案号：（2018）沪民终28号，2018年9月

17日。

9. 外文类

从该文种注释惯例。英文注释体例如下：

著作类：

Harold U. Faulkner, *American Economic History*, New York, Harper & Brothers Publishers, 1960, pp. 23 – 25.

论文类：

Gavin Goh & Andreas R. Ziegler, *Retrospective Remedies in the WTO after Automotive Leather*, Journal of International Economic Law, Vol. 6, 2003.

网络类：

Impact Exchange, *Impact Exchange Board Listing Guide: A Board of the Stock Exchange of Mauritius*, https://iixglobal.com/wp-content/uploads/2017/04/Impact_Exchange_Listing_Guide-2017-1.pdf, visited May 4, 2017.